中国人民大学

中国社会发展研究报告 2019

中国的健康事业发展与医疗体制改革

RENMIN UNIVERSITY OF CHINA
RESEARCH REPORTS ON CHINA SOCIAL DEVELOPMENT 2019

CHINA'S HEALTH DEVELOPMENT AND MEDICAL SYSTEM REFORM

主　　编　张建明　洪大用　刘少杰
执行主编　齐亚强　房莉杰

中国人民大学出版社
·北京·

出版说明

2002年以来，中国人民大学年度系列发展报告（即《中国人民大学中国社会发展研究报告》《中国人民大学中国经济发展研究报告》和《中国人民大学中国人文社会科学发展研究报告》）的出版发行，引起了社会各界和广大读者的广泛关注，产生了较大的社会影响，成为我校一个重要的学术品牌。

中国人民大学系列发展报告的各个子报告均由编委会负责审定选题、整体框架、主要内容和编写体例，组织有关专家召开研讨会，审核报告的写作提纲。各报告实行主编负责制，主编由校学术委员会主任、秘书长会议确定，学校聘任；主编聘请副主编或执行副主编。各报告根据主题，分别聘请相关部门的领导和知名学者担任顾问。中国人民大学社会学理论与方法研究中心、中国人民大学中国经济改革与发展研究院和中国人民大学人文社会科学发展研究中心分别作为《中国人民大学中国社会发展研究报告》、《中国人民大学中国经济发展研究报告》和《中国人民大学中国人文社会科学发展研究报告》的依托单位，在组织和写作方面发挥了主要作用。

根据实际情况及学者建议，学校对年度系列发展报告进行了一些调整。2010年，《中国人民大学中国法律发展报告》开始列入年度系列发展报告。2012年，学校在上述系列发展报告的基础上推出了“研究报告系列”，涉及经济、社会、新闻和教育等学科，拓展了研究领域。现在，报告的编写出版工作已纳入学校的年度科研计划，成为一项常规性工作。2014 年，学校根据“研究报告系列”发展的实际情况，决定不再出版《中国人民大学中国经济发展研究报告》和《中国人民大学中国人文社会科学发展研究报告》。

由于报告所涉及的问题大多具有重大、复杂和前沿性的特点，加上写作与出版周期较短及研究水平的局限，尽管我们尽了努力，报告中的不足或易引起争议的地方仍在所难免。欢迎专家和学者批评指正。

中国人民大学发展研究报告编委会

2019 年 12 月 1 日

目　录

Contents

Abstract

The theme of *Renmin University of China Research Report on China Social Development 2019* is China's health development and health care reforms. This report contains one preface and 10 chapters on various domains of health studies in contemporary China, providing an overall assessment on population health development and China's recent health care reforms. The content of this report covers important topics such as the achievement and challenges of China's population health development, China's aging and healthy aging process, women and children's health, the health of the migrant population, the health of low-income urban residents, the mental health of the Chinese population, health indicators in social surveys, doctor-patient relationship, and the reforms of China's medical and social security systems.

Health and longevity is one of the ultimate goals of human development. Nowadays, health research is well beyond the exclusive territory of any single discipline. Bear that in mind, the invited contributors are from diverse fields including sociology, demography, economics, public administration, and public health, and thus this report is a true interdisciplinary endeavor, aiming to facilitate communications and cooperation from various perspectives in social sciences.

The Preface mainly describes the outstanding achievements and challenges brought by the development of China's population health care since the founding of the People's Republic of China. China's population health indicators have been significantly improved, and Chinese people have benefitted from the increasing sanitary investment, as well as health insurance coverage over the past half-century. However, the development of China's population health care is confronted with difficulties caused by many socioeconomic phenomena, such as changes in disease patterns, emerging health inequalities, and industrialization and urbanization. Consequently, the multisector collective cooperation involved in various fields is required to successfully implement "Healthy China" strategy.

Chapter 1 discusses the current state of research on healthy aging in China. In the context of "Healthy China" strategy, research on China's aging health is developing continuously. The key domains of China's aging health research include aging health evaluation, analysis of influencing factors, medical care and rehabilitation, relevant guarantee policy, aging health education, and development of elderly health industry. It is argued that carrying out interdisciplinary aging health research actively has great significance for the development of China's aging health.

Chapter 2 focuses on women and health. Given that remarkable progresses have been achieved in Chinese women's health over the past decades, for continuing improvements on women's health status, it not only requires developing health strategy under the framework of development and empowerment, but also needs more concerns over women's health in a lifespan perspective. It emphasizes the significance of taking actions according to priorities of different life stages, to promote gender equality and the development of population health.

Chapter 3 discusses the nutrition and health status of Chinese children from the historical perspective, adopting analysis framework of policies in supply and demand and taking "health intervention" as the main theme. It reviews the children's nutrition and health policies and the supply and demand for services, both in the period of planned economy, and after the reform and opening up. It analyzes the specific measures against children health inequalities after the reform and opening up. According to the United Nations Millennium Development Goals (MDGs), it analyzes the current status of children's nutrition in China and related health challenges.

Chapter 4 firstly summarizes the general health status of China's migrant population, and then analyzes health status for different migrant groups, including migrant teenagers, migrant women of childbearing age (reproductive health particularly), migrants in young and middle age, and elderly migrants. It also discusses the health threats faced by China's migrant population from three aspects: infectious disease, chronic noncommunicable disease, and mental health and essential public health services. Policy recommendations are proposed to improve population health from three aspects: social assimilation, equity of essential public health services, and internet plus medicine.

Chapter 5 examines the health of low-income urban residents and its social influencing factors. Socialism with Chinese characteristics has entered a new era, Chinese residents, especially the ones with lower income, have the tendency to increase their expectations for a better mental and physical health status. Basic structures of society, from socioeconomic status, social capital, social support to social repellency, are all important factors that influence the mental and physical health status of residents of lower income. Based on data from the 2010 Chinese General Social Survey and the 2014 China Family Happiness Development Index Survey, this chapter examines the social mechanism and its influence on the mental and physical health of urban residents of low income. The result shows that urban residents of low income have a relatively low socioeconomic status, that they have a worse status of mental and physical health than the residents with middle or higher income, and that their social capital and social support are constantly at a low level, making them more likely to feel repelled by the society. We propose advices and policy recommendations for further improvement.

Chapter 6 touches on the topic of mental health in China. Mental health plays an important role in the overall health status of human beings. In recent years, surveys of mental health are mainly conducted in two patterns: positive psychology and hygienic psychology. This chapter reviews the current literature and uses data from the 2015 Chinese General Social Survey to examine the mental health status of the Chinese population. It discusses the current status of China's mental health and related differences among various groups. It concludes by stating the shortcomings of China's mental health service and offers advices for future development.

Chapter 7 deals with how to measure health in social surveys. The measurement and indicator of health has the function of guidance for the population and the development of society and economics. Under the precondition of analyzing and defining the concept of health, this chapter reorganizes and evaluates the contents, types and characters of the health indicators used in the social science research, and discusses pros and cons of specific health indicators. Combining the contemporary achievements for the development of human's health, this chapter gives advices for improving the indicators and measurement of population health. Moreover, this study discusses the tasks and challenges for China in improving health and points out the direction of its future development.

Chapter 8 interprets the formation mechanism of the doctor-patient relationship in contemporary China from both the micro and the macro points of view. In light of doctors' trust, it examines the public's perspectives for doctors by empirical investigation, analyzes the possible influencing factors, and gives advices for policies to improve the relationship between doctors and patients.

Chapter 9 mainly introduces China's contemporary medical security system. With continuous progress and improvement, China has formed the institution of "Liangzong & Sanheng". "Liangzong" implies Basic Medical Insurance for Urban Emaployees and Basic Medical Insurance for Urban Residents. While "Sanheng" implies basic medical insurance, complementary medical support and medical assistance. Among which, medical assistance plays a vital supporting role, including emergent assistance for diseases in urban and rural China. This chapter introduces the development of these institutions in the recent years. In short, the institution of medical security covers an enlarging population, offers a perfecting service and brings various convenience to urban and rural residents. It emphasizes on introducing how Critical Illness Insurance Program and related medical assistance manage to contribute enormously to patients with severe diseases, and discusses the expected outcome of the policy.

Chapter 10 reviews the reform of China's medical and health system and its achievements. Starting from the origin, it divides the reform into two stages, and narrates the goals of reforms both in planned economy period and in the new period. It emphasizes on explaining the actions of reform in medical supply, of reform in community health agency, and of reform in the public hospital. It gives an overall assessment for China's reform and proposes policy recommendations accordingly.

导论　中国健康事业的成就与挑战

2019 年适逢新中国成立 70 周年。在这 70 年里，中国人民生活的方方面面都发生了巨大变化。随着社会经济水平的提高，健康问题已经成为最受社会关注的民生问题之一。本报告主要聚焦于新中国的健康事业发展和医疗卫生体制变革。在这一章，我们主要系统回顾中国健康事业发展所取得的巨大成就以及正在面临的新的挑战。本章末我们对中国卫生事业的发展前景进行了展望，并对本报告其他章节的内容编排做了简要说明。

一、引言

健康是人类发展的永恒主题。人类社会的全部历史，就是不断摆脱饥荒和贫困、逃离疾病和早殁的过程。《“健康中国 2030”规划纲要》明确指出：“健康是促进人的全面发展的必然要求，是经济社会发展的基础条件。”一方面，健康长寿是人类发展所追求的终极福祉，也是衡量社会发展水平的最重要的指标之一，经济增长所带来的巨大成果最终应该转化为人口健康状况的普遍改善和平均寿命的不断延长；另一方面，健康还具有重要的工具性价值，在生产过程中劳动力的健康水平直接影响生产效率，因而是人力资本的重要组成部分。据估计，劳动者健康问题所导致的经济损失高达整个经济总产值的 14%（Leigh et al.，1999）。尤其是在人口老龄化的时代背景下，国民健康状况很大程度上决定了未来医疗和养老等社会抚养负担的大小，对于社会经济发展的可持续性具有不容忽视的重要影响。

新中国成立以来，中国的卫生健康事业取得了辉煌的成就。人口预期寿命从新中国成立之初的不到 40 岁增长至 2015 年的 76 岁以上，婴儿死亡率下降到极低的水平，各类寄生性、传染性疾病基本都得到了有效控制。21 世纪以来，国家对以医疗为代表的民生问题尤为重视，社会投入不断增加，过去十年间更是以极快的速度建立起几乎覆盖全部国民的医疗保障制度，使得数以亿计的人口有了基本的健康保障。

与此同时，随着人口老龄化、疾病类型转变、医药体制改革等一系列新问题的出现，当前中国健康事业面临着前所未有的挑战。首先，随着疾病类型转变的进程，慢性退行性疾病取代传染性疾病成为当前最主要的健康风险和死亡原因。心脏病、中风、恶性肿瘤等慢性疾病已经占中国居民死因构成的八成以上（孔灵芝，2012）。与传染性疾病相比，慢性疾病的致病机制更为复杂，深受社会环境和生活方式等多种因素的综合影响，因此控制起来更为困难。其次，随着市场化改革和社会转型，中国在社会经济领域出现了严重的不平等，不断拉大的贫富差距也影响到了健康领域，不同地区之间、城乡之间以及不同社会阶层之间的健康不平等问题日益凸显。最后，中国目前的医疗保障内容和水平仍然存在很多不足，困扰国民的“看病难、看病贵”问题并未得到根本缓解。随着医疗体制改革进入深水区，相应问题和矛盾不断涌现。如何有效应对和处理这些问题，对未来国民健康的可持续发展有着决定性的影响。

本章主要结合世界银行的世界发展指标（World Development Indicators，WDI）数据以及国家统计局的相应统计资料，考察中国人口健康事业的发展历程、取得的巨大成就，以及所面临的艰巨挑战。

二、中国健康事业的发展与成就

（一）人口健康指标迅速改善

新中国成立之前，受常年战乱和经济贫困的影响，中国的人口健康水

平极为低下。新中国成立伊始，在恢复社会秩序和发展经济的同时，中央政府根据当时人口多、底子薄、传染病盛行、医疗资源严重不足的现实情况，专门制定了“面向工农兵”“预防为主”“团结中西医”三大卫生工作基本方针，大力促进基层卫生事业的发展。在这些基本方针的指导下，中国卫生事业取得了长足进展，人民健康水平不断提高。

如图 0-1 所示，20 世纪 60 年代，中国人口预期寿命的增长势头极为迅猛。例如，1960 年全国人口预期寿命仅为 43.8 岁，而到 1970 年，人口预期寿命突破了 59 岁，并继续在 1971 年突破 60 岁大关，达到了 60.3 岁。这段时期，全国人口预期寿命平均每年增长一岁多，创造了人类历史上惊人的增长速度。难能可贵的是，这种增长是在经历了三年严重困难、“文革”导致的社会动荡以及国民经济发展缓慢的背景下取得的。这一巨大成就的取得颠覆了关于经济发展是提高人口健康状况的必要前提的传统认知，以至于世界卫生组织在 1978 年召开的阿拉木图会议上把中国的卫生发展模式作为初级卫生保健的典范向全世界推荐。究其原因，当时中国社会面对的主要疾病和死亡威胁是各类传染性疾病，而新中国成立后采取的卫生事业发展指导方针注重基层并且强调预防，对于控制传染性疾病的传播具有很强的针对性，加之一直坚持开展且全民参与“爱国卫生运动”，这些举措在极短的时间内就取得了切实的成效，在国民经济较为困难的条件下实现了平均寿命的高速增长。

20 世纪 70 年代后期以来，随着改革开放政策的实行，中国在经济领域的发展突飞猛进，国民经济实现了长达 40 年的高速增长，人民物质生活水平不断提高。不过，如图 0-1 所示，这一时期人口预期寿命的增速明显放缓。例如，从 1981 年到 1990 年，全国人口预期寿命仅从 67.2 岁变动为 69.3 岁，增幅只有两岁。整个 20 世纪 90 年代以及 21 世纪的第一个十年，人口预期寿命的增长有所提速，每十年增长三岁左右。这可能与慢性病时代人口预期寿命的变动规律有关，也部分受到了医疗体制新旧交替所带来的阶段性阵痛的影响。截至 2015 年，中国人口预期寿命达到了 76.1 岁，其中女性人口预期寿命为 77.7 岁，男性为 74.6 岁。

与人口预期寿命的变动情况相似，中国的婴儿死亡率也经历了先急速下降、再逐步放缓的变动过程。在 1970 年之前，中国的婴儿死亡率高达 80‰以上，而如图 0-2 所示，中国婴儿死亡率在整个 20 世纪 70 年代下降明显，到 1980 年，婴儿死亡率已经下降到 50‰以下。在经历了 80 年代的缓慢下降之后，从90年代开始，婴儿死亡率持续下降到极低的水平。2016年中国的婴儿死亡率仅为8.5‰，大约是1969年水平的十分之一。

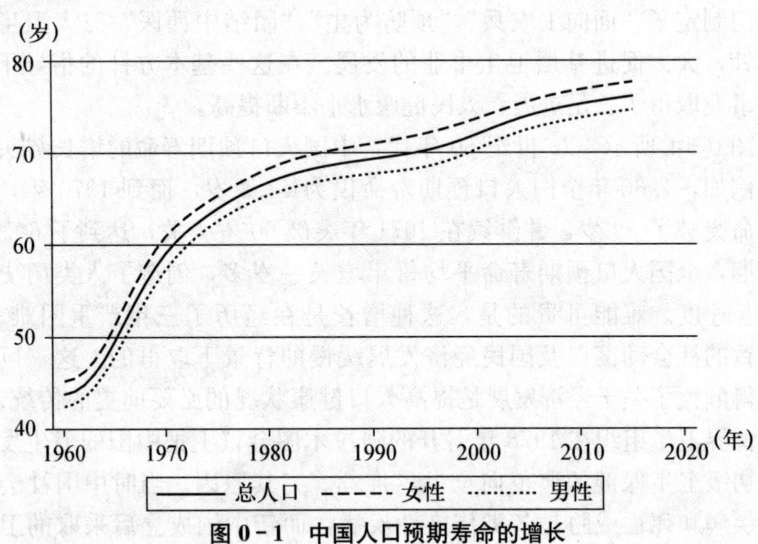

图0-1　中国人口预期寿命的增长

资料来源：World Development Indicators (2018).

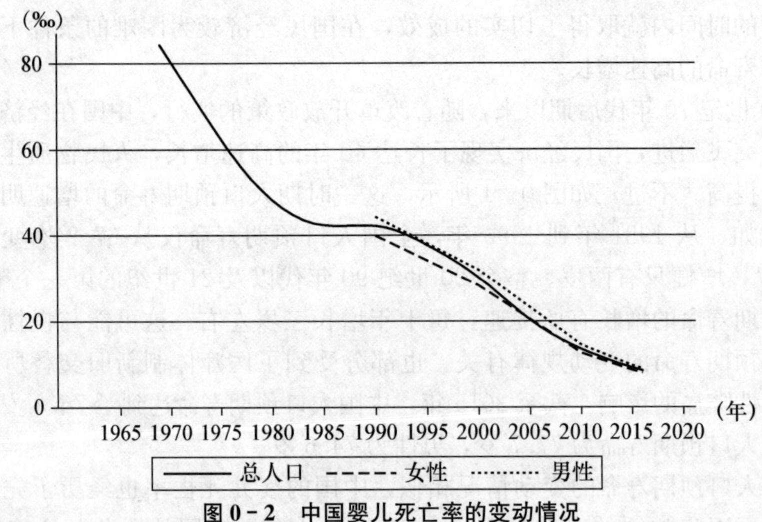

图0-2　中国婴儿死亡率的变动情况

资料来源：World Development Indicators (2018).

中国人口预期寿命的迅速提高，以及婴儿死亡率的持续下降，与我们对传染性疾病的有效控制具有极为密切的关系。如图 0-3 所示，在国家卫生体制的支持下，能够有效应对传染性疾病的疫苗迅速得以普及。以乙肝疫苗为例，2000 年中国婴儿乙肝疫苗的接种率还只有 60%，此后不到十年，乙肝疫苗的接种率就达到了惊人的 99%。2009 年以来，破伤风和麻疹的疫苗接种率也一直维持在 99%的极高水平。这对防控甚至消灭曾经造成大量婴幼儿死亡的传染性疾病起到了关键作用。

从这些基本的健康指标不难看出，新中国成立以来，我国人口健康状况获得了巨大的改善，人们正在享受前所未有的高寿命和低死亡率。尤其是针对传染性疾病展开的国家运动式的针对性举措，使得这些疾病对人口健康的威胁得到了强有力的控制。

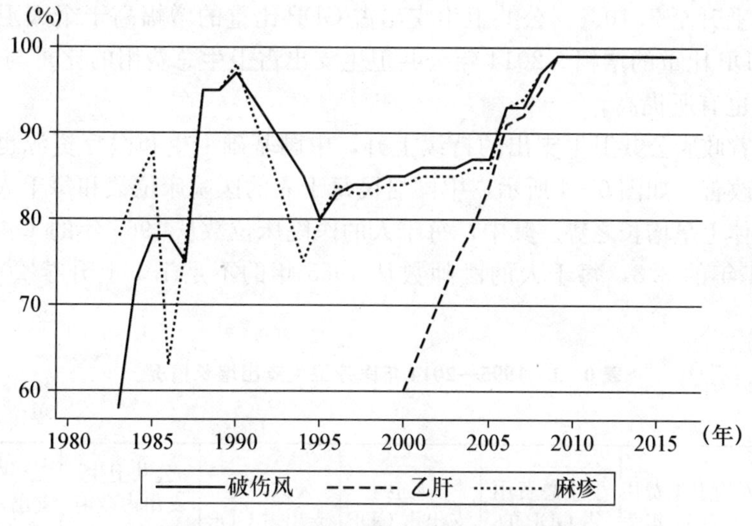

图 0-3　部分传染病的婴幼儿疫苗接种率

资料来源：World Development Indicators (2018).

(二) 医疗资源和投入不断增加

人口健康事业的发展离不开物质资源的持续投入。表 0-1 给出了 1995—2014 年中国卫生支出的变动情况，由表中的数字不难看出，在这 20 年间国家对人口健康的重视程度呈上升趋势，无论是绝对投入还是相对投入都在不断增长。首先，从人均卫生费用来看，1995 年中国人均卫生费用支出尚不足 65 美元，这一数字在此后的 20 年里增长了 10 倍以上，到 2014 年中国人均卫生费用支出已经超过了 730 美元。这一数值虽然与部分发达国家相比仍有不小的差距，甚至不及美国相应投入的十分之一，但其上升势头非常迅猛。其次，从相对份额来看，1995—2014 年，中国卫生总费用占 GDP 的比重也在不断上升。1995 年卫生总费用大约占当年 GDP 的 3.53%，这一数字在 2009 年首次突破 5%，到 2014 年进一步增至 5.55%。这与过去十年间国家强调解决民生问题以及新医改的迅速推进有着直接的关系。最后，从卫生支出的构成来看，公共卫生支出逐渐超过个人卫生支出。个人卫生支出占 GDP 的比重从 1995 年的 1.75%上升至 2014 年的 2.45%，而公共卫生支出占 GDP 的比重在同一时期从 1.78%上升至 3.10%。公共卫生支出占 GDP 比重的增幅高于个人卫生支出占 GDP 比重的增幅。2014 年公共卫生支出占卫生总费用的比重与 1995 年相比也有所提高。

随着政府公共卫生支出的持续上升，中国基础卫生和医疗资源也得到了显著改善。如图 0-4 所示，中国居民每千人的医院床位数和每千人的医师数总体上呈增长之势。其中，每千人的医院床位数从 1965 年的 1.4 上升至 2011 年的 3.8，每千人的医师数从 1965 年的不足 1.1 上升至 2012 年的 1.9。

表 0-1　1995—2014 年医疗卫生支出增长情况

单位：美元

年份	人均卫生费用（按 2011 年美元价格核算）	卫生总费用占 GDP 的比重（%）	个人卫生支出占 GDP 的比重（%）	公共卫生支出占 GDP 的比重（%）	公共卫生支出占政府总支出的比重（%）	公共卫生支出占卫生总费用的比重（%）
1995	64.34	3.53	1.75	1.78	15.95	50.50
1996	76.68	3.79	2.02	1.76	15.90	46.59
1997	89.91	4.02	2.24	1.78	15.32	44.24
1998	104.89	4.33	2.52	1.81	14.24	41.81
1999	117.98	4.49	2.65	1.83	12.23	40.89
2000	133.25	4.60	2.84	1.76	10.82	38.28
2001	145.51	4.56	2.94	1.62	9.29	35.57

续表

年份	人均卫生费用（按2011年美元价格核算）	卫生总费用占GDP的比重（%）	个人卫生支出占GDP的比重（%）	公共卫生支出占GDP的比重（%）	公共卫生支出占政府总支出的比重（%）	公共卫生支出占卫生总费用的比重（%）
2002	168.27	4.79	3.07	1.71	9.26	35.83
2003	189.19	4.82	3.07	1.75	9.54	36.23
2004	208.47	4.72	2.93	1.79	10.00	37.97
2005	235.07	4.66	2.85	1.81	9.79	38.77
2006	263.65	4.52	2.68	1.84	9.94	40.65
2007	293.57	4.32	2.29	2.03	11.06	46.93
2008	346.84	4.59	2.30	2.29	10.13	49.95
2009	419.95	5.08	2.41	2.66	10.31	52.50
2010	450.34	4.89	2.23	2.65	10.24	54.31
2011	515.14	5.03	2.22	2.81	10.62	55.89
2012	588.36	5.26	2.32	2.95	10.49	55.96
2013	654.37	5.39	2.38	3.01	10.28	55.81
2014	730.52	5.55	2.45	3.10	10.43	55.79

资料来源：World Development Indicators（2018）.

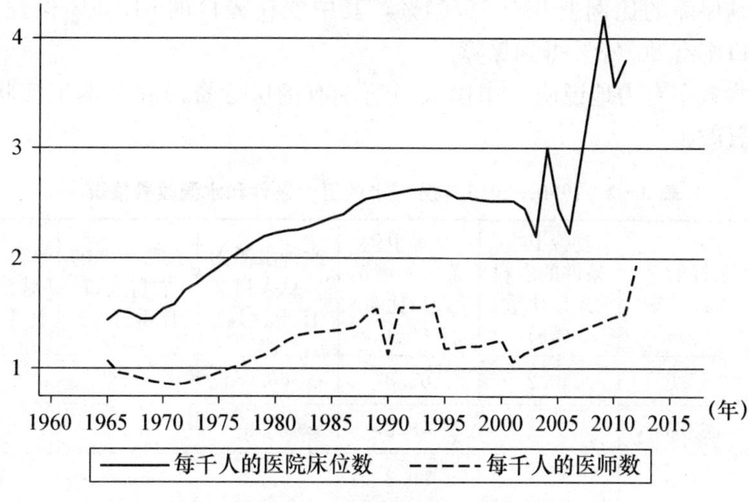

图0－4　基础卫生资源的改善

资料来源：World Development Indicators（2018）.

医疗卫生资源的投入对于改善中国居民的基本生活条件起到了至关重要的作用。如表 0－2 所示，20 世纪 90 年代以来，中国居民的卫生条件和水源情况得到了不断改善，基本生活状况得到保障的人口比重持续增加。在 1990 年，具备改善卫生条件的总人口比重不足半数，其中农村人口仅为四成，城镇人口也只有三分之二；到 2015 年，总人口中该比例上升至 76.5％，农村人口和城镇人口的相应比例也都大幅增至 63.7％和 86.6％。相对来说，改善水源的成效主要体现在农村地区，这是因为在 1990 年的城镇人口中，改善水源的工作已经基本完成，比重高达 97.0％，而农村人口的改善水源比重仅为 56.1％，导致总人口的比重仅为 66.9％；截至 2015 年，改善水源覆盖了超过 95％的总人口，覆盖的农村人口相应比重也已经上升至 93.0％。

如表 0－3 所示中国居民基本饮水服务得到保障的情况逐年改善，尤其是在农村地区。2000 年，中国总人口中基本饮水服务得到保障的比例不足八成，农村人口中更是不及三分之二；到 2015 年，无论城乡，中国人口基本饮水服务得到保障的比例均超过了 95％。与之相似，中国居民基本卫生服务得到保障的人口比例也在逐年上升。2000 年全国保障比例仅为 60.58％，而农村只有半数人口得到保障；截至 2015 年，中国居民基本卫生服务得到保障的比例上升至 75.04％，其中农村人口的 61.09％得到保障，城镇人口则有 86.23％得到保障。

这些数字有力地说明了中国人口所享有的医疗资源和基本生活状况得到了显著改善。

表 0－2　1990—2015 年分城乡的卫生条件和水源改善情况

年份	改善卫生条件的总人口比重（％）	改善卫生条件的农村人口比重（％）	改善卫生条件的城镇人口比重（％）	改善水源的总人口比重（％）	改善水源的农村人口比重（％）	改善水源的城镇人口比重（％）
1990	47.5	40.2	67.8	66.9	56.1	97.0
1991	48.6	41.2	68.6	68.3	57.6	97.1
1992	49.8	42.1	69.3	69.8	59.0	97.1
1993	50.9	43.0	70.1	71.2	60.5	97.1
1994	52.0	44.0	70.8	72.5	62.0	97.1

续表

年份	改善卫生条件的总人口比重（%）	改善卫生条件的农村人口比重（%）	改善卫生条件的城镇人口比重（%）	改善水源的总人口比重（%）	改善水源的农村人口比重（%）	改善水源的城镇人口比重（%）
1995	53.2	44.9	71.6	73.9	63.5	97.1
1996	54.3	45.9	72.3	75.2	64.9	97.2
1997	55.4	46.8	73.1	76.5	66.4	97.2
1998	56.6	47.7	73.8	77.8	67.9	97.2
1999	57.7	48.7	74.6	79.1	69.4	97.2
2000	58.8	49.6	75.3	80.3	70.8	97.2
2001	60.0	50.6	76.1	81.6	72.3	97.3
2002	61.2	51.5	76.8	82.8	73.8	97.3
2003	62.4	52.4	77.6	84.0	75.3	97.3
2004	63.7	53.4	78.3	85.2	76.7	97.3
2005	64.9	54.3	79.1	86.3	78.2	97.3
2006	66.1	55.3	79.9	87.4	79.7	97.3
2007	67.2	56.2	80.6	88.5	81.2	97.4
2008	68.4	57.1	81.4	89.5	82.6	97.4
2009	69.6	58.1	82.1	90.5	84.1	97.4
2010	70.8	59.0	82.9	91.4	85.6	97.4
2011	71.9	60.0	83.6	92.3	87.1	97.4
2012	73.1	60.9	84.4	93.2	88.5	97.5
2013	74.2	61.8	85.1	94.0	90.0	97.5
2014	75.4	62.8	85.9	94.8	91.5	97.5
2015	76.5	63.7	86.6	95.5	93.0	97.5

资料来源：World Development Indicators (2018).

表 0-3 2000—2015 年分城乡的基本饮水和卫生条件服务覆盖情况

年份	保障基本饮水服务的总人口比重（%）	保障基本饮水服务的农村人口比重（%）	保障基本饮水服务的城镇人口比重（%）	保障基本卫生服务的总人口比重（%）	保障基本卫生服务的农村人口比重（%）	保障基本卫生服务的城镇人口比重（%）
2000	77.50	65.86	98.31	60.58	51.59	76.64
2001	77.90	65.86	98.31	61.12	51.59	77.28
2002	79.58	68.03	98.11	62.12	52.26	77.92
2003	81.22	70.19	97.91	63.13	52.94	78.56
2004	82.79	72.36	97.71	64.14	53.61	79.20
2005	84.30	74.52	97.51	65.15	54.28	79.84
2006	85.74	76.69	97.32	66.15	54.96	80.48
2007	87.11	78.85	97.12	67.15	55.63	81.12
2008	88.42	81.02	96.92	68.15	56.30	81.76
2009	89.67	83.18	96.72	69.15	56.97	82.40
2010	90.85	85.35	96.52	70.14	57.65	83.03
2011	91.97	87.52	96.32	71.14	58.32	83.67
2012	93.03	89.68	96.13	72.13	58.99	84.31
2013	94.02	91.85	95.93	73.11	59.67	84.95
2014	94.95	94.01	95.73	74.08	60.34	85.59
2015	95.82	96.18	95.53	75.04	61.01	86.23

资料来源：World Development Indicators (2018).

（三）新医改取得阶段性成果

自 2003 年新型农村合作医疗（以下简称“新农合”）在全国范围展开试点以来，中国的医疗保障体制改革取得了令人瞩目的成就。通过在农村推广新型农村合作医疗、在城镇改革职工医疗保险和引入城镇居民基本医疗保险制度，中国用极短的时间就基本实现了医疗保障的全面覆盖。如图 0-5 所示，在 2003 年，拥有医疗保险的中国居民比例极低，仅有部分城镇职工拥有基本医疗保险，占总人口的比例不足一成。这一比例在过去十几年间逐年提高，尤其是随着 2003 年新农合的逐步推广以及 2007 年城镇居民基本医疗保险制度的实施，全国居民拥有医疗保险的比例急剧上升。2009 年以来，中国居民的医疗保险覆盖率已经超过 90%，虽然近年数据有所波动，但是中国总体上基本实现了对所有人口的全覆盖，使得人人享有基本医疗保障在中国成为现实。

如图 0－6 所示，随着医疗保障制度改革的全面推进，中国居民在医疗花费中的自付比例从 2000 年的 60%下降至 2017 年的 30%以下。这从根本上扭转了 20 世纪 90 年代居民个人医疗负担不断加重的趋势，并部分缓解了多年来普遍存在的“看病难、看病贵”的矛盾。不过，值得指出的是，虽然近年来居民医疗开支的自付比例下降明显，但是由于人均医疗费用逐年快速增长，个人实际自付的绝对金额并没有下降（汤胜蓝，2014）。随着医疗体制改革的进一步深化，尤其是医疗保障水平的不断提升，切实可负担的医疗保障有望为绝大多数居民的正常生活保驾护航。

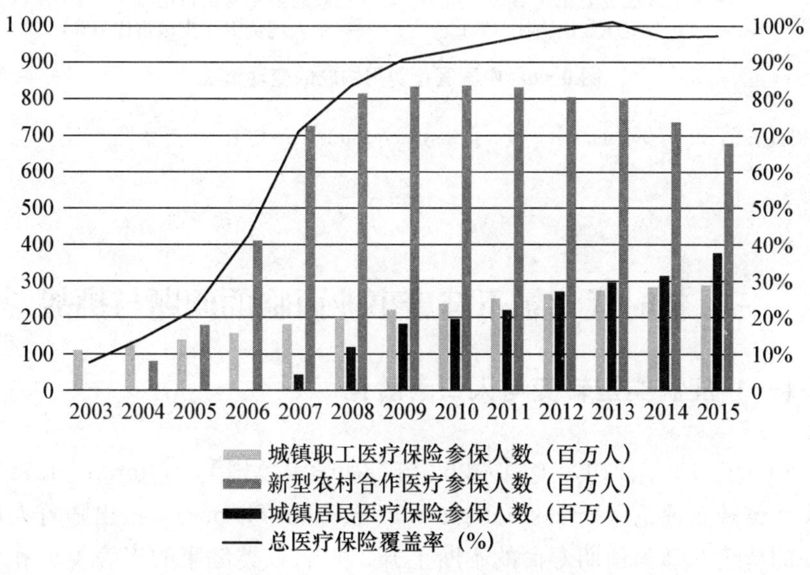

图 0－5　中国医疗保险的覆盖情况

资料来源：国家卫生和计划生育委员会．中国卫生和计划生育统计年鉴 2017．北京：中国协和医科大学出版社，2017.

注：因统计口径问题，2013 年总医疗保险覆盖率超过 100%。

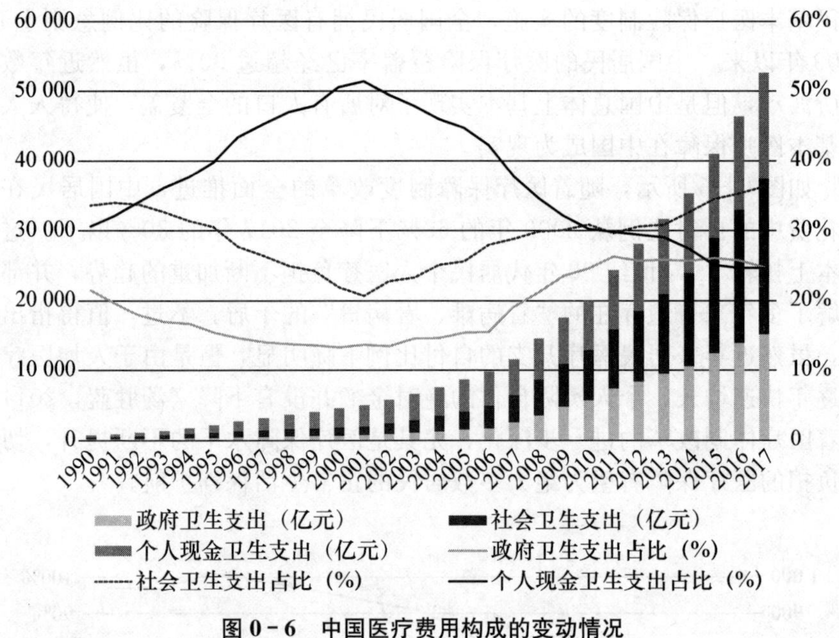

图 0-6　中国医疗费用构成的变动情况

资料来源：http：//data. stats. gov. cn/easyquery. htm? cn=C01.

三、新时代背景下健康事业面临的问题与挑战

（一）疾病类型转变与人口老龄化

20 世纪 70 年代初，美国人口与流行病学家奥姆兰（Omran，1971）提出疾病谱转变理论（Epidemiological Transition Theory），指出随着人口死亡率的持续下降和预期寿命的不断上升，影响人类健康的疾病类型和导致死亡的主要死因也发生了重大的结构性变化。该理论将疾病类型转变划分为三个阶段。

第一阶段为瘟疫和饥荒时期（the age of pestilence and famine）。早期人类社会长期遭受瘟疫和饥荒的困扰，传染性疾病（如天花、霍乱、鼠疫）是健康和生命的主要威胁。在这种背景下，人口死亡率极高，并随着传染

病暴发而波动频繁，平均人口预期寿命仅为20～40岁。

第二阶段为流行病衰退时期（the age of receding pandemics）。19世纪下半叶以来，发达国家的人口死亡率开始稳步下降，人口预期寿命上升至30～50岁。过去造成大量人口死亡的传染性疾病得到有效控制，发病率和死亡率迅速下降。这一时期人口死亡率的下降和预期寿命的上升主要由于人们社会经济生活状况的改善和公共卫生事业的发展，而非现代医学技术之功（McKeown，Record，1962）。

第三阶段为退行性和人为疾病时期（the age of degenerative and man-made diseases）。在这一阶段，死亡率进一步下降并稳定在较低水平，平均人口预期寿命超过50岁。退行性和慢性疾病（如心脏病、恶性肿瘤、中风）的患病率呈上升之势，逐渐构成了人口死亡的主要原因。慢性疾病的兴起，一方面由于预期寿命的普遍提升，越来越多的人可以活到老年，而身体器官的自然衰老和持续损耗是导致慢性疾病的主因；另一方面，随着社会经济发展水平的不断提高，现代社会的生活方式发生了重大变化，过多的营养摄入、体力劳动强度的下降和生活环境的变化等，成为助长各类慢性病患的重要帮凶。

发达国家大多在20世纪上半叶完成了疾病谱转变，进入退行性和人为疾病阶段。第二次世界大战之后，大部分发展中国家也以更快的速度经历了类似的转变过程。新中国成立以来，中国居民的健康状况得到了极大改善，人口预期寿命从新中国成立初的35岁迅速上升至2010年的74.8岁，增长了一倍以上（张震，2016）。在这一过程中，困扰国民健康的主要疾病类型也发生了巨大变化。当前，中国居民超过85%的死亡是由慢性病引起的（孔灵芝，2012）。慢性病还导致了大量的残疾和失能，70%的健康预期寿命的损失可以归因于各类慢性病（O'Donnell，2014）。此外，慢性病还严重影响了国民的正常生活和社会参与。据《中国心血管病报告2018》概要统计，当前中国高血压患者人数高达2.45亿，（胡盛寿，等，2019），这无疑严重影响了相应人群的生活质量，并给社会造成巨大的疾病负担。数量庞大且不断增长的慢性病群体使关注慢性病的预防与控制已经成为当今社会所面临的最为重要的健康议题（孔灵芝，2012）。

表0-4给出了2016年统计的中国居民的主要死因分布情况。如表中的数据所示，不论城乡还是性别，心脏病、脑血管病、恶性肿瘤和呼吸系统疾病等慢性病已经成为当前中国居民的主要死因。与之相比，传染性疾病

导致的死亡在所有死因中只占1%左右，女性人口中该比例甚至低于1%。显而易见，各类退行性和慢性疾病已经成为中国居民健康长寿的最大威胁。

表0-4　2016年分城乡、分性别的中国居民主要死因分布情况

排序	城市男性	城市女性	农村男性	农村女性
1	恶性肿瘤（28.7%）	心脏病（25.6%）	恶性肿瘤（25.7%）	心脏病（25.5%）
2	心脏病（20.3%）	恶性肿瘤（22.4%）	脑血管病（22.4%）	脑血管病（24.4%）
3	脑血管病（19.9%）	脑血管病（21.5%）	心脏病（19.9%）	恶性肿瘤（19.0%）
4	呼吸系统疾病（11.4%）	呼吸系统疾病（11.0%）	呼吸系统疾病（11.7%）	呼吸系统疾病（12.5%）
5	损伤和中毒外部原因（6.9%）	损伤和中毒外部原因（5.0%）	损伤和中毒外部原因（9.4%）	损伤和中毒外部原因（6.2%）
6	内分泌、营养和代谢疾病（2.8%）	内分泌、营养和代谢疾病（4.1%）	消化系统疾病（2.4%）	内分泌、营养和代谢疾病（3.0%）
7	消化系统疾病（2.5%）	消化系统疾病（2.0%）	内分泌、营养和代谢疾病（1.8%）	消化系统疾病（1.7%）
8	传染病（含呼吸道结核）（1.3%）	神经系统疾病（1.4%）	传染病（含呼吸道结核）（1.4%）	神经系统疾病（1.3%）
9	神经系统疾病（1.1%）	泌尿生殖系统疾病（1.1%）	泌尿生殖系统疾病（1.1%）	泌尿生殖系统疾病（1.1%）
10	泌尿生殖系统疾病（1.1%）	传染病（含呼吸道结核）（0.7%）	神经系统疾病（1.0%）	传染病（含呼吸道结核）（0.8%）

资料来源：国家卫生和计划生育委员会．中国卫生和计划生育统计年鉴2017．北京：中国协和医科大学出版社，2017.

注：括号中数字为占总死亡的百分比。

疾病谱转变给中国的卫生事业发展提出了严峻的挑战。与传染性疾病不同，慢性病的致病机制更为复杂，深受个人行为和社会环境等多重因素的长期影响，传统的生物医学模式在应对慢性病问题时经常显得力不从心（罗森伯格，2016）。因此，过去在控制传染病方面功绩卓著的医疗卫生体制应当如何有效回应慢性病时代的挑战，将是决定健康中国战略成败的重

要问题。慢性病的预防和治疗已经远远超出了狭义的生物医学范畴，需要借鉴更多的行为和社会科学知识。

以吸烟行为为例，大量的生物医学研究表明，吸烟是导致肺部疾病、心脏病等慢性病风险的重要原因（Chen et al.，2015），然而，生物医学知识并不能解释人们为什么会形成吸烟行为。吸烟行为与社会、经济、人口等因素有着密切关系，例如，中国的吸烟率存在着巨大的性别差异：如图0－7所示，2015年男性吸烟率高达47.6%，与2000年的水平（55.8%）相比也只下降了大约八个百分点。与此同时，2015年女性吸烟率仅为1.8%，不及男性吸烟率的二十分之一。此外，中国农村居民的吸烟率高于城市居民，文化程度和家庭人均收入较低的群体吸烟率较高（章蓉，曹乾，路云，2014）。因此，为了有效减少吸烟带来的慢性病健康危害，有必要深入探究健康行为背后的社会经济影响因素。

此外，疾病谱转变带来的挑战由于中国的人口老龄化趋势而进一步加剧。中国已经步入老龄化社会，截至2015年底，全国60岁及以上老年人口占总人口的16.1%，其中65岁及以上老年人口占总人口的10.5%（中华人民共和国民政部，2016）。老年人口患慢性病的风险高，患病率为全人群的4.2倍。2008年，中国65岁以上老年人的慢性病患病率为64.5%，城市地区高达85.2%（刘竟芳，等，2014）。老年人口的高患病率伴随的是高昂的医疗费用和大量的医疗服务及照料需求。如何回应疾病谱转变背景下人口老龄化带来的挑战，是中国健康事业未来亟须面对的问题。

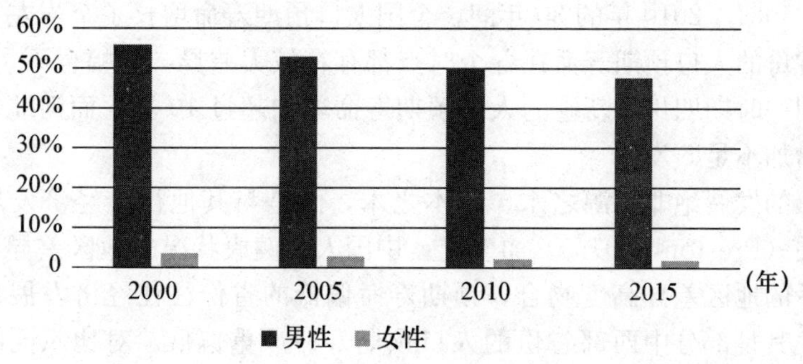

图0－7　中国的分性别吸烟率

资料来源：World Development Indicators（2018）.

（二）健康不平等问题凸显

前文提及，在过去几十年间中国的人口健康事业取得了长足的进步，人口预期寿命翻了一番，各类死亡率下降明显。但是，中国健康事业的发展并不均衡，尤其是市场化改革以来，各种健康不平等问题日渐凸显。中国人口健康的地区不平等、城乡分割，以及社会阶层差异，已经成为真正实现“共建共享、全民健康”的健康中国战略的严重掣肘（齐亚强，2019）。

1. 健康的地区不平等

中国幅员辽阔，不同地区在自然资源、气候环境、文化习俗、经济发展水平等方面长期存在较大的差距。改革开放以来，虽然各地都经历了高速的经济增长，但是地区差距并未得到缓解，甚至还有所扩大（XIE Y，HOU X，2014）。在这一背景下，人口健康的分布也呈现出明显的地区差异。以 2010 年为例，我国东部发达省份（如上海、北京、浙江）的平均预期寿命已经接近甚至超过 80 岁，而部分西部省份（如云南、西藏）的预期寿命尚不足 70 岁。这种巨大的地区差距完全不逊色于国际上发达国家与欠发达国家之间的差距。例如，江苏、浙江等省份的人口预期寿命已经与美国、英国大致相当，而西藏、云南、贵州等地的人口预期寿命则仍然处在摩尔多瓦、柬埔寨等欠发达国家的水平。这一现状无疑严重影响了国民总体健康水平的提升。

表 0－5 展示了利用最近四次人口普查数据估算的各省份人口预期寿命的情况。1981—2010 年的 30 年间，全国人口预期寿命增长了 7 岁左右，但是不同省份的人口预期寿命在各个时点都存在较大差异，增幅也不尽相同。例如，同一时期四川和新疆的人口预期寿命增加超过 10 岁，而河北、河南等地则增加不足 5 岁。

健康的发展绝非无源之水、无本之木，而是与其他社会经济发展状况密切相关（Preston，1975）。事实上，中国人口健康状况的地区差异与经济发展水平的地区差异高度吻合，预期寿命偏低的省份往往经济发展也较为落后，尤其是部分中西部省份的人口预期寿命严重偏低。对比不同时间点的数据，改革开放以来，中国省际平均预期寿命和人均 GDP 的相关度出现了随时间推移不断上升的趋势，到 2010 年二者的相关系数高达 0.79。由此不难推断，不同地区之间在社会经济方面的不均衡发展是导致各地人口健康鸿沟的重要成因（齐亚强，李琳，2018；齐亚强，牛建林，2015）。

表 0-5　1981—2010 年分省份预期寿命及其变动情况

单位：岁

	1981	1990	2000	2010	变动
全　国	67.9	68.6	71.4	74.8	6.9
北　京	72.1	72.9	76.1	80.2	8.1
天　津	71.1	72.3	74.9	78.9	7.8
河　北	70.7	70.4	72.5	75.0	4.3
山　西	67.9	69.0	71.7	74.9	7.0
内蒙古	67.1	65.7	69.9	74.4	7.3
辽　宁	70.9	70.2	73.3	76.4	5.5
吉　林	69.1	68.0	73.1	76.2	7.1
黑龙江	68.5	67.0	72.4	76.0	7.5
上　海	73.0	74.9	78.1	80.3	7.3
江　苏	69.7	71.4	73.9	76.6	6.9
浙　江	69.0	71.8	74.7	77.7	8.7
安　徽	69.3	69.5	71.9	75.1	5.8
福　建	68.7	68.6	72.6	75.8	7.1
江　西	66.2	66.1	69.0	74.3	8.1
山　东	70.2	70.6	73.9	76.5	6.3
河　南	69.8	70.2	71.5	74.6	4.8
湖　北	65.8	67.3	71.1	74.9	9.1
湖　南	65.8	66.9	70.7	74.7	8.9
广　东	71.2	72.5	73.3	76.5	5.3
广　西	70.2	68.7	71.3	75.1	4.9
海　南	—	70.0	72.9	76.3	—
重　庆	—	—	71.7	75.7	—
四　川	64.5	66.3	71.2	74.8	10.3
贵　州	62.0	64.3	66.0	71.1	9.1
云　南	61.4	63.5	65.5	69.5	8.1
西　藏	—	59.6	64.4	68.2	—

续表

	1981	1990	2000	2010	变动
陕　西	65.3	67.4	70.1	74.7	9.4
甘　肃	66.1	67.2	67.5	72.2	6.1
青　海	61.4	60.6	66.0	70.0	8.6
宁　夏	66.0	66.9	70.2	73.4	7.4
新　疆	61.5	62.6	67.4	72.3	10.8

注：1981年数据取自姚新华、尹华《中国常用人口数据集》，中国人口出版社，1994：表3-10。其他年份数据取自国家卫生和计划生育委员会《中国卫生统计年鉴2013》，中国协和医科大学出版社，2013：表8-2-2。

2. 健康的城乡分割

长期以来，城乡二元分割是中国社会的基本特征之一，这种制度、文化和经济发展水平上的分割也造成了中国城乡居民在健康发展方面的重要差异。据估计，中国城镇居民和农村居民的人口预期寿命大概相差六岁，城镇居民明显平均寿命更长、各种死亡率更低（胡英，2010）。

农村居民健康状况总体上落后于城镇居民的现状在很大程度上与中国医疗资源配置的城乡不均衡性有关（韩子荣，2009；Zhao，2006）。虽然农村人口众多，但是在中国的再分配体制中农村往往处在相对边缘的位置，进而导致农村地区的医疗资源和卫生基础设施数量严重不足、质量低下。前文的表0-2和表0-3就显示了农村的基本卫生和饮水服务总体上远落后于城镇地区。究其原因，在改革开放之初，旧有农村合作医疗体系的彻底瓦解，导致了广大农村人口在很长一段时间内缺乏基本的医疗保障。随着国家财力的提升、新农合的普及，以及对“城乡一体化”进程的推动，医疗保障的城乡差异有望逐步缩小。

由于中国的疾病类型转变进程极为迅猛（Yang，Kang，Zhao et al.，2008；Yang，Kang，Zhao et al.，2013），营养转型和生活方式转型尚未彻底完成，营养不良和营养过剩的现象共同存在（孔国书，齐亚强，2017；王甫勤，2017），健康和疾病的分布在城乡之间存在着重要的结构性差异。以常见的慢性病为例，表0-6展示了分城乡的主要慢性病的自报发病情况。城镇居民自报患有高血压的比例为27.68%，患有血脂异常的比例为12.76%，患有糖尿病的比例为8.03%，而农村居民相应疾病的患病率仅为22.38%、6.89%和4.12%。这些慢性病在城镇居民中的高发病率与城镇居民平均营养摄入水平更高、体力劳动强度更低有着直接的关系。而农村居

民由于生活条件相对较落后、体力劳动强度造成的身体损耗更大，其患有慢性肺病、胃部或消化系统疾病以及关节炎/风湿病的比例显著高于城镇居民，前者三种疾病的自报患病率分别为11.09%、24.48%和36.19%，而后者为8.83%、19.02%和28.14%。城乡之间疾病模式的结构性差异需要引起我们的特别关注，进而制定有针对性的公共卫生政策，以便于合理调配医疗卫生资源，有效缩小城乡之间的健康差异。

此外，中国还存在着高达两亿多的乡城流动人口，他们的流动决策和健康状况对于中国人口健康的城乡分布具有举足轻重的影响。不少研究表明，人口流动迁移与健康关系密切。受健康选择效应的影响，流动者通常在年富力强、身体健壮时在城里从事繁重、危险的低端体力劳动，而在健康受损后返回农村生活（齐亚强，等，2012）。这客观上无疑造成了疾病和社会抚养负担从城市向农村的转移，再加上农村医疗资源薄弱的现状，势必对缩小城乡差距、实现全民健康的目标产生不利影响。

表0-6　分城乡的主要慢性病的发病率

慢性病种类	全样本（%）	农村（%）	城镇（%）
高血压	24.52	22.38	27.68
血脂异常	9.27	6.89	12.76
糖尿病	5.70	4.12	8.03
恶性肿瘤	1.03	0.93	1.18
慢性肺病	10.18	11.09	8.83
肝脏疾病	3.88	4.10	3.54
心脏病	11.98	10.07	14.81
中风	2.36	2.07	2.77
肾脏疾病	6.34	6.50	6.09
胃部或消化系统疾病	22.28	24.48	19.02
情感及精神方面问题	1.44	1.45	1.42
与记忆有关的疾病	1.58	1.42	1.83
关节炎或风湿病	32.94	36.19	28.14
哮喘	3.64	4.01	3.10

资料来源：2011年中国健康与养老追踪调查（CHARLS）。

3. 健康的阶层不平等

此外，近年来大量健康社会学的实证研究表明（胡安宁，2014；黄洁萍，2014；焦开山，2014；齐良书，2006；齐亚强，牛建林，2015；王甫勤，2017），中国也存在着广泛的“地位综合征”（status syndrome）现象，即在社会分层体系中处在不同位置的人群之间呈现明显的健康差异，社会经济地位越高的群体平均健康状况也越好。由于社会经济地位与健康的关系几乎对所有健康指标都普遍成立，英国社会流行病学家迈克尔·马默特（Marmot，2004）将其形象地称为“地位综合征”。

“地位综合征”并不是一种新生的社会现象，在古代社会里穷人遭受疾病和早殁的风险就远甚于富人，每当饥荒和瘟疫发生时，社会底层群体所遭受的损失也总是最为严重。过去很长一段时间，人们普遍认为，贫困以及由此造成的饥饿和物质生活条件恶劣是导致“地位综合征”的主要原因。然而，20 世纪后半叶以来，随着全球物质产品的不断丰富和绝对贫困问题的有效缓解，人们发现即便在最发达的国家“地位综合征”现象也并没有消失，反而还出现了健康差异进一步扩大的趋势（Black，Morris Smith，Taonsend，1982）。这引发了不少学者对此现象的进一步思考和深入探究。20 世纪 90 年代中期，美国社会流行病学家布鲁斯·林克及其合作者（Link，Phelan，1995）提出了关于健康和疾病的“根本原因理论”（the fundamental cause of disease）。该理论指出，社会条件才是导致健康和疾病的根本原因。以社会经济地位为例，虽然每一种疾病或健康问题都有其更为直接的生物病理机制和致病风险因素，但是不同社会经济地位群体之间的健康差异并不局限于某一种或几种疾病，而是在几乎所有健康指标上普遍存在。因此，社会经济地位很可能是一种更为根本性的健康影响因素。与其他社会群体相比，占据优势社会地位的群体享有的是“全方位”的优势，这不仅意味着更充足的物质资源，还包括更多的知识和技能、更好的社会资本和关系网络、更高的权力和威望。无论哪一种资源有助于实现健康长寿的目标，社会优势群体都可以灵活地调用相应的资源以达到目标。

“根本原因理论”为我们理解“地位综合征”现象提供了全新的视角，它阐明了健康不平等背后的深刻社会根源，为我们正确认识新时代健康与社会的关系提供了有力的思想源泉（Lutfey，Freese，2005）。表 0－7 给出了根据 2010 年中国综合社会调查（CGSS）估算的不同教育、职业、收入群体之间的自评健康差异。为了便于比较，表中的所有百分比都对样本的年

龄和性别构成进行了标准化处理，并给出了分城乡的分布情况。自评健康在中国不同社会经济地位群体之间的分布呈现典型的“地位综合征”的特征。不论是教育、收入还是职业，随着社会经济地位的提高，被访者回答自评健康状况为“很健康/比较健康”的比例稳步上升。以受教育程度为例，在所有被访者中，受教育程度为“小学及以下”学历的回答自评健康为“很健康/比较健康”的标准化比例仅略高于五成（53.3%），初中群体的相应比例则接近六成（59.4%），高中群体和大专及以上群体的自评健康状况继续进一步改善，相应比例分别为62.1%和66.0%。类似地，从职业分层来看，国际社会经济地位指数（international socioeconomic index，ISEI）① 得分在40分以下的职业群体自评健康为“很健康/比较健康”的标准化比例为56.6%，而职业得分在40～64分和65分及以上的职业群体的相应比例则分别为62.9%和65.9%。按照家庭人均收入将被访者分为四等分组，处于最低收入组的被访者自评健康为“很健康/比较健康”的标准化比例不足一半（49.8%），次低和次高收入组的相应比例提高为56.8%和63.7%，最高收入组的比例则略高于64%。从分城乡的情况来看，“地位综合征”在城乡内部同样普遍存在，不过在农村中可能由于高教育程度、高职业地位、高收入群体的人群规模很小，所估算的相应比例可能存在较大的误差。

此外尤为值得注意的是，按照“根本原因理论”，现代医学技术的突飞猛进短期内很可能导致不同社会经济地位群体之间的健康不平等进一步拉大而不是缩小。这是因为，当一种疾病缺乏有效的治疗手段时，社会上层群体所拥有的资源优势并没有发挥作用的土壤；而当新的治疗手段出现后，这种物质、知识、社会、政治方面的全方位资源优势就有了用武之地，社会上层群体往往是新的医疗技术的最早受益者。这也部分解释了为什么在物质生活普遍提升、尖端医疗技术发展迅猛的发达国家中健康不平等不但没有消除，反而出现了不断扩大的趋势。当然，这并不意味着我们应该反对医疗技术的发展，现代医疗技术的进步对于百年来全人类的健康寿命的提升毋庸置疑有着不可磨灭的重要贡献。“根本原因理论”带给我们的启示

① 国际社会经济地位指数是由甘泽布姆、特莱曼和格拉夫提出的衡量职业地位的国际标准化指数（Ganzeboom，Treiman，Graaf，1992）。其中，职业得分越高说明职业地位越高，职业得分越低说明职业地位越低。

是，为了实现全体人口的健康发展，在重视尖端医疗技术的突破和创新的同时，应当大力推动成熟医疗技术在全部人口中的普及，缩小健康不平等，使得技术进步真正产生普惠性的效果。

表 0-7　分城乡的自评健康的社会经济地位差异

社会经济地位指标	自评健康为“很健康/比较健康”的比例		
	总样本	农村居民	城镇居民
受教育程度			
小学及以下	53.3%	51.7%	56.2%
初中	59.4%	63.7%	57.5%
高中	62.1%	68.7%	61.2%
大专及以上	66.0%	55.7%	66.2%
职业得分（ISEI）			
40 分以下	56.6%	56.0%	57.3%
40～64 分	62.9%	71.6%	62.8%
65 分及以上	65.9%	53.3%	66.4%
家庭人均收入			
最低 25%	49.8%	49.0%	51.6%
25%～49%	56.8%	58.9%	54.9%
50%～74%	63.7%	66.2%	62.9%
最高 25%	64.3%	64.7%	64.3%

资料来源：2010 年中国综合社会调查（CGSS）。
注：表中所有数字都对年龄和性别构成进行了标准化处理。

（三）医疗体制改革任重道远

过去 15 年间，中国的新医改取得了巨大成就，以新型农村合作医疗、城镇职工基本医疗和城镇居民基本医疗为主体的覆盖全民的国家医疗保障体系得以建立，医疗保障内容逐渐增加，医疗保险报销比例稳步提高。不过，随着医疗体制改革进入深水区，尤其是卫生医疗费用的持续高速增长，中国社会的卫生医疗体制正面临着严峻的挑战，改革之路仍然任重道远。

卫生医疗体制在社会系统中牵涉甚广，因此评价医疗体系需要从多方面着手。以国际上评估医疗保障体系经常使用的七项标准来看（Weitz,

2010)，中国当前的卫生医疗制度在取得了一定成就的同时仍存在着很多不足。第一，从全覆盖（universal coverage）的标准来看，如图 0－5 所示，进入 21 世纪后中国仅仅用了十年左右的时间就基本建成了覆盖全民的医疗保障体系，医保覆盖率从不足一成迅速上升并长期保持在 90%以上。从覆盖率来看，中国的医疗体制改革无疑取得了巨大成功。

第二，从可携性（portability）即人口和社会流动是否影响医疗保障的角度来看，中国的医疗保障体系并不是一个针对所有居民的统一医疗保障网络，而是由针对不同对象的不同系统组成，因此当人们出现空间迁移或社会流动时很可能存在对接性问题。例如，新农合主要是针对农村居民实行的医疗保险制度，而城镇职工和城镇居民基本医疗的参保对象只能是城镇居民。大量农村居民来到城镇务工的时候，很可能由于身份原因无法参加流入地的医疗保险计划，同时又由于距离障碍难以享受新农合所提供的保障权益。此外，除了不同医疗保险网络之间不能实现互通之外，中国的医疗保险是通过中央政府、地方政府和地方居民三方共同筹资建立起来的，不同地方政府的筹资能力存在很大差别。因此，各个地区之间的医疗保障网也难以实现互通，不同地区的医疗保障内容、水平甚至报销额度都存在巨大的差异（汤胜蓝，2014）。近年来不少地方开始尝试新农合、城镇职工医疗、城镇居民医疗“三网合一”，在地方层面上统合医保筹资的层次，这些都有助于改善未来中国卫生医疗保障体系的可携性。

第三，从制度层面保障的权益到民众切实可以享受的权益的转化，还有赖于医疗卫生资源的空间可得性（geographic accessibility）。长期以来中国医疗卫生资源的配置存在着很大的不平衡，尤其在城乡之间（韩子荣，2009；Zhao，2006）。新中国成立后，中国通过建立以县级医疗卫生机构为龙头，乡镇卫生院为主体，村卫生室为基础的农村三级医疗服务网络体系以及在农村大力培养赤脚医生，利用极为有限的资源投入基本解决了广大农村居民的卫生医疗需求。然而，改革开放以来随着医疗系统的市场化改革，基层医疗机构投入严重不足，卫生人员大量流失，使得本就捉襟见肘的农村医疗卫生体系基本解体。随着疾病类型的转变，农村居民的主要疾病风险逐渐集中为中风、心脏病、恶性肿瘤等慢性疾病，这些疾病的治疗和控制对医疗技术和设施要求较高，远远超出了大多乡村基层卫生机构的能力范围。此外，即便是在城镇地区，医疗卫生资源的分布也存在向北京、上海等特大城市集中的现象。这导致很多人在生病后只能选择异地就医，从而大大增加了患者及其家庭的经济负担。因此，如何更为均衡地配置医疗卫生资源也是中国医疗体制改革所面临的重要课题之一。

第四，除了提高覆盖率，卫生医疗制度还应当完善医疗保障所涵盖的内容，提高其综合保障能力（comprehensive benefits）。受医疗整体投入和筹资水平的限制，中国医疗保障体系所涵盖的内容仍不尽完善，与发达国家相比还存在较大的差距。以新农合为例，不少地区对新农合包括的疾病种类和可使用药物名录都做了严格的限定，报销范围也往往限于住院治疗的费用。随着国家医疗卫生投入的持续上升以及各地医保筹资能力的增强，中国医疗保障的涵盖内容有望不断丰富和扩展。

第五，医疗卫生体制需要保证相关支出对民众的可负担性（affordability）。中国的医疗保障系统在建立之初充分考虑了民众的支付负担，个人参保缴纳的费用都比较低。随着医疗保险花费的增长、保险涵盖内容的健全，近年来个人参保缴费金额有所上升，但基本还在广大民众可承担的范围之内。不过值得指出的是，虽然新医改的初衷是要解决国民普遍遭遇的"看病难、看病贵"问题，但尽管自付比例有所降低，需要个人自付的医疗卫生支出额度并没有出现明显下降。这一方面可能跟新医改部分释放了以前被压制的正当医疗需求有关，一方面也表明了保障水平相对有限造成个人医疗负担仍然偏高。

第六，医疗卫生体制的发展是一个长期的过程，其可持续性在很大程度上取决于医疗卫生资金的运作效率（financial efficiency）。过去几十年的时间里，随着全球范围内人口老龄化加剧的趋势，尤其是疾病谱转变后社会疾病负担主要集中在中老年群体（World Health Organization，2005），世界主要国家的医疗卫生支出呈迅速攀升的势头，各国的医疗保险体系都面临着强大的资金压力。受计划生育政策的影响，中国人口老龄化的速度远远高于其他国家，医疗费用上涨导致的社会医疗保障支出的潜在缺口已经引起了广泛忧虑（刘军强，刘凯，曾益，2015）。这就要求我们必须提高医疗体系的运作效率，在充分保障民众基本医疗卫生权益的基础上努力遏制医疗卫生费用的恶性增长。

第七，虽然医疗保健已经越来越普遍地被视作每个人都应享有的基本权利，因而医疗服务成为政府需要提供的公共产品之一，但是好的医疗卫生服务体系仍然有必要给予并尊重消费者的充分选择权（consumer choice）。换句话说，当个人出现医疗需求的时候，他能够在不同的服务提供者之间进行选择，而不是必须强制接受某一个提供者的服务。这意味着医疗卫生供给领域需要引入充分的市场竞争（朱恒鹏，2011），从而保证医疗服务持续发展的澎湃动力和活力。

（四）工业化与城镇化带来的新挑战

健康不仅是微观个人层面的问题，还会受到宏观社会因素的影响。达尔格伦和怀特海德于 1991 年提出了健康社会决定因素模型（Dahlgren，Whitehead，1991），强调个体健康受到多层次的因素影响，包括年龄、性别及体质因素、个人生活方式、社会与社区网络、生活和工作条件（包括农业及食品生产、教育、工作环境、生活和工作条件、失业、水源与卫生条件、医疗保健服务、住房等），以及宏观社会经济—文化—环境因素，如图 0－8 所示。因此，健康事业并非独立存在，其他社会领域的发展和变化也会对公众健康产生重大影响。

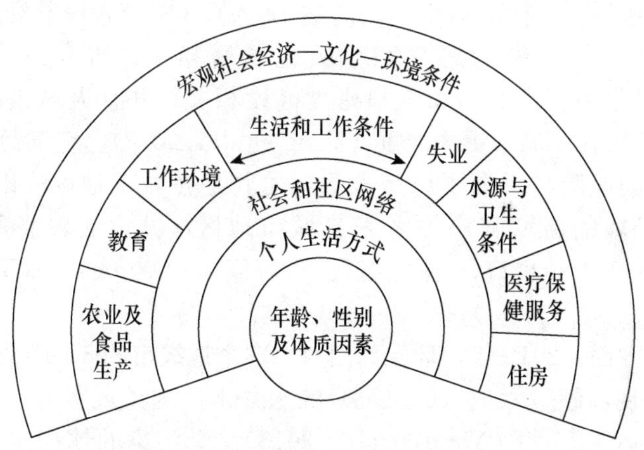

图 0－8　健康社会决定因素模型

资料来源：Dahlgren G，Whitehead M. Policies and strategies to promote social equity in health. Background document to WHO-Strategy paper for Europe. Institute for Futures Studies，Arbetsrapport，1991：14.

工业化和城镇化是中国社会最重要的变迁和发展成果之一。中国国内生产总值（GDP）从 1978 年的 3 679 亿元增长到 2018 年的 919 281 亿元（国家统计局，2019），居全球第二；人均 GDP 从 1978 年的 385 元增长到

2018年的66 006元（国家统计局，2019），世界排名从2005年的119名提升到2017年的74名（World Bank，2018）。使用工业化水平综合指数①衡量中国的工业化水平，2015年中国的工业化水平指数达到84，工业化水平已快速推进到工业化后期的后半阶段（黄群慧，李芳芳，2017）。中国的常住人口城镇化率（城镇人口占总人口比重）从改革开放初的17.9%提升到2017年的58.5%（国家统计局，2018），城市人口超过8亿。工业化和城镇化的发展在带来了社会和经济方面的福利的同时，也催生了新的健康风险。

1. 环境污染

由于采用粗放型的经济增长方式，中国的快速工业化和城镇化进程伴随着巨大的环境代价，大气污染、水污染、土壤污染构成了公众健康的重大隐患。

空气污染是近年来影响最广泛且最受关注的环境问题之一。2015年，在338个开展空气质量监测的地级以上城市中，只有73个城市的空气质量达标，空气质量不达标的城市比例高达78.4%（中华人民共和国环境保护部，2016）。空气污染的恶化和城镇化紧密相关，研究发现细颗粒物（PM2.5）的集中程度和城市人口密度高度相关，并且大城市的细颗粒物（PM2.5）污染比小城市更为严重（Yang et al.，2018）。空气污染显著加剧了相关疾病的风险、增加了患病人数，尤其是在城市地区。以肺癌为例，2010年57.5%的新增肺癌患者来自城市地区，城市居民患肺癌的比例（36.4/100 000人）也高于农村居民（33.3/100 000人）（Yang et al.，2018）。

水污染方面，2016年，环保部门对225个地级市的6 124个水井的水质进行调查发现，超过六成（60.1%）的水井水质为差或极差，其中水质极差的比例高达14.7%（Yang et al.，2018）。受污染的饮用水源含有硝酸盐、砷、消毒副产品等污染物，增加了癌症、皮肤病、肾病的患病风险。水污染还进一步加剧了饮用水短缺的现状，2016年仍有10%的水质监测点水源未达到国家饮用水标准（Yang et al.，2018）。水污染的主要来源是工

① 工业化水平综合指数由人均GDP、三次产业产值比例、制造业增加值占总商品增加值比例、人口城市化率、第一产业就业占总体就业比重五个指标赋予不同权重构成。对应工业化的前工业化、初期、中期、后期和后工业化阶段，该指数分别取值为0、1～33、34～66、67～100和大于100。

业排放，因此水污染的加重与工业化和经济增长直接相关。环境污染带来的健康危害伴随着巨大的经济成本，成为经济持续增长的潜在隐患。2007年，PM2.5的健康危害带来的经济损失高达3 463亿元，约占GDP的1.1%。2015年上半年，在74个城市中，可吸入颗粒物（PM10）和SO^2相关的健康危害带来的经济损失高达4 398亿元，约占这些城市GDP的2.3%（Yang et al，2018）。

2. 食品安全

随着食品工业的发展，食品制作逐渐使用更多的人造物质和化学添加剂，然而这些添加物质可能对人体健康造成严重危害。食品卫生问题可以导致人体急性中毒、慢性中毒，甚至产生致癌、致畸的作用（牛佳钰，肖纯凌，2016）。低卫生条件和添加物质的使用常常意味着更高的经济利润，市场经济的发展催生了商家的逐利意识，在相关监督和监管缺位或不足的情况下，食品安全问题频生。如2008年的三聚氰胺奶粉事件影响了30万中国婴儿的泌尿系统，导致大量婴幼儿被查出患有肾结石。

应对食品安全问题的首要方式包括加强相关立法执法，严格进行食品安全检查与监督。然而，食品安全问题的产生仍有更深层的社会因素。例如，2017年的食品抽检发现食品不合格的主要原因包括微生物污染超标、农药兽药超标、重金属超标、有机污染物超标等，这些问题与中国目前的工业化进程、农业生产方式、产地环境污染密切相关（王叔坤，2018）。因此，食品安全带来的健康问题，需要不同领域共同协作，例如变更生产方式、提高生产及处理污染技术、改善产地环境、降低合格生产成本等等，才能从根本上得到解决。

3. 道路伤害

伤害死亡是中国的十大死因之一，而在城市地区，与交通有关的死亡则是伤害死亡的主要构成原因。随着城镇化发展，与交通相关的死亡率不断上升，2004—2005年道路交通伤害造成的死亡率约为1992年的两倍。道路伤害严重影响了城市居民的预期寿命，提高了相关经济成本。2006年上海的行人交通事故造成的医疗保障、社会保险和福利成本约占GDP的13.5%。道路交通相关的伤害与死亡和城市中不断升高的汽车拥有率直接相关（Yang et al.，2018）。

虽然道路伤害的增加与城镇化的发展密不可分，但是减少道路伤害的有效措施则主要集中于针对个人行为的干预。世界卫生组织的道路安全全球现状报告（世界卫生组织，2013）指出，限速、严惩、酒驾、佩戴摩托头盔、安全带、儿童约束装置等相关法律能够有效减少道路交通伤害。除了对个人行为进行干预，政府对于城市交通环境的建设也对减少行人和骑自行车者的死亡至关重要，例如制定将步行道、自行车道与机动车道分开的政策、投资公交系统的建设和监管以减少私家车的使用。

综上所述，健康社会决定因素模型揭示了个体健康受到多层次的因素影响，宏观的社会变迁可能对公众健康产生广泛而深远的影响（Robert，House，2000）。因此，针对健康的政策干预也应当是多层次的，包括针对影响个体生活方式和态度的政策、针对增强社会和社区支持的政策、针对提升生活和工作环境质量的公共政策，以及旨在带来长期的结构性变化的政策，包括经济政策、税收政策，甚至国际贸易和环境保护协议。随着中国社会的进一步发展和转型，健康的影响机制势必变得更加复杂多维，因此，超越医疗卫生领域的多层次、多领域合作的综合性政策必然是未来中国健康事业的建设方向。

四、总结与展望

（一）本章小结

本章简要考察了新中国成立以来，尤其是改革开放和新医改以来，中国人口健康事业发展所取得的成就以及所面临的问题与挑战。从总体人口健康指标和医疗卫生基础设施来看，在过去半个多世纪里中国社会取得了长足的进步，人口预期寿命稳步上升，婴儿死亡率下降到极低的水平，各类传染性疾病得到了有效的控制。进入 21 世纪以来，民生问题越来越成为各级政府关注的重点领域，国家对医疗卫生事业的投入不断提高，尤其是新医改以来，中国花了不到十年的时间就基本建立了覆盖全体国民的医疗卫生保障体系，居民医疗花费中的个人自付比例明显下降。

在看到中国人口健康发展的巨大成就的同时，我们也应注意到当前的中国医疗卫生事业还存在着不少问题，未来的发展仍然面临着艰巨的挑战。首先，随着疾病类型转变，慢性病已经成为中国国民所面临的主要健康风

险和死亡原因。由于慢性病在致病诱因、发病机制和防控特点上与传染病有很大的差别，传统上在应对传染病时发挥了巨大作用的中国医疗卫生体制并不能做到无缝衔接地适应慢性病时代的要求。其次，改革开放在带来经济高速增长的同时也不可避免地拉大了社会成员之间的贫富差距，伴随着社会经济领域的不平等，健康不平等问题也逐渐成为极为严峻的社会问题。本章讨论了地区不平等、城乡不平等和阶层不平等三种引发广泛关注的健康不平等现象。健康不平等绝非孤立产生的社会问题，而是与其他社会经济领域的不平等息息相关。因此，健康不平等问题的解决不应完全仰赖于医疗卫生领域本身，还要探讨其背后的更为根本的社会机制。再次，21 世纪以来中国医疗卫生体制改革在取得突破的同时仍存在很多问题，如不及时得到解决很可能会成为制约未来中国人口健康持续发展的瓶颈。本章从评价医疗卫生体系的多元标准论述了当前中国卫生制度的不足，包括医疗保险的可携性、医疗资源的空间可得性、医疗保障范围、医疗消费的可负担性、医疗系统的运作效率以及医疗供给的可选择性。在人口老龄化普遍存在的今天，由此带来的医疗卫生问题是大部分国家和地区都存在的共同挑战，中国由于人口基数大、老龄化速度快，未来医疗保障所面临的挑战更为严峻，这也为中国的医疗卫生体制改革提出了更为迫切的要求。最后，随着工业化和城镇化的发展，中国的健康事业也面临着新的挑战。本章以环境污染、食品安全、道路伤害为例，讨论了工业化和城镇化作为宏观社会变迁因素对于中国人口健康带来的影响。随着中国社会的发展转型，影响健康的机制也势必变得更加复杂多维，因此我们认为，中国健康事业的未来发展有赖于制定综合性的健康政策，从微观个人层面到宏观社会层面进行多层次的干预，以及与不同领域的部门进行协同合作，共同促进中国人口健康的提升。

总之，健康中国战略的顺利实现，有赖于我们切实践行“健康是人的基本权利”这一发展理念，大力推进健康公平，最终实现个人和社会的全面发展。

（二）本报告的章节安排

本报告各章节紧紧围绕中国健康事业发展这一主题，就其中的重大和热点议题展开了更为具体的讨论。其中，第一章、第二章和第三章分别对老人、女性和儿童这些重点人群的健康状况及相关研究进行了深入考察，第四章和第五章则探讨了中国的流动人口和城镇低收入阶层居民的健康状况及其影响因素。第六章对中国居民的心理健康问题进行了专门的论述，而第七章则系统考察了社会科学视域下关于健康的常用测量指标以及相关问题。

本报告余下章节的内容围绕中国社会发展中的医疗系统及相关沿革进行了针对性的研究。第八章聚焦于新时代的医患关系及其形成机制，第九章和第十章则分别对中国医疗保障制度和医药卫生体制改革进行了详细的论述。应该说，这些内容基本涵盖了关于中国健康事业发展的核心议题，为我们深入认识和理解当前中国社会发展提供了丰富的资料和知识。

中文参考文献：

［1］国家统计局. 国内生产总值.［2019-02-18］. http://data.stats.gov.cn/ks.htm? cn=C01&zb=A0501.

［2］国家统计局. 人均国内生产总值.［2019-02-18］. http://data.stats.gov.cn/easyquery.htm? cn=C01.

［3］国家统计局. 统筹人口发展战略 实现人口均衡发展：改革开放 40 年经济社会发展成就系列报告之二十一.［2019-02-18］. http://www.stats.gov.cn/ztjc/ztfx/ggkf40n/201809/t20180918_1623598.html.

［4］韩子荣. 中国城乡卫生服务公平性研究. 北京：中国社会科学出版社，2009.

［5］胡安宁. 教育能否让我们更健康：基于 2010 年中国综合社会调查的城乡比较分析. 中国社会科学，2014（5）.

［6］胡盛寿，等.《中国心血管病报告 2018》概要. 中国循环杂志，2019，34（3）.

［7］胡英. 中国分城镇乡村人口平均预期寿命探析. 人口与发展，2010（2）.

［8］黄洁萍. 社会经济地位对健康的影响机理分析. 北京：经济科学出版社，2014.

［9］黄群慧，李芳芳. 工业化蓝皮书：中国工业化进程报告（1995—2015）. 北京：社会科学文献出版社，2017.

［10］“健康中国 2030”规划纲要. 北京：人民出版社，2016.

[11] 焦开山. 健康不平等影响因素研究. 社会学研究，2014 (5).

[12] 孔国书、齐亚强. 影响居民肥胖的社会经济因素：性别与城乡差异. 社会学评论，2017 (5).

[13] 孔灵芝. 关于当前我国慢性病防治工作的思考. 中国卫生政策研究，2012 (1).

[14] 李玲，江宇，陈秋霖. 改革开放背景下的我国医改 30 年. 中国卫生经济，2008 (2).

[15] 刘竟芳，陈哲，杨非柯，等. 我国老年人慢性病现状及应对策略. 中外医疗，2014 (23).

[16] 刘军强，刘凯，曾益. 医疗费用持续增长机制：基于历史数据和田野资料的分析. 中国社会科学，2015 (8).

[17] 刘民权，顾昕，王曲. 健康的价值和健康不平等. 北京：中国人民大学出版社，2010.

[18] 罗森伯格. 当代医学的困境. 张大庆，译. 北京：北京大学医学出版社，2016.

[19] 牛佳钰，肖纯凌. 食品安全风险分析及对健康的影响. 沈阳医学院学报，2016 (3).

[20] 牛建林，齐亚强. 中国医疗保险的地区差异及其对就医行为的影响. 社会学评论，2016 (6).

[21] 齐良书. 收入、收入不均与健康：城乡差异和职业地位的影响. 经济研究，2006 (11).

[22] 齐亚强，李琳. 中国预期寿命变动的地区差异及其社会经济影响因素：1981—2010. 中国卫生政策研究，2018 (8).

[23] 齐亚强，牛建林，威廉·梅森，等. 我国人口流动中的健康选择机制研究. 人口研究，2012 (1).

[24] 齐亚强，牛建林. 地区经济发展与收入分配状况对我国居民健康差异的影响. 社会学评论，2015 (2).

[25] 齐亚强. 促进健康公平，助力健康中国. 中国社会科学报，2019-01-11.

[26] 世界卫生组织. 道路安全全球现状报告 2013. [2019-03-03]. https://www.who.int/violence_injury_prevention/road_safety_status/2013/report/summary_ch.pdf?ua=1.

［27］汤胜蓝．在中国发展更公平高效的医疗保险．［2018-03-07］．http://www.paulsoninstitute.org/wp-content/uploads/2015/04/PPM_Health-Insurance_Tang_Chinese.pdf.

［28］王甫勤．地位束缚与生活方式转型：中国各社会阶层健康生活方式潜在类别研究．社会学研究，2017（6）．

［29］王叔坤．食品抽检大数据：不合格水产品里超九成是滥用兽药．［2019-07-06］．http://www.chinanews.com/cj/2018/01-30/8436306.shtml.

［30］章蓉，曹乾，路云．中国城乡居民吸烟行为及其影响因素分析．南京医科大学学报（自然科学版），2014（1）．

［31］中华人民共和国环境保护部．2015 中国环境状况公报．［2019-04-13］．http://www.mee.gov.cn/gkml/sthjbgw/qt/201606/w020160602413860519309.pdf.

［32］中华人民共和国民政部．2015 年社会服务发展统计公报．［2019-07-03］．http://www.mca.gov.cn/article/sj/tjgb/201607/20160715001136.shtml.

［33］朱恒鹏．管制的内生性及其后果：以医药价格管制为例．世界经济，2011（7）．

英文参考文献：

［1］Black D，Morris J N，Smith C，et al. Inequalities in health：the black report. Middlesex，England：Penguin，1982.

［2］Chen Z，et al. Contrasting male and female trends in tobacco-attributed mortality in China：evidence from successive nationwide prospective cohort studies. Lancet，2015，386（1000）.

［3］Dahlgren G，Whitehead M. Policies and strategies to promote social equity in health. Background document to WHO-Strategy paper for Europe. Institute for Futures Studies，Arbetsrapport，1991：14.

［4］Ganzeboom H B G，Paul M De Graaf，et al. A standard international socioeconomic index of occupational status. Social Science Research. 21（1）.

［5］Leigh J，P MacAskillp，Kuosma E. Global burden of disease and injury due to occupational factors." Epidemiology，1999，10（5）.

［6］Link B G，Phelan J. Social conditions as fundamental causes of disease. Journal of Health and Social Behavior，1995，35 (5).

[7] Lutfey K，Freese J. Towards some fundamentals of fundamental causality：socioeconomic status and health in the routine clinic visit for diabetes. American Journal of Sociology，2005，110 (5).

[8] Marmot M G. The status syndrome：how social standing affects our health and longevity. New York：Henry Holt and Company，2004.

[9] McKeown T，Record R. Reasons for the decline of mortality in England and Wales during the nineteenth century. Population Studies，1962 (16).

[10] O'Donnell R. New models for chronic disease management in the United States and China. Family Medicine and Community Health，2014 (4).

[11] Omran A R. The epidemiologic transition：a theory of the epidemiology of population change. The Milbank Memorial Fund Quarterly，1971 (49).

[12] Preston S H. The changing relation between mortality and level of economic development. Population Studies，1975，29 (2).

[13] Robert S A，House J S. Socioeconomic inequalities in health：integrating individual-，community-，and societal-level theory and research//Albrecht G L，Fitzpatrick R，Scrimshaw S C. Handbook of social studies in health and medicine. London；Thousand Oaks，California：Sage，2000.

[14] Weitz R. The sociology of health，illness，and health care：a critical approach. Fifth Edition. Boston，MA：Wadsworth Cengage Learning，2010.

[15] Wilkinson R G，Pickett K. The spirit level：why equality is better for everyone. London：Penguin Books Ltd.，2009.

[16] World Bank. World development indicators. [2019-03-21]. http://datatopics.worldbank.org/world-development-indicators/.

[17] World Bank. World GDP per capita ranking 2017. [2019-04-02]. https://knoema.com/sijweyg/world-gdp-per-capita-ranking-2017-data-and-charts-forecast.

[18] World Health Organization. Preventing chronic diseases：a vital investment. Geneva：World Health Organization，2005.

[19] Xie Y，Zhou X. Income inequality in today's China. Proceedings

of National Academy of Science，2014，111 (19).

[20] Yang G，Kong L，Zhao W，et al. Emergence of chronic non－communicable diseases in China. Lancet，2008，372 (9650).

[21] Yang G，Wang Y，Zeng Y，et al. Rapid health transition in China，1990－2010：findings from the Global Burden of Disease Study 2010. Lancet，2013，381 (9882).

[22] Yang J，et al. The Tsinghua-Lancet commission on healthy cities in China：unlocking the power of cities for a healthy China. Lancet，2018，391 (10135).

[23] Zhao Z. Income inequality，unequal health care access，and mortality in China. Population and Development Review，2006，32 (3).

第一章 中国老龄健康研究的回顾与展望

一、引言

(一) 健康

1946 年，世界卫生组织将健康定义为：“健康不仅为疾病或羸弱之消除，而且是躯体、精神与社会适应融合的完美状态”(World Health Organization，1946)。由此可见，健康是一个多维度、综合的概念。

健康老龄化概念最初于 1987 年 5 月在世界卫生大会上被提出，并在 1990 年世界老龄大会上被世界卫生组织定为应对人口老龄化的一项发展战略（王洵，1996；宋全成，崔瑞宁，2013)。作为世界上老年人口规模最大且人口老龄化速度较快的国家，中国对健康老龄化战略给予了极高关注(杜鹏，杨慧，2009)。最早将这一概念引入中国的邬沧萍认为，健康老龄化不仅是指老年人人均预期寿命的延长，也指老年人健康预期寿命的延长(邬沧萍，姜向群，1996)。邬沧萍将健康老龄化中的“健康”的含义延伸为减少老年人口因衰老带来的疾病，提高老年人生活质量，使其慢性病得到有效治疗和康复，延长社会参与的时间（邬沧萍，2017）。

伴随着健康老龄化研究的兴起，决策者们也将健康老龄化逐步纳入国家整体的战略布局（陆杰华，等，2017）。《“健康中国2030”规划纲要》和《“十三五”健康老龄化规划》为促进健康中国战略提供了重要引领。习近平在十九大报告中提出实施健康中国战略，把全民健康提升到了国家战略的高度。

（二）老龄健康

对老年人健康状况及变化趋势的认识是各国应对老龄化挑战、制定相关政策的前提，对“老龄健康”问题的研究已经成为国家战略的重要组成部分，世界各国不断增加对老龄健康的经费投入。美国国立卫生研究院（NIH）每年与“老龄健康”有关的科研经费接近100亿美元，其下属的国家老龄研究院（NIA）每年用于老龄健康的科研经费为10亿美元左右；英国政府在2007年12月宣布将投入13亿英镑对包括“老龄健康”在内的四大关键领域进行研究，英国国务秘书及创新、大学和技术部大臣约翰·德纳姆（John Denham）更是将“老龄健康”研究列于四大关键研究领域之首。日本于1995年成立“日本国立长寿科学研究所”。韩国政府近年来也投入大量资金对老人寿命延长后的健康进行研究。

（三）国际老龄健康研究

1948年，阿根廷向联合国大会提交了关于《老年人权利宣言的决议草案》，老龄问题引起国际关注。20世纪50年代后，一些国家或地区的老龄化问题开始凸显，在发达国家愈加突出，而全球化之后老龄问题受到国际社会重视，形成普遍应对共识（任际，2017）。

面对越来越严重的老龄化趋势，国际组织、各个国家、各界学者等多方也开始对老龄健康进行研究。《维也纳国际老龄行动计划》指出，“老龄化是贯穿整个人生的过程，我们应当把它作为这样一个事实来加以认识。为全体人民安度晚年做好准备，应当成为社会政策的一个组成部分。这种准备应该包含身体、心理、文化、宗教、精神、经济、保健和其他诸方面的因素”（全国老龄工作委员会办公室，中国老龄协会，2003）。除此之外，各个国家也有相应的政策和法律应对，促进政府和社会积极面对老龄化为老龄健康带来的持续挑战，尤其值得注意的是，老龄研究在发展中国家正在迅速增多。

而老龄健康问题成为国际学术界越来越关注的一个重要研究领域，相关研究也得到了前所未有的发展。在研究方式上，从社会科学角度进行的老年学研究从单个个人的研究转向跨部门、多位学者共同参与的方式（杜鹏，1997）。由于人体的健康状况是生理因素和社会因素共同作用的结果，因而其研究范围涉及自然科学与社会科学在内的多个学科学者们对老龄健康的研究（王俊，等，2012）。

（四）中国老龄健康研究

中国对于老龄健康的研究在近40年逐步深入，尤其在2000年我国进入老龄化社会后，政府非常重视老龄健康，不断出台相关公共政策，极大促进了学界对老龄健康的研究。在社会学、人口学和其他学科参与研究老龄健康问题之前，老龄健康更多地涉及医学领域，随着近些年决策者和研究者逐渐认识到老龄健康的重要性，越来越多的学者开始从社会学、人口学等多视角展开新探索，老龄健康研究展现了从单一学科到跨学科研究的趋势。尽管跨学科研究正在兴起，但我国关于老龄健康领域的跨学科研究仍明显落后于国际水平。因此，促进老龄健康的跨学科研究，应成为当前各界关注老龄健康的学者共同努力的目标。

（五）老龄健康研究的重要意义

第一，为国家政策顶层设计提供依据。目前学者普遍认为中国处于未富先老时期，也有学者认为中国即将进入慢备快老时期。无论处于哪一时期，老龄化对公共资源分配和医疗保障都提出了更高的要求。尊老爱幼是我国的传统美德，从社会科学角度出发，着眼于整个老龄社会群体的健康问题，提出相应的政策建议，有利于实现社会的长期稳定和发展。

第二，有利于全社会福祉的提高。老龄健康研究有利于促进老年人自身积极应对老年期的转变，同时减少老年人的“污名化”，发挥良好的社会功能。世界卫生组织的有关报告显示，在家庭中，有很高比例的老年人定期照护孙辈或其他亲人，这本身是对家庭的支持；在社会中，一些老年人以志愿或非志愿的身份工作，维护社会的良好运转，将经验传授给青年一代，帮助其提高能力，这说明老年人并不是社会的“负担”。因此，老龄健康研究不仅可以帮助老年群体提高自身健康水平，减少社会人力资源损失，而且可以消除老年人群面临的社会排斥，促进家庭和睦与社会和谐，提高全社会的福祉。

（六）本章的研究框架

本章从健康中国战略的宏观背景及老年群体健康的微观背景出发，将中国老龄健康研究划分为三个阶段。通过对新中国成立以来国内老年健康研究关注的领域进行梳理，得出中国老龄健康研究的创新点和不足，提出关于中国老龄健康研究未来走向的展望。

二、中国老龄健康研究的宏观背景

（一）老龄化历史、现状与未来趋势

人口老龄化是指总人口中老年人口比重不断增加的过程，根据联合国1956年发布的《人口老龄化及其经济社会含义》所划分的标准，65岁及以上人口占总人口比例超过7%即为老龄化社会；而根据1982年在维也纳召开的老龄问题世界大会所确定的标准，60岁及以上人口占总人口比例超过10%即被认为是老龄化社会。一些学者认为，早在19世纪50年代，法国便出现人口老龄化的特征，其60岁以上老年人口的比重达到了10%，19世纪下半叶，瑞典的老年人口也达到了相应的标准；但是由于发达国家人口老龄化是一个缓慢的发展过程，其前期对社会和人口自身的影响并不明显，因此第二次世界大战以后人口老龄化问题才开始在西方国家引起重视（邬沧萍，姜向群，1996）。

根据世界卫生组织的预测，到2050年，世界60岁以上人口总数预计将达到20亿，60岁以上人口的比例将升至22%，人口老龄化速度将比过去加

快很多（世界卫生组织，2018）。在我国，人口老龄化已经成为我国的一项新国情，我国老龄人口数量和占比快速增长，形势不容乐观。

世界卫生组织2016年在我国进行调查后指出，中国人口老龄化进程要明显快于其他中低收入国家。到2040年，60岁及以上人口的比例将从2010年的12.4%上升至28%。女性寿命高于男性；与城市人口相比，老年人占农村人口比例更高；同时，社会和经济变迁正改变着中国传统的养老模式，对每对年轻夫妇来说，未来将有四名甚至更多的老年家庭成员需要其进行日常照护和帮助（世界卫生组织，2016）。

当前我国人口老龄化具有增长速度快，老年人口绝对规模数量大，人口高龄化趋势明显，人口老龄化地区差异明显，人口老龄化与社会经济发展不平衡，女性老年人口规模增长更为快速这六个特点（陆杰华，2007）。我国改革开放40年来的人口老龄化进程可分为三个阶段：第一阶段为20世纪80年代初—1990年，其特点是老年人口比例平稳，少儿比例快速下降；第二阶段为1991—2010年，其特点是老年人口比例快速上升，少儿比例持续下降；第三阶段是2011年以来，其特点是老年人口比例加速上升，少儿人口比例稳中有升（吴莹，2018）。

在我国人口老龄化发展趋势上，保志军等（保志军，俞卓伟，马永兴，2016）预计至2025年，我国大于60岁的人口数量将达到2.64亿人，占总人口比例为17.63%；至2030年，我国大于60岁的人口数量将达到3.31亿人，占总人口比例为21.33%。在老龄化发展趋势上，中国正在进入持续40年的高速老龄化时期，呈现出老龄化不断加速、高龄化趋势明显、由加速老龄化向重度老龄化转变等特征；同时，劳动力变化出现拐点，劳动力数量缩减与劳动力老龄化并行（陈卫，2016）。预计至21世纪中叶，我国的人口老龄化发展主要有以下四个特点：第一，中国在“边富边老”的过程中“老”与“富”的匹配度明显提高；第二，我国的高龄化速度在经历今后十年左右的增长缓和期后将迅速攀升；第三，中国劳动力年龄结构老化的严峻性将在2030年以后进一步凸显；第四，我国在老年抚养比大幅度增长的同时还将面临少儿抚养比上升带来的双重压力（孙鹃娟，高秀文，2018）。

综上所述，将来一段时间内，我国老龄人口数量和占比将快速增长，同时呈现出高龄化、“未富先老”、劳动力减少和劳动力老龄化等特点。我国在人口老龄化问题上仍然面临着重大挑战。

（二）健康老龄化与积极老龄化

健康老龄化和积极老龄化是国际上应对人口老龄化的战略选择，二者都为世界卫生组织率先提出。健康老龄化在提出并成为应对人口老龄化的一项发展战略后，2015 年 10 月 1 日，世界卫生组织发布了《关于老龄化与健康的全球报告》，再次将“健康老龄化”提上日程，并以新的理念和视角诠释了健康老龄化的丰富内涵和政策导向。报告中将“健康老龄化”定义为发展和维护老年健康生活所需的功能发挥过程，包括内在能力（intrinsic capacity）和功能发挥（functional ability）两个维度。其中，内在能力指个体以基因遗传为基础、受个体特征影响的生理与心理健康功能的整合；功能发挥则是老年人内在能力与环境互动以实现个体价值的过程。在生命历程中，内在能力和功能发挥都会因个体不同时点的选择、环境的干预措施而发生变化，并最终影响每个个体的健康老龄化轨迹（杜鹏，董亭月，2015）。

世界卫生组织对健康老龄化的新诠释更加聚焦内外因素对老年群体健康的影响，认为虽然老年人健康状况的某些变化是遗传性的，但多数是人们所处的自然和社会环境造成的——包括家庭、邻里和社区，以及其个人特征，如性别、族裔或社会经济地位等。这些因素从很早便开始影响老化过程。人们儿时甚至胎儿阶段的生活环境与其个人特点结合在一起，会长远地影响其变老的方式。当前，我们应对人口老龄化的同时，面临着老年人的多样性、卫生不公平现象、过时的年龄歧视成见以及迅速变化的世界等多种挑战（世界卫生组织，2018）。这就使得老龄健康研究不仅局限于医学领域，而且带有明显的学科交叉性，甚至具有自然科学和社会科学的跨学科特性。

在提出“健康老龄化”之后，2002 年世界卫生组织在第二次老龄问题世界大会上正式提出了“积极老龄化”理念，其基本含义是“提高老年人的生活质量，创造健康、参与、保障（安全）的最佳机遇”，将老化过程看作一个正面的、有活力的过程，倡导老年人必须有健康生活和贡献社会的机会（邬沧萍，2017）。尽管积极老龄化不像健康老龄化那样聚焦人口老龄化过程中老年群体的健康需求，但积极老龄化比健康老龄化拥有更丰富的内涵，关注老年群体包括健康、安全、社会参与等在内的更为多样化的需

求。这就更使得积极老龄化的研究具备学科交叉性和跨学科特性。健康老龄化和积极老龄化都因其特点对研究者提出了更高的要求，需要研究者了解不同领域的知识，拥有更开阔的视野。跨学科的老龄健康研究也将成为未来老龄健康研究发展的重要趋势。

（三）健康中国战略的客观要求

我国作为发展中国家老龄人口大国，对健康老龄化战略十分关注，适时提出了健康中国战略。2016 年 10 月，中共中央、国务院印发了《“健康中国 2030”规划纲要》，提出了健康中国建设的健康优先、改革创新、科学发展、公平公正的原则，“共建共享、全民健康”的战略主题与“全民健康”的根本目的；明确提出了到 2030 年人民健康水平持续提升，人民身体素质明显增强，人均预期寿命达到 79.0 岁，人均健康预期寿命显著提高等具体目标；在老龄健康方面，明确提出推进老年医疗卫生服务体系建设等措施。2017 年 10 月 18 日习近平在十九大报告中提出实施健康中国战略，明确指出要“积极应对人口老龄化，构建养老、孝老、敬老政策体系和社会环境，推进医养结合，加快老龄事业和产业发展”。健康老龄化已成为实施健康中国战略的重要一环。

2017 年 3 月，国家卫生计生委等 13 部门联合发布《“十三五”健康老龄化规划》，规划中对健康老龄化的定义是：“从生命全过程的角度，从生命早期开始，对所有影响健康的因素进行综合、系统的干预，营造有利于老年健康的社会支持和生活环境，以延长健康预期寿命，维护老年人的健康功能，提高老年人的健康水平”。规划中提出了推进老年健康促进与教育工作，加强老年健康公共卫生服务工作，健全老年医疗卫生服务体系，积极推动医养结合服务，推动老年健康产业发展等多个目标；明确了通过加强组织领导，加大政策支持力度，发挥社会力量作用，建立检查评估机制等措施推进健康老龄化建设。健康老龄化已成为我国应对老龄化的一项重要战略。

实施健康中国战略要求推行健康老龄化战略，这就需要我国学界积极关注老龄健康问题，共同助力健康老龄化战略实施。

(四) 老年人对健康的现实需求

老年人对健康的需求很大。世界卫生组织2016年发布的《中国老龄化与健康国家评估报告》指出,中国人口预期寿命正在快速上升,寿命的延长是由于生活条件改善、儿童健康状况改善、传染性疾病死亡率降低,以及医学进步在一定程度上降低了成年慢性疾病死亡率;与此同时,健康状况欠佳、残疾、依赖看护的老年人的数量和比例也在不断增加;中国约33%的疾病总负担归因于60岁及以上老年人的健康问题。随着人口的老龄化,中国的疾病谱正从以传染性疾病为主,转向以高血压、心脏病、脑卒中、癌症等慢性非传染性疾病为主,而非传染性疾病的患病率会随年龄的增长而上升(世界卫生组织,2016)。有学者在借鉴纽芬兰纪念大学幸福度量表(MUNSH)和社会支持评定量表的基础上设计问卷并在西安进行调研发现,老年人目前需求最大、选择最多的是健康需求,占58.2%(王昭茜,翟绍果,2018)。在重庆进行的大众性老年教育需求调查发现,在调查的12 717个老年人对象中,对健康保健的学习需求在第一位(谭绍华,2018),这也侧面反映了老年群体对健康的需求很大。

在老年人健康需求的内容上,老年人的主要健康需求包括医疗保健、心理健康需求、体育运动、营养饮食、健康教育等需求,其中医疗保健是刚性需求。从健康需求特点来看,主要有不同年龄段老年人健康需求不同,不同养老方式下老年人健康需求不同,身体功能状况导致老年人健康需求个性化等特点(孙欣然,等,2018)。有学者采用"上海老年人生活形态调查"数据进行研究发现,从总体上来看,老年人对健康服务有定期体检等普遍性需求,饮食营养指导、保健指导等与日常生活内容及方式相关的需求,就医安排、用药指导等与医疗康复相关的需求,建立健康档案、慢性病跟踪等与健康信息监测相关的需求四个层次,其中普遍性需求排第一位(郭延通,姚慧,2018)。

但是,在老年健康服务的供给上,世界卫生组织在《中国老龄化与健康国家评估报告》中明确指出,中国公共卫生系统具有医疗卫生人力不足,人力资源分布不均,医疗资源城乡分配不均,现行的卫生保健服务系统仍较为分散、尚未形成体系、无法为慢性病患者提供完善的连续性的照护服务等问题(世界卫生组织,2016)。

老年群体对健康的需求大、层次多，具有多样化的特点，但是我国的医疗卫生服务供给还暂时难以完全满足老年群体的健康需求，这也要求我国学界积极关注老龄健康问题，特别是政策方向的研究，更好地满足我国老年群体的健康需求。

三、中国老龄健康研究的阶段划分

（一）老龄健康研究的探索（1990—2000 年）

我国老龄健康研究是乘着健康老龄化的东风兴起的。1990 年世界卫生组织在哥本哈根世界老龄大会上把健康老龄化作为应对人口老龄化的一项发展战略，同年，首都医学院附属宣武医院老年医学研究中心承担了联合国人口基金援助的“北京老龄化多维纵向研究”，其中的健康部分参考了 1987 年世界卫生大会关于“健康老龄化决定性因素”的研究方案进行设计；1994 年 2 月，在卫生部、中国老龄问题全国委员会和中国老年学学会联合组织召开的“中国老年保健研讨会”上，邬沧萍以“为使我国出现健康的老龄化而奋斗”为题致开幕词；1995 年 10 月，由中国老龄问题全国委员会、中国老年学学会和卫生部医政司联合举办了以健康老龄化为主题的全国老年医疗保健研讨会（王洵，1996）。健康老龄化逐渐成为当时我国老龄化研究的主要议题。

在这段时间里，我国学者对健康老龄化的主要认识是：推行健康老龄化战略的直接目标是实现一个健康老龄化的社会。健康老龄化社会的主要特征有：第一，社会成员中庞大老年群体的绝大多数人是健康长寿的，并过着有尊严、有保障的物质和精神生活；第二，社会发展不受人口老龄化的影响，实现社会经济的持续、快速和健康的发展，并使社会生活充满活力；第三，社会和家庭的代际关系和谐，各年龄群体的人口协调发展，公平地享受社会发展的一切成果（邬沧萍，姜向群，1996）。从比较全面的视角来看，健康老龄化的科学含义则主要包括以下三个方面的内容：第一，进入老龄阶段的老年人自身能维持良好的生理、心理和社会适应功能，拥有幸福的人生和较高的生活质量，身体功能障碍只在生命最后阶段很短暂的时间里发生，老年人以“无疾而终”为目标。第二，在老年群体中，健康、幸福、长寿的老年人占总体大多数，且所占比重不断增加。在中国，老年人以实现“老有所养、老有所医、老有所学、老有所为、老有所乐”为目标。第三，进入老龄化的社会能够克服人口老龄化所产生的不利影响，保持持续、健康、稳定的发展，为生活在其中的所有人（包括老年人）的健康、富足、幸福的生活提供物质基础和保证。此外，有学者还提出了较为全面的四个层次的健康老龄化社会评价指标（陈小月，1998）。从这些学者的研究内容来看，当时我国学者对健康老龄化的研究还较为初步，集中于把握和探索健康老龄化的概念、实现路径和评价指标。

在 1990—2000 年这十年当中，由于“健康老龄化”的提出，我国对老龄健康的研究逐渐起步，但是相关的研究数量相对较少，集中在探讨宏观层面上的老龄健康问题，探索健康老龄化的内涵、实现路径和评价指标，因此笔者这一阶段将称为老龄健康研究的探索阶段。

（二）老龄健康研究初步发展（2001—2015 年）

2001 年对老龄健康研究来说是非常重要的。2001 年 3 月初，“中国高龄老人健康与长寿学术研讨会”在北京大学举办，此次会议是我国召开的第一次高龄老人研究学术会议，对我国深入开展高龄老人研究工作起到了推动作用。在此次会议上，北京大学宣布成立老龄健康与家庭研究中心，由曾毅任该中心主任。此次会议主要关注高龄老人，在高龄老人健康状况的现状、评价和测量，影响健康长寿的个人、家庭、经济、社会、行为、环境和生物性因素等关于老龄健康研究上的讨论十分热烈（宋新明、陈功，2001）。2001 年 10 月 25—27 日，由中国人口学会、北京大学老龄健康与家庭研究中心和国际人口科学联盟（IUSSP）健康长寿专业委员会联合举办的“中国老龄健康国际研讨会”在北京召开，来自法国、日本等十余个国家和地区的代表出席了此次研讨会（酩，2001）。学术会议的举办成了我国老龄健康研究初步发展的重要推动力。

从 2001 年开始，我国老龄健康研究初步发展体现在两个方面。一方面，老龄健康相关研究也逐渐多了起来。学者对老龄健康的研究不仅仅局限于健康老龄化的探索和老龄健康社会评价指标的制定上，而且开始出现对老年人生理健康和精神健康、老年人健康护理、老龄健康影响因素、老

龄健康产业、老龄健康研究工具等领域的研究。但是总体而言，老龄健康相关研究数量仍然较少，在不同细分领域内的研究较为孤立、零星，难以引起学界广泛注意和讨论。另一方面，在2002年世界卫生组织提出“积极老龄化”理念后，王树新首先运用世界卫生组织的积极老龄化框架分析了北京市人口老龄化问题（王树新，2003），学界也对积极老龄化开展研究。综上所述，自2001年开始，我国对老龄健康的研究逐渐丰富，研究领域不断拓展，因此笔者将这一阶段称为我国老龄健康研究的初步发展阶段。

（三）老龄健康研究维度进一步拓展（2016年至今）

2016年8月召开的全国卫生与健康大会上，习近平明确提出要“将健康融入所有政策，人民共建共享”，强调“没有全民健康，就没有全面小康。要把人民健康放在优先发展的战略地位”（华颖，2017）。同年10月，中共中央、国务院印发了《“健康中国2030”规划纲要》。因此我们可以将2016年视为健康中国战略的元年。

健康中国战略的提出，意味着我国将全民健康放到了全局性的战略布局中，作为全民健康的重要部分，老龄健康自然不容忽视。学界也备受鼓舞，越来越多的学者参与到老龄健康的研究中。2016年之后老龄健康研究的发展，首先体现在研究数量越来越多；其次体现在老龄健康研究的维度不断拓展，交叉性学科研究越来越多，也越来越广泛。一些学者已经开始呼吁走出较为单一的学科视角，进行更为全面的跨学科老龄健康研究。

四、中国老龄健康研究关注的重点领域

（一）老龄健康的维度及其现状

健康状况是影响老年人日常活动的重要因素，良好的健康状况有利于老年人迎接生命周期带来的转变，实现积极老龄化。1946年，世界卫生组

织将健康定义为："健康不仅为疾病或羸弱之消除，而且是躯体、精神与社会适应融合的完美状态"（World Health Organization，1946）。2015 年世界卫生组织在《关于老龄化与健康的全球报告》中将健康区分为功能发挥（functional ability）和内在能力（intrinsic capacity）（World Health Organization，2015）。由此可见，健康的定义是多维的，因此对老年人群健康状况的评价也应是多维的。

1. 多维健康评估

我国老年人多维健康评估的研究起步较晚，20 世纪 90 年代初期才有这方面的研究。1997 年上海医科大学的傅东波等学者首次将 OARS 量表引进国内，并对上海社区的老年人进行健康评估，结果表明该问卷具有可接受的信度（傅东波，等，1997）。2009 年，陈先华等学者利用 OARS 问卷汉化版，采取随机抽样的方法对武汉社区 60 岁及以上老年居民进行问卷调查，结果显示躯体健康、精神健康与社会经济状况、日常生活能力密切相关。应用多维健康评价可以较为客观地反映老年人的健康状况（陈先华，2009）。

除了引入国外问卷，我国也有学者在自制问卷上有所创新。林涛等（2003）从日常生活能力、躯体健康、精神健康、社会健康和经济状况五个维度对福州 1 767 名 65 岁及以上的老年人进行问卷调查。胡秀英等（2013）通过德尔菲法（Delphi method），并结合我国实际，编制了中国老年人健康综合功能评价量表，包括生活功能状态、精神心理状态、社会状况三大维度七项指标共 67 个条目，通过调查医院、养老院等机构和社区的老年人，对量表的信度、效度及临床可行性进行了考评，结果表明该量表具有较好的信度、效度，可作为老年人健康问题的评价工具。茅范贞等（2015）在国外常用量表汉化版的基础上，结合我国特有的文化背景，将认知功能评价纳入老年人综合健康评价中，结合德尔菲法、经典测量理论和条目反应理论进行条目综合筛选，共包含六个维度 30 个条目，量表简洁明了，适合我国国情，具有良好的信度与效度。

由此可以看出，老年人口的健康不是几个指标就可以标识清楚的，他们的健康是一种相对综合的状态。与成年期相比，进入老年期的人群的健康状况差异性更大，变化也更加复杂。因此，研究者采用慢性疾病，生活自理能力，认知能力，社会适应能力，主观满意度，以及抑郁、焦虑等精神症状测定工具进行健康评价。

除此之外，自评健康状况被越来越多地用于度量老年人口健康状况的调查中，如中国老年人健康长寿影响因素调查（CLHLS)。这一工具测量的是个体对健康状况的看法。多数研究者认为它是评价健康状况的一个有效、可靠的指标，涉及健康的多个维度，综合性较强。

2. 我国老龄健康状况

世界卫生组织指出，2013 年中国 2.02 亿老年人口（指 60 岁及以上人群）中有超过 100 万人至少患有一种慢性非传染性疾病（世界卫生组织，2016)。很多人同时患有多种慢性病。随着人口老龄化程度加剧，与年龄密切相关的疾病，诸如缺血性心脏病、癌症、脑卒中、关节炎和老年痴呆症等慢性（非传染性）疾病所累及人口的绝对数字将持续增加。

此疾病谱中的转换正在逐步加速：在 2012 年，中国 60 岁及以上人口中有近 80%死于非传染性疾病（如图 1－1 所示)。据目前预测，到 2030 年，中国人口快速老龄化将导致慢性非传染病的疾病负担至少增加 40%。且男性和女性的情况有所不同，因为男性的慢性病危险因素持有率更高。到 2030 年，与 2016 年相比，患有一种及以上慢性病的人数将增加 3 倍以上——包括男性和女性（如图 1－2 所示)。

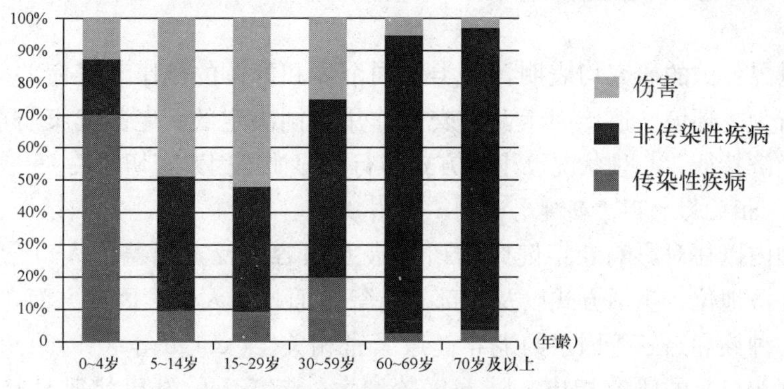

图 1－1　2012 年中国传染性疾病、非传染性疾病和伤害所致死亡占比

资料来源：World Health Organization. Disease burden and mortality estimates. [2019－01－17]. https://www. who. int/healthinfo/global _ burden _ disease/estimates/en/index1. html.

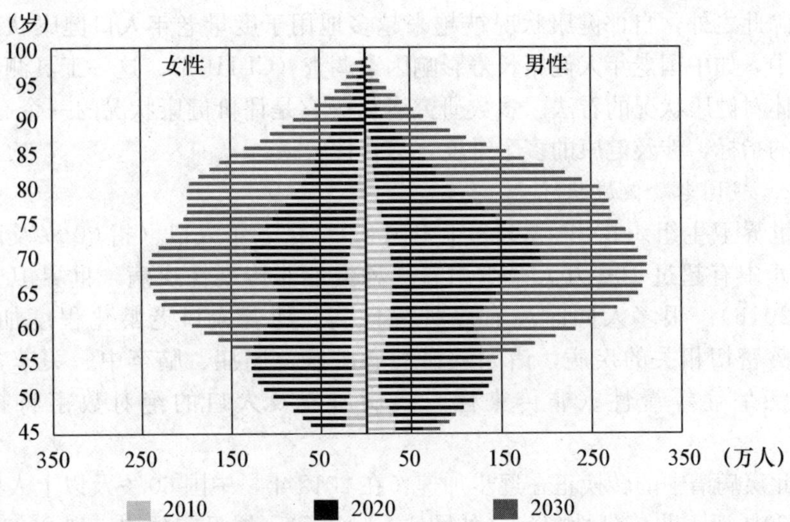

图1-2 中国老龄化的影响——到2010，2020和2030年，不同性别患有一种及以上慢性（非传染性）疾病的人数

资料来源：Wang，Marquez，Langenbrunner，2011.

（二）老龄健康影响因素

世界各国的研究均表明，人类不同个体和群体的健康和寿命差异是由社会行为、环境、遗传因素及其交互作用共同决定的。老龄健康与个人的社会经济特征、心理状况、生活方式与行为习惯等因素密切相关。

1. 相关影响因素研究

国内以往对影响老年健康的研究涉及内容广泛，涵盖了人口学因素、社会经济地位、生活方式以及外部支持等方面。在人口学因素方面，年龄、性别、种族和婚姻等因素与老年健康紧密相关。George 等（1985）和骆为祥等（2011）的研究指出，随着年龄增大，老年人的健康状况日趋下降；在性别方面，有的研究指出，男性健康状况优于女性，随着年龄的增大，老年人口健康状况变差（薛川，2014；仲亚琴，高月霞，王健，2014；杜鹏，2013）。Nathanson 等（1975）、叶文振等（2006）和李毅等（2009）的研究发现，尽管女性的寿命较男性长且死亡率低，但女性老年人口的健康质量如日常生活能力明显低于男性老年人口。在婚姻方面，Goldman

(1993)、李建新(1994)和顾大男(2003)等的研究揭示婚姻对老年健康具有保护作用,有配偶者的健康状况要好于无配偶者,或者有配偶者的死亡水平低于无配偶者。在社会经济地位方面,Ross 等(2002)、Lowry 等(2009)的研究表明,社会经济地位(如教育与收入)与老年健康正相关;古琳(2010)指出,在控制其他因素条件下,受教育程度越高越有利于老年人健康。但 House 等(1990)和 Zimmer 等(2004)的研究发现,社会经济地位这些指标对老年人的健康影响不明显。在生活方式方面,Belloc 等(1972)和 Gallant 等(2001)的研究表明,拥有良好的生活方式(如参加体育锻炼、不吸烟)的老年人的生命质量或者健康状况要高于参照组。在外部支持,(外部支持既包括来自家庭的支持,也包括来自社区和社会的支持)方面,马丽霞等(2011)、李建新等(2012)和 Wilhelmson 等(2013)的研究指出,非空巢家庭的老年人比空巢家庭的老年人健康状况要好,和家人聊天多的老年人比与其他人聊天多的老年人心理健康状况更佳,获得社区支持的老年人比那些没有获得社区支持的老年人生活质量高,领取养老金的老年人健康自评等级更好。

2. 城乡健康状况差异

城乡方面,在不同的健康维度,有不同的研究结论。在精神健康方面,有的研究表明,城市老年人口的精神健康水平显著高于农村老年人(曾宪新,2010);而有的研究认为城市老年人健康状况不及农村老年人(骆琪,闫国光,2012)。

在生理健康和心理健康方面,有的研究结果显示,在心理健康方面,农村老年人优于城市老年人,在生理健康方面,城市老年人优于农村老年人(Clayton, Dudley, Patterson et al., 1994; Weeks, Kazis, Shen et al., 2004; Fogelholm, Value, Absetz et al., 2006;周国伟,2008);而更新的研究结果发现,城乡老年人口在健康方面存在差异,具体表现为农村老人在生理健康方面优于城镇老人,而在心理健康方面城镇老人优于农村老人,相对综合的自评健康方面不存在统计上的显著性差异(李建新,李春华,2014)。由此可见,不同时期城乡调查结果有明显差异。

3. 环境与健康

许多研究表明,在控制个人因素的前提下,环境质量是老龄健康重要的影响因素,其影响程度甚至可能超过经济收入因素。例如,空气污染使老人患病率与死亡率显著上升(Lepeule, Rondeau, Fillieul et al., 2005)。

贫穷但生活在自然环境好的老人的健康比生活在犯罪率高、交通拥挤、噪声大等城市环境下的老人好 2～3 倍。显然，老人的健康对环境质量的敏感度更高（Balfour，Kaplan，2002）。人口快速老化以及伴随经济高速增长的生态环境恶化对老龄健康会有显著的负面影响（Nordstrom，Diez Roux，Jackson et al.，2004；Sandstrom，Frew，Svartengren et al.，2003）。有的学者认为，由于老年人在承受环境影响方面的敏感性和脆弱性，分析他们的健康状况与社区环境的相关关系有助于识别对健康危害最大的环境因素，并采取适宜的弥补措施（Sandstrom，Frew，Svartengren et al.，2003；Zeng，Gu，Purser，2010）。

我国在地方病控制方面已取得明显的成效，但地方病问题仍较为严重。大骨节病区乡数为 2 360 个，人口数 4 129 万人；地方性氟中毒病区分布范围广，病区村人口数达 1.12 亿人；已发现的高砷省份有 9 个，受害人口达 200 多万人（卫生部，2005）。2000 年卫生部组织的饮水质量抽样调查显示，全国饮水水质合格率已达到 62.1%；全国爱国卫生运动委员会年度统计表明，全国农村改水受益率由 1987 年的 60.2%提高到了 2004 年的 93.8%，显著地降低了因饮水导致的氟中毒和砷中毒的发生率（王陇德，2005）。然而，我国城市居民尚有 20%人口饮水不安全，农村居民 3 亿多人的饮水达不到安全标准，人畜粪便管理不善仍是造成许多疾病流行的重大问题（王陇德，2005）。这些无疑给居民的健康带来了严重危害。

4. 营养与健康

胎内发育，儿童时期的营养、健康状况和家庭社会经济状况对中老年人的健康与死亡风险既有直接影响又有间接影响（Zeng et al.，2011，Hayward，Gorman，2004）。童年的营养水平对老年期的健康产生深远的影响。有研究结果表明，在控制家庭背景、早年的生活环境、人口学特征之后，0～5 岁的挨饿经历会对老年人的自评健康产生负面影响，并且会提高患有慢性病的概率，降低老年人的认知能力（刘亚飞，2018）。

现代科学对人体衰老的研究发现，老年人的健康长寿和自由基的关系密切。自由基发生氧化作用会加速人体的衰老，而食物中的营养成分，如维生素 E 等可以使人体内的不饱和脂肪酸少受自由基的氧化作用。国内外研究表明，认知功能缺陷常常是多种营养素缺乏引起的营养不良与其他因素交互作用的结果。因此，营养对于老年人的健康长寿至关重要。

老年人由于生理、代谢等原因，更容易发生缘于营养的健康问题。我

国老年人营养健康存在膳食结构不合理、营养摄入不平衡、营养摄入过剩和营养不足并存，城乡居民营养状况两极分化等不科学现象（邹淑蓉，高围溦，程旻娜，等，2006）。Watson 的研究显示，美国 10 种死亡疾病中的 5 种疾病与长期不适当饮食有关。合理营养是加强老年人保健、保护老年人健康的必需条件。老年人因生理机能的变化，体力活动和基础代谢减少，能量需求相应下降，但这并不意味着其营养需求降低，合理的营养结构在老年期的重要程度相较于成年期只增不减。营养结构应符合老年人生理特点，做到既不缺乏营养，又不让营养过剩。

5. 运动与健康

20 世纪末，随着全球经济和社会的发展，体力活动减少，生活方式也发生了改变，使得以心脑血管疾病、癌症、糖尿病、颈椎病、骨代谢疾病等为代表的“现代文明病”成为危害人类健康的主要杀手，老年人成为受危害的主要人群。我国老龄化严重，有接近 2 亿的心血管病患者，1.14 亿的成人糖尿病患者，3 000 万退行性疾病与骨疾病患者，其中绝大多数是老年人（周杏芬，2018）。

美国是运动促进健康的先行者（马丽斌，2007），1980 年开始将运动纳入健康管理体系之中，实施 10 年为一个周期的“健康公民”计划。我国体医结合模式研究始于 21 世纪初，但是体医结合模式的内涵尚未有公认定义（李雪颖，2016）。目前对老年群体的体医结合研究多为心血管疾病、糖尿病、哮喘等慢性病和肥胖预防与控制（吕家爱，陈德喜，2016；杨晓林，2010），主要以患者为中心，可进一步划分为患者健康教育与患者参与，侧重于方法、调查统计和组织管理方面，符合近年来国际健康教育发展研究的趋势。目前，国内学术界对体医结合的研究多停留在理论上，且研究的范围较局限，多以社区或某一疾病（多为慢性病）的健康促进和防治等为研究对象。更为重要的是，由于公共卫生服务和健康促进是长期行为，短期见效慢，健康促进还没有形成全社会共识（王颖，李春花，刘奇敏，等，2000）。

结合体育健身原理和医学健康促进理论，从体医结合的研究现状和社会实践看，老年人是较其他人群更为迫切需要通过体医结合进行健康促进的群体。

6. 遗传与健康

国际上相关领域多年研究表明，人类个体寿命的差异有 25%左右受遗传内因控制，而其他 75%左右则取决于个人行为与环境等外因及其与遗传内因交互作用的影响（Walter Atzmon，Demerath et al.，2011；Herskind McGue，Holm et al.，1996；McGue，Vaupel，Holm et al.，1993），而且遗传因素对健康长寿的影响随年龄增长而加强（Perls et al.，2002）。人的健康状况和自身的遗传素质也有密切关系。有些人很少生病，他们先天素质好，对各种疾病的免疫能力也较强，患病的概率就小，表现出较好的健康状况，而有些人由于遗传素质较差，对疾病的抵抗能力也较弱，经常患病，表现出较差的健康状况。

7. 宗教与健康

国内调查表明，老年人是我国宗教信徒的主体。随着人口老龄化的发展，我国信仰宗教的老年人将日益增多。国外有许多学者研究证明宗教对老年人的健康起到积极的影响，而国内这方面的研究较少，结论不一。江求川、张克中（2013）研究发现，参与宗教活动显著改善了老年人健康状况，降低老年人的死亡率。而裴晓梅等（2014）的研究表明宗教对老年人健康没有影响。一方面是不同的学者使用不同的数据，各个地区差异性较大，样本量少；另一方面，分析的角度不同，有的使用单一维度的指标，有的使用多维度测量二者之间的关系，因而研究结论不具有代表性。除此之外，宗教对健康的影响机制也较少涉及。

朱荟、陆杰华（2012）根据中国老年人健康长寿影响因素调查(1998—2005 年)，利用 Cox 比例风险模型考察宗教参与对高龄老人死亡风险的影响机制，深入分析人口学特征、肌体健康、心理健康、健康行为及社会经济支持这五类因素在宗教参与和死亡风险关系中的交互作用，以此对西方文献中相关的四种理论模型进行实证检验。结果表明，宗教参与对死亡风险存在一定程度的影响，但是控制其他因素则会削弱这种影响，其中肌体健康因素所代表的“替代性机制”能够将两者关系的显著作用完全消除。

8. 长寿研究

对长寿的研究主要集中在两个方面：一是描述长寿的时间、人群和地区分布趋势；二是探讨长寿的成因及其影响因素。

喻国旗等（2018）采用时空流行病学分析方法对 1982—2010 年河池市百岁老人的空间分布和时间变化特征进行初步分析，表明河池市的西南部存在一个稳定的长寿区，且该区域长寿水平在不断提高，区域范围在不断扩大。国内研究表明，长寿地区基本都不是大城市。海南的澄迈、湖北的钟祥和四川的彭山都是长寿地区，百岁老人和高龄老人都相对较多（陆杰华，2018）。为什么这些地区是长寿地区呢？有待学者们的进一步研究。

关于长寿的影响因素，研究发现，生物学、社会环境和生活方式均是重要的影响因素。在生物学影响方面，遗传和基因都发挥着作用。有学者发现，百岁老人的后代不仅可能携带长寿基因，其拥有的健康生活方式也会对后代产生积极的影响（Zeng Chen，Shi et al.，2013），而基因对寿命的影响占 20%～30%（Brooks-Wilson，2013；Kim，Barzilai，Carusd Kim，2014；Kolovou et el，2014）。社会环境因素方面，有研究发现长寿区大多分布在海拔较高的山区丘陵，且空气清新、植被覆盖率高，远离工业生产开发区（杨燕，2012）。电磁场也可能对人类的健康有着重要的影响（黄冬丽，2013）；土壤环境与长寿水平存在相关性，即土壤中的硒、镉、钴、钒、锌和铁元素与长寿存在正相关，而钡、镍、铬、铜、锰、锂和锶元素与长寿存在负相关（Liu Li，Jiang et al，2013）。在生活方式上，世界各地长寿之乡的饮食结构存在高度一致性，为以谷类、薯类食物为主，居民多食用蔬菜水果及奶制品，较少食用肉或动物性食品（王洪强，2011）。有学者对中国女性进行纵向追踪研究后发现，有规律进行锻炼者的死亡率低于无规律锻炼者（Matthews Jurj，Shu et al.，2007）。

综上所述，人类的寿命受生物学、社会环境和生活方式的影响，同时疾病对人类的健康产生重要影响。深入分析各个因素对健康状况的作用机制和影响大小，研究发现提升健康水平的有效机制，提升个体健康水平，需要进一步的努力。

（三）老龄健康医疗、护理与康复

1. 疾病防治

我国人口老龄化速度在不断地加快，而大多数老年人均伴有一种或几种慢性疾病。现阶段，老年常见慢性病（高血压、糖尿病和高血脂）的发病率逐渐提高，其预防与治疗过程十分漫长，再加上大多数人缺乏对疾病的认识，导致病情反复发作，时间一长便会对全身其他脏器造成重大影响。在这样的情况下，预防疾病发生、防止病情反复、预防意外事件，是提高老年人的生命质量的重要内容。以人为本，以健康为中心，关注疾病预防和心理因素，提高预防、保健、医疗、康复为一体的综合医疗服务已成为老年人医疗保健工作的发展方向。

2. 老龄健康体检

随着社会发展，健康体检作为及早发现疾病的重要手段越来越受到社会的重视。老龄健康体检是提前发现疾病，观察慢性病发展动态的良好途径，也是实现健康管理的有效方法，是实现老年人延年益寿不可缺少的组成部分。政府应建立健全老年患者医疗保障制度，完善社区服务，有效地解决老年人医疗保健问题。

3. 医养结合及其模式

我国养老服务和医疗服务各成系统，互不衔接，老年人的生活照料和医疗康复服务需求无法获得综合性满足。医养结合或医养融合是指医疗卫生资源进入养老机构、社区和居民家庭，与养老资源相互整合、相互促进，以满足老年人在养老过程中的医疗需求（朱震宇，李放，2018）。

习近平在党的十九大报告中指出："实施健康中国战略。……积极应对人口老龄化，构建养老、孝老、敬老政策体系和社会环境，推进医养结合，加快老龄事业和产业发展。"这是医养结合首次写入党的报告，进一步确定了医养结合工作的战略地位，为有效应对我国的人口老龄化问题指明了方向。医养结合涉及将医疗卫生服务与养老服务相结合，需要面向居家、社区和机构养老的老年人，在日常生活照料的基础上，提供所需的医疗卫生相关服务。养是基础，医是支撑（王谦，2018）。医院、社区和社会养老机构医疗养护资源的整合，有助于满足家庭及个人多层次化、多样化的健康养老服务需求。

4. 老龄护理与康复

在老龄护理与康复方面，有学者探究对阿尔茨海默病病人使用 3＋1 整体康复护理模式，即分阶段、分期评估＋健康教育＋认知训练＋预见性护理这一综合护理模式，效果显著，可减轻病人痴呆程度，并改善病人抑郁情绪和情感淡漠状态，提高病人认知功能和日常生活能力，对于延缓病人病情发展有积极意义（姜蕾，2018）。也有学者研究了对冠心病患者实施整体化康复护理干预，可有效提高护理工作的质量和患者的生存质量，同时减少患者负面情绪（吴杨，2018）。而许多学者通过临床试验，也证明了护理康复对于其他疾病，如脑梗、急性脑梗死、心血管病、骨科疾病等都具有积极意义。

多数老年人在身体上、精神上都患有某种程度的慢性病，如心脏病、脑血管病、癌症、抑郁症、阿尔茨海默病、关节炎、髋骨骨折、听力和视力的减弱或丧失、牙病等。而对患有慢性病的老年人提供什么样的护理服务是一个非常重要的社会问题。

然而，从世界范围来看，绝大多数国家都很难满足老年人健康方面的现实需要，各国普遍都不重视对老年人常见病的防治，缺少训练有素的医护人员，尤其是老年病学方面的医护人员。我国老年人面临的问题更多，尤其在广大农村地区，老年人支付医疗费用困难，医护人员严重缺乏，至于受过专门训练的为老年人提供服务的医护人员就更少了。因此，护理患有疾病的或失去自理能力的老年人是世界各国都面临的重要问题。

（四）老龄健康政策与保障体系

1. 健康保障体系

“健康保障”有狭义和广义之分。狭义的健康保障主要是指医疗保险制度，广义的健康保障概念有两层含义：其一，这一制度的目标是维护和提高健康水平，其内涵包括疾病预防、健康促进等，而不仅仅是医疗；其二，这一制度不仅是资金的筹集和分配制度，而且包括服务的组织和提供。筹资和组织是健康服务得以提供以及最终的健康目标得以实现的不可分割的两个方面。因此，老龄健康保障体系可从筹资体系和组织体系两方面讨论（胡琳琳，胡鞍钢，2008）。

在筹资体系方面，即如何为医疗服务筹措和分配资金，国家已经建立了城镇职工医疗保险、城镇居民医疗保险和新型农村合作医疗制度。部分地区还采取根据老年居民和其他人群的不同风险和需求分别建立几套制度的方式，其基本的设计原则是在政府的支持下，为老年居民建立起一个针对大病的基本保障制度。

在中国的养老体系的服务组织中，家庭、政府、社会机构等都是提供养老服务的主体。家庭是传统养老的主要场所和提供健康照顾的重要组织。但是在社会现代化过程中，由于人口流动性增加和家庭规模缩小，家庭的养老功能逐渐弱化。除此之外，随着社会价值观的变化，出现了道德缺失问题，虐待老人、拒绝赡养老人的现象时有发生。因此，在现代化过程中如何使家庭更好地发挥对老年人的支持功能值得关注。

我国的健康服务体系基本上是以医疗为主的服务体系，不同地区间、城乡间卫生资源配置不合理，导致老年群体间健康服务的可获得性及服务水平有较大差异。社区卫生服务是世界卫生组织向全世界推荐的应对老龄化社会最经济适宜的医疗卫生服务模式，不仅能合理配置卫生资源，可及性高，是解决老年卫生保健问题的重要手段，而且可以在一定程度上代替家庭承担社会化居家养老功能。机构照顾的特点是能够提供系统的、高质量的服务，但与发达国家相比，我国老年性社会照顾机构不能提供医疗和护理服务，无论是数量还是质量上都有待提高。

因此，我国应进一步完善健康养老保障体系，合理配置资源，促进不同地区间、城乡间老年群体的健康公平，同时协调政府、家庭、社区、社会机构等多元主体共同合作，提升老年健康服务质量，给老年人健康幸福的晚年生活。

2. 老龄健康政策

一直以来，学者在进行老龄健康研究时，都会将落脚点放在具体的政策建议上。但是针对老龄健康相关政策的研究则主要出现于 2015 年世界卫生组织《关于老龄化与健康的全球报告》发布之后。

早在 2007 年，吴任慰和康露就研究了我国老年健康保障中的政府责任，指出要强化政府在老年健康保障中的主导作用；制定合理的老年健康保障目标，确立健康保障的责任主体；建立和完善老年健康保障体系，实现老有所医；加大财政支持责任，增强老年卫生服务保障的可及性；发展社区卫生服务，建立家庭和社区共同支持的老年健康保障网络等政策性建议（吴任慰，康露，2007）。在此之后，有学者对我国人口老龄化中出现的健康不安全问题的应对政策进行了研究，所谓健康不安全，是健康处于危险状态、健康相关危险因素得不到有效控制，或者健康权利受到剥夺的情况，人群不能同时满足心理、社会与躯体的完美健康状态。投资老年公共健康，建立健全社会保障、公共卫生、老年疾病医疗救治救助、老年健康服务产业、老年医学科学研究与开发等体系可以从政策层面回应这种问题（郝晓宁，胡鞍钢，2010）。

2010 年，有学者总结了当前我国老龄健康相关政策存在的四个问题：第一，尚未建立起系统、完善的老年人社会福利和社会保障等方面的公共卫生政策体系；第二，老年人健康保健服务政策构建实践、老年人健康保健服务实践与老年人健康保健服务需求难以适应；第三，现有的老年人社会福利、社会保障等方面的公共政策并未完全落到实处，存在执行难的问

题；第四，老年人健康保健服务实践与老年人健康保健服务相关政策构建呈现地区不平衡性（唐莹，陈正英，薛桂娥，等，2010）。

2015 年，世界卫生组织发布《关于老龄化与健康的全球报告》，报告中蕴含了促进健康老龄化是一种投资，人口老龄化对公共卫生支出的影响低于预期，“典型的老年人”并不存在，“70 岁还不是新的 60 岁——但有这种可能”等新观念。报告中也指出了“医疗、照护与环境”建设相结合的政策体系，个体健康与功能发挥并重的政策目标，综合性的政策行动等新的政策方向。该报告对我国健康老龄化政策制定有建立老年医疗卫生综合服务制度，建立长期照护制度，推进医养结合，全面建设关爱老年人环境，维护老年人的自主权等启示（杜鹏，董亭月，2015）。

从我国健康老龄化路线上来看，有学者认为我国要制定实施健康老龄化的国家战略；加强健康老龄化制度性建设，特别是要建立养老保险与养老服务、医疗和护理保障、社会救助制度等；改造和完善老年健康服务体系，建立社区—家庭责任分摊、分工互动的老年健康服务模式；建设支持老年健康事业的多方投入与人才培养机制；制定健康老龄化重大行动计划，例如健康促进、慢性病管理、失能康复等行动计划（钱军程，2016）。

还有学者提出了健康老龄化的中国方案，认为健康老龄化中国方案旨在促成健康老龄化的本土化，具有以“健康维护”为核心的服务主导模式，坚持因地制宜的原则，将对全人口、全周期的健康保障视作促进人力资本积累的战略性投资等特征；其主要目标是使老年人的寿命质量得到普遍提升，实现年龄友好的社会人文环境，让老年人的功能发挥得到全面提高。学者进一步指出，当前我国健康老龄化战略推行的障碍主要有健康老龄化的顶层设计理念尚未成熟，健康老龄化的核心指标体系亟待建立，健康老龄化的社会环境和政策的双向支撑体系尚未完全构建，与健康老龄化战略紧密相关的长期照护制度尚未建立等。在此基础上，应该优化政策设计理念，进一步完善核心指标体系建设，创建年龄友好的社会环境，构建长期照护政策体系，建立整合型老年医疗卫生服务体系以及推动老年健康服务均等化（陆杰华，阮韵晨，张莉，2017）。

也有学者对老年健康现代化战略规划进行了探究并指出，“老年失康”必定给中国现代化建设拖后腿，但是中国老年健康现代化可实现“弯道超车”。老年健康现代化的基本框架主要有老年健康保障体系基本健全以及老年健康保障的内涵不断更新和完善，这需要从制度上入手，加大对老年健康现代化工程的研究和立法工作，国家或地方要建立健全老年健康媒体平台，同时要加强对老年健康的文化交流和精神关怀（张春津，2018）。

还有学者认为，从健康老龄化到积极老龄化的人口老龄化应对策略转变中，积极老龄化战略的全面视角更加适合我国国情，但是积极老龄化政策的实施需要有相关的发展基础，主要有：第一，老龄人群的收入保障是积极老龄化政策实施的前提条件；第二，老龄人群是否拥有工作能力和工作机遇是积极老龄化政策实施的主体条件；第三，给予老龄人群相应的各类保障是积极老龄化政策实施的客观条件。在积极老龄化背景下，构建符合我国当前经济社会发展水平、符合老龄人群所需的新型养老体系刻不容缓（张耀华，2018）。

在具体政策层面，医养结合受到了较多学者的关注。在医养结合的政策层面上，总体而言，我国医养结合政策兼顾了需求面、供给面和环境面政策工具的运用，对医养结合提供了多维度的激励和支持。但是，政府更偏好环境型政策工具，对需求型政策工具的使用严重不足；同时每类政策工具内部的组合结构也有很大差异，反映出各类医养结合政策工具的使用极不平衡。因此，要在尊重国情的基础上借鉴国际经验，医养结合政策制定要充分考虑利益相关者，医养结合政策应该拥有全生命周期视角（赵晓芳，2018）。

可以看到，随着世界卫生组织重提“健康老龄化”战略，以及我国健康中国战略的提出，老龄健康相关政策研究正吸引着越来越多的学者的目光。

3. 老龄健康公平

随着我国人口老龄化的发展和全面建成小康社会进入关键阶段，老年公平问题越来越凸显。1998 年联合国提出“建立不分年龄人人共享的社会”，首次将“老年”与“公平”联系起来，追求老年公平成为应对人口老龄化的重要目标之一。健康公平是指不同群体的老年人都有同等的机会将其全部的健康潜能发挥出来（孟庆跃，2007）。健康公平包括健康状态公平和医疗卫生公平。前者强调结果公平，指每个人都有同等的机会达到其尽可能的身体、精神和社会生活的完好状态。后者强调机会公平，指每个人都能公正平等地获得可利用的卫生服务资源（杜鹏，谢立黎，2017）。

尽管过去几年我国人口平均预期寿命和健康预期寿命均有不同程度的提高，但不同老年群体的健康状况差异仍然明显，健康的不公平现象较为

严重，具体表现在以下几个方面：首先，不同社会经济地位的老年人存在健康不公平。有学者从广西桂林市社区不同社会经济特征老年人的健康状况数据中，采用集中指数、集中曲线对老年人不同健康指标的健康公平性进行分析，可以发现老年人在文化教育水平上的健康公平性较差，在经济收入方面的健康不公平程度较小（郭振友，石武祥，2015）。还有学者利用2011—2012年中国老年健康影响因素跟踪调查的数据，计算集中指数，分析得出不同社会经济地位的老年人存在健康不公平（仲亚琴，高月霞，王健，2013）。相关研究证实城镇居民的收入水平同他们的健康状况呈正相关关系，随着养老金水平的提高，城镇老年人健康自评状况越来越好（谭涛，等，2015）。其次，我国的医疗卫生保障体系存在较大的城乡差异，并导致城乡老年人间的健康不公平。有学者根据2005年全国1%人口抽样调查数据及2010年第六次全国人口普查主要汇总数据进行计算，结果表明，我国城镇老年人口预期寿命及自理预期寿命均高于农村。最后，区域间社会经济发展不平衡使得医疗卫生资源在东、中、西部地区的分布不均衡，从而导致不同区域的老年人在健康方面存在不公平问题。除此之外，性别间的健康不公平也广泛存在。男性和女性的社会经济地位不同，导致其所拥有的健康资源和健康知识也不相同，进而导致性别上的健康差异（杜鹏，谢立黎，2017）。

因此，进一步完善社会养老保障制度与覆盖全民的医疗保险制度，推进医疗卫生资源在代际、城乡之间、地区之间以及男女性别之间的合理配置，尤其向落后地区、偏远地区及高龄女性进行适度的资源倾斜，有利于解决当前我国老龄健康不公平问题。

4. *老龄健康资源与规划*

《“健康中国2030”规划纲要》指出，健康服务供给总体不足与需求不断增长之间的矛盾依然突出，健康领域发展与经济社会发展的协调性有待增强。随着经济水平提高、平均预期寿命延长、医疗技术创新，预计2030年我国健康服务业的总规模将达到16万亿元，健康服务业在宏观经济发展和社会治理创新中将发挥更大作用。但是，长期以来困扰我国的卫生资源供给总量不足、配置效率低下且缺乏公平性等问题也随着健康服务业的快速发展更加凸显。我国健康资源配置存在着健康资源整体供给不足、配置效率较低、配置不公平等问题（毛振华，等，2018）。因此，不仅需要政府对健康资源供给加大支持力度以及引导激励非营利医疗机构的发展，而且需要引入社会力量，利用市场化手段调整健康服务领域的供给侧结构。

（五）老年健康教育

2016 年 10 月 5 日，国务院办公厅印发《老年教育发展规划（2016—2020 年）》，规划中指出，“发展老年教育，是积极应对人口老龄化、实现教育现代化、建设学习型社会的重要举措，是满足老年人多样化学习需求、提升老年人生活品质、促进社会和谐的必然要求”；“到 2020 年，基本形成覆盖广泛、灵活多样、特色鲜明、规范有序的老年教育新格局”。老年健康教育作为老年教育的重要环节，对增进老年人健康知识，满足老年人学习需求，提高老年人生活品质具有重要意义。

一些学者很早就开始关注老年健康教育领域。有学者在 1995 年 9 月—1998 年 7 月间就通过与行政部门和老年大学协作对 176 名老人进行系统化健康教育，提出了护理人员在向老年人开展社区健康教育时建立良好的人际关系，注意教育的目的性、条理性，个别交流与集体讲解相结合，避免用医学术语，提高自身素质等建议（孙连香，1999）。刘茂娟对 420 例由于长期不良生活方式导致慢性退行性疾病的老年患者开展了健康教育，内容主要是从中医的视角进行未病先防和既病防变教育，包括心理健康、运动、饮食、服药、自护等方面。其文章认为健康教育远期效果不理想的根本原因在于全社会普遍缺乏健康知识，健康教育需要全社会的共同参与，加强社区健康教育，把健康教育从医院内延伸到社区里（刘茂娟，2006）。

面对当前我国老龄健康教育需求，重庆进行的大众性老年教育需求调查发现，调查的 12 717 个老年人对象中，对健康保健的学习需求排在第一位，占 27.7%（谭绍华，2018）。足以看出老年群体对健康教育的需求很高。

谈及当前我国老年教育发展路径时，有学者认为，发展社区老年教育应做到学与教的供给平衡、政府与社会的联动合作、公益性与市场性的激励相容，完善社区老年教育政策制度（程仙平，杨淑珺，2016）。还有学者指出，当前我国老年教育还存在着老年教育投资主体单一、老年教育优质资源短缺、老年教育教材陈旧、老年教育形式单一、老年教育教学方法落后等问题。因此，要建设体现积极、尊重与人文关怀理念的老年教育，要实现老年教育形式与方法的多样化，要搭建高效的老年人社会参与平台

（蒋文宁，2018）。这些学者的意见和建议尽管是从老年教育的大方向出发的，但对于老年健康教育同样有着重要意义。

在老年健康教育发展路径上，有学者对通过老年教育促进老年人心理健康进行了设计和探索，提出了我国应依托老年教育机构体系建立专业的老年人心理健康辅导网络，在老年教育课程体系建设中健全心理健康教育基础课程，将心理健康教育渗透到各门课程教学中的建议（张金宝，2017）。还有一些学者基于社会网络理论分析了我国城市老年健康教育，提出了以社区为单位进行老年健康教育，组建老年人健康互助小组，对与他人接触的机会多、对他人的依赖少、知识获得途径宽、控制和影响他人的能力强的关键人物进行个性化健康教育等建议（卢钰琼，路云，等，2018）。

大多数学者则更加关心老年健康教育的影响和效果。就近期而言，有学者以通辽地区进行血液透析的 60 例急性和慢性尿毒症患者为研究对象，进行了家庭跟进健康教育对老年血液透析患者生存质量影响的研究，结果表明家庭跟进健康教育通过改善老年血液透析患者的精神状态及营养状态，提高了患者自我管理能力，从而提高了患者的生活质量（张晓梅，2017）。还有学者选取济南市第二人民医院 142 例老年高血压患者为研究对象，分析了健康教育联合心理干预对老年高血压患者负性情绪及血压水平、生活质量的影响，结果表明对老年高血压患者实施知信行健康教育模式联合积极心理干预模式护理效果确切，能消除负面情绪，稳定控制血压，改善生活质量（黄静，2018）。相似地，有研究者使用便利抽样法选取了南昌市第二医院 102 例老年慢性阻塞性肺疾病（COPD）出院患者为研究对象，观察基于跨理论模型的健康教育对老年慢性阻塞性肺疾病患者生活质量的影响。跨理论模型又称行为分阶段转变理论模型，它将个体的行为改变过程分为前意向阶段、意向阶段、准备阶段、行动阶段和保持阶段五个主要变化阶段。结果表明跨理论模型的健康教育能提高老年慢性阻塞性肺疾病患者的生活质量，改善心理健康状况（项颖卿，2018）。

还有学者研究了深圳市社区老年预防跌倒健康教育的效果，选取深圳市 9 个社区 60 岁以上的老年人为研究对象进行分析，得出了健康教育能有效提高社区老年居民防跌知晓和行为水平，对预防老年跌倒具有积极作用的结论（邓学文，周海滨，等，2018）。这些研究表明对于改善老年患者情况，加强老年人自我保护能力，提高老年健康教育水平都发挥着重要作用。

在对老年健康教育的研究和探索中，可以看到很多医务工作者和研究者努力的身影，但是宏观上对老年健康教育的研究还较为缺乏。我们相信，作为老年教育的重要环节，在老年健康教育研究领域中将来能够看到更多其他专业背景研究者的身影。

（六）老龄康养产业

随着人口老龄化的来临，老年人需求的满足得到越来越多人的重视。与老人健康和养老相关的产品和服务也逐渐引起人们的注意。党俊武（2018）认为，我国养老领域将带来 100 万亿元的市场蓝海。根据 2017 年 12 月出版的《中国康养产业发展报告》，康养产业的核心功能在于尽量提高生命的长度、丰度和自由度（何莽，2017）。这一界定使康养产业具有了十分宽阔的内涵。在老龄健康视域下，我们主要关注近年来学者对老龄健康和养老产业的研究。

1. 老龄康养产业现状

我国老龄产业发展的现状和特点主要有：第一，老龄市场规模迅速扩张，但产业拉动经济和就业局面尚未形成；第二，老龄产业发展相对较为集中，产业发展区域间失衡；第三，养老服务和产品发展势头良好，但产业扶持和规范性的政策欠缺；第四，老龄产业福利色彩浓厚，社会力量参与力度亟待增强；第五，产品与服务销售渠道单一，促销手段极为落后；第六，以传统产品为主的局面仍未打破，市场研究和产品开发相对脱节（陆杰华，王伟进，薛伟玲，2013）。

在供给侧上，我国老龄产业的市场供给具有扩展性并呈稳定增长态势，市场中供给方与需求方在市场信息上明显不对称，市场供给的产品效用专业性及生产经营的专业化程度严重不足，市场供给带有明显的准公共产品的社会供给性质；老龄市场供给方存在动力不足、定价偏低、信息传递不畅等问题。有文章建议通过按照准公共产品来定位老龄产业的市场供给性质，多渠道增加老龄产业供给侧的生产要素投入，围绕市场供给来制定科学合理的老龄产业发展规划及企业扶持政策等手段来提升老龄产业有效供给能力（郭正模，2018）。

有学者认为，十八大以来我国在开发老龄产业上已经形成共识，各类老龄产业组织迅速涌现，老龄产业发展模式不断创新，老龄产业投资规模迅猛增长。现阶段我国老龄产业发展模式可分为单业态运作、混业运作和新型智能信息技术支撑下运作三种。而面临的主要问题有老龄经济资源配置的市场化机制建设薄弱，产业持续运行的内生性动力缺失，运营模式流于供给端概念设计等。究其原因，主要有产业定性、定位仍存在许多误区，管理体制机制尚未理顺，客户市场培育不力等。因此，老龄产业应遵循先做强再做大、抓品牌建设、紧紧扣住收益现金流、守住现金流良好的现有发展方式、确保企业经营战略最终落脚在构建客户群上（党俊武，2018）。

从世界和我国老龄健康产业业态和服务模式上来看，当前全球老龄健康产业呈现出服务范围不断拓展，产业链不断延伸，服务模式更加多样化、综合化、智能化和人性化等发展趋势。我国老龄健康产业与服务模式则有老年医疗服务市场需求增长快，服务质量要求高，养老机构护理需求快速增长，老年养生旅游、候鸟式旅游将迅速发展，以居家养老为主、社区服务为依托，加快推进机构养老服务，各地积极探索虚拟养老院、老年人互助社等新型老龄健康服务模式等特点。因此，我国应建立有利于社区家庭老龄服务的社会环境，配备硬件设施和经济运行模式，建立支撑社区家庭老龄服务的专业队伍（阮梅花，刘晓，等，2017）。

在我国老龄产业和老龄康养产业投资猛增、快速发展的情况下，学者们及时地指出了当前发展中存在的不足，并对我国老龄康养产业发展模式进行了思考。

2. 老龄康养产业发展模式与政策支持

在发展路径上，一些学者认为，我国老龄产业发展应该采取政府引导、市场运作、科教支持、社会参与的发展思路，实现老龄产业与外部产业协同推进、产业内行业间均衡发展的良性循环新格局。这需要完善老龄产业发展的制度环境，解决老龄产业存在的结构性矛盾，提高老年人的收入水平和支付能力，确定优先发展领域带动老龄产业发展，创新灵活多样的产业发展模式以及探索“官产学研”产业协同发展机制（田香兰，王爱兰，2016）。同时要完善政策法规，建立多元化的市场合作机制，促进城乡协调发展，强化人才队伍建设（马忻，2018）。面对传统老龄服务产业升级问题，有学者认为首先应该对老龄服务业产业和事业的边界进行明确，而后全面推进照护保险制度建设，出台相对具体的产业扶持政策；要打造老龄服务产业链，积极培育多层次的老龄服务产业体系，并要充分发挥行业组织的重要作用（李飞，2018）。

还有学者更加关心“互联网＋”智慧养老服务产业，认为互联网背景下的智慧养老可以使老人打破空间和时间的限制获得更好的养老服务。有利于养老服务信息资源的共享，养老服务内容、方式、渠道的整合；有利于充实老年人的精神生活；有利于传统养老服务产业升级。但是，当前智慧养老产品的智慧性不足以及数字鸿沟的阻碍，信息数据缺乏有效挖掘使智慧养老服务呈现被动性，智慧养老项目普遍缺乏专业团队、顶层设计和统一标准。为此，学者建议要加强老年人的信息技术教育，深度挖掘养老信息大数据，合理配置智慧养老资源，加强智慧养老产业人才培养，积极推进智慧养老制度体系建设，加强政策扶持力度（孙美玲，2018）。

在政策支持方面，我国财政政策对老龄产业的支持还存在着以下问题：首先，政策体系不完善，缺乏对老龄用品业、老龄金融业、老龄房地产业和老龄再就业的相关财政政策支持；其次，政策多是原则性规定，缺少具体配套的措施，可操作性不强，政府财政投入不足，且存在重硬件建设、轻软件建设的现象；最后，税收优惠环节单一、覆盖面狭窄，相关税收政策有待加强，相关收费政策有待进一步清理和规范，政府购买养老服务相关政策尚不完善。因此，要充分认识发展老龄产业的重要性，按照老龄产业的公共产品属性分别使用不同的财政政策加以支持，把属于准公共产品范围的养老服务业作为财政政策支持重点；要运用税收优惠政策和财政补贴政策支持属于私人产品范畴的老龄用品业、老龄金融业、老龄房地产业和老龄再就业；要加大对老龄产业的财政投入和政策支持力度，加快老龄产业发展，特别注重财政政策与产业政策、金融政策、土地政策、工商政策配套促进老龄产业发展（杨良初，王敏，孟艳，2016）。也有学者认为，我国应充分发挥制度优势引导养老产业健康可持续发展，要构建中国特色医养产业基本实施方略，强化管理部门职能，优化医养服务供给环节，提升社区医院医疗质量，构建多层次医养质量保障体系；要优化居家养老医疗服务保障，为居家养老人口提供精准服务；还应明确养老养护机构权责边界，实行社会救助与托底政策（李飞，2018）。

很多学者都对我国老龄康养产业的发展模式和政策支持进行了讨论，我们要注意到的是，当前我国老龄康养产业更加缺乏的是服务和管理人才。

3. *老龄康养产业服务和管理人才*

面对老龄康养产业服务人才不足的问题，我国可以尝试突破原有的一些固化观念，从大国养老的现实探索中国特有的健康养老产业涉医人才的解决方案。例如，延伸“医疗卫生人员”的职业概念到健康产业及

老龄产业；将健康产业及老龄产业的涉医专业人才单独列为一个职业体系等（乌丹星，2015）。应尽快建立中长期老龄服务人才规划，建立合理的人才结构和管理体系，建立健全老龄服务人才职业体系，提高老龄服务人才的综合素质和社会地位；还应加强社会互助功能，鼓励低龄活力老年人再就业，构建社区邻里互助养老新模式，构建志愿者助老服务体系（马丹妮，2018）。

有学者建议运用美国学者亨利·埃茨科威兹和荷兰学者罗伊特·雷德斯多夫提出的知识经济时代政府、产业和院校之间新型互动关系的三螺旋理论构建我国老龄服务人才培养机制，在政府、老龄产业和院校三方之间建立关系紧密、协调行动、互利共赢的组织领导机制、激励保障机制、资源整合机制、督查考核机制和文化培育机制（于涛，黄加成，2018）。

整体而言，近年来我国学者从不同视角，运用不同理论，通过不同方式对老龄康养产业展开了丰富的研究，这与近年来老龄康养产业升温不无关系。众多学者的关注也能进一步促进我国老龄康养产业的发展。

（七）老龄健康评估和研究工具

近年来，学者们对老龄健康的评估和研究工具展开了研究。2000 年，一些学者尝试从社会性资源、经济状况、躯体健康、精神健康和日常生活功能几个方面进行老年人健康评估（李春梅，刘红梅，王超虹，2000）。

在此之后，有学者建议建立老年健康评估体系，确立家庭、社区和医院三种老年健康评估模式，以实现及时预测老年疾病风险、高效进行老年健康管理和有效实施老年人的功能康复与护理服务，主要内容包括老年健康评估数据库建设，建立家庭健康评估、社区健康评估和医院健康评估三种评估模式，建立生活质量评估、经济状况评估、躯体健康评估、心理健康评估和社会健康评估等数据模型，以及确立健康老人、亚健康老人、慢性病老人、危重病老人和急症老人的评估标准（宋岳涛，陈峥，杨颖娜，2008）。

还有学者探索了数据挖掘在老龄人口健康调查中的应用，利用北京美兰德信息公司专访员的入户调查数据，用聚类分析、神经网络、决策树、逻辑斯蒂回归等数据挖掘技术对老龄人口的健康状况进行建模分析。研究指出对老龄人思维能力影响最主要的因素是性格特征、日常活动能力、生活满意度、实际年龄和主要生活来源；对老龄人的身体健康状况影响最主要的因素是近两年是否患病、生活满意度、日常活动能力、生活来源是否稳定、生病时能否得到及时治疗等（朱建平，戴颖，谢邦昌，2009）。

有学者回顾了我国老年护理健康评估的研究现状并进行了总结，指出从 2007 年以来我国针对老年护理健康评估的研究有所增加，研究人群包括社区老人、养老院老人、住院及门诊老人、百岁老人、退休老年干部等，针对老年人的护理健康评估已日益受到研究者的关注，老年护理健康评估一般从身体健康评估、心理健康评估和社会健康评估三个维度的不同指标进行（范依宁，丁伟，等，2016）。朱凯怡和陶红梳理了国内外老年综合健康评估（CGA）工具研究及应用情况，指出国外在此方面的研究较为成熟，已有较完善的评估量表并且应用领域较广泛，而我国此方面的研究尚处于起步阶段，评估量表相对缺乏，适用对象较为局限。（朱凯怡，陶红，2018）我国老年综合健康评估工具有较大的发展空间，可在借鉴国外相关量表和研究的基础上，发展适合我国国情和文化背景的老年综合健康评估工具（范依宁，丁伟，等，2016）。

还有学者梳理了国内外老年人心理健康评估工具，指出我国老年心理健康的测评工具多为国外引进量表，其中以 SCL－90（症状自评量表）应用最为广泛。但是，由于中西方文化差异，国外量表不能完全套用，同时 SCL－90 条目繁多、测量耗时长，用于高龄老年人的自评过于复杂或困难。因此，我国急切需要编制一套适应我国国情、具有整体代表性、适合老年人群心理健康的测评工具（苏红，王丽娜，周郁秋，2014）。

在工具设计上，有学者在多个国外已有常用量表中文版的基础上，综合研制了简短及适合我国国情与文化的老年健康功能多维评定量表，该量表包含社会关系资源、日常生活能力、身体健康、精神健康、经济资源和认知功能 6 个维度共 30 个条目；学者根据 2 032 名老年人数据进行终表考评，结果显示该量表具有良好的信度与效度（茅范贞，陈俊泽，等，2015）。

还有学者查阅国内外相关文献，借鉴老年综合健康评估（CGA）的基本方法，建立了老年评估模拟实验室并提取实验数据，形成了一套完整的老年健康等级量化评估工具。该工具从老人的心理精神、营养状况、跌倒风险、认知能力、躯体功能、疾病状况共六项单维健康状况进行Ⅰ、Ⅱ、Ⅲ级的量化评估，还为辽宁省民政厅颁布养老福利政策地方法规起到了重要作用（王津立，李泽，等，2016）。

也有学者提出将老年心理健康与智能信息技术相结合应用于老年心理健康研究，并利用计算机技术、智能控制技术构建了智能服务信息平台模型，拟有针对性地为老年心理健康提供健康咨询服务，为政府解决老年心理健康问题提供科学决策建议（王计生，贺兆轩，杨晓庆，2017）。

我国学者对老龄健康的评估和研究工具的研究还处在梳理和总结国内外经验的阶段，在评估和研究工具的设计上还有待进一步探索。

（八）跨学科老龄健康研究

跨学科老龄健康研究是新兴的研究领域。面对老龄化的快速变迁和老龄健康问题的复杂性，一些学者呼吁走出较为单一的学科视角，进行更为全面的跨学科老龄健康研究。

2011 年“中国医疗改革与老年健康、福利跨学科研究”研讨会上，众多学者对跨学科老龄健康研究展开了讨论，认为跨自然科学和社会科学的跨学科研究将成为医疗卫生政策和老龄健康研究的主流趋势。这是因为医疗卫生政策和老年健康归根结底是对人和社会的研究，这大大不同于一般由物和生物所组成的研究对象，人不仅具有自然属性也具有社会属性，人的个体差异既取决于生物学上的自然原因，也取决于由生产关系和阶级、阶层、民族、地区等社会因素所造成的社会地位、社会素质和社会意识等方面的差异，所以对二者的研究也就不能仅仅考虑由人的社会属性带来的社会因素，或仅仅考虑生物属性带来的自然因素，而一定要两方面兼顾，社会科学和自然科学主要研究内容上的差异都是对对方的非常有效的补充（王俊，2012）。

当前，我国老龄化的跨学科研究取得了一些进展，但对老年人群健康与福利水平的测量有待提高，对养老模式的分析、研究理论和深度与国外差距较大。在此基础上，可以通过对个人特征中的经济因素进行具体讨论；采取从生理、心理及社会多维度、综合性地研究健康的机制；结合法学、教育学、管理学、经济学等社会学科对老龄健康问题的研究，建立健全中国的社会保障制度（王俊，陈莹，王晓敏，2012）。

一些学者非常重视跨学科的老龄健康研究，认为人口快速老龄化和老龄健康的未来发展趋势取决于人类社会对于老龄健康影响因素的研究和健康干预实践的进展。欧美、日本等发达国家高度重视和不断加强对老龄健康跨学科研究及其研究策略选择。世界各国的研究均表明，人类不同个体和群体的健康和寿命差异是由社会行为、环境、遗传因素及其交互作用共同决定的，环境质量是老龄健康重要的影响因素（曾毅，2011）。

而研究社会、行为、环境和遗传因素的交互作用也可提高老龄健康干预方案效益，对此，国际上已经高度重视此方面的跨学科研究，我国也可开展相关研究。有学者建议，在研究的方法上，可以采取将健康长寿老人与中年人对照组进行对比分析，慢性病患者、正常人和健康长寿老人三组样本进行综合对比，分析跨学科研究老龄健康的有关策略。在研究的具体内容上，可以深入分析社会行为与遗传因素的交互作用对老龄健康的影响，深入研究针对不同人群的遗传和社会、行为、心理、营养、环境等特征来对症下药，深入开展县市级社会、经济、行为、环境等因素对老龄健康的影响及保障机制研究，深入开展老龄健康现状和趋势调查与预测，以及健康老龄友好型社会体系相关宏观政策和法规建设研究；共同创建与发展全国一盘棋的健康老龄社会、行为、环境和遗传因素数据库与资源共享跨学科研究平台（曾毅，2012）。

也有学者关注到了老龄健康的跨学科研究，指出当代社会的新形态就是老龄社会，不可逆转、不可忽视、不容乐观，并由此产生了照料问题和健康问题。在跨学科老龄健康研究的分析框架上，对长寿地区以及健康长寿都需要进行研究。在将来，跨学科老龄健康研究要建立数据库，关注健康公平问题，要与健康中国战略、健康老龄化紧密联系在一起（陆杰华，2018）。

总的来说，跨学科的老龄健康研究还处于探索阶段，相信将来会有更多的学者积极投入这一领域的研究当中。

五、中国老龄健康研究的创新点与不足

通过梳理我国老龄健康研究的主要领域，可以发现我国老龄健康研究有以下创新点与不足。

在研究的创新性上，我国老龄健康研究从初期时学界集中于对健康老龄化战略的探索，逐渐发展为对不同学科领域与老龄健康的交叉研究，并

形成了老年健康的跨学科研究趋势。在这一发展路径中，我们可以看到我国老龄健康研究的主要创新点有以下几个方面：首先，在研究主题上，从一开始的医学与老年健康研究，逐渐发展到经济学、管理学、社会学、教育学等多种学科领域与老龄健康的研究，不同领域的专家学者都加入老龄健康的领域中来，他们从自己的专业领域的角度为我国老龄健康研究献计献策。其次，在研究方法上，我国老龄健康研究从一开始的文献研究和定量调查，发展为使用多种研究方法和混合研究方法进行研究，多年来学界也发展出了多种应用于老龄健康研究的研究工具。最后，在研究的发展趋势上，我国老龄健康研究由近年来的交叉学科研究，逐渐展现为跨自然科学和社会科学的跨学科研究的发展趋势，相信在将来，跨学科老龄健康研究会涌现出更多的创新点。

以上总结了当前我国老龄健康研究的一些主要创新点，接下来我们重点讨论我国老龄健康研究具有的几点不足。

第一，我国进行了大量有关老年人口的调查，但是对调查结果的分析不足，未能充分发挥调查的作用，未能对数据进行更深一步的挖掘以及将研究结果应用于社会实践等。如对国内养老模式的探究，更加重视对养老模式的制度和体制分析，但缺乏管理学与微观经济学理论的支撑。与国外相比，国内研究方法一般采用社会学、统计学方法，缺少管理学、经济学等分析方法与现代计量分析工具的应用。

第二，国内的老年调查和国际的老年调查在许多内容上还缺乏可比性，一些问卷设计也不规范，如多维健康评估指标。这制约了不同国家和地区间的对比研究，其中一部分原因是各个国家和地区基本情况、文化等有差异，因此做好本土化工作十分重要。

第三，多学科合作开展老龄健康研究尚显不足。国际上许多研究均证明，人类个体寿命的差异均有四分之一受遗传内因控制，而其他四分之三则取决于社会行为与环境等外因及其与遗传内因的交互作用。从前文对健康影响因素的梳理来看，人的健康状况是心理因素、社会因素等多方面因素综合作用的结果。然而，我国关于老龄健康的跨自然科学和社会科学研究合作仍十分薄弱，大多只存在于单一角度的研究，如从遗传基因的角度研究长寿。为何我国跨自然科学和社会科学研究特别薄弱？曾毅（2011）认为从大环境来看，国家设有中国科学院和社会科学院、自然科学基金委员会和社会科学基金委员会，人为将自然科学与社会科学划分为两大系统。

生物学家们埋头在实验室奋斗，无法顾及社会行为与遗传因素的交互作用；社会科学家们则大部分被排除在国家科学技术攻关重大项目之外。由于受到自然科学与社会科学研究分离的管理体制局限，我国在这一有望较快见效的健康民生前沿跨学科研究领域发展受阻，而这与国家和社会重大需求极不适应。这一违背现代科学发展规律的现象十分不利于我国科教兴国、赶超世界先进水平战略目标的实现，必须尽快改变。另外，在国际学术杂志上发表的老龄健康跨学科研究论文中，绝大部分是关于发达国家的研究，较少有关于包括中国在内的发展中国家的研究，这种不合理现象亟须改变。

第四，缺乏规范的、可共享的老龄健康数据库。随着电子技术的进步，研究资料的可获得性与分析技术也向前迈了一大步，大大方便了老年人口相关数据的收集与分析。数据共享不仅有利于学术界研究者的深入研究，更有助于养老产业供给主体进行资源整合、数据分析，提供个性化、多样化的精准服务，提高社会效益。尽管研究者、政府机构也日益强调信息共享，但是我国还没有建立起来的老龄健康数据库。

六、中国老龄健康研究的未来走向展望

基于国家和社会对研究老年健康的迫切需要，以及我国老年人口样本量大、多样性强的优势，全国各地不同学科的研究者们应共同合作，在国家的支持下，共建共享老龄健康数据库，回应时代需求，深入探讨，积极开展老龄健康的跨学科研究，这不仅具有响应健康中国战略、提升我国综合国力的重要意义，而且可以为全球促进健康老龄化提供重要参考。

深入分析各个因素对老龄健康的影响，深入研究老年人健康指标体系、医疗康复等有效干预途径，增强老年防病抗病的个体化健康水平，有效促进健康老龄化。同时，深入各个地区，尤其是偏远地区，深入研究社会、经济、环境、行为等外部因素对老龄健康的影响机制，对症下药，有效规划资源，建设符合当地需求的健康老龄友好型社区，建立健全相关法律法规及社会政策支持体系，促进老龄健康公平。

构建跨学科老龄健康理论体系，挖掘适合中国国情的跨学科老龄健康

研究重点。目前世界范围内只有西方的老龄健康理论和方法（生物学理论、行为科学理论和社会科学理论），而中国在此研究领域较为弱势。因此，我们希望能够建立适合中国国情的跨学科健康老龄研究体系。跨学科老龄健康研究是关于全周期全人群的研究，我们应从行为环境和健康基因交互作用的角度入手，逐步充实“金字塔”体系。

重视跨学科人才培养，政府应加大对跨学科团队合作支持力度。要做老龄健康研究，需要与国际接轨的跨学科人才和团队，构建本土化的理论、研究方法，切实发展出适合中国国情的老龄健康研究成果，而这些都离不开政府的重视和大力支持。

共建共享老龄健康数据库。目前针对老年人口所做的调查研究不在少数，但研究方法、研究成果的创新性有待提高。一方面是由于研究选取的样本量有限，不具有代表性；另一方面是由于不同学科研究方法和方向不同。因此建立可共享的老龄健康数据库，以期自然科学和社会科学共同合作，深入研究生物遗传与社会行为环境因素及其交互作用对老年群体健康的影响，搞清社会、行为、经济、环境等各个因素本身及其对老龄健康的影响机制和影响大小，制定有效可行的健康干预措施，提高老年健康水平与防病抗病能力，积极促进健康老龄化。

开展人口老龄化前瞻性研究，增强老龄健康研究成果的实际应用性。理论指导实践，理论落地是最为重要的，研究成果如何指导老年人口安度晚年，应成为每个研究者和关心老年群体的人的思考议题。各学科努力合作，加强预测性研究，不仅对老年人口的不同群体进行预测，还应当预测未来老年人口的健康状况，包括残疾状况等。

我们应认识到，人口老龄化快速发展是我国最重要的国情之一，“健康中国”不仅是我国的战略目标，更与我们每个普通人紧密相关。如何能够更加幸福健康地生活，是我们终身学习的议题。

中文参考文献：

[1] 保志军，俞卓伟，马永兴. 正视老龄化未来发展的严峻现实. 中国老年学杂志，2016，36（24）.

[2] 北京大学决定成立老龄健康与家庭研究中心. 市场与人口分析，2001（2）.

[3] 陈卫. 国际视野下的中国人口老龄化. 北京大学学报（哲学社会科

学版)，2016，53 (6).

［4］陈先华. 社区老年人多维健康功能评定及其影响因素的研究. 武汉：华中科技大学，2009.

［5］陈小月. "健康老龄化" 社会评价指标的探索. 中国人口科学，1998 (3).

［6］程仙平，杨淑珺. 社区老年教育治理的路径选择. 教育探索，2016 (8).

［7］党俊武. 新时代中国老龄产业发展的形势预判与走向前瞻：上. 老龄科学研究，2018，6 (11).

［8］邓大洪. "银发浪潮" 来袭一半是火焰一半是蓝海. 中国商界，2018 (9).

［9］邓学文，周海滨，雷林，等. 深圳市社区老年预防跌倒健康教育效果评价. 中国健康教育，2018，34 (2).

［10］杜鹏，董亭月. 促进健康老龄化：理念变革与政策创新：对世界卫生组织《关于老龄化与健康的全球报告》的解读. 老龄科学研究，2015，3 (12).

［11］杜鹏，谢立黎. 中国老年公平问题：现状、成因与对策. 中国人民大学学报，2017，31 (2).

［12］杜鹏，杨慧. 中国和亚洲各国人口老龄化比较. 人口与发展，2009 (2).

［13］杜鹏. 国际老龄研究的进展与发展趋势. 人口研究，1997 (3).

［14］杜鹏. 中国老年人口健康状况分析. 人口与经济，2013 (6).

［15］范依宁，丁伟，罗盛，等. 老年护理健康评估项目实施的系统评价. 中国老年学杂志，2016，36 (17).

［16］傅东波，沈贻谔，夏昭林，等. 《上海市老年人综合健康功能评估表》的信度分析. 预防医学情报杂志，1997 (4).

［17］古琳. 老年人受教育程度与健康状况的实证分析. 当代教育论坛，2010 (2).

［18］顾大男. 婚姻对中国高龄老人健康长寿影响的性别差异分析. 中国人口科学，2003 (3).

［19］关于印发 "十三五" 健康老龄化规划的通知. ［2019-03-17］. http://www. nhc. gov. cn/lljks/zcwj2/201703/86fd489301c64c46865bd98c

29e217f2. sthml.

［20］郭延通，姚慧. 老年人健康管理需求及影响因素研究. 中国公共卫生管理，2018（5）.

［21］郭振友，石武祥. 基于新健康观指标体系的老年人健康公平性研究. 中国卫生统计，2015（5）.

［22］郭正模. 我国老龄产业的市场供给特点、运作机制及能力提升途径探讨. 老龄科学研究，2018（4）.

［23］国务院办公厅关于印发老年教育发展规划（2016—2020 年）的通知.［2019-03-16］. http://www.moe.gov.cn/jyb_xxgk/moe_1777/moe_1778/201610/t20161019_285590.html.

［24］郝晓宁，胡鞍钢. 中国人口老龄化：健康不安全及应对政策. 中国人口·资源与环境，2010（3）.

［25］何莽. 中国康养产业发展报告（2017）. 北京：社会科学文献出版社，2017.

［26］胡琳琳，胡鞍钢. 中国如何构建老年健康保障体系. 南京大学学报（哲学·人文科学·社会科学版），2008（6）.

［27］胡秀英，龙纳，吴琳娜，等. 中国老年人健康综合功能评价量表的研制. 四川大学学报（医学版），2013（4）.

［28］华颖. 健康中国建设：战略意义、当前形势与推进关键. 国家行政学院学报，2017（6）.

［29］黄冬丽. 电磁场对心肌细胞膜电压变化及人类健康长寿的影响研究. 南宁：广西大学，2013.

［30］黄静. 健康教育联合心理干预对老年高血压患者负性情绪及血压水平、生活质量的影响. 中国老年学杂志，2018（13）.

［31］江求川，张克中. 宗教信仰影响老年人健康吗?. 世界经济文汇，2013（5）.

［32］姜蕾. 3+1 整体康复护理模式在老年痴呆症病人中的应用及对抑郁、认知功能的影响. 全科护理，2018（34）.

［33］蒋文宁. “养教用”结合的老年教育新模式探索. 成人教育，2018（3）.

［34］李春梅，刘红梅，王超虹. 老年健康教育特点及健康评估方法. 中国健康教育，2000（11）.

[35] 李飞. 充分发挥制度优势 引导养老产业健康可持续发展. 中国民政，2018 (21).

[36] 李飞. 传统老龄服务产业升级问题研究. 中州大学学报，2018 (3).

[37] 李建新，李春华. 城乡老年人口健康差异研究. 人口学刊，2014 (5).

[38] 李建新，李嘉羽. 城市空巢老人生活质量研究. 人口学刊，2012 (3).

[39] 李建新. 中国人口的婚姻状况与死亡水平差异. 中国人口科学，1994 (5).

[40] 李年红. 体育锻炼对老年人自测健康和体质状况的影响. 体育与科学，2010 (1).

[41] 李雪颖. “体医融合”是解决全民健身工作的技术核心：总局体科所研究员郭建军谈《“健康中国 2020”规划纲要》. 中国体育报，2016-11-02.

[42] 李毅，李建新. 性别视角下中国老年人健康差异分析. 人口研究，2009 (2).

[43] 林涛，王德文，田俊，等. 社区老年人健康功能多维评价及影响因素. 中国公共卫生，2003 (10).

[44] 刘茂娟. 健康教育老年生活方式病及中医护理. 辽宁中医杂志，2006 (10).

[45] 刘亚飞. 童年饥饿经历会影响老年健康吗?. 经济评论，2018 (6).

[46] 卢钰琼，路云，李毅仁，等. 基于社会网络理论的城市老年健康教育优化设计. 卫生经济研究，2018 (10).

[47] 陆杰华，阮韵晨，张莉. 健康老龄化的中国方案探讨：内涵、主要障碍及其方略. 国家行政学院学报，2017 (5).

[48] 陆杰华，王伟进，薛伟玲. 中国老龄产业发展的现状、前景与政策支持体系. 城市观察，2013 (4).

[49] 陆杰华. 快速的中国人口老龄化进程：挑战与对策. 甘肃社会科学，2007 (6).

[50] 陆杰华. 新时代跨学科老龄健康研究的展望. 中国社会工作，

2018 (23).

[51] 吕家爱，陈德喜. 体医结合模式运动干预对糖尿病患者控制效果评估. 公共卫生与预防医学，2016 (3).

[52] 骆琪，闫国光. 社会经济地位对老年人健康影响的实证检验. 统计与决策，2012 (13).

[53] 骆为祥，李建新. 老年人生活满意度年龄差异研究. 人口研究，2011 (6).

[54] 马丹妮. 补齐老龄服务业人才短板迫在眉睫. 老龄科学研究，2018 (2).

[55] 马丽斌. 借鉴美国经验发展我国的健康管理事业. 中国药业，2007 (8).

[56] 马丽霞，庄新华，等. 社区老年人心理、社会因素与躯体健康相关因素的研究. 中国全科医学，2011 (11).

[57] 马忻. 当前我国养老服务业的经济效应及发展路径分析. 中国商论，2018 (32).

[58] 毛振华，袁雪丹，郭敏. 优化健康资源配置路径. 中国金融，2018 (3).

[59] 茅范贞，陈俊泽，苏彩秀，等. 老年健康功能多维评定量表的研制. 中国卫生统计，2015 (3).

[60] 孟庆跃. 中国卫生保健体制改革与健康公平. 中国卫生经济，2007 (1).

[61] 酩. 中国老龄健康国际研讨会在京举行. 人口研究，2001 (6).

[62] 裴晓梅，王浩伟，罗昊. 社会资本与晚年健康：老年人健康不平等的实证研究. 广西民族大学学报（哲学社会科学版），2014 (1).

[63] 钱军程. 中国健康老龄化政策方略之我见. 老龄科学研究，2016 (6).

[64] 全国老龄工作委员会办公室，中国老龄协会. 第二次老龄问题世界大会暨亚太地区后续行动会议文件选编. 北京：华龄出版社，2003.

[65] 任际. 老龄化新趋势及应对：国际化与多元治理. 辽宁大学学报（哲学社会科学版），2017 (6).

[66] 阮梅花，刘晓，毛开云，等. 老龄健康产业业态和服务模式. 竞争情报，2017 (3).

［67］世界卫生组织．老龄化与健康．［2019－04－09］．https://www.who.int/zh/news-room/fact-sheets/detail/ageing-and-health.

［68］世界卫生组织．中国老龄化与健康国家评估报告．日内瓦：世界卫生组织出版处，2016.

［69］宋全成，崔瑞宁．人口高速老龄化的理论应对：从健康老龄化到积极老龄化．山东社会科学，2013（4）.

［70］宋新明，陈功．联合攻关，共同奋进："中国高龄老人健康与长寿学术研讨会"会议论文综述．市场与人口分析，2001（2）.

［71］宋岳涛，陈峥，杨颖娜．老年健康评估与老年健康保险．中国现代医生，2008（31）.

［72］苏红，王丽娜，周郁秋．空巢老人心理健康评估工具研究进展．护理研究，2014（33）.

［73］孙鹃娟，高秀文．国际比较中的中国人口老龄化：趋势、特点及建议．教学与研究，2018（5）.

［74］孙连香．社区老年系统化健康教育初探．护士进修杂志，1999（3）.

［75］孙美玲．"互联网＋"智慧养老服务产业发展的路径研究．劳动保障世界，2018（29）.

［76］孙欣然，孙金海，陈立富，等．老年人健康需求特点与健康管理对策．中国老年学杂志，2018（21）.

［77］谭绍华．省域大众性老年教育需求调查及制度设计研究：以重庆市为例．成人教育，2018（4）.

［78］谭涛，张茜，刘红瑞．我国农村老年人口的健康不平等及其分解：基于东中西部的实证分析．南方人口，2015（3）.

［79］唐莹，陈正英，薛桂娥，等．我国老年人健康保健服务相关政策现状．中国老年学杂志，2010（3）.

［80］田香兰，王爱兰．我国老龄产业发展的基本思路与对策建议．西北人口，2016（4）.

［81］王洪强．长寿影响因素的研究进展．新疆医科大学学报，2011（11）.

［82］王计生，贺兆轩，杨晓庆．老年心理健康研究及智能信息服务平台构建．成都医学院学报，2017（5）.

[83] 王津立，李泽，孟子谨，等. 老年健康等级量化评估工具构建模型导向研究. 实用临床护理学电子杂志，2016 (5).

[84] 王俊，陈莹，王晓敏. 老龄健康的跨学科研究：从自然科学到社会科学. 中国卫生政策研究，2012 (12).

[85] 王俊. 医疗卫生改革政策、老龄健康福利影响与跨学科研究. [2019-04-02]. http://cpfd. cnki. com. cn/Article/CPFDTOTAL-ZGKF201208001042. htm.

[86] 王陇德. 预防医学和公共卫生管理的发展与展望. [2019-03-09]. http://cpfd. cnki. com. cn/Article/CPFDTOTAL-ZHYF200608001001. htm.

[87] 王谦. 医养结合：养是基础 医是支撑. 中国卫生，2018 (12).

[88] 王树新. 北京市人口老龄化与积极老龄化. 人口与经济，2003 (4).

[89] 王洵. "健康老龄化"研究的回顾与展望. 人口研究，1996 (3).

[90] 王颖，李春花，刘奇敏，等. 21 世纪健康教育发展趋势. 中国医院管理，2000 (5).

[91] 王昭茜，翟绍果. 老年人精神健康的需求意愿、影响因素及社会支持研究. 西北人口，2018 (5).

[92] 卫生部. 2005 年中国卫生统计提要. [2019-12-11]. http://www. chinacdc. cn/tjsj/gjwstjsj/200506/t20050610_25209. htm.

[93] 乌丹星. 老龄产业医疗服务人才 突破是硬道理. 中国卫生人才，2015 (3).

[94] 邬沧萍，姜向群. "健康老龄化"战略刍议. 中国社会科学，1996 (5).

[95] 邬沧萍. 重新诠释"积极老龄化"的科学内涵. 中国社会科学报，2017 (11).

[96] 吴任慰，康露. 试析我国老年健康保障中的政府责任. 湖北经济学院学报（人文社会科学版），2007 (1).

[97] 吴杨. 整体化康复护理干预在冠心病患者中的应用. 实用临床护理学电子杂志，2018 (44).

[98] 吴莹. 我国人口老龄化进程与养老保障建设成就. 中国人口报，2018-12-31.

[99] 习近平在中国共产党第十九次全国代表大会上的报告. [2019-04-06]. http://cpc.people.com.cn/n1/2017/1028/c64094-29613660-10.html.

[100] 项颖卿. 跨理论模型健康教育对老年慢性阻塞性肺疾病患者生活质量的影响. 中国老年学杂志，2018 (13).

[101] 薛川. 中国老年人口健康状况及差异性分析. 昆明：云南大学，2014.

[102] 杨良初，王敏，孟艳. 促进中国老龄产业发展的财政政策研究. 财政科学，2016 (12).

[103] 杨晓林. "体医结合"措施对社区肥胖女性干预的动态观察. 中国卫生事业管理，2010 (5).

[104] 杨燕. 山东省青岛市城阳区百岁老人长寿因素调查与分析. 济南：山东大学，2012.

[105] 叶文振，王德文. 中国老年人健康状况的性别差异及其影响因素. 妇女研究论丛，2006 (4).

[106] 于涛，黄加成. 我国老龄服务人才培养机制构建. 老龄科学研究，2018 (9).

[107] 喻国旗，翟雯雯，魏怡，等. 中国西南长寿地区百岁老人的时空分布特征分析. 华南预防医学，2018 (2).

[108] 曾宪新. 我国老年人口健康状况的综合分析. 人口与经济，2010 (5).

[109] 曾毅. 老龄健康的跨学科研究：社会、行为、环境、遗传因素及其交互作用. 中国卫生政策研究，2012 (2).

[110] 曾毅. 老龄健康影响因素的跨学科研究国际动态. 中国科学，2011 (35).

[111] 张艾莉，延爱锦，李宝侠. 老年人生活习惯与健康关系的调查报告. 现代预防医学，2006 (6).

[112] 张春津. "健康中国现代化"的短板：老年健康现代化战略规划初探. 科学与现代化，2018 (4).

[113] 张金宝. 老年教育促进老年人心理健康的探索. 中国成人教育，2017 (24).

[114] 张晓梅. 家庭跟进健康教育对老年血液透析患者生存质量的影

响. 中国老年学杂志，2017（13）.

［115］张耀华. 从健康老龄化到积极老龄化：人口老龄化的应对之策. 改革与开放，2018（8）.

［116］赵晓芳. 老龄健康视角下“医养结合”政策文本分析. 社会福利（理论版），2018（1）.

［117］中共中央国务院印发《“健康中国 2030”规划纲要》. ［2019-02-19］. http://www.gov.cn/gongbao/content/2016/content_5133024.htm.

［118］仲亚琴，高月霞，王健. 不同社会经济地位老年人的健康公平研究. 中国卫生经济，2013（12）.

［119］仲亚琴，高月霞，王健. 中国农村老年人自评健康和日常活动能力的性别差异，医学与哲学，2014，35（2A）.

［120］周国伟. 中国老年人自评自理能力：差异与发展. 南方人口，2008（1）.

［121］周杏芬. “体医”结合模式下我国老年健康促进的路径研究. 苏州市职业大学学报，2018（4）.

［122］朱荟，陆杰华. 宗教参与对我国高龄老人死亡风险的影响分析. 人口研究，2012（1）.

［123］朱建平，戴颖，谢邦昌. 数据挖掘在老龄人口健康调查中的应用. 统计与信息论坛，2009（10）.

［124］朱凯怡，陶红. 国内外老年综合健康评估工具及应用. 中国全科医学，2018（22）.

［125］朱震宇，李放. 医养结合养老服务满意度及其影响因素. 中国老年学杂志，2018（23）.

［126］邹淑蓉，高围溦，程旻娜，等. 上海市部分地区老年人营养与健康状况调查分析. 上海预防医学，2006（9）.

英文参考文献：

［1］Balfour J L，Kaplan G A. Neighborhood environment and loss of physical function in older adults：evidence from the Alameda County study. Am J Epidemiol，2002，155（6）.

［2］Belloc N B，Breslow L. Relationship of physical health status and health practices. Preventive medicine，1972，1（3）.

[3] Brooks-Wilson A R. Genetics of healthy aging and longevity. Human Genetics，2013，132 (12).

[4] Clayton G M，Dudley W N，Patterson W D，et al. The influence of rural/urban residence on health in the oldest-old. The International Journal of Aging and Human Development，1994，38 (1).

[5] Fogelholm M，Valve R，Absetz P，et al. Rural-urban differences in health and health behaviour：a baseline description of a community health-promotion programme for the elderly. Scandinavian journal of public health，2006，34 (6).

[6] Gallant M P，Dorn G P. Gender and race differences in the predictors of daily health practices among older adults. Health Education Research，2001，16 (1).

[7] George L K，Okun M A，Landerman R. Age as a moderator of the determinants of life satisfaction. Research on Aging，1985，7 (2).

[8] Goldman N. Marriage selection and mortality patterns：inferences and fallacies. Demography，1993，30 (2).

[9] Hayward M D，Gorman B K. The long arm of childhood：the influence of early-life social conditions on men' s mortality. Demography，2004，41 (1).

[10] Herskind A M，McGue M，Holm N V，et al. The heritability of human longevity：a population-based study of 2 872 Danish twin pairs born 1870—1900. Human genetics，1996，97 (3).

[11] House J S，Kessler R C，Herzog A R，et al. Age，socioeconomic status，and health. The Milbank Quarterly，1990，68 (3).

[12] Kim J I，Kim G. Factors affecting the survival probability of becoming a centenarian for those aged 70，based on the human mortality database：income，health expenditure，telephone，and sanitation. BMC geriatrics，2014，14 (1).

[13] Kolovou G，Barzilai N，Caruso C，et al. The challenges in moving from aging to successful longevity. Current Vascular Pharmacology，2014，12 (5).

[14] Lepeule J，Rondeau V，Filleul L，et al. Survival analysis to esti-

mate association between short-term mortality and air pollution. Environmental health perspectives, 2005, 114 (2).

[15] Liu Y, Li Y, Jiang Y, et al. Effects of soil trace elements on longevity population in China. Biological trace element research, 2013, 153.

[16] Lowry D, Xie Y. Socioeconomic status and health differentials in China: convergence or divergence at older ages? 2009, PSC Research Report No. 09-690.

[17] Matthews C E, Jurj A L, Shu X O, et al. Influence of exercise, walking, cycling, and overall nonexercise physical activity on mortality in Chinese women. Am J Epidemiol, 2007, 165 (12).

[18] McGue M, Vaupel J W, Holm N, et al. Longevity is moderately heritable in a sample of Danish twins born 1870—1880. J Gerontol, 1993, 48 (6).

[19] Nathanson C A. Illness and the feminine role. A theoretical review. Social Science and Medicine, 1975, 9 (2).

[20] Nordstrom C K, Diez Roux A V, Jackson S A, et al. The association of personal and neighborhood socioeconomic indicators with subclinical cardiovascular disease in an elderly cohort: the cardiovascular health study. Soc Sci Med, 2004, 59 (10).

[21] Perls T T, Wilmoth J, Levenson R, et al. Life-long sustained mortality advantage of siblings of centenarians. Proceedings of the National Academy of Sciences, 2002, 99 (12).

[22] Ross T N A, Berthelot Jean-Marie. Regional socioeconomic context and health. Supplement to Health Reports, 2002, (13).

[23] Sandstrom T, Frew A J, Svartengren M, et al. The need for a focus on air pollution research in the elderly. Eur Respir J, 2003, 21 (Suppl 40).

[24] Stéphane T, Nancy A. Regional socioeconomic context and health. Supplement to Health Reports, 2002 (13).

[25] Walter S, Atzmon G, Demerath E W, et al. A genome-wide association study of aging. Neurobiology of Aging, 2011, 32 (11).

[26] Watson R R. Handbook of nutrition in the aged. Boca Raton, FL: CRC press LLC, 2001.

［27］Weeks W B，Kazis L E，Shen Y，et al. Differences in health-related quality of life in rural and urban veterans. American Journal of Public Health，2004，94（10）.

［28］Wilhelmson K，Eklund K. Positive effects on life satisfaction following health-promoting interventions for frail older adults：a randomized controlled study. Health psychology research，2013，1（1）.

［29］World Health Organization. Constitution of the World Health Organization. Geneva：World Health Organization，1946.

［30］World Health Organization. World report on ageing and health. Geneva：World Health Organization，2015.

［31］Zeng Y，Chen H，Shi X，et al. Health consequences of familial longevity influence among the Chinese elderly. J Gerontol A Biol Sci Med Sci，2013，68（4）.

［32］Zeng Y，Gu D，Purser J，et al. Associations of environmental factors with elderly health and mortality in China. American Journal of Public Health，2010，100（2）.

［33］Zeng Y，Zhang Z，Xu T，et al. Association of birth weight with health and long-term survival up to middle and old ages in China. Journal of population ageing，2011，3（3/4）：143－159.

［34］Zimmer Z，Kwong J. Socioeconomic status and health among older adults in rural and urban China. Journal of aging and health，2004，16（1）.

第二章　生命历程视角下的女性健康

一、引言：从生命全程关注女性健康

健康在人类发展中占有重要位置，而女性健康往往不仅与发展密切相关，也反映了一个社会的性别平等状况，不少国际发展议题中都包括与女性健康有关的内容。联合国千年发展目标将孕产健康列为八个目标之一，具体目标 5A 为 1990—2015 年间将孕产妇死亡率降低四分之三，目标 5B 为到 2015 年实现普遍享有生殖保健，避孕率、未满足的避孕需求和未成年人生育率都是该目标之下的重要指标。《2030 年可持续发展议程》中有关健康的目标 3 和有关性别平等的目标 5 中，多个具体目标与女性健康有关，涉及孕产保健、生殖健康和计划生育服务需求、消除基于性别的暴力以及针对妇女的有害做法等内容。尤其值得关注的是目标 3.7 强调了与女性关联密切的生殖健康，“到 2030 年，确保普及性健康和生殖健康保健服务，包括计划生育、信息获取和教育，将生殖健康纳入国家战略和方案”；目标 5.6 则重申了《国际人口与发展会议行动纲领》和《北京行动纲领》及相关会议成果文件中有关确保普遍享有性和生殖健康以及生殖权利的内容（联合国，

2015)。在有关性别平等的国际指标体系中，多数都包括了健康指标。联合国计划开发署于 2010 年提出了性别不公平指数（gender inequality index），其中与健康相关的指标为孕产妇死亡率和未成年人生育率（United Nations Development Programme，2018）；在相关统计指标的收集中还包括避孕率、至少一次产前检查比例、医护人员接生比例。世界经济论坛提出的性别差距指数（gender gap index），与健康相关的指标为分性别健康预期寿命和出生性别比（World Economic Forum，2018）。欧盟提出的性别平等指数（GEI）中的健康部分，包括了健康状况和服务获得两类内容，分别由分性别的自评健康、出生预期寿命、健康预期寿命和未满足的医疗需求及未满足的牙医需求组成（Humbert，Ivaškaitē-Tamošiūnē，Oetke et al.，2015）。中国各阶段的妇女发展纲要中，都将健康作为妇女发展监测和评估的内容之一，其中包括：出生预期寿命、孕产妇死亡率，常见病筛查、HIV/STDs 控制，降低孕产贫血、提高心理健康知识、保障避孕节育知情选择权、减少非意愿妊娠、降低人工流产率等（中华人民共和国国务院新闻办公室，2011）。

在具有明显性别偏见的社会中或性别不平等的情况下，女性的健康不仅与社会经济发展和健康事业发展有关，也受到其他社会文化因素的影响，女性往往在健康状况改善和健康服务利用方面处于不利地位。在快速发展阶段，健康促进的成果也容易存在性别差距。可以说，健康受到经济、社会、文化和公共政策的影响，同时女性的健康也是反映发展和性别平等的重要方面。

在社会经济发展的不同阶段，女性健康的内容和优先问题有所不同。在发展初期，孕产妇死亡和围产期的健康问题是最受到关注的内容，母婴健康被看作健康水平和卫生服务能力的标志，也体现了社会经济发展程度。在这个问题已经被高度重视并得到较好解决之后，虽然孕产和生殖健康对女性而言仍是特有的健康风险，但需要意识到女性健康并不等同于孕产健康，更不局限于生育年龄段。1995 年世界妇女大会通过的《北京宣言》和《行动纲领》提出，应当保证妇女在生命全程与男性同等享有最高标准健康的权利；《“健康中国 2030”规划纲要》明确提出了全人群全生命周期的健康服务。处于生命周期不同阶段的女性，其健康风险或主要健康问题不同。在婴幼儿阶段、青少年阶段、青壮年阶段、围更年期阶段和老年阶段，女性健康具有不同的特点、影响因素和需要特别关注的优先问题，因而对女

性健康问题不宜泛泛而谈，更需要避免局限于孕产保健。

从生命全程关注健康，还有利于在生命周期不同阶段的健康之间建立关联，对生命早期阶段的健康问题给予应有的重视。例如生命早期的营养和健康会影响到成年后和老年的健康；青少年时期的生殖道疾患和不安全人工流产会影响女性此后的生育；妊娠期糖尿病不仅影响孕妇和胎儿的健康，还将使妇女老年后有患糖尿病的更高风险，因而预防孕期非传染性疾病对预防老年患病也有重要意义。故在讨论女性与健康时，需要有生命全程的视角，而不是仅仅关注生命周期的某个阶段，尤其需要避免从狭义的生育视角理解女性健康问题。

本章第二部分将以女性生命全程为脉络，回顾近年来女性健康状况与成就，尤其注重与社会经济发展关联较为密切的健康问题，并分析存在问题与差距。而第三部分将在此基础上，以发展和赋权为框架，提出在女性健康方面需要得到更多关注的问题。

二、21 世纪中国女性健康

（一）预期寿命的性别差距

平均预期寿命是根据调查当年的分年龄死亡水平所得到的综合指标，国际上常被用于反映人口总体的健康和死亡水平。平均预期寿命的男女差距则在一定程度上反映了女性健康状况。正常情况下女性预期寿命高于男性，但在一些发展中国家尤其是欠发达国家，女性在社会中的不利地位、较差的健康状况，尤其是相对较高的孕产妇死亡水平影响了女性预期寿命，这些地区的女性预期寿命与男性差距很小。在社会发展进程中，影响平均预期寿命性别差距的另一个重要因素是婴幼儿死亡率。婴幼儿阶段的健康主要依赖父母或其他监护人的养育和照料。在没有性别偏好的情况下，由于女婴比男婴在生存上更具有生物学方面的优势，女婴死亡率低于男婴。根据常用的 Hill-Upchurch 标准，女婴死亡率与男婴死亡率之比应当介于 0.767～0.846 之间（石玲，王燕，2002）。但 20 世纪 80 年代末以后，中国女婴死亡水平异常偏高并有逐渐上升的趋势，农村女婴死亡率异常偏高的问题更为严重。研究发现婴幼儿死亡与父母对子女的性别偏好密切相关（郝虹生，金敏子，王丰，1994），突出表现在对疾病控制的决策上，尤其是贫困地区的女童患病后未能得到应有的卫生保健服务（曹兰华，林良明，刘玉琳，等，1997），是女性婴幼儿死亡率偏高的主要原因。近年来随着外部环境的改善，如社会经济发展、医疗保障普及和相关医疗卫生服务的加强，这个问题逐渐有所改善。根据 2008 年卫生部在监测地区对儿童死亡的分性别统计，新生儿、婴儿和 5 岁以下儿童死亡率均是女低于男。不过对普查结果修正后发现，中国 2010 年的女婴死亡水平仍略高于男婴（张文娟，魏蒙，2016；黄荣清，曾宪新，2013）。尽管资料来源不同，但至少反映出这个问题依然存在的可能，还需要密切观察。

经验数据证明，两性预期寿命的差距随着死亡水平的下降呈扩大趋势，20 世纪 80 年代，发展中国家的预期寿命性别差距在 4 岁以下，发达国家的性别差距则多数在 5 岁以上。根据联合国对 43 个发展中国家的分析，平均预期寿命每提高 1 岁，两性预期寿命的差距约增加 0.2 岁。20 世纪 80 年代以后，男女预期寿命的差别越来越大。郝虹生（1995）根据 1990 年全国人口普查的分省资料分析（除西藏和海南外），发现中国分省的男女预期寿命之差随平均预期寿命的延长而增加，与联合国对发展中国家的观察结果一致。总人口的平均预期寿命也显示了这一变化趋势。图 2-1 为 20 世纪 80 年代以来根据历次人口普查和人口抽样调查估算的中国人口平均预期寿命和性别差距，随着人口平均预期寿命的上升，男女预期寿命的差距也越来越大。1981 年的平均预期寿命为 67.8 岁，女性高于男性 3.0 岁；而 2015 年的平均预期寿命为 76.3 岁，女性高于男性 5.8 岁。在女性预期寿命提高的同时，中国在缩小健康不平等方面也取得了超前于经济发展水平的突出成就（张震，2016）。尽管男女差距并不是越大越好，但与同阶段有类似预期寿命的发达地区相比［2005—2010 年发达地区平均预期寿命为 76.9 岁，女性预期寿命与男性之间的差距为 7.0 岁（United Nations，2017）］，说明中国女性的健康水平还有很大的提升空间。而且在人口快速老龄化时期，还出现了新的挑战。

中国正在进入人口快速老龄化阶段，在老年人比重日益增长的同时，老年人也更为长寿，80 岁及以上高龄老人数量的增长率远高于其他年龄组，中国的百岁老人在 21 世纪的第一个十年间几乎翻了一番。但是活得长久并不一定意味着活得健康。健康预期寿命是衡量健康的重点指标，反映了人口处在健康状态下的平均预期寿命。有的机构应用健康预期寿命的男女两性差距评价健康方面的性别平等，如世界经济论坛每年发布的全球性别差距报告。除极少数国家外，全球总的趋势是女性的健康预期寿命高于男性。中国的健康预期寿命近年来在67～69岁之间，男女之间的差距不到2岁；而日本的健康预期寿命在72～77岁之间，男女差距约为4岁（World Economic Forum，2018）。健康预期寿命可以反映不同群体之间的健康不平等问题，包括男女两性之间的差距，例如中国的相关研究发现，在从健康向残障转变的可能性上，女性老人显著高于男性老人，但是在从健康向死亡以及从残障向死亡的转变可能性上，女性老人显著低于男性老人（焦开山，2018）。这意味着与男性老人相比，女性老人更有可能在日常生活需要别人帮助的不健康状态下生活更长时间，因而如何保障她们的生活质量不因健康问题而下降，将是巨大的挑战。

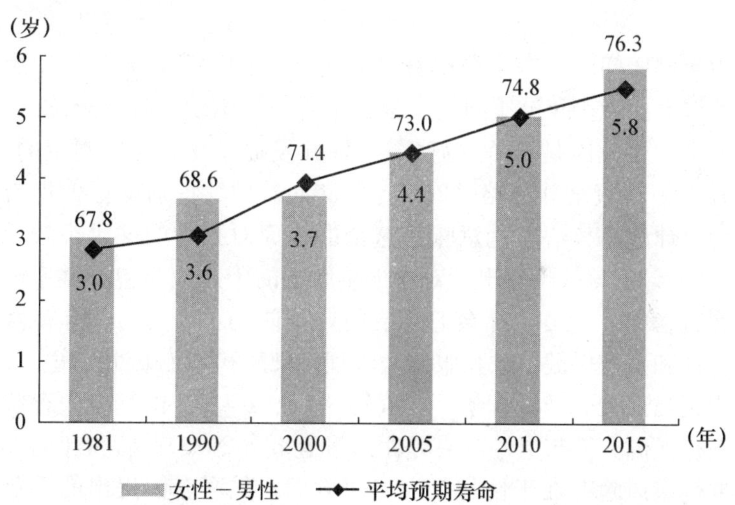

图2-1 1981—2015年中国人口平均预期寿命及性别差距

资料来源：国家统计局社会科技和文化产业统计司．中国妇女儿童状况统计资料2017．2018.

无论是平均预期寿命还是健康预期寿命，都是综合性地反映所有年龄人口的健康水平，尽管前者是基于对死亡的统计，后者是基于对失能的统计。不过，在生命周期不同阶段的主要健康风险与影响因素并不相同，综合性指标反映的是总体平均情况，而无法显示这些不同，因而有必要分别考察。下文将从青少年、育龄期、围更年期和老年三个阶段讨论女性健康问题。值得注意的是，生殖健康或者按照现在国际社会更多使用的提法——性与生殖健康（sexuality and reproductive health）是在青少年时期及此后的各阶段女性健康的一个重要方面，也往往是容易被忽视的方面。根据国际共识，性与生殖健康包括满意且安全的性生活，有生育能力，“可以自由决定是否和何时生育及生育数量，最后这条指男女均有权获知并能实际获取他们所选定的安全、有效、负担得起和可接受且合法的避孕节育方法，有权获得适当的保健服务，使妇女能够安全地怀孕和生育，向夫妇提供生育健康婴儿的最佳机会”①。简言之，生殖健康至少包括性健康、生育能力、生育调节、母婴健康和生殖系统疾病防治等内容，且需要考虑社会、心理、社会适应等各方面内容，而不仅是身体没有疾病。

（二）女性青少年的健康风险和存在问题

青少年健康问题一向是国际社会较为关注的问题，尤其是发展中国家和欠发达国家的青少年健康问题。根据世界卫生组织统计，全球15～19岁女性的两个主要死因是自杀和妊娠/分娩并发症。在联合国制定的《妇女、儿童和青少年健康全球战略（2016—2030）》中，特别将青少年与妇女儿童并列为全球战略核心，这意味着这个群体面对独特的健康挑战（世界卫生组织，2015）。该战略提出针对青少年健康的干预应当包括健康教育，支持性养育，营养，免疫，社会心理支持，预防伤害、暴力、有害做法和物质滥用，性和生殖保健信息和服务，管理传染病和非传染性疾病。

在中国当前社会经济背景下，女性（10～17岁）的基本生存状况包括营养和医疗保健方面与男性没有差距（和建花，2013）。青少年时期女性特有的主要健康风险存在于性与生殖健康方面，如联合国提出的千年发展目标和性别不公平指数都将青少年生育率列为监测指标，这主要是针对发展中国家的早婚早育问题。中国20岁以下的生育率一直低于8‰，属于相当低的水平。不过，在中国的社会规范和文化环境下，女性青少年的低生育率并不意味着她们当中不存在性与生殖健康问题，未婚青少年的人工流产问题就是多年未能有效解决的问题，这个人群的健康风险还没有受到足够

① 联合国1994年通过《国际人口与发展会议行动纲领》，虽然1994年以后对这部分内容还不断有发展和更新，但迄今为止这是能够获得国际社会最广泛共识的定义。

的重视。诸多研究揭示，最近20年来城乡女性的婚育年龄在持续推迟，未婚同居也正逐渐被社会所接受。青少年的性观念向更为开放的方向转变，并多少具备相应的知识，但在行动方面则远远滞后，未采取保护措施的性生活并不少见。虽然这种行为对男女两性都带来健康风险，但绝大多数未婚非意愿妊娠导致的人工流产，其健康后果主要由女性承担。虽然这方面的问题长期存在，但由于这个问题的私密性，极少有调查研究对问题的严重程度和重点风险群体有比较准确的估计，如有些调查只列出15～24岁群体的平均状况，但实际上某些子群体具有更高的健康风险，如18岁以上的不在校未婚青年。

女性青少年的生殖健康问题不仅是医学和生理问题，而且是健康知识、行为、社会和生活环境、相应健康服务的可及、可获得和可接受性等问题；女性青少年的特定健康风险取决于其风险暴露的可能性（如是否与男性有亲密关系），而这种风险暴露又与在校和婚姻/同居状况密切关联。尽管国际经验表明，在中小学开展全面的性与生殖健康教育，可以有效降低青春期健康风险，但是中国在这方面存在较大障碍。2008年有学者曾对改革开放以后中国青少年的性与生殖健康发展轨迹进行了全面的综述，指出中国在改善政策环境及服务提供、明确教育部门和学校责任等方面存在巨大挑战（高尔生，楼超华，2008）。但之后十年来中国在这方面的进展仍然十分缓慢。一项在初中开展的调查发现，这些学校所开展的性教育，更多关注的是青春期生理和心理发展、艾滋病预防、异性关系等传统话题，对社会性别、性倾向、性行为、性权利和避孕等话题较少涉及。负责性教育的教师对全面性教育的理解有限，并且缺乏充分的培训和支持（联合国教科文组织，联合国人口基金会，2018）。而在预防青少年这方面的健康风险上一向缺乏必要的措施和服务，服务方式和服务内容与青少年的可接受性和需求不匹配。从当前状况看，离实现联合国《2030年可持续发展议程》的目标“普遍享有生殖健康服务”还有相当大的差距。无论是教育部门还是健康部门，都需要重视女性青少年面对的性和生殖健康风险，加强相关的宣传、教育和服务等干预措施。

（三）育龄期健康：不仅是孕产问题

对女性生育年龄的定义是15～49岁，涵盖了女性的青壮年期。2010年中国妇女社会地位调查对这个年龄段女性的健康状况进行了较为全面的了解，并分析了2000—2010年间的进展（姜秀花，牛建林，2013)。该调查发现，女性健康状况与十年前相比明显改善，但健康水平、营养和保健服务、求医行为以及健康风险方面仍不同程度地存在一定的性别差异、阶层差异、代际差异、城乡差异和地区差异。在育龄期的女性健康方面，中国最为突出的成就是孕产妇死亡率的降低。

20世纪50—70年代，中国政府借助国家的社会主义建设和农村三级卫生服务网络建设，以推广新法接生和妇科病普查普治为主，逐步形成了妇幼卫生服务体系，有效地大幅度减少了孕产妇死亡和婴儿死亡。改革开放以后，国家一方面从政策上对妇幼卫生加大了重视程度，使妇幼保健成为国家优先领域之一，依托国家发展规划，建立了有力的监督评估体系，通过行政系统内的层层落实，将国家目标逐级转化成实施效果；另一方面逐步引入国际上先进的妇幼保健理念和围生医学技术，积极利用国际机构的援助项目提升妇幼保健服务能力。在实现国家目标的过程中，采用卫生机构（供方)、孕产妇（需方)、社区卫生服务人员（中间方）联动的“三环模式”，大范围促进住院分娩，极大地改善了偏远农村地区的母婴保健水平，降低了孕产妇和新生儿死亡率。中国的道路交通、电力能源及农村卫生服务网络等基础条件的改善也极大增强了农村地区妇幼卫生服务的供给能力，保证了住院分娩的广泛推行（Funsani，杨肖光，钱序，2017)。近年来农村地区的住院分娩率已经在99%以上，城市地区接近100%（国家统计局社会科技和文化产业统计司，2018)。中国将孕产妇死亡率从1990年的88.8/10万下降至2013年的23.2/10万，降低了73.9%，提前实现了联合国千年发展目标①。此后中国在2016年将孕产妇死亡率进一步降至19.9/10万，提前实现了《2030年可持续发展议程》中的孕产妇死亡率目标（中华人民共和国外交部，2017)。不过，与发达国家以及同等经济发展水平的发展中国家相比，中国孕产健康水平还有较大的提升空间，例如医疗服务欠缺的偏远农村地区的孕产妇死亡问题（Liang Li，Kang et al.，2019)，孕产期患病、剖宫产比例过高等问题。中国存在的社会经济地区差距，也体现在孕产方面，即一些地区已经具有接近发达国家的保健水平，还有一些地

① 改善孕产妇保健目标进展情况．[2019-03-22]．http://www.cn.undp.org/content/china/zh/home/mdgoverview/overview/mdg5/.

区正处于发展进程中，也有一些西部欠发达地区仍存在相对较高的孕产妇死亡率，还需要持续的重视和投入。但就全国范围的普遍问题而言，现阶段应当优先关注的内容显然与发展初期不同，尤其需要在中国低生育率背景下重新审视育龄期生殖健康的服务需求。

《妇女、儿童和青少年健康全球战略（2016—2030）》中，将性和生殖保健信息及服务列为促进妇女健康循证干预措施的第一条。基本的生殖保健与妇女终生相伴，无论是否结婚、是否生育，生殖健康保健服务应当覆盖所有妇女的生命全程。在生育率低于更替水平的社会中，女性在跨度为35年的育龄期内平均生育不到两个子女。若以两次生育估算，妊娠期和产后不孕期加起来不超过四年，也就是说除了这几年被孕产保健覆盖，其余时间为了避免怀孕，都存在持续的避孕需求。而由于避孕方法的局限，主要是女性采取避孕措施，而女性也是避孕失败后果的主要承担者，安全、有效、可负担的避孕节育服务对育龄女性的健康至关重要。当前我国妇女高效避孕率低，高效避孕方法知晓度不高，人工流产率居高不下。而无论何种人工流产方式，都会破坏妇女自身的防护屏障，对生殖系统及其功能造成潜在的危害（程利南，狄文，丁岩，等，2018）。重视避孕，是保护女性生殖健康的第一步。《妇女、儿童和青少年健康全球战略（2016—2030）》指出，根据全球2014年的情况，如果所有想要避孕的女性都能使用现代避孕药具，会使意外怀孕减少70%，流产减少67%，会显著减轻因避孕失败给女性带来的疾病负担。近十年我国已婚育龄妇女在2.7亿人左右（国家卫生计生委计划生育基层指导司，中国人口与发展研究中心，2018），此外还有一部分未婚女性也存在避孕需求。如何满足这一庞大群体如此长期和持续的服务需求，是不可低估的挑战。

有学者对53个发展中国家2000年以来的数据分析后发现，尽管生育率下降的同时避孕使用率升高，但因为生育意愿低，避孕失败或未避孕所导致的怀孕也会增加，生育意愿越低的社会有更高比例的非意愿妊娠，约1/3的妊娠是非意愿的（Bongaarts，Casterline，2018），从而导致人工流产率上升。中国2014—2016年每年出生人数在1 600万至1 700万之间（国家卫生计生委计划生育基层指导司，中国人口与发展研究中心，2018），人工流产例数每年在962万至985万之间（国家统计局社会科技和文化产业统计司，2018），如果这些人工流产均为非意愿妊娠，则与上述研究发现的低生育意愿情况相当吻合。由此可见，在人口增长已经得到控制、人口转变已经完成的低生育率社会中，对避孕服务的需求不仅没有降低，反而可能更高。在人口增长相对较快的时期，避孕节育曾作为推动生育率下降或控制人口增长的有效手段而受到高度重视；但在生育率降低后，无论从国家政策、健康投资还是服务提供方面，都容易出现重视孕产保健、忽视避孕节育的问题，从而使妇幼保健成为自我封闭的孤岛（Sadik，2013）。

中国也存在类似的问题，常规性的计划生育服务（包括避孕节育的相关知识、信息和技术服务）在不少地区已经明显削弱甚至名存实亡。如果不采取措施有效加强这方面的服务，将会对育龄期女性的健康产生长远的负面影响。有研究发现，近几年尤其是在生育政策调整之后，中国育龄妇女的避孕构成发生了显著变化，使用长期高效避孕方法的比例明显下降，而以避孕套为主的短效避孕方法使用比例显著上升（邹艳辉，刘鸿雁，王晖，2018）。针对这种现象，多位专家共同提出产后和流产后避孕服务的重要性，并从多学科（妇科、产科、计划生育科）、多维度为不同群体制定高效、个体化的避孕策略提出了指导建议，包括长效可逆避孕方法对不同群体在不同状况下的适用性及其在保障女性生殖健康中的重要性（程利南，狄文，丁岩，等，2018）。中国的产后避孕服务曾经是计划生育工作的一个重要组成部分，在住院分娩率提高后，妇幼保健系统对分娩后的避孕服务逐渐重视，进入21世纪以来，各地逐渐加强了流产后保健服务。不过，这类服务往往是由医护人员提供，而缺乏专职提供咨询和宣传教育的人员，服务内容和服务方式都受到局限。虽然近年来妇幼保健部门在流产后和分娩后的避孕服务方面有所改善，但是仍存在诸多问题，如缺乏男性伴侣的支持和积极参与，面向未婚青年的服务欠缺，以及人员专业化和服务规范化不到位等（杨薇，李阳，王莎莎，等，2015）。中国的育龄期女性生殖保健亟须超越妇幼保健模式，针对各种类型的需求提供全方位的服务，确保有需求的人都能获得服务，而不局限于生育本身，也不局限于处在旺盛育龄期的女性。

（四）更年期和老年期

更年期一般指45～54岁阶段，在此期间，女性从生殖期过渡到非生殖期，卵巢功能下降、激素水平波动会带来一系列生理和心理症状，并会提高某些疾病的发生率。通过更年期保健防止和减轻更年期反应、促进更年期妇女身心健康，是妇女保健的重要内容，也是提高老年期生命质量的根本保证。乳腺癌和宫颈癌（简称“两癌”）是容易在更年期发展的癌症，“两癌”是中国女性癌症死亡原因的首位，如果能够早期检测诊断并及时治疗，可有效控制，降低患者死亡率。尽管中国在20世纪70年代已将妇科病普查普治列为妇女保健工作的常规内容，开始致力于城市1～2年一次、农村3～5年一次的妇科病普查工作，但据卫生部统计，全国妇科病检查率在1998—2007年徘徊于34%～39%之间，而且常规检查主要在城镇开展。2009年起国家启动了农村妇女“两癌”检查重大公共卫生服务项目，由卫生部、财政部、全国妇联共同在农村实施，自项目开展以来，多地形成了以政府部门为主导多部门协作的工作机制，在中央财政项目投入的基础上，当地政府出资实现“两癌”免费检查全覆盖，并逐步建立了筛查、转诊、追踪随访的工作机制，确保筛查出来的患者得到及时诊治。2009—2013年，该项目为3 700多万名农村妇女进行了“两癌”检查，检出4.7万余例患有癌症者或癌前病变者，其中约95%接受了治疗（国家卫生和计划生育委员会妇幼司，2016）。该项目持续至今，在很多地区已经纳入当地政府的民生工程。

更年期的女性保健往往关注激素水平变化导致的生理或心理症状，而对这个时期的生殖保健需求重视不够，特别是50岁以上女性的服务需求，她们的许多生殖健康问题与早期避孕节育有关，比如使用避孕环的需要取环、节育手术后遗症治疗以及生殖道感染防治问题等。中国育龄妇女主要使用的避孕方法是避孕环（宫内节育器），在所有避孕措施中使用率超过50%。20世纪70—80年代的育龄妇女退出育龄期后需要取环，因这个年龄段的女性人口数量大，近年来该服务的需求量快速上升。但有调查发现1/4已绝经妇女没有将避孕环适时取出，一方面更年期妇女缺乏对绝经后取环必要性的正确认识，另一方面与之相适应的服务能力不足，尤其是农村地区还存在经费问题，服务需求不能得到满足，更不要提优质的服务了（舒星宇，孙晓明，宗占红，等，2015）。

老年女性需要得到更多关注的主要健康问题是心理和认知健康与失能问题，尤其对于农村贫困地区妇女和丧偶妇女而言。虽然中国女性预期寿命高于男性，但多项研究分析也揭示了中国老年女性相对于老年男性而言，存活于不健康状态的时期更长。老年女性生活自理预期寿命占余寿比重在整个老年阶段相对较低；与男性同龄人相比，老年女性健康自评相对较差、认知功能水平明显较低，而抑郁水平则显著高于老年男性（徐洁，李树茁，2014）。从生命历程的累积效应来看，女性早期生命历程的累积劣势直接制约着老年时期的健康状况，而累积劣势在很大程度上是社会结构、文化、家庭、个人互动的结果。因此，在关注老年女性尤其是处于经济社会劣势的老年女性健康的同时，还需要从生命历程早期入手，增强女性的能力，保障所有女性的健康权。

（五）小结

近 20 年来，中国女性健康状况在生命历程的各个阶段都得到不同程度的改善，男女两性之间的健康不平等和女性群体内部的健康不平等都显著缩小，尤以孕产健康改善的成就最为突出，有效降低了孕产妇死亡率，提前实现了联合国设定的发展目标。防控妇科常见病得到各级政府的重视，多部门协作实施的面向中老年妇女开展的“两癌”免费检查在全国大部分地区推广，使广大妇女长期受益。平均预期寿命和健康预期寿命、孕产妇死亡率等主要健康指标都在不断改善并逐渐接近发达国家水平。

不过，中国经济的快速发展和人口与社会的快速变化也带来了新的挑战。老年人口的健康长寿对改善老年人尤其是老年女性的健康状况提出了更高的要求；降低青少年时期女性面对的性与生殖健康风险亟须得到应有的重视；在努力缩小孕产健康地区差距的同时，还需要超越妇幼保健模式的局限，提供综合全面的生殖健康服务，满足不同年龄、处于不同生命历程的女性的服务需求。为了应对新挑战，需要重视国际经验和教训，采取与当前发展阶段相适应的策略，在赋权和发展的框架之下对待女性健康问题。

三、展望：赋权和发展框架下的女性健康

2013 年，联合国人口基金会前执行主任萨迪克博士（Sadik N，2013）曾在回顾国际人口与发展大会 20 周年的讲话中，呼吁从妇女赋权和性别平等出发，将女性的生殖健康视为人权的一部分，列入优先考虑的公共政策

领域，建议性与生殖健康工作应当超越妇幼保健模式，阻止相关信息和服务在公共政策和投入上的倒退和下滑，确保所有儿童都接受关于性与生殖健康的教育，并建议男性参与共同承担责任。她的观点和建议对女性健康促进具有启示意义，即从赋权和发展的视角看女性与健康问题。

从赋权的角度看健康问题，可以将健康促进视为赋权过程，即通过提供资源和服务，增强个人意识和能动性，使个体能够具有足够的自主决策与选择能力，采取有利于健康的行动，并产生积极的结果或影响。从发展的视角看健康问题，健康是人力资本的主要内容之一，既与宏观的经济增长相关，又影响到个人发展能力和家庭功能，健康也与脱贫密切相关。从发展和赋权的视角看女性与健康，有助于超越孕产保健或医疗卫生的局限，促进政府各部门、公民社会组织、私营部门的协力合作和全社会的参与，有效提供资源或服务，增强妇女健康意识和知识，促进妇女的决策和选择能力，目的是使妇女能够自主、自愿地采取有利于健康的行动，最终目标是增进妇女的健康。

在发展和变革的进程中，往往会受益不均，能力更强和占有更多资源的群体最可能先受益。在赋权和发展的框架下看健康问题，有助于更多关注处于弱势、边缘和在发展进程中滞后的群体，注重解决发展进程中的不平等问题。将健康作为一种权利体现在服务提供、服务过程和结果中，能够更有力地推动从需求出发提供足够的服务，使服务对象有能力获得服务，提升服务的可接受性（消除伦理、经济、社会、文化障碍和偏见），从而有助于所有人在各方面以及生命全程保持良好的健康状态。

回顾20世纪50年代以来不同历史阶段在健康方面的进展与成就，政府主导的项目干预和政策法规的保障与落实起到了重要作用，在孕产妇健康促进方面最为显著。近20年来，中国政府有关妇女健康的政策和行动更是在理念、重点服务对象和目标等方面发生了明显的变化，妇女健康的制度性保障从较为分散的政策法规转变为较刚性和系统的框架结构和体系，相关行动计划和规划纲要将妇女与健康作为重点关切领域，推动女性健康水平的进一步提高，并致力于保健服务与资源配置的公平性与普惠性（姜秀花，姜佳将，2016）。

在赋权和发展的框架下全面促进女性健康，除了政府主导和政策保障，还需要多部门的参与和全社会的重视。目前仍存在的问题是：将妇女健康工作局限于医疗卫生部门和妇女组织，而其他部门对这项工作缺乏正确的认识和必要的重视，如教育部门对女性青少年的青春期性与生殖健康问题、劳动部门对女职工的职场环境和工作条件问题、非正规就业女性劳动者的保障问题等。此外，在涉及促进女性健康工作时，往往仅强调政府作用，对私营部门、公民社会组织的参与和发挥作用重视不够，未能充分调动潜在的社会资源。

过去几十年间，中国在女性健康事业发展方面已经取得了显著成就，在现有基础上进一步改善女性健康，需要根据发展和赋权框架制定策略，把女性作为健康促进行动的主体，将女性健康纳入更为全面的发展目标中。从生命全程的视角关注女性健康，并针对女性处于生命历程不同阶段的优先问题和需求制定干预措施、积极采取行动，这将有助于实现国家和国际相关健康和发展目标。

中文参考文献：

［1］曹兰华，林良明，刘玉琳，等．中国 5 岁以下儿童死亡监测及贫困地区男女儿童死亡率差异原因分析．中国初级卫生保健，1997（10）．

［2］程利南，狄文，丁岩，等．女性避孕方法临床应用的中国专家共识．上海医学，2018（11）．

［3］高尔生，楼超华．中国青少年性和生殖健康发展轨迹//张开宁．中国性与生殖健康 30 年．北京：社会科学文献出版社，2008．

［4］国家统计局社会科技和文化产业统计司．中国妇女儿童状况统计资料 2017．2018．

［5］国家卫生和计划生育委员会妇幼司．扩大“两癌”筛查试点 促进妇女身体健康//谭琳．2013—2015 年：中国性别平等与妇女发展报告．北京：社会科学文献出版社，2016．

［6］国家卫生计生委计划生育基层指导司，中国人口与发展研究中心．人口与计划生育常用数据手册（2017）．北京：中国人口出版社，2018．

［7］郝虹生，金敏子，王丰．性别与其它因素对中国儿童早期死亡率的作用．中国人口科学，1994（1）．

［8］郝虹生．中国人口死亡率的性别差异研究．中国人口科学，1995（2）．

［9］Funsani P，杨肖光，钱序．中国母婴健康促进策略的国际适用性分析：以马拉维为例．中国妇幼保健，2017（14）．

[10] 和建花．女童生存发展与妇女地位//宋秀岩．新时期中国妇女社会地位调查研究．北京：中国妇女出版社，2013.

[11] 黄荣清，曾宪新．“六普”报告的婴儿死亡率误差和实际水平的估计．人口研究，2013（2）.

[12] 姜秀花，姜佳将．妇女健康领域法律政策与行动回顾分析//谭琳．2013—2015年：中国性别平等与妇女发展报告．北京：社会科学文献出版社，2016.

[13] 姜秀花，牛建林．妇女健康与妇女地位//宋秀岩．新时期中国妇女社会地位调查研究．北京：中国妇女出版社，2013.

[14] 焦开山．中国老年人健康预期寿命的不平等问题研究．社会学研究，2018（1）.

[15] 联合国．2030年可持续发展议程．[2019-01-19]．https://www.un.org/sustainabledevelopment/zh/.

[16] 联合国教科文组织，联合国人口基金会．中国初级中学性教育实施现状．巴黎：联合国教科文组织；纽约：联合国人口基金会，2018.

[17] 石玲，王燕．运用Hill-Upchurch标准分析中国九十年代婴幼儿死亡率的性别差异．人口研究，2002（2）.

[18] 世界卫生组织．妇女、儿童和青少年健康全球战略（2016—2030）．日内瓦：世界卫生组织，2015.

[19] 舒星宇，孙晓明，宗占红，等．农村围更年期女性人口生殖健康服务现状与发展战略研究．人口与发展，2015（3）.

[20] 徐洁，李树茁．生命历程视角下女性老年人健康劣势及累积机制分析．西安交通大学学报（社会科学版），2014（4）.

[21] 杨薇，李阳，王莎莎，等．中国流产后保健服务的实施与效果综述．中国妇幼保健，2015（32）.

[22] 张文娟，魏蒙．中国人口的死亡水平及预期寿命的评估：基于第六次人口普查数据的分析．人口学刊，2016（3）.

[23] 张震．1950年代以来中国人口寿命不均等的变化历程．人口研究，2016（1）.

[24] 中华人民共和国国务院新闻办公室．中国妇女发展纲要（2011—2020年）．[2019-02-04]．http://www.scio.gov.cn/m/ztk/xwfb/46/11/Document/976066/976066_1.htm.

[25] 中华人民共和国外交部. 中国落实2030年可持续发展议程进展报告（2019). [2019-09-16]. http://www.news.cn/world/zglsycjzbg.pdf.

[26] 邹艳辉，刘鸿雁，王晖. 新时期避孕模式的演变（2010—2016). 人口研究，2018 (5).

英文参考文献：

[1] Bongaarts J, Casterline J B. From fertility preferences to reproductive outcomes in the developing world. Population and Development Review, 2018, 44 (4).

[2] Humbert A L, Ivaškaitė-Tamošiūnė V, Oetke N, et al. Gender equality index 2015: measuring gender equality in the European Union 2005—2012. European Institute for Gender Equality. 2015.

[3] Liang J, Li X, Kang C, et al. Maternal mortality ratios in 2 852 Chinese counties, 1996—2015, and achievement of Millennium Development Goal 5 in China: a subnational analysis of the Global Burden of Disease study 2016. Lancet, 2019, 393.

[4] Sadik N. Sexual and reproductive health and rights: the next 20 years. Reproductive Health Matters, 2013, 42 (2).

[5] United Nations, Department of Economic and Social Affairs, Population Division. World Population Prospects: The 2017 Revision. [2019-12-18]. http://population.un.org/wpp/.

[6] United Nations Development Programme. Technical notes: calculating the human development indices. [2019-11-03]. http://hdr.undp.org/en/content/calculating-indices.

[7] World Economic Forum. The global gender gap report 2018. [2019-11-23]. http://reports.weforum.org/global-gender-gop-report-2018/.

第三章　中国儿童的营养与健康发展

世界卫生组织在报告《促进儿童和青少年健康与发育的战略方向》中指出："儿童和青少年几乎占世界人口的40%；他们也处于最易受损害（最脆弱）的人群之中。在世界上最富裕与最贫穷人群之间的健康不平等现象中，儿童和青少年的健康问题占一半以上。"营养与健康在儿童生命安全和发展中具有关键性作用，儿童期营养状况直接关系到个体的生命发展，进而关系到国家的人力资源投资以及联合国可持续发展目标的实现。本章将围绕中国儿童的营养与健康发展展开讨论。

一、主要概念与分析框架

本章在儿童概念界定上按照中国统计标准，将0～14岁的未成年人定义为儿童。第六次全国人口普查显示，我国31个省、自治区、直辖市中，14岁及以下人口为2亿2千万余人，占总人口的16.6%。

本章将从历史变迁的角度，采用政策供需的分析框架，回顾自20世纪50年代以来，中国儿童在营养和健康方面的需求与不平等状况的变化，以及政策是如何应对这些需求和风险的，应对的效果如何。

在世界卫生组织的报告《促进儿童和青少年健康与发育的战略方向》中，提出了以下几个关于儿童和青少年健康的优先行动领域：

- 孕妇和新生儿健康
- 营养
- 传染病
- 伤害和暴力
- 自然环境
- 青少年卫生
- 心理—社会发育和精神卫生

建立在上述行动领域基础上，结合中国情况，本章的相关理解和调整是：首先，关于健康的概念，尽管世界卫生组织对健康的全面定义是“健康不仅为疾病或羸弱之消除，而且是躯体、精神与社会适应融合的完美状态”，但是本章只关注儿童生理层面的健康状况；其次，就生理健康而言，本章主要以“健康干预”为分析对象，这是大于“医疗服务”的健康概念。

本章接下来的分析共包括五部分，第一部分是中国儿童营养与健康的状况分析，纵向比较中国儿童营养与健康的变迁状况，横向呈现该变迁状况在国际环境中的位置；第二部分是分析计划经济时期（20 世纪 50 年代初—80 年代初）中国儿童营养与健康政策和服务的供需情况；第三部分是分析改革开放以来，随着经济环境的变化，中国儿童营养与健康的政策和服务供需的变化；第四部分是第三部分的补充，介绍改革开放以来对儿童健康不平等问题的针对性应对；第五部分是总结与讨论，一方面分析在联合国由千年发展目标转向可持续发展目标大背景下中国当前儿童营养与健康的发展状况和水平，另一方面总结目前中国儿童营养与健康发展所面临的挑战。

本章的研究资料主要来源于以下两个方面：一是政策回顾，主要是新中国成立以来相关文件原文，包括相关规划计划、中央文件、部门文件等；二是数据，主要国际组织历年公布的数据、《中国统计年鉴》、相关部门的统计数据和检测数据，以及从其他学术文献中转引的调查数据。

二、中国儿童营养与健康状况的概要分析

20 世纪 50 年代，我国经济发展水平低，传染病肆虐，百废待兴。经历了 70 年的发展，我国无论经济发展水平还是居民健康水平，都较新中国成立初期有很大飞跃。

儿童营养与健康状况也得以大幅改善，体现在两个维度：首先在纵向上，即情况变化上，我国儿童营养与健康状况自新中国成立以来获得持续提高；其次在横向上，即国际比较上，与同等收入国家相比，中国儿童营养与健康状况较好。

关于国际比较的经济背景，可参考世界卫生组织《2015 世界卫生统计报告》中使用的世界银行国家收入划分标准。如图 3－1 所示，2013 年，我国的人均国民收入是 11 850 美元，略低于中等偏上收入国家的平均水平。

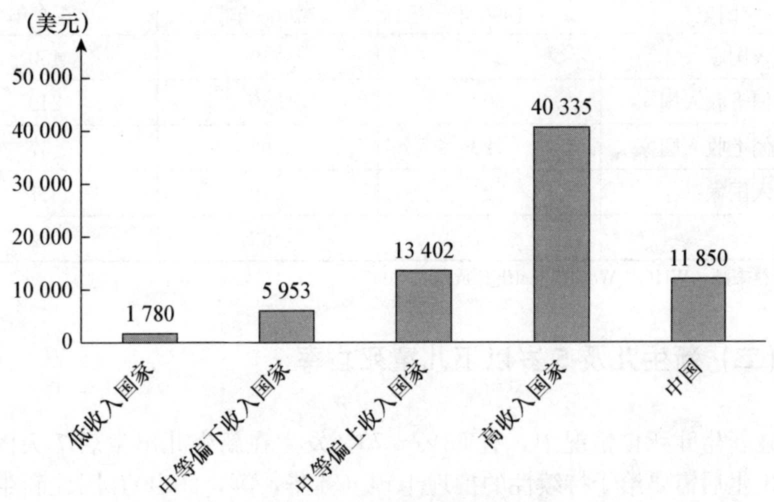

图 3－1　2013 年中国人均国民收入的国际比较

资料来源：WHO. World Health Statistics 2015.

以下从纵向和横向两方面通过孕产妇死亡率、新生儿死亡率、5 岁以下儿童死亡率、儿童出生缺陷情况（死因构成比）、儿童中重度营养不良情况（低体重率/发育迟缓率）、儿童传染病死亡情况（死因构成比/死亡率）等

儿童营养健康主要结果指标分别对应世界卫生组织的报告《促进儿童和青少年健康与发育的战略方向》中提到的孕妇和新生儿健康、营养以及传染病三个领域，对我国儿童营养与健康状况进行表述。

（一）孕产妇死亡率

孕期内个体在母体内开始发育生长，是个体生命周期的最初阶段，为今后的发展奠定基础；孕产妇死亡率可以作为体现妇幼卫生相关政策、制度、技术、服务和管理等水平的最集中的一个指标。

纵向上，我国孕产妇死亡率呈逐年下降趋势。横向上，如表 3-1 所示，与中等偏上收入国家相比，我国孕产妇死亡率自 1990 年以来就远低于其平均水平，并且在之后的 23 年间下降速度也高于中等偏上收入国家的平均下降速度。

表 3-1　中国孕产妇死亡率的国际比较

单位：1/10 万

国家	1990 年	2000 年	2013 年
低收入国家	900	740	450
中等偏下收入国家	500	380	240
中等偏上收入国家	120	93	57
高收入国家	24	18	17
中国	97	63	32

资料来源：WHO. World Health Statistics 2015.

（二）新生儿及 5 岁以下儿童死亡率

在新生儿死亡情况中，有 58%～73%发生在新生儿出生后 7 天内，新生儿出生后需要给予持续性的护理干预（苏华，等，2014），因此新生儿死亡率是儿童健康问题的一项重要指标。同样，5 岁以下儿童死亡率也反映了个体在婴幼儿期的健康结果。

纵向上，过去的半个多世纪中，妇幼保健水平的提高使分娩感染所致的围产儿死亡率大幅下降；随着总人口的传染性疾病发病率下降，新生儿及婴幼儿的传染性疾病减少；孕产妇住院分娩率提高使分娩意外减少。所

有这些因素都带来了新生儿以及5岁以下儿童死亡率的下降。如图3-2所示，1991年以来我国新生儿死亡率以及5岁以下儿童死亡率均呈持续下降趋势；新生儿死亡率由1991年的33.1‰下降至2016年的4.9‰；5岁以下儿童死亡率降幅更大，由61.0‰降至10.2‰。

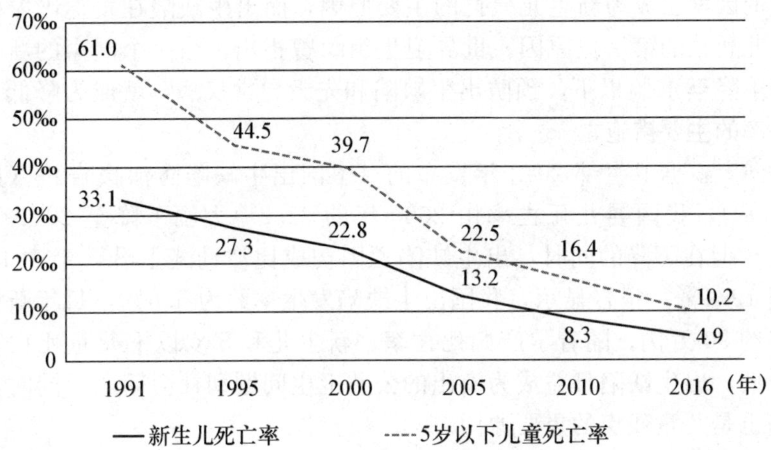

图3-2　1991—2016年中国新生儿死亡率与5岁以下儿童死亡率变化

资料来源：历年《中国卫生和计划生育统计年鉴》。

横向上，如表3-2所示，与孕产妇死亡率一致，中国的新生儿死亡率和5岁以下儿童死亡率，在1990年就已经都接近中等偏上收入国家的平均水平，且在之后的23年中下降明显，到2013年均低于中等偏上收入国家的平均水平，优于同等收入国家。

表3-2　中国新生儿和5岁以下儿童死亡率的国际比较

国家	新生儿死亡率（‰）		5岁以下儿童死亡率（‰）	
	1990年	2013年	1990年	2013年
低收入国家	47.4	28.2	166.6	76.3
中等偏下收入国家	44.0	27.1	118.9	59
中等偏上收入国家	24.1	9.7	54.4	19.6
高收入国家	7.5	3.5	14.3	6.3
中国	24.9	7.7	53.9	12.7

资料来源：WHO. World Health Statistics 2015.

(三) 儿童出生缺陷情况

伴随着新生儿死亡率的下降，早产、低出生体重、出生缺陷等影响出生质量的因素已成为新生儿死亡的主要原因，而出生缺陷在发达国家已成为新生儿死亡的第一位原因。世界卫生组织曾指出，当一个国家的新生儿死亡率下降至40‰以下，预防出生缺陷和先天异常疾病，就成为降低新生儿死亡率的主要措施之一。

纵向上，据卫生部 2012 年发布的《中国出生缺陷防治报告》（如图 3-3 所示），我国婴儿死亡率由 2000 年的 32.2‰大幅下降至 2011 年的 12.1‰，但在下降的同时，出生缺陷死因构成比波动式上升，于 2011 年已升至 19.1%；报告显示，我国出生缺陷发生率约为 5.6%，每年新增出生缺陷约 90 万例。随着孕产妇死亡率、新生儿和 5 岁以下儿童死亡率的逐步降低，出生缺陷日益成为突出的公共卫生问题和社会问题，同时，出生缺陷也是儿童残疾的重要原因。

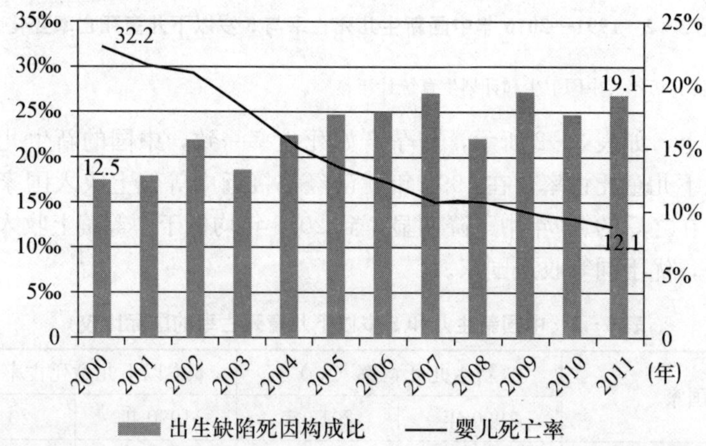

图 3-3　2000—2011 年中国婴儿死亡率及出生缺陷死因构成比的变化

资料来源：秦怀金，朱军. 中国出生缺陷防治报告（2012）. 北京：人民卫生出版社，2013.

横向上，如表 3-3 所示，2000 年我国 5 岁以下儿童出生缺陷死因构成比接近中等偏下收入国家的平均水平，但经过 23 年的增长，2013 年我国 5 岁以下儿童出生缺陷死因构成比已经接近中等偏上收入国家的平均水平；在发展趋势上，我国 5 岁以下儿童出生缺陷死因构成比增长趋势与中等偏上收入国家相近，但增长速度较快。

表 3-3　中国 5 岁以下儿童出生缺陷死因构成比的国际比较

国家	2000 年	2013 年
低收入国家	3%	5%
中等偏下收入国家	5%	6%
中等偏上收入国家	9%	14%
高收入国家	26%	28%
中国	6%	13%

资料来源：WHO. World Health Statistics 2015.

（四）儿童中重度营养不良情况

儿童在生长发育过程中，身体需要补充大量营养。联合国儿童基金会在1995 年的《世界儿童状况》中提到，儿童早期营养状况与以后的学习能力、活动能力，甚至成年后劳动生产力都有直接关系；并且儿童时期身高发育不足也可导致成年后患某些慢性病（如心血管病、高血压、糖尿病）的危险增加。儿童中重度营养不良的情况包括低体重率与发育迟缓率等主要指标。

纵向上，如图 3-4 所示，2016 年我国 5 岁以下儿童低体重率①为 1.44%，在总体上呈持续下降趋势；其中 1995—2010 年间下降幅度较大，由 3.75%降至 1.55%，2010—2016 年下降速度放缓。2010 年，我国 5 岁以下儿童低体重率为 1.55%，已提前实现联合国千年发展目标。

横向上，如表 3-4 所示，我国 5 岁以下儿童低体重率在 1990—1995 年以及 2007—2014 年两个时间段的数值略高于中等偏上收入国家的平均水平，在变化趋势上与中等偏上收入国家的平均水平相近；我国 5 岁以下儿童发育迟缓率在 2007—2014 年间也略高于中等偏上收入国家的平均水平。同时，据《中国实施千年发展目标报告》，1990—2010 年我国 5 岁以下儿童低体重率以及生长迟缓率降幅分别为 81.2%以及 70.4%，较好地完成了联合国千年发展目标中消除极端贫困和饥饿的目标。

---

①　数据来源于《中国卫生和计划生育统计年鉴》，其中将低体重患病率定义为“对照世界卫生组织各年龄段体重标准，5 岁以下儿童体重低于同龄标准人群中位数减 2 个标准差的人数占 5 岁以下体检儿童总数的百分比”，并以此作为 5 岁以下儿童中重度营养不良比重的关键指标。

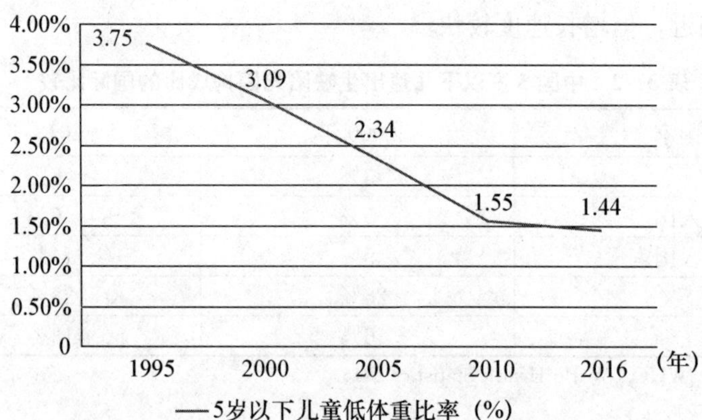

图 3-4　1995—2016 年中国 5 岁以下儿童低体重率变化

资料来源：历年《中国卫生和计划生育统计年鉴》。

表 3-4　中国 5 岁以下儿童低体重率与发育迟缓率的国际比较

国家	5 岁以下儿童低体重率（%）		5 岁以下儿童发育迟缓率（%）
	1990—1995	2007—2014	2007—2014
低收入国家	39.9	21.4	36.8
中等偏下收入国家	38.3	24.4	35.2
中等偏上收入国家	12.5	2.7	8
高收入国家	—	—	—
中国	12.6	3.4	9.4

资料来源：WHO. World Health Statistics 2015.

（五）儿童传染病死亡情况

一方面，经济的发展、基础设施改善以及医疗技术进步等因素使得近年来传染病带来的健康风险降低，但另一方面，艾滋病等传染病仍然是威胁个体健康的重要因素。尤其是儿童对于传染病的抵御能力更弱。

纵向上，我国 5 岁以下儿童传染病死亡率总体下降，但存在城乡差别。如图 3-5 所示，2002 年城市 5 岁以下儿童传染病死亡率显著低于农村，之后呈现出小幅上升趋势，2007 年后持续下降至 2016 年的 10.48/10 万；农村 5 岁以下儿童传染病死亡率自 2002 以后持续较大幅度下降，2016 年与城市传染病死亡率相等。

图 3-5　2002—2016 年中国 5 岁以下儿童传染病死亡率变化

资料来源：历年《中国卫生和计划生育统计年鉴》。

横向上，据《世界卫生组织 2015 年世界卫生统计》报告显示，2013 年在 5 岁以下儿童死因构成比中，急性呼吸道感染、腹泻、疟疾以及新生儿败血症为传染病中排位前四的死因；此外，对比 2000 年数据，艾滋病以及新生儿败血症两项传染病死因构成比呈上升或持平趋势。就这五类传染病来说，如表 3-5 所示，我国 5 岁以下儿童急性呼吸道感染以及腹泻的死因构成比与中等偏上收入国家的平均水平相近，且下降速度快；在新生儿败血症

表 3-5　中国 5 岁以下儿童传染病死因构成比的国际比较

国家	急性呼吸道感染		腹泻		疟疾		新生儿败血症		艾滋病	
	2000 年	2013 年	2000 年	2013 年	2000 年	2013 年	2000 年	2013 年	2000 年	2013 年
低收入国家	16%	16%	14%	10%	13%	10%	5%	7%	4%	2%
中等偏下收入国家	17%	15%	13%	10%	7%	7%	6%	7%	1%	1%
中等偏上收入国家	21%	14%	8%	6%	2%	3%	4%	5%	2%	2%
高收入国家	7%	5%	2%	1%	1%	<1%	4%	3%	1%	<1%
中国	28%	14%	7%	4%	0	0	3%	2%	<1%	<1%

资料来源：WHO. World Health Statistics 2015.

以及艾滋病的死因构成比上已经达到高收入国家的平均水平；尤其在疟疾死因构成比上，自新中国成立以来，我国持续加强疟疾防治工作，在控制疟疾危害和发病率方面取得巨大成效，2000—2013 年，5 岁以下儿童疟疾死因构成比均为 0。

（六）小结

从上述儿童健康的相关数据来看，新中国成立之后取得的令人瞩目的成果，不仅表现在各项健康指标都在持续、明显改善，还表现在这些健康指标的改善速度甚至超过了我国的经济增速，即横向比较，我国的儿童健康状况要优于同等经济发展水平的国家和地区。

但是与此同时，一方面我国的发展历程非常复杂且独特，中国也处于快速的转型过程中，因此需要深入了解不同时期哪些应对在何种条件下发挥了作用；另一方面，中国改革开放 40 年，市场从生产领域向生活领域渗透，叠加上我国城乡二元结构体制、各地发展不平衡等，我国儿童的健康风险和需求必然日益呈现出多样化，而且儿童的健康不平等程度也在增加。这种挑战的复杂程度也是前所未有的。

三、中国计划经济时期的儿童健康风险与政策应对

（一）经济社会背景

新中国成立初期的中国百废待兴，经济社会各方面情况均较差。在经济社会发展水平上，一方面，改革开放前较低的社会经济水平决定了低水平的社会福利支出；另一方面，计划经济体制下的总体型社会中，由于国家垄断了工作机会及人口流动，因此在封闭的市场中，劳动力面对的风险具有很强的同质性，并不存在市场带来的多样性和差异化风险，因此劳动力的需求较为单一。同时，新中国成立初期经济社会发展的主要目标是恢复生产，重点发展第二产业，这就对劳动力的健康素质提出了要求。

在儿童健康风险上，如图 3－6 所示，1973—1975 年，我国因先天性心脏病、肺炎、克山病死亡的人数中，儿童占比最大。我国当时的儿童健康风险和需求与同时期独立的其他第三世界国家类似，主要包括：

- 孕产妇健康：分娩条件差、技术低下，儿童出生缺陷情况严重。
- 传染病：由于连年战乱，环境恶劣，传染病肆虐，对儿童的健康威胁大。
- 营养：同样跟经济发展水平低下有关，儿童营养不良问题明显。
- 医疗服务可及性：国家层面物资匮乏，缺医少药；个人和家庭层面收入低下，抵抗经济风险能力低下。

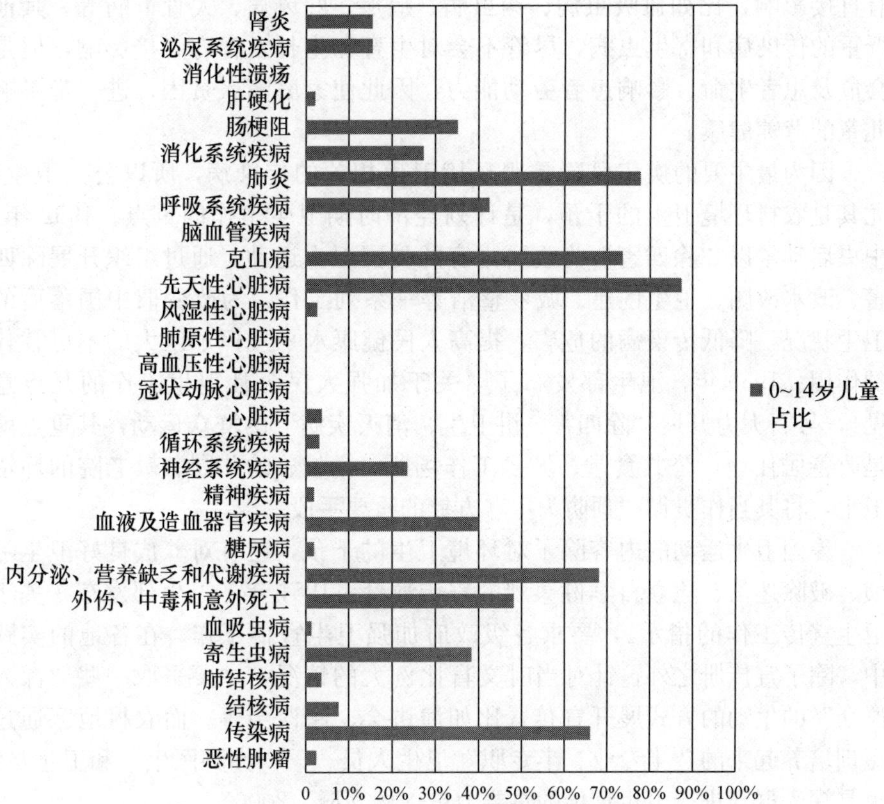

图 3－6　1973—1975 年中国不同原因死亡人数中儿童占比

资料来源：中国公共卫生科学数据中心.

（二）政策应对

面对上述风险和需求，计划经济时期的主要应对措施包括：

1. 爱国卫生运动

新中国成立初期，各种急慢性传染病和寄生虫病高发。其中危害最大的三类传染病是鼠疫、天花和霍乱，主要的寄生虫病是血吸虫病、疟疾、丝虫病、钩虫病、黑热病，其他流行的传染病还包括白喉、猩红热、麻疹、伤寒（李洪河，2007）。其中，有些传染病和寄生虫病对于生育和生长发育有直接影响，比如血吸虫病、钩虫病、疟疾、麻风病、大骨节病等。其他严重的传染病和寄生虫病，尽管不会对生育和生长发育有直接影响，但是会危及患者生命、影响患者劳动能力，因此使家庭陷入贫困，进一步影响儿童的营养健康。

因为最主要的疾病风险是跟环境卫生相关的传染病，所以公共卫生，尤其是农村环境卫生的干预，是计划经济时期卫生工作的重点。1952 年，中央启动了以“除四害”为主要内容的爱国卫生运动，通过组织开展除四害、改水改厕、卫生创建、城乡整洁等一系列工作，为改变旧中国落后的卫生状况，降低传染病的危害，提高人民健康水平发挥了巨大的不可替代的作用。1959 年，卫生部发布了《关于加强人民公社卫生工作的几点意见》，号召大力开展“除四害、讲卫生、消灭疾病”的群众运动，其重点就是改善居住地、公共食堂、城乡工作场所、学校、幼儿园、敬老院的环境卫生，将其当作贯彻“预防为主”方针的重要手段。

爱国卫生运动的内容除了对环境卫生的干预，还有对养成良好卫生习惯、破除迷信、建立科学健康观的宣传教育。1951 年，卫生部发布《关于卫生宣传工作的指示》，要求各级政府加强卫生宣传工作。在各地的实践中，除了宣传册之外，针对当时文盲比例大的情况，主要采取一些“深入群众”的生动的方式展开宣传，比如演讲会、座谈会等。而农村地区通过短训培养起来的“半专业、半专职”卫生人员——“赤脚医生”和卫生员，也是深入群众进行卫生宣传的重要力量（杨念群，2006）。

2. 计划免疫

除了爱国卫生运动，对传染病的防控措施还包括计划免疫。针对天花、鼠疫、霍乱、伤寒这些危害较大且预防接种和注射效果好的传染病，卫生

部出台了一系列计划免疫和疫病防治政策。包括1950年出台的《关于开展军民春季防疫工作给各级人民政府及部队的指示》《关于预防霍乱的联合指示》《种痘暂行办法》，同年政务院下发的《关于发动秋季种痘运动的指示》等。尤其是在对于天花的预防接种方面，在《种痘暂行办法》中，该计划免疫政策针对天花预防，规定婴儿应由出生后六个月内种痘一次，届满六足岁、十二足岁及十八足岁时，应各复种一次。政策覆盖对象是天花流行区域及邻接地区的所有居民，并规定私立医院也可以种痘，并且有种痘义务，费用由国家财政负责（胡钟烨，2013）。20世纪60年代初，我国通过接种牛痘消灭了天花，较世界卫生组织宣布全球根除天花早了十几年。

在针对新生儿和儿童的预防接种方面，1957年，国务院下发了防治血吸虫病的《关于消灭血吸虫病的指示》。卫生部出台了预防结核病的《卡介苗接种方案》，其中首先将新生儿以及一岁以下的婴儿作为主要对象，同时照顾年龄较小的未接种过的幼儿，其次为有组织的儿童（托儿所、幼儿园、小学、中学），以及散居儿童和新进入城市的、有组织的农村青年及新入伍者，其中规定对于新生儿的接种，在大中城市三年内逐渐达到应接种人数的80%以上。

3. 新法接生和妇幼保健

新中国成立初期，对母婴健康威胁最大的便是旧法接生带来的产妇和新生儿高死亡率。为了降低死亡率，1950年8月20—23日卫生部召开第一次全国妇幼卫生座谈会，确定以“推行新法接生，改造旧式接产”为妇幼卫生的中心任务，其具体方法是团结改造旧产婆和培训新法接生员（王瀛培，2017）。

20世纪50年代，通过改造旧产婆和大量培训新法接生员，迅速推广了新法接生。在1965年重要的“六二六”指示之后，《卫生部党委关于把卫生工作重点放到农村的报告》中明确提出：“每个生产大队，可选择一二名女卫生员，学会新法接生，或者另设接生员。”

由于旧产婆改造和新法接生工作的开展，全国各地的产妇和婴儿死亡率大大降低，旧产婆改造所带来的另一个重要成就是生育陋俗被革除，科学的生育观念和方法逐步深入人心（李洪河，2014）。

（三）小结

如上所述，在中国的计划经济时期，较少有专门的儿童营养与健康政策，更多的是通过发展经济、恢复社会秩序，自发带动儿童健康需求的满足。由于将环境卫生、传染病预防以及农村卫生作为优先发展的领域，经过新中国成立后 30 年的努力，这些方面均有了显著改善，一度威胁人们生命的多种传染病得到有效控制，同时人们的健康状况有了显著提升，如表 3-6 所示。

表 3-6　新中国成立前与改革开放初期的中国人口健康状况

年份	1949 年	1981 年
平均预期寿命	35 岁	67.8 岁
婴儿死亡率	200‰	37.6‰

资料来源：历年《中国卫生和计划生育统计年鉴》。

1984 年，世界银行完成了对中国卫生部门的第一个考察报告《中国卫生部门》，它总结了新中国成立以来在卫生、人口、营养等方面取得的成就，盛赞中国通过政府筹资，利用适宜的卫生人力和技术，致力于初级卫生保健的策略，使每个人获得基本医疗服务。在控制传染病死亡率等方面取得了巨大成就，大大超过了其他发展中国家。

总结新中国成立后 30 年的成就，最核心的是，面对新中国成立初期的健康需求和风险，中央政府提出了卫生体系发展的四大方针——面向工农兵，预防为主，团结中西医，卫生工作与群众运动相结合。这四大方针对那 30 年中国健康状况的改善影响深远：

首先，“面向工农兵”的含义是卫生服务不能服务于少数人，应该面向绝大多数群众，用今天的话说就是人们应该“平等享有”卫生服务。1965 年，毛泽东在“六二六”指示中明确号召，要“把医疗卫生工作的重点放到农村去”，依靠这种强有力的行政动员，在之后的十几年，农村一直是卫生工作的重点，这无疑对城乡卫生差距的缩小作用显著。在当时经济发展水平低、资源非常有限的情况下，最大限度提高了居民的初级保健服务可及性。

其次，“预防为主”表明，针对当时传染病肆虐的状况，传染病预防被确定为卫生发展的优先领域。那段时期的卫生宣传、环境卫生改造、预防免疫等主要的卫生工作，几乎都是围绕传染病防治开展的。这在很大程度上降低了传染病的代际传递，并提高了儿童的发育水平。

最后，“卫生工作与群众运动相结合”可以理解为借助于强大的行政动

员能力，广泛发动群众。由于当时传染病流行主要根源于环境卫生、个人卫生习惯以及个人意识，因此注重卫生宣传的作用，而且广泛发动群众进行全民参与，对于改善恶劣状况的作用非常显著。跟妇幼保健相关的，无论是旧产婆改造、推广新法接生，还是对居住地环境和幼儿园、托儿所环境卫生的改造，都需要最大范围发动群众进行参与，以及帮助群众摆脱愚昧、建立正确的健康意识。

四、改革开放以来中国儿童营养与健康政策的变迁

（一）经济社会背景

针对改革开放前过度强调平均主义的情况，改革开放提出了“效率优先，兼顾公平”的原则，这一原则贯彻到经济和社会的各个方面。在这一时期，“效率”取代“公平”成为经济社会发展的核心目标，“市场”取代“行政命令”成为实现目标和分配资源的主要手段。改革开放以及之后的社会主义市场经济体制改革为我国经济的发展注入巨大动力。经济社会环境的变化给儿童营养与健康带来的深层次影响在于：

- 经济的发展与城乡居民收入的提高，自发带来了儿童营养和健康状况的改善，同时也带来中等收入国家甚至发达国家面临的儿童健康风险。
- 市场化改革一方面使得儿童营养和健康相关的产品与服务的供给变得日益繁荣，但是另一方面也给市场监管带来极大挑战。
- 市场从生产领域向生活领域渗透，医疗服务体系市场化，使得疾病诊疗成为经济风险，医疗服务的经济可及性下降。
- 市场自发配置资源必然带来社会不平等，而在我国的改革开放之后，这种不平等还叠加着已有的制度惯性，呈现出中国的独特性。

上述四个方面共同决定了改革开放后我国儿童所面临的健康风险与需求。实际上，在整个 20 世纪 80 年代，即改革开放初期，儿童健康风险的变化并不明显，但当时儿童问题也不是政策重点。因此这一阶段儿童健康政策的实质性进展不大。而从 20 世纪 90 年代开始，国务院发布了三个关于儿童发展规划的文件，贯穿从 20 世纪 90 年代初到 2020 年的 30 年。从这三个文

件中，既可以看到中国儿童健康政策的发展，也可以看到其在不同时期应对的问题的变化，即随着经济社会发展儿童健康风险的变迁，如表3-7所示。

表3-7 国务院发布的三个儿童发展规划的文件的主要内容比较

内容	20世纪90年代	2001—2010年	2011—2020年
出生缺陷干预	广泛宣传、积极倡导婚前检查到1995年，使60%的县（市）具备婚前检查的条件开展优生咨询服务。80%以上的省、地级妇幼保健机构具备对先天性缺陷的筛查能力，到2000年，使先天性病残儿发生率减少1/2。	婚前医学检查率城市达到80%，农村达到50%。	完善出生缺陷防治体系。落实出生缺陷三级防治措施，加强婚前医学检查知识宣传，规范检查项目，改进服务模式，提高婚前医学检查率。
安全分娩	孕产妇能由受过培训的接生人员助产，2000年农村新法接生率达到95%，使多数农村产妇能住院分娩，2000年因产后出血引起的死亡减少一半。	孕产妇死亡率以2000年为基数下降1/4。农村孕产妇住院分娩率达到65%，高危孕产妇住院分娩率达到90%以上，农村消毒接生率达到95%以上。	—
儿童和孕产妇健康管理	1995年七岁以下儿童和孕产妇保健覆盖率以省为单位分别达到85%。	孕产妇保健覆盖率在城市达到90%以上，在农村达到60%以上。儿童保健覆盖率在城市达到90%以上，在农村达到60%以上，逐步提高女童及流动人口中儿童保健覆盖率。	3岁以下儿童系统管理率和7岁以下儿童保健管理率均达到80%以上。将流动儿童纳入流入地社区儿童保健管理体系，提高流动人口中的儿童保健管理率。
新生儿健康	—	降低新生儿窒息的死亡率。新生儿破伤风发病率以县为单位降低到1‰以下。低出生体重发生率控制在5%以下。	新生儿破伤风发病率以县为单位降低到1‰以下。低出生体重发生率控制在4%以下。

续表

内容	20世纪90年代	2001—2010年	2011—2020年
传染病防治	保持高水平的计划免疫覆盖率，到1995年以乡镇为单位儿童计划免疫（包括破伤风类毒素的预防接种）接种率达到85%，2000年达到90%；1995年消灭小儿麻痹症，消除新生儿破伤风，与实行免疫前相比，麻疹死亡率降低95%，发病率降低90%。	免疫接种率以乡（镇）为单位达到90%以上。将乙肝疫苗接种纳入计划免疫，并逐步将新的疫苗接种纳入计划免疫管理。	控制儿童常见疾病和艾滋病、梅毒、结核病、乙肝等重大传染性疾病。纳入国家免疫规划的疫苗接种率以乡（镇）为单位达到95%以上。将预防艾滋病母婴传播及先天梅毒综合服务纳入妇幼保健常规工作，孕产妇艾滋病和梅毒检测率分别达到80%和70%，感染艾滋病、梅毒的孕产妇及所生儿童采取预防母婴传播干预措施比例均达到90%以上。
营养促进	使1990年5岁以下儿童中度和重度营养不良患病率降低一半。	5岁以下儿童中、重度营养不良患病率以2000年为基数下降1/4。婴幼儿家长的科学喂养知识普及率达到85%以上。减少儿童维生素A缺乏。合格碘盐食用率达到90%以上。	5岁以下儿童贫血患病率控制在12%以下，中小学生贫血患病率以2010年为基数下降1/3。5岁以下儿童生长迟缓率控制在7%以下，低体重率降低到5%以下。实施贫困地区学龄前儿童营养与健康干预项目，继续推行中小学生营养改善计划。
母乳喂养	2000年使母乳喂养率以省为单位达到80%。	婴儿母乳喂养率以省（自治区、直辖市）为单位达到85%。	0～6个月婴儿纯母乳喂养率达到50%以上。完善和落实支持母乳喂养的相关政策，积极推行母乳喂养。
增强儿童体质	—	中小学生《国家体育锻炼标准》及格率达到90%以上。	提高中小学生《国家学生体质健康标准》达标率。控制中小学生视力不良、龋齿、超重/肥胖、营养不良发生率。
健康教育	—	减少未成年人吸烟，预防未成年人吸毒。预防和控制性病、艾滋病、结核病的蔓延和增长。	提高适龄儿童性与生殖健康知识普及率。

续表

内容	20 世纪 90 年代	2001—2010 年	2011—2020 年
预防和控制儿童伤害	—	—	为儿童创造安全的学习、生活环境，预防和控制溺水、跌伤、交通伤害等主要伤害事故发生。18 岁以下儿童伤害死亡率以 2010 年为基数下降 1/6。
保障儿童食品、用品安全	—	—	保障儿童食品、用品安全。完善婴幼儿食品、用品的国家标准、检测标准和质量认证体系，强化生产经营企业的质量意识，建立婴幼儿食品安全监测、检测和预警机制，加强农村地区食品市场监管，严厉打击制售假冒伪劣食品的违法犯罪行为。加强婴幼儿用品、玩具生产销售和游乐设施运营的监管。健全儿童玩具、儿童用品等的缺陷产品召回制度。
改善环境	提高生活与环境质量，加强安全饮水和卫生处置排泄物工作。	—	减少环境污染对儿童的伤害，控制和治理大气、水、土地等环境污染以及工业、生活和农村面源污染，加强饮用水源保护。

注：三个文件分别为：1992 年的《九十年代中国儿童发展规划纲要》、2001 年的《中国儿童发展纲要（2001—2010）》和 2011 年的《中国儿童发展纲要（2011—2020）》。

（二）政策应对

通过上述三个文件的比较，我们可以总结出以下六个方面：

一是在分娩环节，关注点从分娩安全向分娩质量转变。也就是说，随着住院分娩率的提高，孕产妇和新生儿死亡率降低，而出生缺陷的风险相对提高。

根据历次国家卫生服务调查的数据，20 世纪 90 年代以来，孕产妇产前检查率和住院分娩率都有很大提高。而根据历年《中国卫生和计划生育统计年鉴》的数据，孕产妇死亡率从 1989 年的 94.7/10 万下降到 2000 年的 53.0/10 万。在孕产妇死因构成上，产后出血的比重相对显著下降，而妊高症和心脏病的比例上升。在维持分娩安全的稳定水平的前提下，对出生缺陷干预的关注上升。

2016 年，国家卫生计生委办公厅发布了《关于规范有序开展孕妇外周血胎儿游离 DNA 产前筛查与诊断工作的通知》，通过以胎儿 21 三体综合征、18 三体综合征和 13 三体综合征为目标疾病的孕妇外周血胎儿游离 DNA 产前筛查与诊断工作，预防出生缺陷，提高出生人口素质。2017 年，《国家卫生计生委办公厅关于印发孕产妇妊娠风险评估与管理工作规范的通知》明确，对怀孕至产后 42 天的妇女进行妊娠相关风险的筛查、评估分级和管理，及时发现、干预影响妊娠的风险因素，防范不良妊娠结局，保障母婴安全。

二是健康管理的重点从孕产妇和新生儿安全转向儿童健康管理。这反映的是孕产妇健康管理相对成熟和制度化之后，儿童健康管理问题提上政策日程，尤其是对于营养相关问题的具体干预。

20 世纪 90 年代以来，中国新生儿访视率、3 岁以下儿童系统管理率、7 岁以下儿童保健管理率、孕产妇建卡率、产前检查率、产后访视率、住院分娩率等七项指标均呈现持续上升趋势，如图 3－7、图 3－8 所示。

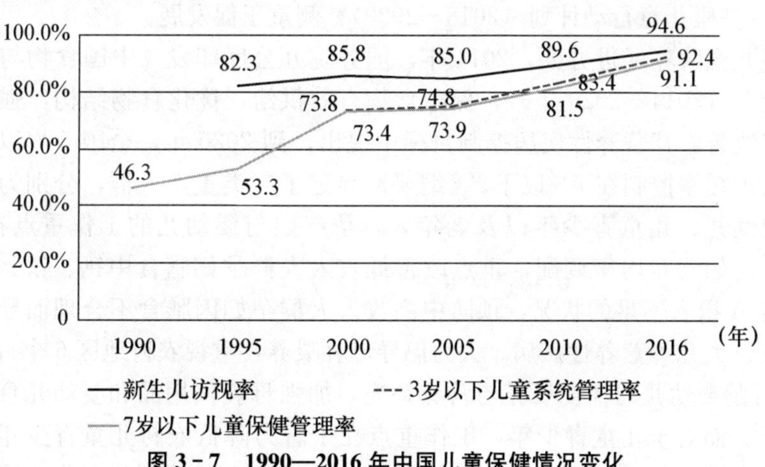

图 3－7　1990—2016 年中国儿童保健情况变化

资料来源：历年《中国卫生和计划生育统计年鉴》。

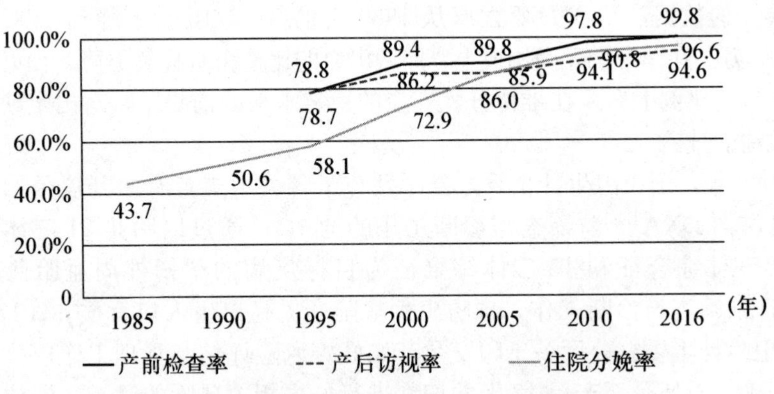

图 3-8　1985—2016 年中国孕产妇保健情况变化

资料来源：历年《中国卫生和计划生育统计年鉴》。

2016 年以来，先后印发了《国家卫生计生委关于切实做好高龄孕产妇管理服务和临床救治的意见》、《关于加强生育全程基本医疗保健服务的若干意见》、《国家卫生计生委关于加强母婴安全保障工作的通知》、《孕产妇妊娠风险评估与管理工作规范》、《危重孕产妇和新生儿救治中心建设与管理指南》等一系列规范性文件，指导各地加强母婴安全保障工作。

国家卫生健康委印发的《母婴安全行动计划（2018—2020）》立足于保安全，《健康儿童行动计划（2018—2020）》侧重于促发展。

在儿童营养促进方面，2014 年，国务院办公厅印发《中国食物与营养发展纲要（2014—2020 年）》，保障食物有效供给，优化食物结构，强化居民营养改善。其营养性疾病控制目标中提出，到 2020 年，全国 5 岁以下儿童生长迟缓率控制在 7%以下。《纲要》界定了三类重点人群，分别为孕产妇与婴幼儿、儿童青少年以及老年人。孕产妇与婴幼儿的工作重点在于，做好孕产妇营养均衡调配，重点改善低收入人群孕妇膳食中钙、铁、锌和维生素 A 摄入不足的状况，预防中高收入人群孕妇因膳食不合理而导致的肥胖、巨大儿等营养性疾病。大力倡导母乳喂养，重视农村地区 6 个月龄至 24 个月龄婴幼儿的辅食喂养与营养补充，加强母乳代用品和婴幼儿食品质量监督。而对于儿童青少年，工作重点在于着力降低农村儿童青少年生长迟缓，缺铁性贫血的发生率，做好农村留守的儿童营养保障工作。遏制城镇儿童青少年超重、肥胖增长态势。将食物与营养知识纳入中小学课程，加强对教师、家长的营养教育和对学生食堂及学生营养配餐单位的指导，引导学生养成科学的饮食习惯。强化营养干预，加大蛋奶供应，保障食物与营养需求。2015 年，中国营养学会发布《婴儿喂养指南》（0～6 个月），为 0～6 个月婴儿的喂养方式提供了系统、详细、科学的参考。

2017 年，国务院下发《国民营养计划（2017—2030 年）》，其中对儿童营养与健康进行了更加系统全面的规定，在 11 条主要目标中，有半数以上涉及儿童的营养内容。涉及儿童的目标中包含的指标有：5 岁以下儿童贫血率，0～6 个月婴儿纯母乳喂养率，5 岁以下儿童生长迟缓率，学生肥胖率等。涉及孕产妇的指标有：孕妇贫血率、孕妇叶酸缺乏率等。这部分是儿童营养的重点干预内容。

三是传染病防治的重点由预防免疫转向性病的母婴传播预防。这是因为随着预防接种的普及和环境卫生的改善，传统传染病的威胁大大降低，而性传染病的传染风险增加。

1989 年，第七届全国人民代表大会常务委员会第六次会议通过了《中华人民共和国传染病防治法》，其中第十二条规定国家对儿童实行预防接种证制度，这是立法中首次对儿童健康中的计划免疫问题进行法律保护。之后出台了一系列文件，提高预防接种率。1990—2010 年中国儿童计划免疫接种率变化如图 3-9 所示。

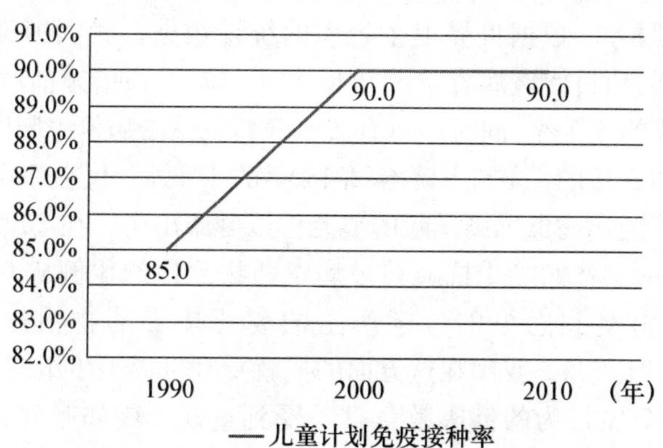

图 3-9　1990—2010 年中国儿童计划免疫接种率变化

资料来源：历次《中国儿童发展纲要》。

根据国务院新闻办公室 2012 年发布的《中国的医疗卫生事业》白皮书，2000 年，我国实现了无脊髓灰质炎目标。2007 年，国家免疫规划疫苗增加到 14 种，预防 15 种传染病，免疫规划人群也从儿童扩展到成人。目前多数疫苗可预防传染病的发病已降至历史最低水平。

然而与此同时，根据历年《中国卫生和计划生育统计年鉴》的数据，淋病、梅毒、艾滋病等性传播疾病的发病率呈明显上升趋势。这意味着性传播疾病正在上升为主要的传染病风险。尽管性传播疾病主要与成年人的性行为有关，但是艾滋病和梅毒却可以通过母婴传播。同样可以通过母婴传播的还有乙肝。这几类传染病正在成为我国儿童传染病日益严重的新风险。

从 2001 年开始，卫生部即在河南的艾滋病高发地区进行预防母婴传播的试点；2010 年，“预防艾滋病、梅毒和乙肝母婴传播”被纳入国家重大公共卫生服务项目；2011 年和 2015 年，国家卫生计生委连续两次发布《预防艾滋病、梅毒和乙肝母婴传播工作实施方案》，旨在为孕产妇提供预防艾滋病、梅毒和乙肝母婴传播的综合防治服务，最大限度地减少因艾滋病、梅毒和乙肝母婴传播造成的儿童感染。

在 2010 年，我国将预防母婴病毒传播项目由预防艾滋病病毒扩展到预防艾滋病、梅毒和乙肝这三种均可以在妊娠和分娩阶段传染给婴儿的病毒；到 2015 年，中国政府实现了在全国范围内提供预防艾滋病、梅毒和乙肝母婴病毒传播的服务。根据世界卫生组织的统计数据，我国国家预防艾滋病病毒母婴传播的项目使该病毒母婴传播率从实施干预措施前的 34.8%显著下降到 2014 年的 6.1%。同时，所有艾滋病新发感染病例中归因于母婴传播的比例也从 2005 年的 1.6%下降至 2014 年的 1.1%。仅在 2014 年一年间，1 240 名面临艾滋病病毒感染风险的婴儿得以健康出生。在 2005—2014 年期间，受到感染的孕产妇接受抗逆转录病毒药物治疗的比例从 64.6%上升到 82.6%，同时由受到感染的母亲所生的婴儿接受药物治疗的比例也从 77.2%上升到 91.7%。我国在这方面的成就受到世界卫生组织盛赞①。

四是针对个体行为的健康教育日益受到重视。诸如肥胖、龋齿、近视以及意外伤害，在很大程度上是由个人行为决定的，这些健康风险的增加，意味着需要增加相应的健康教育。

《教育部关于 2010 年全国学生体质与健康调研结果公告》（以下简称

---

① 联合国对中国在预防艾滋病、梅毒和乙肝病毒的母婴传播工作方面取得的成绩表示赞赏．[2019-03-13]. https://news.un.org/zh/story/2015/09/242842.

《公告》）显示，各学段学生视力不良率仍然居高不下。7～12 岁小学生视力不良率为 40.89%（其中城市为 48.81%，农村为 32.98%），比 2005 年增加 9.22 个百分点；13～15 岁初中生为 67.33%（其中城市为 75.94%，农村为 58.74%），比 2005 年增加 9.26 个百分点。值得注意的是，低年龄组视力不良检出率增长明显。

《公告》显示，学生肥胖和超重检出率也在继续增加。7～22 岁城市男生、城市女生、乡村男生、乡村女生肥胖检出率分别为 13.33%、5.64%、7.83%、3.78%，比 2005 年分别增加 1.94、0.63、2.76、1.15 个百分点；超重检出率分别为 14.81%、9.92%、10.79%、8.03%，比 2005 年分别增加 1.56、1.20、2.59、3.42 个百分点。此外，在 5 岁儿童超重和肥胖发生率上，城市儿童的超重和肥胖发生率已经超过 2011 年高收入国家 8%的发生率（李廷玉，2015）。

《公告》还显示，与 2005 年相比，多数年龄组学生乳牙龋齿患病率、恒牙龋齿患病率出现反弹。如：城市男生、城市女生、乡村男生、乡村女生 7 岁年龄组乳牙龋齿患病率分别为 55.84%、57.48%、62.10%、62.55%，比 2005 年分别上升 8.04、8.78、3.70、3.95 个百分点；12 岁年龄组恒牙龋齿患病率分别为 19.80%、18.64%、18.64%、23.85%，比 2005 年分别上升 8.90、3.94、6.64、8.05 个百分点。

由上述数据可以看出，由个人行为习惯造成的儿童健康风险处于上升趋势。

五是从被动解决儿童健康问题向主动强调增强儿童体质转变。

2014 年，教育部发布了《国家学生体质健康标准 2014 年修订》，制定了身体形态、身体机能和身体素质等方面综合评定学生体质健康水平的标准，重视学生的身体素质以及学校在学生体质方面的重要监督和促进作用。

2016 年，国务院下发《全民健身计划（2016—2020 年）》，对通过健身提高全民健康进行倡导，其中将青少年作为实施全民健身计划的重点人群，提出加强学校体育教育，全面实施青少年体育活动促进计划，开展职工、农民、妇女、幼儿体育，推动将外来务工人员公共体育服务纳入属地供给体系的措施建议。进一步强调了儿童体质健康的重要性。同年，国家卫生计生委联合教育部、国家体育总局发布《关于加强儿童青少年近视防控工作的指导意见》，对儿童青少年视力健康进行健康宣传，并通过学校采取有效干预措施。

2018 年，国家卫生健康委印发了《健康儿童行动计划（2018—2020 年）》，主要目标是到 2020 年，覆盖城乡的儿童健康服务体系进一步完善，儿童医疗保健服务能力不断提升，儿童健康水平得到提高。其重点行动包括儿童健康促进行动、新生儿安全行动、出生缺陷综合防治行动、儿童早期发展行动、儿童营养改善行动、儿童重点疾病防治行动、儿童医疗卫生服务改善行动、儿童健康科技创新行动等八项。其中还提到发挥中医药在儿童医疗保健服务中的作用等。

六是促进儿童医疗服务的可及性。

我国从 2003 年开始农村新型合作医疗和医疗救助的试点，经过 9 年的发展，到 2012 年中国城镇职工医疗保险、城市居民医疗保险、新型农村合作医疗等三项医疗保障制度的覆盖率已经超过 90%，全民医保的框架已经初步建立（见表 3-8），而且新农合和城镇居民医保的人均筹资达到 300 元左右，政策范围内住院费用支付比例分别达到 70%以上和 75%左右。在此基础上，2015 年开始实施大病医疗保险，为超过一定数额的大额医疗支出提供二次报销。医保的发展必然会显著提高儿童医疗服务的经济可及性。

2016 年，国家卫生计生委等六部门联合发布《关于加强儿童医疗卫生服务改革与发展的意见》，文件提出：到 2020 年，建立健全功能明确、布局合理、规模适当、富有效率的儿童医疗卫生服务体系，每千名儿童床位数增加到 2.2 张。加强儿科医务人员队伍建设，每千名儿童儿科执业（助理）医师数达到 0.69 名，每个乡镇卫生院和社区卫生服务机构至少有 1 名全科医生提供规范的儿童基本医疗服务，基本满足儿童医疗卫生需求。

表 3-8　居民社会医疗保障构成

项目	合计（%）		城市（%）		农村（%）	
	2011 年	2008 年	2011 年	2008 年	2011 年	2008 年
城镇职工基本医保	14.8	12.7	47.4	44.2	2.9	1.5
公费医疗	0.7	1.0	2.2	3.0	0.2	0.3
城镇居民基本医保	9.5	3.8	25.1	12.5	3.8	0.7
新型农村合作医疗	69.5	68.7	13.4	9.5	89.9	89.7
其他社会医保	0.3	1.0	0.9	2.8	0.1	0.4
无医保	5.2	12.9	10.9	28.1	3.1	7.5

资料来源：中华人民共和国卫生部. 2012 中国卫生统计年鉴. 北京：中国协和医科大学出版社，2012.

除了上述六方面内容之外，儿童的食品和药品安全问题（包括疫苗安全）、环境污染给儿童带来的健康损害也开始日益进入社会大众和政策决策者的视野。但是由于这两类问题涉及的内容非常复杂，需要多部门、社会各界在达成高度共识的基础上合作，因此目前的应对措施相对有限。

五、改革开放以来针对健康不平等的政策与实践

本章的第三部分呈现的是改革开放以来，一般意义上的儿童健康的风险变化，以及相应的政策应对。然而改革开放的一个结果是社会的异质性程度大大提高，同时市场分配资源必然会带来不平等。因此改革开放以来的儿童健康不平等较之计划经济时期有明显增加，针对这一问题，也有相应的政策和社会实践的应对。

（一）儿童营养与健康的城乡不平等

儿童获得的福利权与户籍相关，城乡户籍能够享受的不同待遇直接导致了可获得福利的差异。因此，体现在营养与健康状况上，陈春明等学者通过对中国城乡居民家庭恩格尔系数与5岁以下儿童生长迟缓率和低体重率变化的分析，得出随着社会经济发展以及城乡居民家庭恩格尔系数的降低，儿童的生长迟缓率和低体重率也在降低的结论（陈春明，何武，常素英，2006），可见经济发展对儿童营养的提高具有重要作用。城乡经济发展水平的差异，直接带来了儿童营养的城乡差异。据2010年第六次全国人口普查，我国0～14岁儿童共计22 132万人，其中城镇儿童9 431万人，农村儿童12 701万人。

具体到儿童营养与健康状况上，《〈中国儿童发展纲要（2011—2020）年〉中期统计监测报告》显示，2015年，全国城市婴儿死亡率仅为4.7‰，农村婴儿死亡率为9.6‰，农村高于城市1倍多。5岁以下儿童死亡率城市为5.8‰，农村为12.9‰，农村高于城市1.2倍。

在儿童生长发育指标上，城市儿童和农村儿童的差异同样明显。据近两次《中国居民营养与健康监测》数据，农村儿童身高体重总体上均低于

城市儿童，然而同样值得注意的是，2002—2012 年十年间，作为调查对象的农村 7 岁及 12 岁儿童体重及身高增幅均高于城市儿童（见图 3－10、图 3－11）。这在一定程度上说明，在进入 21 世纪之后，我国对农村福利和农村儿童的政策倾斜取得了一定效果。

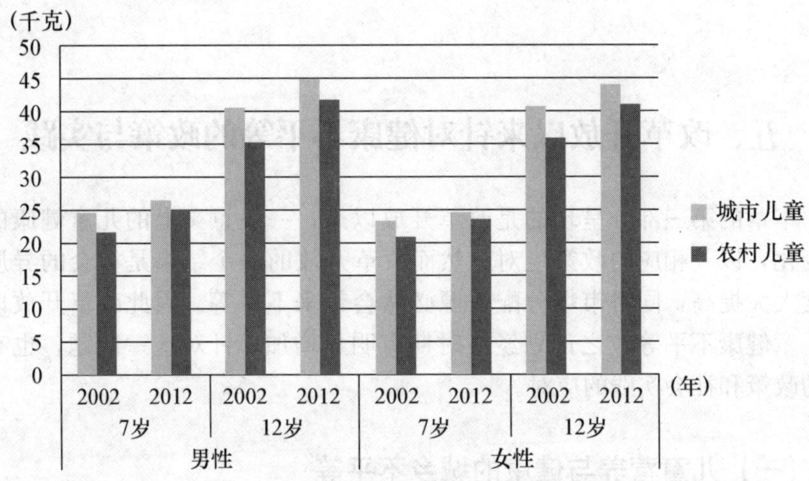

图 3－10　城乡儿童体重情况（千克）

资料来源：历年《中国卫生和计划生育统计年鉴》。

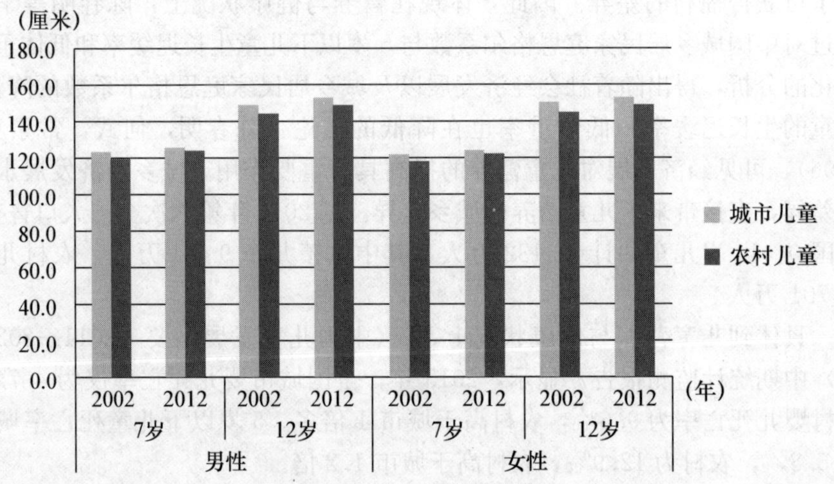

图 3－11　城乡儿童身高情况

资料来源：历年《中国卫生和计划生育统计年鉴》。

而在上文提到的肥胖、龋齿、近视等近些年越来越严重的儿童健康风险方面，城市儿童的状况要比农村儿童严重，即城市和农村的儿童健康风险存在一定差异。因此，在儿童营养与健康需求上，在儿童营养与健康新趋势中，城市与农村呈现出不同的侧重。对于城市儿童，更多的是肥胖问题以及视力不良问题；对于农村儿童，则在营养与健康的教育与宣传上有更大需求，例如在营养方面，农村的母亲对幼儿的辅食喂养缺乏正确认识(陈春明，何武，常素英，2006)。

(二) 贫困地区儿童的营养与健康问题

我国在经济发展方面，不仅存在城乡发展不平衡的问题，而且存在区域发展不平衡的问题，贫困地区和发达地区之间的差异，往往较之于同一地区的城乡之间的差异更大。《中国0～6岁儿童营养发展报告（2012）》显示，农村地区儿童低体重率和生长迟缓率为城市地区的3～4倍，而贫困地区农村又为一般农村的2倍，2010年贫困地区尚有20%的5岁以下儿童生长迟缓，且有研究表明，儿童营养不良率的城乡差异在西部地区最大，东北地区最小（刘爱东，赵丽云，于冬梅，等，2008)，《〈中国儿童发展纲要(2011—2020）年〉中期统计监测报告》也指出婴儿死亡率和5岁以下儿童死亡率东西部区域间差距更大。

贫困农村地区由于经济发展水平低下，儿童营养与健康的发展也一直较差。《中国0～6岁儿童营养发展报告（2012）》中指出，2010年全国贫困地区农村5岁以下儿童低体重率为8.0%，高出全国平均水平4.4个百分点，贫困地区农村5岁以下儿童生长迟缓率为20.3%，高出全国平均水平10.4个百分点。《中国居民营养与慢性病状况报告（2015)》显示，农村地区儿童生长迟缓率、低体重率、贫血率为城市的4～5倍、贫困地区又是一般农村的1～2倍。儿童低体重问题与孕产妇的营养摄入相关，而生长迟缓是长期蛋白质和微量营养素不足的累积结果（陈春明、何武，常素英，2006)。因此，贫困农村地区儿童需要蛋白质、微量营养素等营养补充，同时还应满足孕产妇的营养补充，并保证母乳喂养率。在基本医疗和计划免疫上，农村硬件设施已经有所发展，但由于贫困地区父母知识水平较低，儿童更需要健康指导与教育，以保证基础医疗和计划免疫等政策的落实。

（三）流动儿童和留守儿童的营养与健康需求

随着改革开放以及社会主义市场经济的发展，开始时城市劳动力面临风险，而后农村也经历了劳动力商品化问题，农村劳动力自发流入城市市场，形成了农民工群体，农民工群体普遍无法在流入城市获得与当地居民相同的社会福利。这种现象延伸至农民工群体的子代，形成流动儿童群体和留守儿童群体。流动儿童指户口是“外县市农业”且父母至少有一方长期与其共同生活的儿童；留守儿童指户口是“本县市农业”且父母至少有一方长期不在身边的儿童（韩嘉玲，高勇，张妍，等，2014）。福利的不可携带以及福利权的差异使得这些儿童群体在营养与健康方面存在新的需求。

流动儿童面对的首要问题就是户籍身份带来的福利不可携带，与父辈的尴尬身份一样，流动儿童身处城市，却无法获得与城市儿童相当的福利待遇和机会。2010 年，我国流动人口达 2.21 亿人，其中有大量跟随父母的流动儿童，多个城市的流动儿童贫血患病率明显高于城市儿童，体格发育状况明显落后于城市儿童。

在营养方面，韩嘉玲等学者通过分析得出，在营养的获得情况上，流动儿童仅次于城镇儿童（韩嘉玲，高勇，张妍，等，2014）。这归因于背后的经济原因，随着父母进城打工收入提高，流动儿童的营养状况也随之得到改善，并且在城市，高质量的营养资源相对于农村地区更易获得。但这同时也带来了流动儿童的营养过剩及肥胖/超重问题，陈丽研究发现，打工子弟学校流动儿童的肥胖问题日益显现（陈丽，2010）。由于进城务工人员普遍文化程度不高，能提供给儿童的健康引导和监督少，流动儿童易于被高脂高糖的食物所吸引，并且容易出现暴饮暴食、运动量少的不健康习惯，因此流动儿童在营养与健康上同样需要引导与教育，以树立健康的生活方式，提高体质健康。由于其高流动性，在计划免疫接种上也存在接种不及时或者重复接种的问题。2002 年九市儿童调查就显示，流动儿童的计划免疫存在建卡率、建证率低，单苗合格率及五苗覆盖率低的三低现象（段建华，王惠珊，2010）。

对比流动儿童，我国留守儿童的情况更为严重。《中国 0～6 岁儿童营养发展报告（2012）》显示，2010 年我国流动人口达 2.21 亿人，由此带来的留守在农村的 5 岁以下儿童数量超过 1 500 万人；2009 年农村留守儿童的生

长迟缓率和低体重率均显著高于非留守儿童，约为非留守儿童的1.5倍。在以阶层横向划分的四类儿童（城市户籍儿童、农村非留守儿童、城市流动儿童、农村留守儿童）中，农村留守儿童是成长环境相对最差的一类。

在营养方面，喂养和母亲的照料是儿童生长发育水平提高的关键因素。母亲外出打工的留守儿童可能因此无法得到母乳喂养的满足，加之农村营养健康条件相对不高带来的辅食质量低下，留守儿童的营养条件差。在营养获得上，留守儿童的营养补充，例如蛋、奶制品、鱼、肉类摄取方面均处于最差（韩嘉玲，高勇，张妍，等，2014）；同时，由于父母外出务工，留守儿童的照护责任多转移至祖辈，相比于父辈来说，祖辈的受教育和文化水平更低，更难以为留守儿童提供科学健康的生活方式引导和教育，如父母外出务工后，农忙时节留守儿童监护人忙于生产，出现无法照顾儿童的饮食等情况（陈丽，2010）。单白雪通过研究发现，留守儿童吸烟饮酒率高于非留守儿童（单白雪，2017）。因此，诸多研究表明，留守儿童的营养不良率等指标均高于其他三类儿童，营养状况亟须得到重视和指导。与此相关，在健康问题上，由于父辈外出务工，担负监护人责任的祖辈往往文化程度低，虽然农村近年来基础设施、卫生条件等发展迅速，但祖辈落后的观念可能成为留守儿童保健和计划免疫方面的阻力。

（四）针对性政策

针对上述农村地区和贫困地区儿童，以及流动和留守儿童的特殊情况，中央出台了一些旨在促进健康平等的针对性政策。此外，社会领域在促进儿童健康平等、改善弱势儿童营养和健康方面，也有所作为：

一是针对城乡健康差异的农村孕产妇住院分娩和出生缺陷干预。

2009年，卫生部、财政部印发《关于进一步加强农村孕产妇住院分娩工作的指导意见》，中央财政对困难地区农村孕产妇住院分娩给予补助。地方财政也应承担相应的支出责任，并统筹使用各级财政补助资金，按照国家专项补助资金管理的规定加强管理，专款专用，保障资金安全，发挥专项资金效益。同年，卫生部印发《增补叶酸预防神经管缺陷项目管理方案》，利用中央财政专项补助经费，对全国准备怀孕的农村妇女免费增补叶酸预防神经管缺陷。

2013年，国家人口计生委联合财政部发布《关于推进国家免费孕前优生健康检查项目全覆盖的通知》，自 2013 年起，在全国全面实施国家免费孕前优生项目。其目标人群应同时具备下列条件：（1）符合生育政策并准备怀孕的夫妇。（2）夫妇至少一方为农业人口或界定为农村居民户口。（3）夫妇至少一方具备本地户籍或夫妇双方非本地户籍但在本地居住半年以上。服务内容包括为计划怀孕夫妇提供优生健康教育、病史询问、体格检查、临床实验室检查、影像学检查、风险评估、咨询指导等免费孕前优生健康检查服务。所需资金由中央财政和地方财政共同负担。

二是针对中西部地区的儿童医疗救助政策。

2008 年，卫生部印发《中西部地区儿童先天性疾病和贫困白内障患者复明救治项目管理办法（试行）》，中央财政安排专项经费，在中西部地区对符合条件的先天性疾病患儿和贫困白内障患者开展医疗救治。

2011 年，卫生部印发《中西部地区儿童口腔疾病综合干预项目工作规范（2011 版）》，中央财政每年安排公共卫生专项经费，对项目省（区、市）的宣传发动、健康教育、人员培训、质量复查、数据汇总等给予补助。对指导中西部地区规范开展儿童口腔疾病综合干预工作，推动各地逐步建立儿童口腔疾病综合干预的长效工作机制有指导作用。

三是针对贫困地区的新生儿健康和儿童营养改善。

2011 年国务院办公厅发布《关于实施农村义务教育学生营养改善计划的意见》，决定从 2011 年秋季学期起，在集中连片特殊困难地区启动农村（不含县城）义务教育学生营养改善计划试点工作。试点内容包括：中央财政为试点地区农村义务教育阶段学生提供营养膳食补助，标准为每生每天 3 元（全年按照学生在校时间 200 天计算），所需资金全部由中央财政承担。试点地区和学校要在营养食谱、原料供应、供餐模式、食品安全、监管体系等方面积极探索，为稳步推进农村义务教育学生营养改善计划积累经验。

从 2013 年开始，国家卫计委开始实施针对贫困地区的儿童营养改善项目和新生儿疾病筛查项目。其中，《2013 年贫困地区儿童营养改善项目方案》规定，为贫困地区 6～24 月龄婴幼儿补充辅食营养补充品（以下简称“营养包”），为 6～18 月龄婴幼儿每天提供 1 包营养包。《2013 年贫困地区新生儿疾病筛查项目方案》则是利用中央财政专项补助经费，实施贫困地区新生儿疾病筛查补助项目。尽早发现项目省（区、市）贫困地区新生儿遗传代谢病苯丙酮尿症（PKU）、先天性甲状腺功能减低症（CH）和新生儿听力障碍患儿，降低儿童智障和听力残疾发生率，提高人口素质，促进

新生儿疾病筛查服务网络建立和完善。

2014 年，国务院办公厅印发《国家贫困地区儿童发展规划（2014—2020 年）》，总体目标为到 2020 年，集中连片特殊困难地区儿童发展整体水平基本达到或接近全国平均水平。主要任务包括新生儿出生健康、儿童营养改善、儿童医疗卫生保健、儿童教育保障、特殊困难儿童教育和关爱等，其中特殊困难儿童教育和关爱中就包括健全留守儿童关爱服务体系。在保障措施方面，提出加强整体规划和资源整合，建立健全以财政投入为主、社会力量参与、家庭合理分担的贫困地区儿童发展经费投入机制，鼓励采取政府向社会力量购买服务的方式实施儿童发展项目，发挥社会力量作用等。

四是针对流动儿童的营养与健康。

从政策的层面看，针对流动儿童的健康主要强调的是预防免疫的全覆盖，即流动儿童可在流入地跟户籍儿童享受同样的免费疫苗注射的公共服务。同时中央多个文件也强调应该努力实现对流动人口的“基本公共卫生服务均等化”，其中包括孕产妇健康管理和儿童健康管理。但是基本公共卫生服务中健康管理本身的效果值得质疑，再加上作为地方承担筹资责任的一项公共服务，甚少有地方政府真正有动力实现“基本公共卫生服务均等化”，因此，对流动儿童的营养和健康有明显效果的政策较少，而社会组织在这一领域的贡献较大。

六、总结与讨论

纵观新中国成立以来我国儿童营养与健康政策变迁，经济及社会体制变迁为政策变迁提供了主要动因，计划经济及单位制下的总体型社会中，市场中劳动力面临的风险相对单一且稳定，加之社会福利水平较低，社会保障体系认定的风险较少，在政策应对上便于实施，因此改革开放前的计划免疫及疫病防治工作均发展到较好水平，但具体至一些儿童营养方面的需求，例如维生素 D 的补充等，虽然通过调查显示出该需求，但并无政策应对。改革开放后，社会主义市场经济直接带来了劳动力风险化的问题，随着社会主义市场经济改革深化，公共服务商品化进一步扩大了社会风险，加之老龄化、城市化以及全球化趋势出现，全民营养与健康的风险不再像之前总体型社会下的单一风险，而是出现了城乡、地区等不同维度的风险。并且随着经济发展和人民生活水平提高，其需求也不局限于卫生免疫等生命安全问题以及基本的现金福利上，而是对于更高层次的福利服务有了更多需求。因此，全民营养与健康所面临的主要风险是多维度、多层次需求的满足问题。总体上看，我国儿童营养与健康情况获得较大发展，大致可以归结为以下几方面的原因：

首先是经济的发展。改革开放和社会主义市场经济改革为我国经济注入强大动力，在儿童营养健康政策变迁和状况变化上均有体现。

其次是处理好作为工具的社会政策和经济发展之间的关系。我国儿童营养与健康的政策变迁是稳步发展的过程，在经济增长的同时，根据健康风险的变化适时调整儿童营养与健康方面的政策。

再次是强大的政府资源动员能力。计划经济时期是依托于强大的行政动员能力，通过群众运动解决公共卫生问题；而改革开放之后则是通过财政筹资，尤其是中央财政筹资，将资源投向重点领域和重点人群，以解决突出问题，以及促进社会平等。

然而需要注意的是，在过去三十年中，依托于我国经济的快速增长，社会福利基本上是在做增量改革，在儿童营养和健康方面也不例外。换句话说，基本上是通过增加资金投入和提高技术水平以应对儿童健康问题。但是市场化带来的是远为复杂的后果，比如如何解决财政联邦制与人口流动的内在矛盾、如何有效监管食品药品市场、如何在治理环境污染的同时控制对经济增长的负面影响、如何应对人口异质性的程度增高、如何在各个领域提高贯彻《“健康中国 2030”规划纲要》的优先性……

总而言之，需要提高我国的政策治理能力来应对未来日益复杂的需求和挑战。

中文参考文献：

[1] 艾智科. 新中国成立初期的防疫网络与社会动员：以 1949 年北京市应对察北鼠疫为例. 党史研究与教学，2011 (3).

[2] 陈春明，何武，常素英. 中国儿童营养状况 15 年变化分析：中国儿童生长发育主要影响因素的变化. 卫生研究，2006 (6).

[3] 陈丽. 流动儿童和留守儿童的生长发育与营养状况分析. 中国特

殊教育，2010（8）.

[4] 段建华，王惠珊. 中国流动儿童分布及卫生保健状况. 华南预防医学，2010（1）.

[5] 国务院研究室课题组. 农村合作医疗保健制度研究. 北京：北京医科大学 中国协和医院大学联合出版社，1994.

[6] 韩嘉玲，高勇，张妍，等. 城乡的延伸：不同儿童群体城乡的再生产. 青年研究，2014（1）.

[7] 胡钟烨. 新中国初期卫生防疫立法研究（1949 年—1965 年）. 重庆：西南政法大学，2013.

[8] 李洪河. 新中国成立初期的旧产婆改造，中共党史研究，2014（6）.

[9] 李洪河. 新中国的疫病流行与社会应对. 北京：中共党史出版社，2007.

[10] 李廷玉. 中国儿童营养面临的双重负担：营养不良和超重肥胖. 中国实用儿科杂志，2015（12）.

[11] 刘爱东，赵丽云，于冬梅，等. 中国 5 岁以下儿童营养不良现状及其变化趋势的研究. 卫生研究，2008（3）.

[12] 刘国莲，马玉. 社区产后妇女家庭访视护理现状调查分析. 全科护理，2011（12）.

[13] 世界银行. 1993 年世界发展报告. 北京：中国财政经济出版社，1993.

[14] 单白雪. 中国农村留守儿童与非留守儿童健康状况比较研究. 山东：山东大学，2017.

[15] 苏华. 社区产后访视对新生儿健康的影响. 中国医药指南，2014，12（18）.

[16] 王瀛培. 团结与改造：从旧产婆到社会主义接生员：以上海为例的讨论. 妇女研究论丛，2017（4）.

[17] 杨念群. 再造“病人”：中西医冲突下的空间政治（1832—1985）. 北京：中国人民大学出版社，2006.

第四章　中国的流动人口与健康

一、我国流动人口总体健康状况

（一）我国流动人口变化趋势

第六次全国人口普查数据显示，我国流动人口总数为 2.6 亿。人口流动给中国经济社会带来活力，同时也在冲击着原有的社会结构和社会文化。和平时期人口流动的主要动力是经济和人口的地区差异。地区间的经济社会发展不平衡导致劳动力流向经济发达、就业机会多的地区，而人口老龄化的发达地区需要外来年轻劳动力以维持社会正常运行。改革开放以前，我国的户籍制度使人口难以自由流动。1984 年，国务院发布了《关于农民进入集镇落户问题的通知》，国家放松了对人口的控制，农村人口开始进入中小城镇就业生活。1982—1990 年，我国流动人口规模由 657 万人增加到 2 135 万人，年均增长约 16%；1990—2010 年是流动人口快速增长期，2010 年的流动人口规模是 22 143 万人，年均增长约 12%；2010—2014 年，流动人口增长态势趋缓，年均增长约 3%（段成荣，杨舸，张斐，2008；国家统计局，2011—2014）。当代中国出现的大规模人口流动，是世界各国现代化进程中都会面对的必然现象，是社会文明与进步的表现。改革开放以来我国劳动力主要是从乡村向城市、从中西部地区向东部经济发达地区流动。

改革开放以来，由于政策和制度的变革，人口乡一城流动的壁垒逐步打破，农业现代化提高了农业生产率，不仅降低了农业劳动强度，也减少了对农业劳动力的需求。同时，经济转型和工业化以及全球化背景下沿海劳动密集型产业、服务业的高速发展，产生了巨大和持久的人力资源需求。近年来，随着“人口红利”的逐渐消失以及经济结构转型升级的推进，我国人口流动出现了一些值得关注的新变化。一是流动总体规模出现持续下降，转移势头有所减弱。2016 年流动人口规模为 2.45 亿人，比上年末减少了 171 万人（国家卫生和计划生育委员会流动人口司，2017）。二是人口城镇化水平快速提高，人口集聚进一步增强。2016 年中国城镇人口占总人口的比重为 57.35%，沿江、沿海、铁路沿线地区的人口聚集愈加显著，各主要城市群人口集聚度进一步加大。三是家庭化流动趋势明显，公共服务需求快速增长。新生代流动人口与流出地的联系同父辈相比显著变少，随着他们逐渐成长，流动人口居住长期化和家庭化的趋势更加明显，流动人口在流入地购房、生育、就医、养老的比例持续上升，对相关公共服务和社会保障的需求不断增长，这些变化给流动人口服务管理工作带来了新挑战。

《中国流动人口发展报告 2017》显示，我国流动人口的变动具有以下特点：

（1）流动人口总量出现先增后降的变动趋势。我国流动人口总量在 2011—2014 年间持续增长，由 2011 年的 2.30 亿人增长至 2014 年的 2.53 亿人。2015 年成为拐点，此年度流动人口总量为 2.47 亿人。2016 年进一步下降至 2.45 亿人，《中国流动人口发展报告 2018》显示，2017 年流动人口规模比 2016 年减少了 82 万人。主要原因有两个：一是受户籍制度改革影响，部分流动人口落户成为新市民；二是有部分流动人口返乡。

（2）跨省流入人口比重逐年下降，省内跨市流入人口比重稳步提升。2011—2016 年，中国人口流动仍以跨省为主，但比重开始下降。市内跨县流动变动较小。跨省流动人口占流动人口总量的比重由 2011 年的 69.6%降至 2016 年的 63.5%；省内跨市流动占比由 2011 年的 25.8%升至 2016 年的 27.3%。同时，流动人口平均居留时间持续延长，人口流动的稳定性增强。

（3）女性流动人口所占比重上升，性别比趋于平衡。2016 年数据显示，

20～29 岁年龄组女性流动人口多于男性，其他年龄组均为男性多于女性。6 年间流动人口男女性别比由 109.6 降至 107.2。

（4）流动人口平均年龄持续上升，新生代流动人口比重不断提高。流动人口平均年龄由 2011 年的 27.3 岁升至 2016 年的 29.8 岁。新生代流动人口比重在 2016 年已达到 64.7%，成为流动人口中的主力。“80 后”及“90 后”的比重均呈稳步增长的趋势。

（5）少数民族流动人口比重有所上升，农业户口流动人口比重略有下降。

（6）人口流动的家庭化趋势明显，但夫妻共同流动比例近两年略有下降。

（7）流动人口就业比例呈现反复升降的状况，在流入地参加医保比例有所下降。参加城镇职工基本医疗保险的比例由 2011 年的 26.3%降至 2016 年的 22.3%，参加城镇居民基本医疗保险的比例由 2013 年的 4.5%降至 2016 年的 3.7%。

（8）流动人口家庭收入增长幅度高于人均支出增长幅度。2011 年，就业流动人口平均月收入 2 535 元，2016 年为 4 503 元。2014—2016 年间，年均增长达 15%。2011—2015 年，我国流动人口家庭恩格尔系数逐年降低，从 2011 年的 47.9%降至 2015 年的 40.1%，降幅明显。

针对流动人口的特点，我国政府提出要推进以人为核心的新型城镇化，深化户籍制度改革，努力实现常住人口全覆盖。国务院出台了《国家人口发展规划（2016—2030 年）》《“十三五”卫生与健康规划》《推动 1 亿非户籍人口在城市落户方案》等文件，对做好流动人口服务管理工作提出了明确具体的要求。

（二）流动人口健康状况变化

国际移民研究显示，健康状况较好的劳动者有更强烈的意愿和更好的能力进行流动和迁移，移民在刚到达迁入国时的健康状况普遍好于迁入国当地居民的健康状况。这种内在选择性就产生了健康移民效应。但随着移民在迁入国工作、生活，移民的健康优势逐步减弱，与迁入国人群健康状况逐渐趋同，甚至比迁入国人群健康状况要差（和红，曹桂，沈慧，等，2018）。

国内关于流动人口总体健康状况的研究比较缺乏，现有文献多基于中国综合社会调查（CGSS）等类似调查数据，对流动人口的健康状况进行分析。一项针对2015年CGSS数据的研究表明，我国流动人口与非流动人口的健康状况均较好（张立媛，2018）。流动人口的健康状况得分高于非流动人口，这可以用“健康移民”假说和“三文鱼偏误”假说解释（齐亚强，牛建林，梅森，等，2012）。总体上，流动人口中健康状况较好的占比达80%以上。但随着迁移时间的增长，健康状况较好的流动人口的健康也会发生变化。迁移10年以后，整体的健康水平便趋于下降。健康优势的减少甚至消失在一定程度上反映了流动人口在流入地可使用的社会资源与当地居民的不平等。

进一步的分析显示，家庭经济地位、工作单位性质、生活方式对流动人口的健康状况有显著影响。家庭经济地位高，在国有单位工作，经常进行体育锻炼，这三个因素对流动人口的健康有正向影响，而这三个因素之间也是相互影响的。最基本的原因都是个体的经济社会地位和生活条件（王甫勤，2012）。对于大部分因经济原因而流动的人口来说，用工环境的条件优劣和福利待遇高低会对他们的健康状况产生很大的影响。

而在社会保障方面，只有参加商业养老保险对流动人口的健康状况有显著影响，参加基本医疗保险、商业医疗保险和基本养老保险对流动人口的健康状况没有显著影响。而是否参加商业养老保险，很大程度上取决于流动人口个体的经济情况，有能力、有意愿购买商业养老保险的个体往往也具有较高的经济地位。因此，参加商业养老保险与否与流动人口健康状况之间更可能是相关关系，而不是因果关系。可以认为，目前流入地对流动人口的社会保障水平较低，尚未对其健康状况产生明显的影响。

（三）影响流动人口健康的因素

健康与医学模式有不可分割的联系。医学模式是人类在与疾病抗争和认识自身生命过程的实践中得出的对健康观和疾病观等重要医学观念的本质概括。在医学的历史上，医学模式经历了从神灵主义医学模式、自然哲学医学模式、机械论医学模式、生物医学模式，直至生物－心理－社会医学模式的演变过程，目前的主流医学模式即生物－心理－社会医学模式。在此模式下，影响人口健康及疾病的主要因素有四大类：环境因素、生活方式及行为因素、生物遗传因素、医疗卫生服务因素。2008 年世界卫生组织的死因调查显示，生活方式及行为因素占全部死因的 50%，环境因素占 30%，生物遗传因素和医疗卫生服务因素各占 10%。

具体到流动人口健康的影响因素，可以认为非流动人口和流动人口在行为生活方式、环境、医疗卫生服务等方面均存在差异，从而导致两者健康状况的不同。总体来看，国内关于影响流动人口健康的原因的研究主要涉及人口学特征、社会经济条件、社会保障水平、生活方式等几个方面。人口学特征因素包括年龄、性别、婚姻状况、受教育程度等方面。社会经济条件因素包括个人经济收入水平和家庭收入状况等。值得注意的是，家庭人均收入和家庭成员数量对健康情况也会产生影响，其影响是正向的（储雪玲，卫龙宝，2010）。而社会保障水平因素对居民及流动人口健康状况产生的影响，国内学者们的研究结果并不一致。生活方式因素则显著影响个人健康，例如吸烟对个人健康的危害已经得到广泛证实。

此外，家庭医疗支出和卫生服务可及性、就医决策和健康观念、个人住房及社区环境等也对健康有显著影响。

二、流动人口中不同人群的健康状况

国内对流动人口中不同人群健康状况的研究成果比针对流动人口整体健康状况的研究要丰富。青少年流动人口的健康问题主要体现在心理健康方面，青壮年流动人口健康方面的研究主要集中于健康移民效应方面。而流动育龄妇女的生殖健康状况更受研究者关注。有研究结果显示，当前中国老年流动人口的结构中，主要构成是低龄老年人，他们的总体健康状况良好，但存在潜在的健康风险（宋全成，张倩，2018）。以下按照年龄和性别分别叙述。

（一）青少年流动人口的健康状况

近年来，随着我国城镇化建设的不断推进，流动人口的流量、流向、

结构及诉求都在发生显著变化。其中的一个主要变化就是流动人口的家庭化倾向，尤其是随父母在流入地居住、学习和工作的青少年明显增加。流动青少年是指为了生活来到城市学习、工作或因外界诱惑而辍学在城市游荡的十一二岁至25岁的特殊青少年群体（秦万波，2014）。青少年处于身体和心理快速发育成熟的时期，一些内心矛盾和冲突是青少年期特有的，而流动的生活又会加剧这些矛盾。因而，流动青少年是特殊的社会弱势群体。他们过早地脱离家乡文化的影响，游离于城市生活的外围地带，缺乏本地居民拥有的社会支持网络，语言障碍和文化差异使个人的适应过程遭遇困难，也给社会稳定带来影响。在我国青少年犯罪中，流动人口的犯罪数量和占比都呈现出上升的势头，这种情况在流动人口密集的地区更为突出（段成荣，吕利丹，王宗萍，等，2013）。

有学者针对重庆市中学生进行了流动青少年心理健康状况的研究（赵晓敏，陈永进，白璐，2018），调查了1 242名本地青少年和682名流动青少年。结果显示，女生的心理健康问题检出率显著高于男生。流动青少年在强迫、偏执、心理不平衡因子方面的得分显著高于本地青少年，并且流动青少年总体上存在轻度的心理健康问题。其中，高中生在心理健康及焦虑、学习压力、适应不良、情绪不平衡、心理不平衡方面的得分显著高于初中生。研究还表明，不健全家庭的流动青少年在心理健康总均分及敌对、人际关系紧张、抑郁、焦虑、情绪不稳定、心理不平衡等方面的得分均显著高于健全家庭；在健全家庭内部，父母较高的受教育程度也有利于流动青少年的心理健康。

研究者指出，流动青少年除了过早离开家乡，难以融入城市生活外，家庭环境的影响也不可忽视。流动家庭中的父母工作可能比本地居民更繁忙，没有足够的时间陪伴子女，亲子之间的关系不够紧密，使流动青少年缺乏心理归属感和依恋感（邵国栋，2006），更容易出现心理和行为问题（Hong，Merrin，Peguero，et al，2016）。家庭结构的不健全使流动青少年缺乏父爱或母爱，他们也更容易成为其他孩子欺凌嘲笑的对象。因此，他们与人交流的愿望不强，缺乏安全感，具有更强的自我保护和攻击倾向，成年后更容易出现不良人格特征，表现出情绪不稳定、冷漠、缺乏进取心和逆反心理强等特点（陈晓美，罗红格，牛春娟，等，2011）。流动人口的平均受教育程度往往低于流入地居民，因此，流动青少年的心理健康会受父母受教育程度低的负面影响，他们往往受到更多的打骂和不理性惩戒，以至于出现较多的心理健康问题。

2014年，余春艳等（2014）在上海市某镇进行了一项关于流动青少年人口主要健康问题及健康寻求行为的研究，对20名社区工作人员进行半结构化访谈，对20名（男女各10名）15～19岁的流动青少年进行了深入访谈。研究发现，大部分流动青少年不认为健康需求是最主要的需求。压力大、焦虑、自卑、易怒、情绪不稳定等情况在流动青少年中较普遍。在人际关系方面，他们通过家庭、学校、工作场所等传统渠道获取健康信息和服务较少，而在社交网络中获取较多。他们缺乏稳定的人际关系网络，而父母所给予的照料和教育相对不足，这也成为他们获取健康信息的障碍。

近年来，也有学者从家庭社会地位、人际网络的角度研究青少年心理健康（肖扬，2012）。国外大量研究证明，社会地位较低家庭的青少年在心理健康上处于劣势。也有学者认为，从人际网络视角考察，社会关系是影响身心健康的关键原因（李建新，2007）。姚远和张顺采用中国人民大学的中国教育追踪调查数据（CEPS）探究家庭地位和人际网络对心理健康的影响强度。回归嵌套模型的结果表明，家庭地位和人际网络对青少年心理健康都有显著影响，且两者相互独立。良好的家庭背景可以为孩子提供更好的物质和文化条件，从而促进青少年的心理健康（姚远，张顺，2016）。而人际网络诸因素对青少年心理健康的影响也比较一致。这些因素包括同校好朋友较多、两代人互动频繁/关系亲近、父母关系亲密、父母与子女社交圈联系密切等，这些因素都会正向影响青少年的心理健康。进一步的研究发现，人际网络因素的影响是家庭地位因素的2.53倍，这意味着良好的人际关系比较高的家庭社会地位更能促进青少年心理健康。以人口流动状态作为分类变量的分析显示，长距离流动的群体中，人际网络的影响是家庭地位因素的近5倍，而无流动与短距离流动群体中此项差异是2倍。由此可见，对那些长距离流动的青少年来说，人际网络对心理健康产生了更重要的影响。研究结果还表明，许多流动青少年的父母片面地重视拓展经济资源和提升家庭的社会地位，忽视了人际互动对心理健康的影响。此外，升学阶段的青少年心理健康情况不佳，易出现心理问题，这种现象在流动青少年中也存在，需要引起家庭和社会的足够重视。

此类研究建议父母在提升家庭社会地位的同时，更应注重子女的日常人际网络。因为一般而言，家庭社会地位对心理健康的影响相对间接和长效，而人际网络却可以直接快速地影响青少年的心理状态。

（二）流动育龄妇女生殖健康现状

伴随着改革开放的脚步，我国针对女性健康的专门研究自 20 世纪 90 年代开始逐渐增多。此类研究受西方平权主义思想和现代医学模式的影响，议题日渐广泛，多元视角的引入是其中的一个重要方面。不同地区、不同社会阶层、不同职业以及特殊女性群体的健康问题受到关注。女性流动人口的健康问题则是流动人口研究的重要领域（张灵敏，2014）。

在女性流动人口中，流动女工是重要的组成部分。2000 年至 2013 年 4 月，近 5 000 篇与流动女工有关的学术文献中，涉及健康问题的文献占 21.5%（张灵敏，2014）。流动女工的生殖健康风险主要来自四个方面，包括非意愿妊娠、人工流产、生殖系统疾病和孕产期保健。

由于婚前性行为增加以及流动人口避孕比例较低，流动女工的非意愿妊娠也随之增加，人工流产率也因此较高（楼超华，赵双玲，高尔生，2001）。广东省的历史数据显示，2006 名 15～35 岁流动女性中，有人工流产经历的占 66.8%，其中 75.7%未曾采用避孕手段（王滢毅，朱长艳，陈筱华，等，2009）；深圳市流动人口育龄妇女中，阴道炎患病率为 22%，高于当地非流动已婚育龄妇女（方琳，文任乾，姚先明，等，2003）。其他研究也表明，流动女性宫颈疾病筛查阳性率也高于当地女性职工（王滢毅，朱长艳，陈筱华，等，2009）。罹患生殖系统疾病后，流动女性的就诊率也较低。针对武汉市餐饮娱乐行业 1 232 名流动女青年的调查显示，其中 85%的人出现过生殖系统感染症状，但就诊率不到 50%（黄小娜，吴静，沈敏，2005），不就诊的第一位原因是害羞。流动女性面临性传播疾病威胁的程度也高于非流动女性，原因包括部分流动女性从事商业性行为工作，以及遭受性侵害、被迫卖淫等（肖扬，2001）。在孕产期保健方面，流动女性的状况也比流入地常住人口差（田海琴，刘宁，2006）。

基于第三期中国妇女社会地位调查四川数据的一项研究则以城镇非流动女性为参照对象，分析了流动对农村女性健康状况的影响（李兴睿，2017）。研究结果显示：第一，外出务工作为社会影响因素，通过个人因素影响健康状况。农村外出务工女性的健康状况优于其他农村女性群体。第二，流动经历本身对女性有正向影响，务工女性享受到流入地较好的医疗卫生条件，尤其在生殖健康方面的优势更为明显。第三，丈夫流动对留守的农村女性有健康方面的负面影响。第四，卫生资源不足和医保制度的不完善是农村女性就医比例较低的重要原因。流动务工女性虽然健康情况较好，但是医保参保比例偏低，自费体检的比例在农村女性各群体中最高。在妇科疾病方面，流动务工女性最低，低于城镇女性 5.2 个百分点，比返乡和留守女性低约 18 个百分点。

近年来，流动孕产妇的围生期管理逐渐得到重视，但对流动育龄妇女孕前情况的了解仍相对较少。国家卫生计生委科学技术研究所对 2010—2013 年参加国家免费孕前优生健康检查项目且身体健康的育龄妇女进行了研究（徐继红，彭左旗，马旭，2016），发现流动育龄妇女孕前感到有工作压力、经济压力和关系压力的比例显著高于非流动育龄妇女，而在妊娠结局方面，流动育龄妇女的正常活产率略低于非流动育龄妇女，早产和自然流产率均高于非流动育龄妇女。人工流产、出生缺陷、死产死胎、异位妊娠等不良妊娠结局之间的差异不显著。需要指出的是，此研究的对象是健康育龄妇女，流动与非流动妇女之间人工流产比例差异不显著的结果并不能代表流动育龄妇女总体的情况。已有研究指出流动人口孕妇早产、过期产、胎盘早剥的发生率明显高于流入地本地孕产妇（赵光临，杨丽英，2004；王秀丽，孙爱军，2008；陈岳秋，胡秀英，王夏辰，2013）。

（三）中青年流动人口健康：健康移民效应

我国流动人口以年轻劳动力为主。有观点认为我国流动人口的健康状况好于流入地居民，也有学者认为流动人口处于弱势地位，面临的健康风险相对较高，其健康状况差于流入地居民（和红，任迪，2014；齐亚强，牛建林，梅森，等，2012）。这两种观点多基于横断面研究的结果，并没有探讨流动人口的健康状况随时间变化的趋势。国外学者在对国际移民的研究中发现，健康状况较好的人流动和迁移的意愿和能力较强，因此移民在刚到达迁入国时，健康状况要优于迁入国本地出生的居民。随着时间推移，这种优势逐步减弱，移民的健康状况与迁入国人群趋同甚至更差。这种变化与环境变迁、压力增大、社会支持缺失或不足、制度和结构性壁垒、文化适应障碍、法律援助匮乏等因素密切相关（武俊青，2010）。

中国人民大学健康科学研究所使用“2015 年青年流动人口健康调查问卷”数据分析了青年流动人口健康状况的变化趋势和影响因素（和红，曹

桂，沈慧，等，2018）。此研究设置的因变量是体质指数/体重指数（BMI），数值分级采用中国肥胖问题工作组推荐的符合东亚居民的标准，自变量为流动的时间跨度。分析结果显示，当地人口的超重/肥胖比例为18.9%，而流动人口的此比例呈现出随流动时间变长而变化的趋势。流动时间小于1年，其超重/肥胖比例低于当地人口；当流动时间为1～5年时，超重/肥胖比例接近当地人口；而当流动时间大于或等于5年时，超重/肥胖比例达到27.8%，远高于当地人口。研究结果验证了健康移民效应理论。此外，此研究还对其他可能影响流动人口健康的因素进行了分析，发现在婚、较高收入、未参加保险、吸烟也是超重/肥胖的危险因素。这些原因均可能受健康知识、健康意识和生活方式影响。如在婚者生活饮食更加规律，热量摄入较多；收入较高也直接导致生活条件改善，也为不良生活习惯创造了条件；健康意识较差的人缺乏参加医疗保险的动力，也缺乏戒烟的毅力和决心。加之流动人口无法像当地人一样享受平等的社会保障和医疗卫生服务，以上这些因素共同作用，使青年流动人口的健康状况随着流动时间的增长而变差，这是值得关注的研究成果。在努力实现“全民健康”目标的过程中，应该充分考虑健康移民效应对流动人口健康状况的影响。

（四）老年流动人口健康状况

近年来，由于人口流动的家庭化趋势愈加明显，流动人口中的老年人比例正在持续增加。《中国流动人口发展报告2018》显示，从2015年开始，全国流动人口整体规模连续三年下降，而老年流动人口数量持续上升。国家卫健委动态监测数据显示，老年流动人口规模在2000年以后增长较快，从2000年的503万人增加至2015年的1 304万人，年均增长6.6%；全国流动人口中老年流动人口的比例在2000—2015年间有小幅增加，2000年为4.9%，2015年为5.3%。在全国人口老龄化的背景下，流动人口中老年人群的健康状况也逐渐进入学者的视野。多位研究者对2015年全国流动人口动态监测调查数据中老年人的部分进行了研究，初步掌握了中国老年流动人口总体健康状况。一些学者的研究结果显示，流动老年人自评健康状况好于一般老年人群（郭静，2017）。自评为健康和基本健康的比例合计达90%，明显高于一般老年人的自评健康水平（杜本峰，郭玉，2015），其原因是多方面的。首先，流动老年人口中，60～64岁的人超过50%，这种相对年轻的年龄结构会造成整个群体的自评健康水平较为积极。其次，流动本身就是一种筛选行为，健康情况较差的老年人往往选择留守，无法随子女流动照顾晚辈或务工经商。而选择流动养老需要子女有较高的经济实力，这就限制了此类流动老年人的数量。社会支持也是流动老年人口自评健康的重要影响因素。如流入地朋友数量、医疗保险类型等均是显著的社会支持因素。积极的社会参与和良好的社会支持对个人的心理健康有积极作用，而心理健康水平直接影响自评健康。有研究表明，对老年人心理健康影响最大的社会支持是配偶，其次是朋友，最后才是子女（胡蕴绮，周兰姝，2013）。因此，社区层面如果能为老年人提供人际交流的平台，满足流动老年人的情感需求，可以提高他们的自评健康水平。之所以健康意识也是影响自评健康的因素，是因为健康意识决定了健康行为，而生活方式对健康有着明确的影响。例如，生小病后的处理方式是一种健康行为，可体现个人的健康意识水平。在流动老年人口中，生小病后看医生的人群自评健康优于自行处置的人群。流动老年人作为流动人口中健康需求较大的群体，所需的健康教育服务相对不足，健康意识还有很大的提高空间。此外，研究发现，加强体育锻炼也有利于提高流动老年人口的自评健康水平，这也有赖于社区公共设施建设的完善。

除了为照顾后代、养老、就医而流动的老年人，老年流动人口中还有为数众多的高龄农民工。能够务工，说明此群体的生理健康情况尚可。有研究表明，农民工心理健康水平不仅低于经济相对发达的流入地居民，甚至低于全国平均水平（蒋善，张璐，王卫红，2007）。与中青年农民工相比，高龄农民工受教育程度偏低，绝大多数从事产业链上的低端行业或非正规就业，经济收入有限，也得不到足够的社会保障。随着年龄增长，更容易陷入贫困。贫困、生理疾病引发的心理健康问题甚至成为老年人自杀的重要原因（黄润龙，刘敏，2013）。社会支持可以通过降低压力感、减少压力事件的冲击来缓解压力对心理健康的负面影响，这已被既往研究证明。部分学者则从社会支持的角度出发，探究了高龄农民工的心理健康状况及其社会支持机制（吴敏，段成荣，朱晓，2016）。

结果显示，在农民工中，高龄农民工心理健康情况最差，青年农民工最好。在高龄农民工群体内部，在控制感知支持的条件下，流动所跨区域越大，心理健康状况越差。与省内流动者相比，感受到城市户籍人口的支持对跨省流动的农民工心理健康的促进作用较大。社会支持之外的变量中，婚姻、收入、受教育年限、健康状况以及是否有养老保险对高龄农民工的心理健康均有显著影响。研究者认为，社会支持的“量”对农民工心理健康并不具有显著作用。这可能与农民工互动交往的社会网络特质有关。这种网络多为熟人网络，其成员具有高度同质性，这种强关系网络并不具备弱关系网络在获取资源和信息方面的优势。而社会网络“质”的特性则显著促进农民工的心理健康。这里主要指支持网络中流入地户籍人口的人数比例，这代表了弱关系网络的规模。这种网络可以提供相对较多的信息和工具支持，有效改善高龄农民工的困境，提高他们在城市中的适应性和稳定性。由于年龄大和受教育程度低等原因，高龄农民工很难通过自身努力获得更多发展机遇，因此更多地依赖他人。一旦获得社会网络提供的实质性帮助，其心理健康便会得到即时改善。这和中青年农民工形成了鲜明的对比。来自流入地户籍人口的社会支持也可以促进中青年农民工的心理健康，但他们还可以通过技术学习、职业历练等方式提高在劳动力市场上的竞争力。跨省流动的高龄农民工比省内流动者心理健康情况更差，而流入地的社会支持可以有效缓解这种冲击。省内流动者人际交往圈、社会关系发生的变动有限，流出地的关系网络仍可以支持其心理健康；而跨省流动者则不同，当他们在流入地与户籍人口之间的弱关系网络规模增大，这种关系网络就能够有效地提供实质性或潜在支持，流动者更容易获得稳定工作，满足其流动的初始愿望，心理健康的状况就会得到改善。

三、我国流动人口面临的主要健康威胁

我国流动人口面临的健康威胁与非流动人口既有共同方面，也有因流动导致的特殊方面。有学者指出，传染病和感染性疾病已成为影响流动人口健康的主要疾病①，这和流动人口居住环境卫生情况较差、群居、自身健康意识不足等因素有关。而传染病中尤以结核病和艾滋病的威胁最为严重。随着经济社会的发展，慢性非传染性疾病对流动人口健康的威胁也与日俱

① 传染病等成流动人口主要疾病，专家建议开展健康管理.［2019－02－14］. http://finance.huanqiu.com/roll/2016－11/9746759.html.

增。此外，因流动所致的心理健康问题已经逐渐得到学界和政府有关部门的重视。尘肺、职业中毒等职业伤害对流动人口健康的威胁虽然屡见报端，但相关的流行病学研究却不多见。流动人口无法享受到与当地居民同等的基本医疗卫生服务也是影响其健康的因素之一。

（一）结核病、艾滋病等传染病威胁

1. 结核病

流动人口结核病疫情比本地居民疫情严重。以北京市为例，朝阳区流动人口活动性肺结核患者登记率为 27.4/10 万，高于当地人口的 7.9/10 万（何方，王涛，张弘，等，2013）。福建省全球基金结核病项目中流动人口活动性肺结核患者登记率为 77.84/10 万，也明显高于当地人口的 38.89/10 万（杜永成，林淑芳，戴志松，2013）。流动人口耐药结核病的疫情也较为严重。2008 年深圳市流动人口结核病患者耐多药率为 5.59%，远高于户籍人口的 1.25%。重庆市一项流动人口肺结核患者流行病学研究显示（苏倩，汪清雅，吴雷，等，2016），2009—2014 年间，登记的肺结核患者中，流动人口占全市结核病患者数比例呈逐年上升趋势，由 2009 年的 4.0%上升到 2014 年的 9.4%。而病例的检出时间集中于 3 月和 9 月，这可能和高三学生以及高校新生体检有关。患者集中于大中专院校聚集的城区和进城务工人员较为集中的地区。流动人口肺结核患者集中分布在 15～54 岁，尤以 15～34 岁男性青壮年为主。这可能和他们为生计奔波、流动性大、居住环境较差等原因有关。由于无法获得重庆市流动人口总人数的资料，此研究难以全面分析各年度流动人口发病率情况及随时间推移的变化趋势，这也从一个侧面反映出结核病防控制度和力度的不足。

浙江是东部地区重要的流动人口迁入地，其肺结核流行特征具有一定的代表性。陈松华等学者利用 2005—2011 年浙江省流动人口活动性肺结核病例登记报告资料，描述了该病在流动人口中的流行特征并阐述其对全省范围内结核病流行的影响（陈松华，黄玉，钟节鸣，等，2014）。研究结果显示，与 2005 年相比，2011 年全省流动人口中活动性肺结核和涂阳肺结核病例数分别增加了 60.34%和 24.78%，平均年递增率分别为 1.98%和 1.71%。涂阳病例占全部肺结核病例的 39.62%，其中新发者比例为 89.90%，再次治疗比例为 10.10%。流动人口中活动性和涂阳肺结核病例

占全省比例分别由2005年的20.26%和23.65%上升至2011年的36.45%和34.25%。其中男性患者占多数，男女患者的年龄分布均以青壮年为主。在职业分布方面，流动人口肺结核病例中农民工占65.28%，占绝对多数。其中肺结核合并HIV感染者数量也呈上升趋势。在耐药方面，2011年对167例流动人口涂阳肺结核病例的药敏试验显示，总耐药率为19.00%，单耐药率12.00%，耐多药率8.70%；而2008年随机抽样的358例药敏试验结果中，总耐药率为26.80%，单耐药率16.80%，耐多药率6.20%。两次试验的结果显示，总耐药率和单耐药率有所下降，但耐多药率有所上升。

吉林省一项针对流动人口中结核病的流行病学研究显示（马建军，袁燕莉，张铁娟，等，2018），2011—2016年该省流动人口中肺结核患者人数逐年增长，以中青年男性为主，从事农林牧渔业的劳动者较多。在流动形式上看，以市内流动为主，但市间流动和省际流动患者数逐渐增多。需要说明的是，由于吉林省并非流动人口的主要流入地，因此其流动人口结核流行病学特征无法代表长距离流动的人群。

流动人口主要来自农村地区，因此，流出地患者的发现是流动人口结核病防治工作的第一道关口。但受经济条件、卫生服务供给、健康意识等因素影响，在流出地检出结核病患者的难度较大。而由医疗机构发现的结核病患者经转诊主动去往结防机构就诊的占比不足50%；同时，患者的继续流动、对歧视的担忧等原因，造成结防机构追踪流动结核病患者也面临较大困难（杨应周，2010）。

全国流动人口结核病防治工作面临的主要问题有以下五个方面（姜世闻，刘小秋，2014）：一是流动人口患病风险高。他们的工作居住条件差，尤其是建筑等行业的农民工，多被安排采用较高密度的集中住宿方式，宿舍一人患病，其他舍友立刻面临较高的风险。受教育程度低也影响健康意识和自我保护的意识，这也增大了患病风险。二是经费缺乏。地方政府没有流动人口结核病防治的专项经费，负责结防的定点医院很难实施国家规定的免费政策，加重了流动结核病患者的负担，也降低了治疗效果，增加了传染风险。三是患者依从性和治疗规范性较差，容易产生耐药病例，进一步加大治疗难度，形成恶性循环。四是患者发现和管理困难，跨区域管理存在盲区。五是健康教育工作手段单一，结防知识可及性低。

2. 艾滋病

艾滋病是严重威胁全人类健康的性传播疾病，亦可通过血液和垂直方式传播。2018 年 11 月 23 日，国家卫生健康委员会提供的资料显示①，我国艾滋病防控工作已取得显著成效。输血传播已基本阻断，经注射吸毒传播和母婴传播均得到有效控制，检测发现力度不断加大，抗击艾滋病的社会环境也在不断改善。全人群感染率为 9.0/万，疫情处于低流行水平，但分布不平衡。性传播是主要传播途径。

有研究表明，人口流动是影响包括艾滋病在内的性传播疾病流行的重要因素（徐双飞，李玉艳，武俊青，2017；Leyva-Flores R，Aracena-Genao B，Servan-Mori E，2014）。江苏省常州市 2012—2013 年监测暗娼 800 人，其中外省户籍占 69.5%，HIV 抗体检出率为 0.5%（王金塔，丁陈丽，周建波，等，2014）。上海市浦东新区 481 名自愿接受血清学检测的女性流动人口中，HIV 阳性率为 0.416%（王瑾，邵韵，严胜，等，2014），与常州市数据接近。江苏省昆山市调查的 300 名男男性行为者中，流动人口占 79.33%，其中 HIV 感染率为 5.33%（王文明，薛黎坚，陈彦卿，2011）。北京市东城区的类似调查显示，HIV 抗体检出率为 12.94%（赵丽英，赵楠，张海艳，2014）。

在影响艾滋病流行特征的因素中，有几类因素与人口流动相关。首先是人口学因素。初次性行为年龄、经济收入水平、受教育程度等是影响流动人口生殖健康的人口学因素。在流动女性性工作者中，较早从事性工作会增加生殖道感染的风险（夏冬艳，李桂英，卢红艳，等，2009）。平均月收入水平低也是生殖健康的危险因素，低收入人群无法在提高生活质量方面进行足够的资金投入。受教育水平较低的流动人口患生殖道感染的风险也相对较高（杨宏琳，武俊青，李玉艳，等，2016）。其次是生殖健康知识缺乏导致的自我保护意识薄弱（张建端，炼武，贾桂珍，等，2007）。男性对常见卫生和生殖健康知识正确认识率低于女性（袁雁飞，纪颖，栗潮阳，等，2011），这不仅对自身不利，也会通过不安全性行为威胁女性生殖健康。健康意识差和危险性行为也是 HIV 感染的危险因素。云南省调查了

---

① 国家卫生健康委员会 2018 年 11 月 23 日例行新闻发布会散发材料之一：我国艾滋病防治工作进展. [2019-04-01]. http://www.nhc.gov.cn/zhuz/xwfb/201811/5fe377b577d04d369a057970c0f816d1.shtml.

390名暗娼，91.79%的被访者知道“每次性行为都使用安全套”可以有效预防艾滋病毒感染，但实际使用率仅为14.7%～79.7%（杨彦玲，潘颂峰，李佑芳，等，2016）。男男性行为者中“知行分离”的现象也较为常见，而男男性行为正是艾滋病传播的重要渠道之一。健康意识差直接导致流动人口中安全套使用率低、多性伴、商业性行为等危险性行为发生率较高。

还有学者对流动男男性行为者现状及与艾滋病相关因素的关系进行了研究，选择的地点为四川省绵阳市（王毅，李六林，樊静，等，2018）。研究团队发现，男男性行为者（MSM）样本中，流动人口占22.9%。多因素分析结果显示，流动人口HIV阳性率是常住人口的1.964倍，表明流动MSM人口在HIV传播中的桥梁作用明显。流动MSM人口接触到的防艾宣教服务也相对较少，这使他们面临更高的HIV暴露风险。

艾滋病的威胁不仅仅是医疗卫生问题，更是经济和政治问题。我国在2003年底强调将实行“四免一关怀”政策，次年国务院下发正式通知规范防艾工作[①]，十余年来，我国的艾滋病防控工作已经取得了显著进展。目前，我国的防艾形势有所变化，性传播在艾滋病传播方式中成为主要形式。而针对流动人口的防艾工作具有其特殊性，因此，在政策上应做出相应的调整。在技术层面，应通过对流动人口进行防艾宣教、提供全过程咨询服务等形式改善目标人群的知识、意识和行为方式。利用同伴之间的信任感开展“同伴教育”已被证明有潜移默化的影响（陈晓宏，2005），包括提高对艾滋病的认识水平，提高安全套使用率和HIV抗体检测率等（董蕾，韩磊，张晓菲，2012）。

（二）慢性非传染性疾病和心理健康威胁

1. 慢性非传染性疾病威胁

虽然流动人口面临的主要疾病威胁是传染性疾病，但慢性非传染性疾病（慢性病）的威胁也不容忽视。目前，我国流动人口公共服务体系并不健全，尚未建立流动人口慢性病及其危险因素监控机制，流动人口慢性病防控呈缺位状态（王临虹，王丽敏，2014）。有学者注意到这种现象，并在

① 国务院关于切实加强艾滋病防治工作的通知．[2019-04-01]．http://www.gov.cn/gongbao/content/2004/content_62727.htm.

部分地区进行了专题调查。以湖北省为例，当地疾控中心慢病所在 2012 年对疾病监测系统（DSP 系统）覆盖的六个区县开展监测（何田静，张岚，唐丽萌，等，2016），调查对象为就业流动人口，涵盖六大类多个行业。与常见社会调查不同的是，此次调查纳入了身高、体重、血压和血糖等体格检查和实验室检查项目，健康状况因变量的性质由自评变为实证。因此，研究结果更客观、更具说服力。调查显示，1 724 例样本中，高血压患病率为 16.5%，其中男性为 24.3%，女性为 8.9%。随着文化程度的增加，男女性高血压患病率均呈下降趋势。糖尿病患病率为 4.4%，其中男性为 5.4%，女性为 3.4%，性别间患病率无统计学差异。样本人群中超重率为 30.7%，其中男性 40.6%，女性 20.9%，差异显著。肥胖率为 7.8%，男性 11.5%，女性 4.2%，差异有统计学意义。以上结果与全国就业流动人口的患病率相差不大（中国疾病预防控制中心，中国疾病预防控制中心慢性非传染性疾病预防控制中心，2015）。研究小组将调查数据与 2010 年湖北省 18～59 岁常住人口进行对比后发现，就业流动人口的高血压、糖尿病患病率以及肥胖率均低于常住人口。此结果与全国范围内的调查结果一致（粟华，崔泽，朱俊卿，等，2015）。调查还发现，就业流动人口中男性高血压、超重、肥胖的发病率均显著高于女性，其差异大于常住人群（Wang，Lee，Fabsitz，2006），这可能与常住人口的居住以家庭生活模式为主有关。因此，在流动人口慢性病防控方面，应以男性为重点人群。在职业分层方面，调查显示女性建筑业从业人员高血压患病率是其他行业的数倍。行业间糖尿病的发病率也有差异，可能和职业的身体活动水平有关。

其他学者对流动人口慢性病危险因素的流行特征、影响因素和防控现状进行了分析（陈志华，张梅，李镒冲，等，2017），所用数据为 2012 年中国流动人口慢性病及其危险因素调查数据。研究者定义了 5 种危险因素，分别为吸烟、不健康饮酒、从不锻炼、果蔬摄入不足、超重/肥胖。分析发现，2012 年中国 18～59 岁流动人口慢性病 5 种危险因素十分普遍。男性吸烟率为 55%，女性为 1.9%；过量饮酒人群占比为 11.0%；果蔬摄入不足占 44.1%；缺乏锻炼者占比 71.3%；超重/肥胖率也较高，达到 41.3%。数据表明，流动人口未来的慢性病风险很高，这将成为我国公共和医疗卫生工作的巨大挑战。同时，危险因素的聚集性也值得关注，37.1%的流动人口具有两种危险因素，28.5%具有三种及以上危险因素。聚集性最强的

样本是年长、汉族、男性、建筑业、跨省流动、流动时间长的群体。最常见的聚集危险因素是过量饮酒、从不锻炼和超重/肥胖。社会经济地位对危险因素的聚集性影响显著，文化程度与聚集性负相关，年收入与聚集性正相关。说明文化水平低、收入较高者应作为健康教育、健康促进工作重点干预人群。

总体上看，我国流动人口慢性病主要危险因素流行水平与城市常住居民接近（王临虹，王丽敏，2014），某些因素超过常住居民，目前慢性病患病率低于城市常住居民（中国疾病预防控制中心，中国疾病预防控制中心慢性非传染性疾病预防控制中心，2012）。但是假以时日，潜在的风险将会逐渐显现，由此增加的疾病负担将主要落在农村医疗保障系统上。由此可见，流动人口慢性病防控形势还是比较严峻的。

我国的基本公共卫生服务是面向全体居民免费提供的（陈志华，张梅，李镃冲，等，2016），自 2009 年新医改启动以来正在不断完善。但在实际工作中由于流动人口的流动性大、地方政府难以掌握其人员变动情况等原因，流动人口享受到的免费公共卫生服务仍有较大的提高空间。

2. 心理健康威胁

我国规模庞大的流动人口在流入地面临新的工作和生活环境的适应问题，同时也面临着失业、歧视、社会隔离等风险。可以认为，他们的心理健康风险高于流入地常住居民。在城市化过程中，如果他们无法有效地实现与城市的社会融合，将对他们自身和社会稳定产生负面影响。遭受歧视会降低流动人口的幸福感和生活质量，增大心理压力和疾病的发生率（Lin Ensel，Simeone et al.，1979）。有法学家研究发现，流动人口与城镇居民融合失败可能会增加他们自身的身心压力，使他们陷入精神上的困境，进而更容易走向犯罪（Knight，Gunatilaka，2010），这将会对城市社会乃至整个社会带来严重的负面影响，不利于社会的和谐稳定。

2014 年 5 月，国家卫生和计划生育委员会进行了全国范围内的“流动人口社会融合与心理健康个人问卷调查”，此次调查是常规全国流动人口卫生计生动态监测调查的一部分。刘亮等学者使用此次调查的数据度量了社会融合的三个不同维度以及流动人口的心理健康状况，研究了流动人口心理健康的影响因素（刘亮，高汉，章元，2018）。结果发现，年龄、婚姻状态、自评健康水平、月收入水平等个人特征因素对流动心理健康有显著影响，社会经济因素中，近一年有病未能住院治疗、赡养与抚养忧虑、接受过健康教育、流动时间长度等因素对流动人口心理健康有显著影响。在研究者最为关心的社会融合影响方面，有积极的社会融合意愿者心理更健康，与本地人相处融洽也有利于提高流动人口心理健康水平，与本地人居住地的融合也有助于提高心理健康水平。值得注意的是，与在农村或县城工作相比，在城市中心或城乡接合部工作会降低流动人口的心理健康水平。

研究者认为，流入地与流出地政府应积极解除流动人口与城镇居民的融合问题，解除流动人口的后顾之忧，并提供社会融合的良好政策环境与社会环境，这将有效改善其心理健康状况，促进社会和谐稳定。

另一项来自八城市的调查分析显示（程菲，李树茁，悦中山，2017），农民工心理健康各维度的发展不平衡，心理疾患水平虽然不高，但生活满意度一般，低于市民和城－城流动人口。心理健康的影响因素较为复杂，值得注意的是，社会参与对农民工心理健康并无积极影响，其中组织参与起到负面作用。本研究还有一些新发现：新一线城市比非一线城市更有利于提高农民工的心理健康水平，而传统一线城市与非一线城市对其心理健康的影响无显著差别。主观社会经济地位比客观经济条件对城市流动人口心理健康具有更为广泛的影响，他们在与流入地市民的比较中获得的成就感对心理健康的正向影响要强于与老家人比较时产生的优越感。

（三）基本公共卫生服务供给不足的威胁

基本公共卫生服务供给不充分、不均衡的问题长期困扰我国流动人口的公共卫生工作。虽然自 2009 年开始推行基本公共卫生服务均等化以来，我国在服务提供等方面已经取得较大成就，但流动人口的流动性依然是有关部门落实《国家基本公共卫生服务规范》的主要障碍。两亿多流动人口的基本公共卫生保障水平将直接影响国家新医改的成效，进而影响我国实施《“健康中国 2030”规划纲要》、实现全民健康目标的进度。

为了解在既有资源配置下流动人口对基本公共卫生服务的获取情况、保障水平和相关影响环节，向流动人口服务管理部门提供政策依据，中国人民大学健康科学研究所对我国流动人口基本公共卫生服务可及性和影响因素进行了研究（郭静，邵飞，范慧，等，2016）。该研究利用“流动人口卫生计生服务流出地监测调查（2014）”的数据进行分析，样本来源地为安

徽、四川、河南、湖南、江西、贵州等六个人口流出大省。研究显示，被调查的5 812名流动人口中有98.04%参加了至少一种社会医疗保险，其中参加新农合的占比为97.02%。《国家基本公共卫生服务规范（2013年版）》中规定的公共卫生服务管理项目共有12类，研究选取了7类共11项进行分析。总体上流动人口的基本公共卫生服务可及性较低，7类中只有预防接种服务的覆盖率达到了基本公共服务体系国家标准的要求①。其中，儿童预防接种和儿童健康管理服务利用水平相对较高，健康档案、健康教育和健康体检服务水平中等，而慢性病管理服务的覆盖率最低。接受基本公共卫生服务的地点以流出地为主。一部分流动人口未接受过服务的原因中以"不知道有相应的服务"为主，另一部分流动人口的理由是"知道但没时间"。

对流动人口基本公共卫生服务可及性影响因素的单因素分析显示，35岁以下、文化程度较高、省内流动者卫生服务的利用情况较好，35岁以上、文化程度较低、跨省流动者的卫生服务利用水平较低。管理较为规范的公有性质单位和三资企业中的流动人口及参加医保的流动人口接受服务情况较好。而多因素分析的结果显示，宏观层面，经济社会发展水平高的地区对流动人口个人健康素养具有正向影响，会在很大程度上影响他们对公共卫生服务的利用。卫生资源的配置会影响服务提供能力，因而对健康档案覆盖率有影响。需要注意的是，简单地增加供给并不能直接提高健康教育服务的利用率，这说明此项卫生服务的可及性有赖于提高个体关注度和参与意愿。

陈志华等学者在研究中提到（陈志华，张梅，李镒冲，等，2017），国内在基本公共卫生服务工作中，为确保资金及时足额到位，政府采取"先预拨、后结算"的方式进行拨款，具有一定的机动性，但由于流动人口的特殊性，地方行政部门很难全面掌握其动态与规模，这使基本公共卫生服务均等化工作存在盲区。主要体现在：服务利用水平低，财政投入体系不健全；政策评估体系和激励机制缺位；卫生服务供给缺乏面向流动人口的针对性。这些问题不解决，加上人口老龄化的趋势和慢性病潜在风险的暴露，可能进一步加剧流动人口健康不平等现象。

---

① 国家基本公共服务体系"十二五"规划．[2019-03-25]. http://www.gov.cn/zwgk/2012-07/20/content_2187242.htm.

四、"大健康"背景下的流动人口健康工作方向

《国家人口发展规划（2016—2030年）》指出①，我国总人口将在2030年前后达到峰值，此后持续下降。"十三五"时期，60岁及以上老年人口平稳增长，2021—2030年增长速度将明显加快，到2030年占比将达到25%左右。城乡、区域间人口流动仍面临户籍、财政、土地等改革不到位形成的制度性约束，人口集聚与产业集聚不同步、公共服务资源配置与常住人口不衔接、人口城镇化滞后于土地城镇化等问题依然突出，不利于有效支撑国家重大区域战略实施。规划中也提到健全全国流动人口分布、生存发展状况的动态监测体系，完善流动人口服务管理体制机制。

（一）社会融合与健康促进

社会融合是实现健康公平的重要方式。张聪等学者的研究表明（张聪，陈家言，马骁，2015），城市中流动人口可以在经济融合的基础上实现社会适应，而社会适应会对流动人口的自评健康产生正向影响。因此建议社会服务部门积极发挥作用，方便信息获取，进一步提高全社会医疗保障水平并完善各项制度。于海燕和俞林伟也在研究中发现（于海燕，俞林伟，2018），社会融合是流动人口全人健康的重要前因变量，而社会支持在社会融合与流动人口全人健康之间起到显著的调节作用。

中国人民大学人口与发展研究中心对流动人口健康公平与社会融合的互动机制进行了进一步研究（杨菊华，张娇娇，张钊，2016），发现流动人口的社会融合与健康公平（机会与结果）在不同层次上相互作用。微观上，社会融合作用于健康公平的机制有三：健康分层、社会支持和歧视排斥。反过来，健康水平会通过人力资本、健康选择机制作用于社会融合。宏观上，健康公平的机会也与社会融合互相作用。在政策应用层面，政府应更

① 国务院关于印发国家人口发展规划（2016—2030年）的通知.［2019-04-04］. http://www.gov.cn/zhengce/content/2017-01/25/content_5163309.htm

重视对流动人口群体的健康投资，合理配置公共卫生服务资源，使原本就已正向选择的流动人口维持相对较高的健康水平。“将健康融入所有政策”理念的提出正逢其时，应该从多个政策视角和路径着手，促进健康公平。关于具体的政策调整，刘亮等（2018）在研究中提出了一些建议：第一，流出地政府需要积极推进针对留守儿童和老人的保障体制建设，尽可能减少流出人口的后顾之忧；第二，流入地政府针对流动人口管理、培训、救助的工作重点应该放在城区内；第三，要鼓励外来人口与本地人口混合居住，而不是形成相对独立的区域，因为居住地的混合有助于提高流动人口的心理健康水平；第四，对既存的城中村要采取稳妥措施治理，提供更好的公共服务，建立健全社区服务机构以促进社会融合。

（二）基本公共卫生服务均等化

《“健康中国 2030”规划纲要》在第一章“指导思想”中就明确指出，以农村和基层为重点，推动健康领域基本公共服务均等化，维护基本医疗卫生服务的公益性，逐步缩小城乡、地区、人群间基本健康服务和健康水平的差异，实现全民健康覆盖，促进社会公平。并且提出推进基本公共卫生计生服务均等化，使城乡居民享有均等化的基本公共卫生服务，特别指出要做好流动人口基本公共卫生计生服务均等化工作。也提出了实现人人享有均等化的基本医疗卫生服务的目标。

多位学者已经就此主题做出了各自的研究。杜本峰等（2018）建议，公共卫生服务的预算不应以户籍人口为基准，而应基于常住人口。缩小流动人口与户籍人口在服务可及性、服务质量上的差距，探索进行流动人口健康管理，提供有针对性的健康咨询和指导服务，协调个人、组织和社会的行动进行健康管理。将社区卫生服务作为实现流动人口医疗卫生服务均等化的突破口，增强流动人口公共卫生服务和医疗卫生服务的公平、效率和可及性。

郭静等（2016）建议，应强化健康教育和引导干预，提高流动人口基本卫生服务参与度，提高服务可及性；重点关注适用于全人群的项目和慢性非传染性疾病的管理；流出地和流入地两端应共同发力，提高流出地卫生服务能力建设，并在流入地建立完整、开放的卫生服务信息系统；兼顾宏观和微观因素，使卫生服务的供需双方合力提高服务可及性。

王晓霞则对基本公共卫生服务均等化问题进行了综述，针对现存问题提出了建议（王晓霞，2017）。主要内容包括：加大政府的总体投入，确保经费充足并落实到位；完善管理模式，健全流动人口基本公共卫生服务的管理机制；建立全民公共卫生服务信息化管理系统，为流动人口基本公共卫生服务均等化提供基础性信息保障；加强宣传教育，提升流动人口自身的健康意识和参与意识；强化基本公共卫生服务人才队伍建设等。

筹资是开展各项工作的基础，基本公共卫生服务的资金投入不足一直是推进均等化建设的主要障碍之一。段丁强等人研究了促进我国流动人口基本公共卫生服务均等化的筹资机制（段丁强，应亚珍，周靖，2016），发现我国大多数地区现行的以常住人口为基数核定筹资总额及责任分担的政策为解决常住流动人口（纳入常住人口统计口径的非本地户籍人口）均等化利用基本公共卫生服务的问题奠定了基础，但此政策尚未涵盖短期流动人口。研究者通过国际比较，得到了一些启示。第一，免费提供是保证基本公共卫生服务供给均等化的基本前提；第二，对流动人口进行身份信息确认很有必要；第三，供给能力的限制会导致登记移民和非登记移民实际享受到的服务类别与水平存在系统性差异；第四，欧洲各国没有专门就流动人口基本公共卫生服务筹资做出专门的制度安排；第五，卫生资金的整合值得研究。研究认为，为了逐步消除流动人口与户籍人口间基本公共卫生服务内容与标准的差异，应该构建筹资新机制。考虑到中央和地方的财力差距，建议加大中央财政的筹资比例。地方层面，省、地、县财政间的筹资责任划分应加以规范。具体建议包括：第一，建立基本公共卫生服务筹资的预算保障机制；第二，适当调整常住流动人口筹资责任，建立与我国目前政府财力分配格局相适应的流动人口基本公共服务筹资机制；第三，填补短期流动人口筹资政策空白；第四，加强流动人口管理的信息化建设。

（三）互联网与流动人口健康

近年来，“互联网＋”医疗健康的发展方兴未艾，公共卫生工作与互联网的融合发展也成为深化医药卫生体制改革的重要方面。“互联网＋医疗健康”是以互联网为载体、以信息技术为手段（包括通信/移动技术、云计算、物联网、大数据等）与传统医疗健康服务深度融合而形成的一种新型医疗健康服务业态的总称（庞涛，2015）。

2018年3月5日，李克强总理在2018年《政府工作报告》中明确提出要实施大数据发展行动，加强新一代人工智能研发应用，在医疗、养老、教育、文化、体育等多领域推进“互联网+”。2018年4月28日，《国务院办公厅关于促进“互联网+医疗健康”发展的意见》正式发布①。《意见》提出，要创新“互联网+”公共卫生服务。推动居民电子健康档案在线查询和规范使用。以高血压、糖尿病等为重点，加强老年慢性病在线服务管理。整合现有预防接种信息平台，优化预防接种服务。《意见》还要求加快实现医疗健康信息互通共享。各地区、各有关部门要协调推进统一权威、互联互通的全民健康信息平台建设，逐步实现与国家数据共享交换平台的对接联通，强化人口、公共卫生、医疗服务、医疗保障、药品供应、综合管理等数据采集，畅通部门、区域、行业之间的数据共享通道，促进全民健康信息共享共用。这些意见为我国借助互联网等高科技手段提高流动人口健康水平指明了工作方向。

国内部分地区已经进行了尝试。例如广东省结核病控制中心将《微信》App应用到对流动人口肺结核患者的健康教育中，优化全程治疗指导和宣教，提高了医患沟通水平，也提高了医疗质量和患者就医感受（刘萍萍，林伟斌，钟耐容，等，2017）。虽然研究组与对照组的治愈好转率无统计学差异，但研究组的人均医患对话频次、复诊率均高于对照组，研究组严重不良反应发生率则低于对照组。2017年底嘉兴市秀洲区10家医疗机构的传染病、慢性病数据已经接入国家和省级平台，桐乡市、海宁市31家医疗机构的传染病数据已开展与国家平台的数据联调测试，并持续推进其他医疗机构与公共卫生信息平台的联通，开启了该地区“互联网+公共卫生”时代②。

高玮对我国“互联网+”模式下医疗服务体系的建设进行了研究（高玮，2016），认为在公共卫生方面，应实现区域医疗服务信息化，将公共卫生、医疗服务、社区卫生健康服务等内容连接起来。以居民个人电子健康档案为核心，将区域内的妇幼保健、疾病预防控制、医疗服务等多个信息系统进行连接，实现共享和业务协同。这和其他学者关于促进流动人口基

① 国务院办公厅关于促进“互联网+医疗健康”发展的意见.［2019-02-08］. http://www.gov.cn/zhengce/content/2018-04/28/content_5286645.htm

② 我市开启“互联网+公共卫生”时代.［2019-03-13］. http://nhnews.zjol.com.cn/nhnews/system/2017/12/26/030601683.shtml.

本公共卫生服务均等化的建议也是一致的，可以将电子健康档案信息共享的范围进一步扩大到全国，在确保公民隐私信息安全的前提下，实现流出地与流入地公共卫生服务机构之间的衔接，并通过手机 App 等方式，实现与流动人口本人的互联。“互联网＋”技术的采用，将在全面跟踪采集流动人口健康信息的基础上，使构建新型基本公共卫生服务筹资机制成为可能，地方政府也可以准确地了解本地流动人口的基本情况，在促进流动人口社会融合、推进基本公共卫生服务均等化等方面有针对性地开展健康教育、计划免疫、传染病防控、慢性病管理、康复等工作，全方位提高流动人口的健康水平。

中文参考文献：

［1］陈松华，黄玉，钟节鸣，等. 流动人口肺结核流行特征. 浙江预防医学，2014（1）.

［2］陈晓宏. 同伴教育在预防青少年艾滋病中的应用. 中国健康教育，2005（4）.

［3］陈晓美，罗红格，牛春娟，等. 离异家庭对青少年应对方式及人际信任的影响. 中国健康心理学杂志，2011（8）.

［4］陈岳秋，胡秀美，王夏辰. 流动人口较多地区的异位妊娠临床分析及其发病危险因素探究. 实用预防医学，2013（9）.

［5］陈志华，张梅，李镒冲，等. 2012 年中国流动人口慢性病危险因素聚集性及其影响因素分析. 中华流行病学杂志，2017（9）.

［6］陈志华，张梅，李镒冲，等. 流动人口慢性非传染性疾病主要危险因素流行及防控现状. 中国医学前沿杂志，2016（12）.

［7］程菲，李树茁，悦中山. 农民工心理健康现状及其影响因素研究：来自 8 城市的调查分析. 统计与信息论坛，2017（11）.

［8］储雪玲，卫龙宝. 农村居民健康的影响因素研究：基于中国健康与营养调查数据的动态分析. 农业技术经济，2010（5）.

［9］董蕾，韩磊，张晓菲. 男男性行为人群安全套使用干预效果评价. 中国健康教育，2012（10）.

［10］杜本峰，郭玉. 中国老年人健康差异时空变化及其影响因素分析. 中国公共卫生，2015（7）.

［11］杜本峰，韩筱，付淋淋，等. 流动人口医疗卫生服务需求、供给、

利用与健康促进策略选择：基于医疗服务利用行为模型视角. 中国卫生政策研究，2018 (2).

[12] 杜永成，林淑芳，戴志松. 2009—2012 年福建省流动人口结核病防治实施效果分析. 预防医学论坛，2013 (11).

[13] 段成荣，吕利丹，王宗萍，等. 我国流动儿童生存和发展：问题与对策：基于 2010 年第六次全国人口普查数据的分析. 南方人口，2013 (4).

[14] 段成荣，杨舸，张斐. 改革开放以来我国流动人口变动的九大趋势. 人口研究，2008 (4).

[15] 段丁强，应亚珍，周靖. 促进我国流动人口基本公共卫生服务均等化的筹资机制研究. 人口与经济，2016 (4).

[16] 方琳，文任乾，姚先明，等. 广东省部分城乡育龄妇女生殖道感染流行状况调查. 中国生育健康杂志，2003 (5).

[17] 高玮. "互联网+"模式下我国医疗服务体系建设研究. 天津：天津大学，2016.

[18] 郭静，邵飞，范慧，等. 流动人口基本公共卫生服务可及性及影响因素分析. 中国卫生政策研究，2016 (8).

[19] 郭静. 流动老年人口自评健康状况及影响因素有序 logistic 回归分析. 中国公共卫生，2017 (12).

[20] 国家统计局. 2010 年第六次全国人口普查主要数据公报（第 1 号）. [2019-04-02]. http://www.stats.gov.cn/tjsj/zxfb/201104/t20110428_12705.html.

[21] 国家统计局. 2011 年国民经济和社会发展统计公报. [2019-03-20]. http://www.stats.gov.cn/tjsj/tjgb/ndtjgb/qgndtjgb/201202/t20120222_30026.html.

[22] 国家统计局. 2012 年国民经济和社会发展统计公报. [2019-03-23]. http://www.stats.gov.cn/tjsj/tjgb/ndtjgb/qgndtjgb/201302/t20130221_30027.html.

[23] 国家统计局. 2013 年国民经济和社会发展统计公报. [2019-03-23]. http://www.stats.gov.cn/tjsj/zxfb/201402/t20140224_514970.html.

[24] 国家统计局. 2014 年国民经济和社会发展统计公报. [2019-03-23]. http://www.stats.gov.cn/tjsj/zxfb/201502/t20150226_685799.html.

[25] 国家统计局. 2015 年全国 1%人口抽样调查主要数据公报. [2019-

04-07]. http://www.stats.gov.cn/tjsj/zxfb/201604/t20160420_1346151.html.

[26] 国家统计局. 2016 年国民经济和社会发展统计公报. [2019-03-23]. http://www.stats.gov.cn/tjsj/zxfb/201702/t20170228_1467424.html.

[27] 国家统计局. 2017 年国民经济和社会发展统计公报. [2019-03-23]. http://www.stats.gov.cn/tjsj/zxfb/201802/t20180228_1585631.html.

[28] 国家卫生和计划生育委员会流动人口司、中国流动人口发展报告 2017. 北京：中国人口出版社，2017.

[29] 何方，王涛，张弘，等. 北京市朝阳区 2003—2011 年流动人口肺结核疫情流行特征分析. 慢性病学杂志，2013 (4).

[30] 何田静，张岚，唐雨萌，等. 湖北省就业流动人口主要慢性病患病情况分析. 中国慢性病预防与控制，2016 (3).

[31] 和红，曹桂，沈慧，等. 健康移民效应的实证研究：青年流动人口健康状况的变化趋势及影响因素. 中国卫生政策研究，2018 (2).

[32] 和红，任迪. 新生代农民工健康融入状况及影响因素研究. 人口研究，2014 (6).

[33] 胡蕴绮，周兰姝. 社区老年人健康行为自我效能及其影响因素. 中国老年学杂志，2013 (4).

[34] 黄江涛，余森泉，王奇玲，等. 广东省城市流动人口年轻女性避孕现况调查. 中国计划生育学杂志，2004 (11).

[35] 黄润龙，刘敏. 对 1987—2010 年我国老年人口自杀死亡的研究分析. 人口与发展，2013 (4).

[36] 黄小娜，吴静，沈敏. 未婚流动人口生殖健康知识、态度与行为调查. 中国公共卫生，2005 (2).

[37] 姜世闻，刘小秋. 我国流动人口结核病防治工作的进展与展望. 中国防痨杂志，2014 (9).

[38] 蒋善，张璐，王卫红. 重庆市农民工心理健康状况调查. 心理科学，2007 (1).

[39] 李建新. 老年人口生活质量与社会支持的关系研究. 人口研究，2007 (3).

[40] 李兴睿. 受流动影响的农村女性健康状况影响分析：基于第三期中国妇女社会地位调查四川数据. 山东女子学院学报，2017 (4).

[41] 刘亮，高汉，章元. 流动人口心理健康及影响因素：基于社区融

合视角. 复旦学报（社会科学版），2018（4）.

［42］刘萍萍，林伟斌，钟耐容，等. 基于互联网微信平台的流动人口肺结核患者健康教育研究. 中国防痨杂志，2017（7）.

［43］楼超华，赵双玲，高尔生. 城市外来青年女工的生殖健康状况与需求. 人口研究，2001（3）.

［44］马建军，袁燕莉，张铁娟，等. 吉林省流动人口结核病患者流行病学特征及就诊情况分析. 中国卫生工程学，2018（1）.

［45］庞涛. 国家卫计委首次定义“互联网＋医疗健康”. 中国信息界：e医疗，2015（8）.

［46］齐亚强，牛建林，威廉·梅森，等. 我国人口流动中的健康选择机制研究. 人口研究，2012（1）.

［47］秦万波. 流动青少年心理健康干预研究：干预目标与干预方法接受程度. 重庆：重庆大学，2014.

［48］邵国栋. 城市农民工子女受教育状况调查：以南京市某民工子弟小学为例. 江西农业学报，2006（5）.

［49］宋全成，张倩. 中国老年流动人口健康状况及影响因素研究. 中国人口科学，2018（4）.

［50］苏倩，汪清雅，吴雷，等. 2009－2014年重庆市流动人口肺结核患者流行病学特征分析. 现代预防医学，2016（11）.

［51］粟华，崔泽，朱俊卿，等. 河北省就业流动人口主要慢性病现况及危险因素分析. 中国慢性病预防与控制，2015（2）.

［52］田海琴，刘宁. 流动人口妇女生殖健康现状及服务对策. 生殖与避孕，2006（S2）.

［53］王甫勤. 社会经济地位、生活方式与健康不平等. 社会，2012（2）.

［54］王金塔，丁陈丽，周建波，等. 2012—2013年江苏省常州市暗娼人群艾滋病哨点监测数据分析. 疾病监测，2014（3）.

［55］王瑾，邵韵，严胜，等. 上海市浦东新区女性流动人口生殖健康认知现状调查. 中国计划生育学杂志，2014（6）.

［56］王临虹，王丽敏. 流动人口慢性病防制的关键是监测与控制相关危险因素. 中华流行病学杂志，2014（11）.

［57］王文明，薛黎坚，陈彦卿. 昆山市男男性行为人群HIV、梅毒感

染及艾滋病知识、态度及行为调查. 预防医学论坛，2011 (5).

[58] 王晓霞. 流动人口基本公共卫生服务均等化问题探究. 天津行政学院学报，2017 (3).

[59] 王秀丽，孙爱军. 流动人口人工流产情况调查. 中国妇幼保健，2008 (13).

[60] 王毅，李六林，樊静，等. 男性行为者流动人口现状及与艾滋病相关因素的关系. 预防医学情报杂志，2018 (8).

[61] 王滢毅，朱长艳，陈筱华，等. 广州部分女农民工宫颈疾病筛查. 中国生育健康杂志，2009 (3).

[62] 吴敏，段成荣，朱晓. 高龄农民工的心理健康及其社会支持机制. 人口学刊，2016 (4).

[63] 武俊青. 中国流动人口的性与生殖健康现况. 国际生殖健康/计划生育杂志，2010 (6).

[64] 夏冬艳，李桂英，卢红艳，等. 北京市暗娼人群生殖道感染影响因素分析. 中国公共卫生，2009 (12).

[65] 肖扬. 近 20 年中国妇女健康研究的本土化探索. 妇女研究论丛，2012 (3).

[66] 肖扬. 社会性别视角下的妇女生殖健康. 浙江学刊，2001 (5).

[67] 徐继红，彭左旗，马旭. 流动育龄妇女的基本特征、心理压力及妊娠结局调查. 中国计划生育学杂志，2016 (2).

[68] 徐双飞，李玉艳，武俊青. 流动人口生殖道感染/性病/艾滋病患病率及危险因素和防治策略. 中华生殖与避孕杂志，2017 (3).

[69] 杨宏琳，武俊青，李玉艳，等. 流动人口生殖道感染现状及相关因素分析. 中国公共卫生，2016 (1).

[70] 杨菊华，张娇娇，张钊. 流动人口健康公平与社会融合的互动机制研究. 中国卫生政策研究，2016 (8).

[71] 杨彦玲，潘颂峰，李佑芳，等. 云南省 4 县（市）暗娼艾滋病知识、行为及影响因素分析. 中国皮肤性病学杂志，2016 (3).

[72] 杨应周. 流动人口结核病控制的难点和对策. 广东医学，2010 (15).

[73] 姚远，张顺. 家庭地位、人际网络与青少年的心理健康. 青年研究，2016 (5).

［74］于海燕，俞林伟．社会融合、社会支持与流动人口全人健康：基于浙江的实证分析．浙江社会科学，2018（6）．

［75］余春艳，程艳，王子亮，等．城市社区青少年流动人口的主要健康问题及健康寻求行为研究．中国健康教育，2014（8）．

［76］袁雁飞，纪颖，栗潮阳，等．北京市海淀区流动人口生殖健康知识与性行为调查分析．中国健康教育，2011（7）．

［77］张聪，陈家言，马骁．流动人口社会融合与健康促进．现代预防医学，2015（8）．

［78］张建端，炼武，贾桂珍，等．广州市未婚女性流动人口性健康状况调查．中国妇幼保健，2007（32）．

［79］张立媛．流动人口的健康状况及影响因素分析：基于 CGSS2015 调查数据．宜宾学院学报，2018（7）．

［80］张灵敏．中国大陆流动女工健康研究述评．妇女研究论丛，2014（4）．

［81］赵光临，杨丽英．深圳市不同户籍类型产妇产科特点及妊娠结局比较．中国妇幼保健，2004（5）．

［82］赵丽英，赵楠，张海艳．男男性行为人群艾滋病及梅毒感染状况调查．中国预防医学杂志，2014（3）．

［83］赵晓敏，陈永进，白璐．流动青少年心理健康状况调查．中小学心理健康教育，2018（19）．

［84］中国疾病预防控制中心，中国疾病预防控制中心慢性非传染性疾病预防控制中心．中国慢性病及其危险因素监测报告（2010）．北京：军事医学科学出版社，2012．

［85］中国疾病预防控制中心，中国疾病预防控制中心慢性非传染性疾病预防控制中心．中国流动人口慢性病及其危险因素专题调查报告 2012．北京：军事医学科学出版社，2015．

英文参考文献：

［1］Hong J S，Merrin G J，Peguero A A，et al. Exploring the social-ecological determinants of physical fighting in US schools：what about youth in immigrant families?. Child & Youth Care Forum. 2016，45（2）.

［2］Knight J，Gunatilaka R. Great expectations? The subjective well-being of rural-urban migrants in China. World Development, 2010, 38 (1).

[3] Leyva-Flores R, Aracena-Genao B, Servan-Mori E. Population mobility and HIV/AIDS in Central America and Mexico/Movilidad poblacional y VIH/sida en Centroamérica y Mexico. Revista Panamericana de Salud Publica, 2014, 36 (3).

[4] Lin N, Ensel W M, Simeone R S, et al. Social support, stressful life events, and illness: a model and an empirical test. Journal of health and Social Behavior, 1979.

[5] Wang W Y, Lee E T, Fabsitz R R. A longitudinal study of hypertension risk factors and their relation to cardiovascular disease. Hypertension, 2006, 47 (3).

第五章　中国城镇低收入阶层居民的身心健康

一、新时代我国城镇低收入阶层居民的需求

党的十九大报告指出，经过长期努力，中国特色社会主义进入了新时代，我国社会主要矛盾已经转化为人民日益增长的美好生活需要和不平衡不充分的发展之间的矛盾。其中不平衡的发展突出体现在：一是区域发展不平衡，我国区域间差距自2006年以后逐步缩小，但近两三年出现再度扩大的势头；二是城乡发展不平衡，城乡居民收入、城乡基础设施和公共服务差距明显；三是收入分配不平衡，我国的基尼系数还在0.46以上，仍处在较高水平；四是经济与社会发展不平衡，看病难、看病贵、择校难、上学贵、养老难、养老贵等问题，仍然是人民群众的操心事、烦心事①。

改革开放之前，我国经济发展水平较低，物质匮乏，人民生活水平普遍较低，数以亿计的农村居民甚至没有解决温饱问题。1978年，我国城乡

① 李伟．不平衡不充分的发展主要表现在六个方面．［2019-03-02］．http://cn.chinagate.cn/news/2018-01-13/content_50223130.htm.

居民恩格尔系数分别为 57.5%、67.7%。换句话说，全国人民有六成左右的消费集中在解决温饱问题上（李锁强，2017）。经过改革开放 40 年，我国人民物质生活方面有了极大提升。2016 年，全国居民恩格尔系数为 30.1%（其中城镇为 29.3%，农村为 32.2%）（中华人民共和国 2016 年国民经济和社会发展统计公报，2016），接近联合国划分的 20%～30%的富足标准。尽管城镇居民的可支配收入从 1978 年的 343 元增长到 2013 年的 26 955 元，但是城镇的基尼系数在 2013 年达到 0.473，这表明城镇内部的收入差距较为明显。我国城乡发展不平衡一直以来都得到学界广泛关注，而城市内部不同群体的差异往往被研究者们忽视。

城镇低收入群体直到 20 世纪 90 年代后期因为住房、医疗和就业等资源匮乏才成为政策制定者和研究者们重点关注的困难人群之一（刘扬，赵春雨，邹伟，2010）。中国特色社会主义进入新时代，我国人民对美好生活的期望和追求，已经不再仅仅是物质生活水平的提高，而是包括精神、社会、生态等各个层面的需求都要得到满足。在新时代，困难群体的需求也呈现出新的特点（李迎生，吕朝华，2018）。并且，当前城镇低收入群体需求满足还存在着诸多障碍，其中包括个人因素、经济因素与社会因素等（邢佳，2012）。近年来中国经济持续快速增长，物价水平持续上涨，进一步加大了低收入群体的生活成本。同时，受经济体制转变和经济增长方式转变的约束，劳动力的需求赶不上劳动力供给的速度，导致劳动力供需矛盾。文化技术水平、身体素质、经济水平都处于劣势的低保群体通过就业、再就业摆脱贫困的机会就更少了。

健康是创造一切财富的基础，更是一种人力资本，在人类生产生活中处于重要地位（Mushkin，1962）。联合国发展署将人类发展所要扩展的三大关键选择界定为：长寿且健康的生活、获得教育以及获得体面生活所必需的资源（Human Development Report，1990）。自 20 世纪 60 年代至 70 年代中期，西方学术界普遍认为，随着国家经济实力的增强和医疗技术的发展，不同阶层居民的健康不平等状况将会有所减小（Robert，House，2000）。但是，一些学者在 20 世纪 80 年代早期的研究却发现，英国社会的健康不平等状况不但没有减小，反而有所扩大。为此，西方经济学、统计学和社会学等不同领域的学者们对不同阶层的精神健康和死亡率之间的关系展开了深入的研究（Braveman，Tarimo，2002；Mackenbach，2006；Black，1980；Preston，Taubman，1994；Rogers，Hummer，Nam，2000）。

尽管20世纪发达国家的整体死亡率出现了前所未有的下降，但是不同阶层在健康方面的不平等现象依然存在（Preston，1996），比较一致的结果是低收入阶层的精神疾病发病率和死亡率远远高于中产阶级和高收入阶层（Adler，Boyce，Chesney et al.，1994；Marmot，Smith，1991）。而且，大量证据表明欧洲和北美国家不同阶层的健康差异在不断扩大（Krokstad，Westin，2002；Macintyre，1997；Martikainen，Valkonen，Martellin，2001），发展中国家的研究也显示出探讨不同阶层之间健康问题的重要性（Kohler，Soldo B，2005；Smith，Goldman，2007；Zimmer，Martin，Ofstedal et al.，2007）。而中国自改革开放以来，随着经济的快速发展，城镇居民的死亡率降低，人口预期寿命增加，但是有学者研究发现，中国也是社会经济地位越高的人自评健康水平越高（王甫勤，2012；黄洁萍，尹秋菊，2013）。身心健康是个体享受生活，参与工作、家庭生活和社会关系的基础，因而推动健康均等化，特别是提升低收入阶层的健康状况，成为各国政府和国际组织在公共卫生领域考虑的头等大事（Agency for Healthcare Research and Quality，2006；World Health Organization，2003）。因而，研究我国城镇低收入阶层居民的身心健康及其影响机制具有重要的现实意义。

二、文献综述

（一）社会经济地位与身心健康的关系

自20世纪90年代以来，随着我国城镇多项改革措施的深入，低收入群体问题成为我国社会经济生活中的突出问题，同时也是学术界研究的热点之一。已有的研究综述表明，近年来对我国城镇居民中的低收入群体问题的研究主要集中在低收入群体的界定、规模与分布，宏观和微观成因，生活消费状况及治理对策等方面（谢勇，2006）。我们通过对中国期刊网过去20年有关低收入群体的文献进行内容分析发现，绝大部分研究围绕他们的住房保障、医疗负担、就业和养老需求四个方面展开（陈成文，胡竹君，2008；章晓懿，沈葳奕，2014；国家统计局宏观经济分析课题组，2002；樊平，1996）。

近十年来我国的研究人员逐渐开始关注低收入群体的健康状况，尤其是身体健康状况（于晓薇，石静，李菊英，2009；冉莉，罗勇，杨胜萍，等，2012），比如练乐尧和毛正中（2008）的研究通过分层定额抽样方法调查了四川四个城市800户当地贫困人口，发现被调查人口的家庭健康水平较低，疾病经济负担沉重，慢性病和多发常见病构成了贫困家庭主要健康问题。陈岱云等（2013）通过山东三个城市的低保户调查发现，城市贫困人口健康状况总体较差，患慢性病比例较大，抑郁和焦虑症状较为严重。张杉杉和李敬雅（2011）对北京8个街道728户低保家庭的调查显示，他们的社会支持水平明显偏低，个人支持系统是重要支柱。相对于西方，目前我国学者针对城镇低收入群体的健康关注相对较少，针对他们的精神健康问题的研究更是严重匮乏。以上报告显示，我国城镇低收入群体的生活质量较低，而且明显低于普通人群。

社会经济地位同健康水平之间的因果关系到底是什么样的这个问题，学术界仍存在争议（Warren，2009）。这些争议基本可以分成两种观点：社会因果论和健康选择论（Elstad，Krokstad，2003）。社会因果论认为，个人的健康水平受社会结构因素限制，即个人在社会结构中的位置决定了他们的健康水平，社会经济地位越低的人，其健康状况越差（Dahl，1996）。与此相对，健康选择论则认为，健康状况是个人社会流动的筛选机制之一，只有健康状况较好的人才能获得较高的社会经济地位，从而产生了健康不平等（West，1991）。王甫勤（2011）利用中国综合社会调查（2005CGSS）数据检验了这两种主要观点对于中国民众健康不平等状况的解释力。研究结果发现，社会因果论和健康选择论对中国民众的健康不平等状况都有一定的解释力，但相对而言，社会因果论的解释力要比健康选择论强。因而，与其他很多研究一样，本章将以社会因果论为基础，探讨社会经济地位影响健康不平等的因果机制，重点落脚在我国城镇低收入群体的身心健康的影响机制方面。

（二）影响低收入阶层居民身心健康的社会机制

概括来讲，社会经济地位对身心健康的影响机制有如下五种：（1）收入引起的基础资源分配不均（比如健康护理、营养、生活卫生环境等）导致低收入阶层的个体面临较大的健康风险（Lynch，Smith，Kaplan et al.，2000）。（2）生理和客观环境因素（比如身体压力、遗传个性、生活环境污染、工作环境紧张等）导致低收入群体出现身体和精神健康问题（Henry，

2001)。(3) 认知和情感因素（认知方面，比如健康知识和对信息的理解等；情感因素，比如绝望感、低控制感、压力、焦虑、成就动机等）在理解低收入导致过早死亡和功能失调方面发挥着重要作用。具体而言，低收入群体的生活环境可能让他们滋生强烈的负面情绪和态度，从而对身心健康产生不良影响（Gallo，Matthews，2003)。(4) 与健康相关的行为和生活方式的影响，比如低收入群体更倾向于过度吸烟、喝酒等行为，这样的生活方式会使得这个群体的身体健康恶化（Tarlov，1999)。(5) 与身心健康有关社会因素的影响，比如低收入群体拥有的社会资本程度较低，他们常常远离社会活动或者被社会所歧视，从而限制了他们的身心健康状况（张静静，2013)。身心健康不仅仅是贫困或经济资源限制引起的，特定视角事实上是源于不同学科对于低收入群体的关注点存在差异，社会工作学科更关注收入差距引发健康不平等的社会影响机制，并且在此基础之上提出有效的经济和社会等系统性干预策略。

1. 社会资本的影响

自 20 世纪八九十年代开始，社会资本理论受到各学科领域的广泛关注，而且社会资本作为影响人的行为方式、生活方式和价值观念的重要资源，已经被证明能够在不同地区范围内对个人和群体发挥不可替代的作用(Almedom，2005；邹宜斌，2005)。社会资本是一个多维的概念，尽管目前对社会资本的定义尚未达成一致，但是大多数学者都将社会资本解释为关系或关系网络、信任和规范。

布尔迪厄（Pierre Bourdieu）将社会资本定义为实际的或潜在的资源的积累，这种积累是与拥有因相互认识和熟悉在一定程度上而具有的制度化的关系中形成的持久的网络相联系的。帕特南在其《让民主运转起来》一书中，从制度角度和公民精神角度对意大利南部和北部地区的政治体制改革后的民主政府成功与否的因素进行研究，调查发现在一个继承了大量社会资本的共同体内，自愿的合作更容易出现。这些社会资本包括互惠的规范和公民参与的网络，这里的社会资本被理解为社会组织的某些特征，如信任、规范和网络并强调其内在联系，认为可以通过促进合作行动而提高社会效益（Putnam，2000)。林南（Lin N，2001）在其《社会资本：关于社会结构与行动的理论》一书中则把社会资本看作嵌入在个体社会网络中的资源，以及如何获取和使用这些资源使个体的行动受益，即个体为了维持或获得有价值资源而采取的那些行动，强调信息、影响、社会信用和强化四类要素能够解释为何社会资本能在工具性和表达性行动中发挥作用。科尔曼则认为不是行动者之间的任何关系都能够有社会资本的存在，社会资本只存在于权威关系、信任关系以及能够以有效、公正的规范维持的相互关系之中（Coleman，1988）。他关注的是个体层面的社会资本，认为社会资本是个体所拥有的资产，存在于人们互动的社会结构中，这些结构中存在着行动者可控制的资源，而这些资源又存在特定的利益。行动者为了获得资源实现自己的利益，相互之间进行各种资源的交换，甚至单方面转让对资源的控制。但是他也承认社会资本对社会产生消极影响，比如利益个体往往形成小群体，为了自身利益牺牲整体利益，他人想要进入这个团体，需要付出高昂的代价，使得社会交往成本增加。

在社会资本与健康的关系研究中，学者们都得到了社会资本影响健康的一致结论（Eriksson，Dahlgren，Janlert et al.，2010；Scheffler，Brown，Rice，2007；Riumallo-Herl，Kawachi，Avendano，2014），也有研究进一步证实了社会资本与自评健康之间的因果关系（Giordano，Bjork，Linnd-Strom，2012）。在全面回顾文献之后，我们发现国际上通行的测量方法是将社会资本区分为认知性社会资本和结构性社会资本（Harpham，Grant，Thomas，2002；Ng，Eriksson，2015）。测量认知性社会资本最常用的指标为信任、互惠和社会支持，而结构性社会资本指个人在社会关系中做了什么，侧重于范围和强度，能够通过观察和记录得到客观验证，涉及社会参与、社会网络关系、志愿活动等（Uphoff P，Pikkett，Cabieses et al.，2013）。信任被认为与自评健康有着密切联系，二者存在显著正相关关系（Nyqvist，Nygard，Steenbeek，2014）。无论是在农村还是城市社区，信任都增加了较好自评健康的可能性（吴丽，杨保杰，吴次芳，2009；Jennifer，O'Brien，Tadesse，2008；Nummela，2015）。孙晓杰等（2008）对中国两个城市的研究中发现凝聚力与自评健康积极相关，感知到的信任和安全与自评健康无关。就结构性社会资本而言，芬兰的调查发现积极参与更容易获得他人的帮助，尤其是在城市和人烟稀少的农村地区（Nummela，Sulander，Karisto，2009）。也有研究证实了自评健康状况较好的小组有更多的社会支持和社会网络，但是也有研究发现网络大小、是否获得他人帮助、是否为他人提供帮助与自评健康无关（Shen，Yeatts，Cai，2014）。

由于本章的研究对象是社会资本对我国城市社区中的低收入阶层居民身心健康的影响，低收入阶层所拥有的社会支持主要来源于配偶、子女或其他亲属，社会保障与社会支持也将影响其每个月的收入开支，成为他们维系正常生活的必要资源。基于科尔曼对个体性社会资本的解释，支持性社会资源对个体身心健康都是有益的，因而，我们假设社会资本、非正式支持性社会资源和正式支持性社会资源对低收入阶层居民的身心健康均有积极影响。

2. 社会支持的影响

林南（1986）认为社会支持是主观的或实际的、功能性和（或）情感性支持，它由社区、社会网络和信任伴侣组成。首先，最外层并且最普遍的一层由较大的社区关系组成，它反映的是与较大社会结构的融合，即“归属感”。其次，与个人更紧密的一层由社会网络组成，通过这一网络，人们能够直接或间接地接触其他人，并且与这些人的关系提供了“紧密感”。最后，与个人最紧密的一层是由可信任的亲密伴侣组成（孙薇薇，2014）。另外，林南还提出了一个理论性定义（Lin N，2001）。根据社会资本理论，他认为社会支持是能够获得并可运用的或类别一致的关系。社会支持的种类也可以分为工具性支持和情感性支持。工具性支持是运用关系作为途径以达到某一目标，如找工作、借钱等。情感性支持则既是运用关系作为途径，同时也是以此为目标。情感性支持是分享情感、疏导痛苦、对问题或事务达成理解的行为（孙薇薇，2014）。

一般而言，社会支持系统由主体、客体、内容和手段等几个要素构成。倪赤丹（2013）认为社会支持的主体即社会支持的施者。从索茨（Thoits）对社会支持的定义中，我们可以看出，社会支持的主体为“重要的他人如家庭成员、朋友、同事、亲属和邻居等”。张建明等人认为，社会支持的主体是“各种社会形态”，包括国家、企业、社团和个人，并指出广义的社会支持分为国家支持、经济领域支持和狭义的社会支持三个层次；在张文宏和阮丹青（1999）看来，社会支持的主体是由具有相当密切关系和一定信任程度的人所组成的；陈成文（2000）、贺寨平（2001）则把社会支持的主体界定为“社会网络”；李强（1998）认为，社会支持的主体乃各种社会联系。可见，在大多数学者的视野里，社会支持主体包括各种正式的和非正式的关系网络。

社会支持对压力具有缓冲作用，它在以下两个环节上扮演着缓冲角色（刘晓，黄希庭，2010）：首先，社会支持影响着个体对潜在压力性事件的知觉评价，即个体如果感知到他人提供的社会支持的内容和程度，就足以应付潜在的压力性事件，那么潜在的压力性事件就不会被个体知觉为压力性事件；其次，个体在感知到压力之后，足够的社会支持能够导致压力的再评价，抑制不良反应或产生有利的调整性反应，从而能降低甚至消除压力的反应症状。社会支持直接影响人的生理活动过程，从而达到缓冲的效果。社会支持作为一种支持性资源或支持性行为，对维持一般的良好情绪体验具有重要意义。社会支持也是减轻压力对个体产生负面影响的重要资源。因而，我们假设社会支持对低收入阶层居民的身心健康具有直接影响，同时也发挥着间接作用。

3. 社会排斥的影响

影响低收入阶层居民身心健康的社会机制还有社会排斥。社会排斥在20世纪70年代由法国学者雷纳尔提出，20世纪90年代末在国际社会流行起来。本意是针对大民族完全或部分排斥少数民族的种族歧视和偏见。主导群体已经握有社会权力，不愿意与别人分享之（戴维，1999），比如担心移民的潜在危险，对他们加以社会排斥。英国政府社会排斥办公室将社会排斥定义为某些人或地区遇到诸如事业、技能缺乏、收入低下、住房困难、罪案高发环境、丧失健康以及家庭破裂等等交织在一起的综合性问题时发生的现象（孙炳耀，2001）。许多研究表明，我国城市低收入阶层居民及其子女作为社会的弱势群体，遭受了经济、政治、福利制度和社会关系等层面不同程度的社会排斥（党春艳，慈勤英，2008；崔凤，毛凤彦，2005）。由于社会排斥个体知觉到的歧视对身心健康有明显不利影响。比如，Finch等（2000）对墨西哥移民的研究发现歧视意识水平直接影响他们的抑郁程度。Foster（2000）也发现，个人感知到的歧视越多，那么他报告的焦虑和抑郁症状也越多。中西方对移民儿童的研究表明，歧视与其抑郁症状、无助感、低自尊等消极心理存在显著的正相关（Nyborg，Curry，2003；蔺秀云，方晓义，刘杨，等，2009）。因而，我们假设社会排斥对低收入阶层居民的身心健康具有直接影响，同时也发挥着间接作用。

三、研究方法

（一）资料来源

本章的数据是基于两个全国范围具有代表性的大样本权威调查中国综

合社会调查（CGSS）2010 和中国家庭幸福发展指数研究2014 得来的二手数据，经过系统比较，我们发现这两个大型调查涵盖了在本章中所关心的社会阶层、身心健康指标及社会因素等大部分内容。利用这两个大样本权威调查数据的优势在于：第一，减轻了研究者收集原始数据的时间、人力和经济负担，具备良好的获得性；第二，两个调查尤其是第一个调查中关于社会阶层、身心健康、社会心理因素等调查内容比较全面，第二个调查中涵盖了不同阶层社会资本的测量，总体上比较契合我们的研究目的；第三，对于各因素的测量指标具有良好的信效度，具有国际可比较性。

中国综合社会调查 2010 来源于中国人民大学中国调查数据与中心所做的全国社会变迁调查，这项调查自 2003 年开始每两年进行一次全国性入户调查。调查涉及的范围非常广泛，每次调查包括的模块并不相同，而 2010 年的模块包括了我们所关心的身心健康和相关影响因素等方面内容。该数据是免费向公众开放的，学术机构和个人都可以随时申请获取数据用以研究。

中国综合社会调查在全国的农村和城市通过多阶段群组的分层抽样方法进行抽样。首先选择 100 个城镇和 5 个大城市（北京、上海、天津、广州和深圳）作为基本的抽样单位。其次，每个城镇随机选取 4 个村或社区，每个村或社区再选择 25 个家庭进行调查。5 个大城市中分别选取 80 个社区，每个社区再随机选取 25 个家庭。最后，如果每个家庭符合条件的人选多于一个，调查中会根据名字随机选择。本次调查的总样本是 800 个村或社区，共 12 000 人，其中城镇社区居民共有 5 728 人。调查组随机抽取了部分居民参加身心健康模块的调查，通过统计检验发现，参加身心健康调查的被试在年龄、性别、教育程度和社会阶层等方面与没有参加本部分调查的被试不存在显著差异。所以，最后用于本次分析的城镇样本只有 1 856 人，他们的平均年龄是 47.3 岁，男性占 48.8%，小学及以下文化程度占 17.1%，初高中占 52.0%，大学及以上占 30.8%，已婚人群占 75.8%，退休或无业者占 45.7%。

中国家庭幸福发展指数研究 2014 的资料来源于中国人口福利基金会与中国人民大学共同开展的课题研究，我们向课题负责人说明了研究目的并申请签订了数据使用的保密协议。该课题采用多阶段整群抽样方法完成全国性入户调查访问，共面对面访谈了 9 604 位成年人，其中城镇人口占 50.3%。在进行实际调查时，以随机抽样的方法在东部地区抽取 6 个城市，中部抽取 4 个，西部抽取 5 个，东北地区抽取 1 个，共抽取 16 个城市进行调查。每个城市调查 600 户，共调查 9 600 个符合条件的家庭户，每个家庭在符合条件的成员中随机抽取一人作为最终调查对象。考虑到可能出现的无效问卷，每个城市中调查650人左右，在每个城市中随机选取4个区县。对总样本4 828人的初步描述性统计分析显示，他们的平均年龄为42.69岁，小学及以下文化程度比例为7.4%，初中占19.3%，高中占31.9%，大学及以上学历占41.3%。退休或无工作比例占26.5%，初婚比例为92.8%，89.7%的被试有孩子，家庭平均年收入为6.08万元，人均居住面积为34.32平方米。

（二）变量与测量

“低收入阶层”在中国家庭幸福指数和CGSS调查中均通过相同的条目来测量：在我们的社会里有些家庭的经济条件好，有些家庭的经济条件差。您觉得按照当地的经济水平，您给您家的经济条件打几分？“1”分最低，“10”分最高。请给出您的分值：______分（“当地”指大部分或所有家庭成员主要生活的地区）。其中1～3编码为低收入，4～7编码为中等收入，8～10编码为高收入。

“自评身体健康”在中国家庭幸福发展指数调查中是通过一个条目来测量的：“您觉得自己最近一年的身体如何?”选项采用五点分类法：“1=很不好，2=不好，3=一般，4=好，5=很好”。

“抑郁情绪”在中国家庭幸福发展指数调查中是通过三个条目来测量被试最近一年来的情绪状态的：（1）您感到抑郁或沮丧吗?（2）您感到焦虑吗?（3）您感觉心情好吗?要求被试在李克特5点量表上进行评分：“1=从不，2=很少，3=有时，4=经常，5=总是”。其中第三个条目反向计分，然后三个条目加总之后分数越高代表感知到的抑郁情绪越严重。该量表在本研究中的内部一致性系数是0.75。

“身心健康”在CGSS调查中选取的是12条目“简短生命健康量表”，它是36条目健康调查的简短版。其中既包括身体健康，也包括心理健康的测量。12个条目涵盖8个维度，它们分别是生理功能、身体健康所导致的角色限制、身体疼痛、一般健康状况、活力状况、社会功能、情绪问题所导致的角色限制和心理健康。其中前4个维度属于躯体健康层面，后4个维度属于心理健康层面。简短版的12条目健康问卷在国际学术界得到了广泛应用（Ware，Kosinski，Keller，1995），并且在香港的测量也具有良好的信效度（Lam，

Tse, Gandek, 2005)。该问卷在本研究中的内部一致性信度是 0.86，总问卷和分问卷的计分方法严格按照使用手册中的代数方法进行标准化计算。

"社会资本"在中国家庭幸福发展指数研究中是通过三个条目来测量被访者感知到的社会资本水平的：(1) 如果您的邻居需要帮助，您愿意帮助他们吗？(2) 当您需要帮助的时候，您认为您的邻居愿意帮助吗？(3) 您信任所在社区的熟人吗？被试在李克特 5 点量表上进行评分："1＝非常愿意/信任，2＝愿意/信任，3＝一般，4＝不愿意/信任，5＝非常不愿意/信任"。三个条目相加得分越高代表感知到的社区社会资本程度越高。该量表在本研究中的内部一致性系数是 0.67。

"社会排斥"在中国家庭幸福发展指数研究中是通过两个条目来测量被访者在社会交往中感知到的人际排斥的：(1) 您在社会交往中会感到被歧视吗？(2) 您在社会交往中感到人际关系冷淡吗？被试在李克特 5 点量表上进行评分："1＝从不，2＝很少，3＝有时，4＝经常，5＝总是"。两个条目加总之后分数越高代表感知到的人际排斥程度越高。该量表在本研究中的内部一致性系数是 0.67。

"家庭支持"在 CGSS 调查中被定义为个体过去一年感知到的从家人和亲戚那里得到的支持。它是通过三个条目来测量的：(1) 倾听个人问题或个人关心的事情；(2) 提供经济上的支持；(3) 帮忙做了一些杂务事。要求被试在李克特 5 点量表上进行评分："1＝从不，2＝很少，3＝有时，4＝经常，5＝总是"。三个条目加总之后分数越高代表感知到的家庭支持越大。该量表在本研究中的内部一致性系数是 0.75。

"朋友支持"在 CGSS 调查中被定义为个体过去一年感知到的从朋友、同事和邻居那里得到的支持。它同样是通过三个条目来测量的：(1) 倾听个人问题或个人关心的事情；(2) 提供经济上的支持；(3) 帮忙做了一些杂务事。要求被试在李克特 5 点量表上进行评分："1＝从不，2＝很少，3＝有时，4＝经常，5＝总是"。三个条目加总之后分数越高代表感知到的朋友支持越大。该量表在本研究中的内部一致性系数是 0.76。

"专业人员支持"在 CGSS 调查中被定义为个体过去一年感知到的从专业人员（医生、心理咨询师、社会组织）那里得到的支持。它也是通过三个条目来测量的：(1) 倾听个人问题或个人关心的事情；(2) 提供经济上的支持；(3) 帮忙做了一些杂务事。要求被试在李克特 5 点量表上进行评分："1＝从不，2＝很少，3＝有时，4＝经常，5＝总是"。三个条目加总之后分数越高代表感知到的专业支持越大。该量表在本研究中的内部一致性系数是 0.88。

（三）数据分析

为了比较我国城镇低收入阶层居民与中高收入阶层居民感知到的社会机制的差异，我们首先采用 SPSS 22.0 对不同阶层的社会资本水平比较时进行了 ANOVA 分析。然后，为了检验社会资本、社会支持和社会排斥对低收入阶层居民身心健康的中介作用，我们采用了多元回归的分析方法。根据 Baron 和 Kenny 的程序，中介作用成立需要四个条件（Baron R，Kenny D，1986）：（1）预测变量与因变量之间的关系显著（Path c）；（2）预测变量与中介变量显著相关（Path a）；（3）控制预测变量之后，中介变量与因变量显著相关（Path b）；（4）控制中介变量之后，预测变量与因变量之间的关系显著变小。当路径 c 是 0 时，可以说中介变量起到完全中介作用；如果路径 c 不是 0，但是相关系数显著小于控制中介变量之前，那么可以说存在部分中介效应。

四、研究结果

（一）低收入阶层居民的基本特点

1. 社会经济地位状况

如表 5－1 所示，我国城镇低收入家庭的社会经济地位状况：与中高收入家庭相比，低收入家庭的教育程度在小学及以下水平占了较高比例，而在大学及以上水平则占比例较小（$F=54.25$，$p<0.001$）；退休或无工作人员比例较高（$F=102.19$，$p<0.001$），并且占了低收入群体的 1/3 以上；低收入群体中离婚、再婚和丧偶家庭的比例显著高于较高收入群体（$F=26.54$，$p<0.001$）。而本样本中低收入群体在年龄和有无孩子方面与中高收入群体并不存在明显差异。

2. 低收入阶层居民的可支配收入及主观感受

如表 5－1 所示，低收入阶层居民 2013 年的家庭年收入远远低于中高收入群体（$F=132.70$，$p<0.001$），大约是中等收入家庭总收入的 1/2。低

收入家庭的总花销虽然低于中高收入家庭（$F=31.22$，$p<0.001$），但是与他们的收入相抵，所剩无几。在总花销中，排在第一位的是食品开销，然后是住房和教育开销，最后是医疗开销。

低收入阶层居民对于收入的满意度显著低于中高收入阶层（$F=634.82$，$p<0.001$），收入公平感也同样较低（$F=273.46$，$p<0.001$），感知到的挣钱难度显著高于另外两个群体（$F=234.61$，$p<0.001$）。

3. 低收入阶层居民的居住条件及满意度

如表 5－1 所示，低收入家庭的房产套数显著少于中高收入阶层家庭（$F=59.81$，$p<0.001$），每家平均不到一套房。人均居住面积为 25.82 平方米，主观感觉房子太小（$F=182.35$，$p<0.001$）。

就居住环境来看，低收入阶层居民对于所在小区管理水平的满意度低于另外两个阶层（$F=93.37$，$p<0.001$），对周围环境和上下班交通的满意度也显著较低（$F=100.65$，$p<0.001$；$F=48.58$，$p<0.001$）。总体来看，低收入家庭对他们居住条件的综合评价非常低（$F=854.57$，$p<0.001$），远远低于理论中值。

表 5－1　中国城镇低收入阶层居民的基本特点

$n=4\ 828$

变量	总样本	低收入阶层（$n=569$）	中等收入阶层（$n=3\ 723$）	高收入阶层（$n=536$）	F 检验
年龄，M（SD）	42.69（13.31）	43.74（13.35）	42.55（13.35）	42.57（12.84）	1.99
教育程度					54.25^{***}
小学及以下（%）	7.4	12.8	7.0	5.0	
初中（%）	19.3	25.0	18.6	18.1	
高中（%）	31.9	30.6	32.1	31.7	
大学及以上（%）	41.3	31.6	42.3	45.1	
职业					102.19^{***}
经理及专业人员（%）	25.9	12.7	26.7	34.0	
书记员（%）	15.9	12.0	16.4	16.6	
销售或服务人员（%）	20.9	27.9	20.5	15.7	
工人（%）	10.9	11.6	10.7	11.0	
退休或无工作（%）	26.5	35.8	25.6	22.8	
婚姻状况					26.54^{***}
初婚（%）	92.8	87.9	93.4	94.3	

续表

变量	总样本	低收入阶层（n=569）	中等收入阶层（n=3 723）	高收入阶层（n=536）	F 检验
离婚（%）	1.6	3.2	1.5	0.9	
再婚（%）	2.8	4.2	2.7	2.7	
丧偶（%）	2.7	4.8	2.5	2.1	
孩子					0.48
有（%）	89.7	90.1	89.6	90.4	
无（%）	10.3	9.9	10.4	9.6	
家庭年收入（10 000 RMB）	6.08 (4.93)	3.33 (2.12)	6.24 (4.73)	7.88 (6.87)	132.70***
总花销（10 000RMB）	4.47 (4.75)	3.03 (2.87)	4.61 (5.00)	5.01 (4.26)	31.22***
食品开销	1.86 (1.37)	1.33 (1.06)	1.92 (1.37)	2.07 (1.53)	52.69***
医疗开销	0.55 (0.68)	0.45 (0.57)	0.55 (0.67)	0.61 (0.78)	8.82***
教育开销	0.71 (0.86)	0.52 (0.64)	0.72 (0.85)	0.86 (1.04)	21.70***
住房开销	1.03 (3.90)	0.67 (2.09)	1.07 (4.24)	1.12 (2.61)	2.70*
收入满意度（1～5）	3.11 (0.82)	2.24 (0.88)	3.15 (0.71)	3.80 (0.73)	634.82***
收入公平感（1～5）	2.99 (0.89)	2.32 (0.89)	3.02 (0.84)	3.50 (0.83)	273.46***
挣钱难度（1～5）	3.72 (0.79)	4.26 (0.72)	3.70 (0.75)	3.28 (0.78)	234.61***
房产套数	1.13 (0.58)	0.92 (0.48)	1.14 (0.57)	1.29 (0.65)	59.81***
人均居住面积（平方米）	34.32 (50.63)	25.82 (20.68)	34.77 (56.06)	40.23 (26.26)	11.82***
居住面积的主观感觉（1～5）	2.69 (0.74)	2.20 (0.78)	2.71 (0.70)	3.00 (0.70)	182.35***
小区管理满意度（1～5）	3.17 (0.86)	2.84 (0.98)	3.16 (0.83)	3.54 (0.82)	93.37***
周围环境满意度（1～5）	3.22 (0.86)	2.86 (0.97)	3.22 (0.82)	3.58 (0.83)	100.65***
上下班交通满意度（1～5）	3.19 (0.86)	2.95 (0.92)	3.19 (0.84)	3.46 (0.86)	48.58***
居住条件综合评价（1～10）	5.56 (1.73)	3.60 (1.74)	5.60 (1.43)	7.30 (1.54)	854.57***

资料来源：中国家庭幸福发展指数研究 2014。

注：* $p<0.05$，** $p<0.01$，*** $p<0.001$.

（二）社会资本对我国城镇低收入阶层居民身心健康的影响

本部分的结果基于对中国家庭幸福发展指数研究 2014 的数据分析。

1. 低收入阶层与中高收入阶层居民的社会资本比较

如表 5-2 所示，低收入阶层居民感知到的社会资本显著低于中等收入阶层，中等收入阶层居民感知到的社会资本也显著低于高收入阶层（$F=19.49$，$p<0.001$）。

表 5-2 低收入阶层与中高收入阶层居民的社会资本比较

变量	低收入阶层（n=569）		中等收入阶层（n=3 723）		高收入阶层（n=536）		p 值	事后检验
	均值	95%区间	均值	95%区间	均值	95%区间		
社会资本	11.33	11.20～11.47	11.60	11.55～11.65	11.93	11.78～12.07	0.000	L<M<H

注：L 代表低收入阶层，M 代表中等收入阶层，H 代表高收入阶层。

2. 社会资本在低收入阶层居民身心健康中的作用

为了检验社会资本对低收入阶层居民身体健康的影响，我们采用逐步分层回归法。在控制了被试的年龄、性别和教育程度影响的基础上，考察了低收入状况对身体健康和社会资本的独立预测作用。如表 5-3 所示，背景变量能够解释身体健康变异的 5.7%，低收入在此基础之上能够额外预测身体健康变异的 2%（$\beta_1=-0.19$，$p<0.001$；$\beta_2=-0.10$，$p<0.001$）。同时，低收入和中等收入状况在背景变量基础之上能够额外解释社会资本变异的 1%（$\beta_1=-0.11$，$p<0.001$；$\beta_2=-0.08$，$p<0.001$）。鉴于低收入状况对于身体健康和社会资本均有显著影响，最后我们构建了低收入阶层居民身体健康状况的中介模型。结果显示，社会资本在低收入的基础上又额外预测了身体健康变异的 3%（$\beta=0.18$，$p<0.001$）。而低收入状况的标准化回归系数在表 5-3 里回归方程 1 和 3 中降低了 0.03，Sobel 检验进一步证实了社会资本在低收入阶层居民身体健康中的间接作用显著（Sobel 值$=-5.51$，$p<0.001$）。

按照同样的程序，在控制了背景变量影响的基础上，我们考察了低收入状况对抑郁情绪和社会资本的独立预测作用。如表 5-4 所示，低收入状况在背景变量基础之上能够额外预测抑郁情绪变异的 3%（$\beta_1=-0.22$，$p<0.001$；$\beta_2=0.11$，$p<0.001$）。同时，低收入和中等收入状况在背景变量基础之上能够额外解释社会资本变异的 1%（$\beta_1=-0.11$，$p<0.001$；$\beta_2=-0.08$，$p<0.001$）。鉴于低收入状况对于抑郁情绪和社会资本均有显著影响，最后我们构建了低收入阶层抑郁状况的中介模型。结果显示，社会

资本在低收入的基础上又额外预测了抑郁情绪变异的 5%（$\beta=-0.23$，$p<0.001$）。而低收入状况的标准化回归系数在表 5-4 里回归方程 1 和 3 中降低了 0.03，Sobel 检验进一步证实了社会资本在低收入阶层居民抑郁情绪中的间接作用显著（Sobel 值$=-3.92$，$p<0.001$）。

3. 小结

通过对中国家庭幸福发展指数研究的分析，我们发现，城镇低收入阶层居民感知到的社会资本显著低于中高收入阶层，这一研究结果与刘志林等（2015）在对北京市 9 个中低收入社区调查中发现的居民在邻里信任和邻居互助方面打分最低相一致。这可能与城市高层单元楼的发展和单位社区的解体有关，城镇居民之间的直接交往关系减少，彼此都是陌生人，信任感降低。另外，由于城市的不断更新，原有的邻里结构遭到严重破坏，而新社区并没有提供充足的交流场地，不同社会阶层和收入的居民难以打破割裂的住居关系，从而建立邻里信任和互助（何深静，于涛方，方澜，2001）。

与我们的假设一致，社会资本对于低收入阶层居民身心健康的直接和中介效应均得到验证，这与中西方的研究结果都相似（刘志林，廖露，钮晨琳，2015；Bourdieu，1986）。社区邻里关系、互动及信任都能够有效促进居民的归属感和社区融合，进而提高他们的身心健康。也有研究发现，对于弱势群体而言，由于被动迁居，原有社区积累的社会资本受到负面冲击，进而影响其日常生活质量（Fang，2006；Joseph Chaskin，2010）。因此，社区社会组织应该着力于低收入群体所在社区的公共活动建设，提供更多社区居民加强交流和沟通的机会，通过各种定期宣传和文化活动等增强彼此信任和邻里互动的可能性。

综上所述，我国城镇低收入阶层居民的社会资本弱于中高收入阶层，并且给他们的身心健康带来直接和间接的负面影响。

（三）社会支持对我国城镇低收入阶层居民身心健康的影响

1. 低收入阶层居民的身心健康状况

表 5-5 呈现了我国城镇低收入阶层和中高收入阶层居民在身心健康上的平均值、95%区间估计及其组间比较。低收入阶层居民所报告的身体健康总分和心理健康总分显著低于中高收入阶层（$F=15.45$，$p<0.001$；$F=19.04$，$p<0.001$），并且低收入阶层居民在身心健康的各个维度也均低

表 5-3　身体健康对收入状况和社会资本的多元回归分析

n=4 828

因变量	身体健康				社会资本				身体健康			
	B	SE	β	ΔR^2	B	SE	β	ΔR^2	B	SE	β	ΔR^2
第一层：背景变量				0.05***				0.007***				0.05***
性别												
男												
女	−0.12	0.02	−0.07***		0.11	0.04	0.03**		−0.13	0.02	−0.08***	
年龄	−0.01	0.001	−0.21***		0.004	0.002	0.03*		−0.01	0.001	−0.23***	
教育程度												
小学及以下									0.005	0.05	0.002	
初中	0.01	0.05	0.005		0.09	0.10	0.02		−0.02	0.05	−0.01	
高中	−0.007	0.05	−0.004		0.17	0.10	0.05		−0.04	0.05	−0.02	
高等教育	−0.008	0.05	−0.005		0.36	0.10	0.11					
第二层：预测变量				0.02***				0.01***				0.02***
低收入阶层	−0.48	0.04	−0.19***		−0.55	0.09	−0.11***		−0.42	0.04	−0.16***	
中等收入阶层	−0.19	0.03	−0.10***		−0.31	0.07	−0.08***		−0.16	0.03	−0.08***	
高收入阶层（参照组）												
第三层：中介变量												0.03***
社会资本									0.09	0.007	0.18***	
R^2_{total}				0.07***				0.02***				0.11***
$R^2_{Adjusted}$				0.07***				0.02***				0.11***

注：* $p<0.05$，** $p<0.01$，*** $p<0.001$.

表 5-4　抑郁情绪对收入状况和社会资本的多元回归分析

（n=4 828）

因变量	抑郁情绪				社会资本				抑郁情绪			
	B	SE	β	ΔR^2	B	SE	β	ΔR^2	B	SE	β	ΔR^2
第一层：背景变量				0.006***				0.007**				0.006***
性别												
男												
女	0.14	0.06	0.03*		0.11	0.04	0.03**		0.18	0.05	0.04**	
年龄	−0.01	0.003	−0.7***		0.004	0.002	0.03*		−0.009	0.003	−0.06***	
教育程度												
小学及以下									−0.20	0.13	−0.03	
初中	−0.23	0.13	−0.04		0.09	0.10	0.02		−0.09	0.13	−0.02	
高中	−0.15	0.13	−0.03		0.17	0.10	0.05		−0.01	0.13	−0.004	
高等教育	−0.13	0.14	−0.03		.36	0.10	0.11					
第二层：预测变量				0.03***				0.01***				0.03***
低收入阶层	1.45	0.12	0.22***		−0.55	0.09	−0.11***		1.27	0.12	0.19***	
中等收入阶层	0.55	0.09	0.11***		−0.31	0.07	−0.08***		0.46	0.09	0.09***	
高收入阶层（参照组）												
第三层：中介变量												0.05***
社会资本									−0.31	0.01	−0.23***	
R^2_{total}				0.03***				0.02***				0.09***
$R^2_{Adjusted}$				0.03***				0.02***				0.09***

注：$*p<0.05$，$**p<0.01$，$***p<0.001$.

表 5-5　低收入阶层与中高收入阶层居民的身体健康和心理健康状况比较

变量	低收入阶层		中等收入阶层		高收入阶层		p 值	事后检验
	均值	95%区间	均值	95%区间	均值	95%区间		
生理功能	78.83	76.22～81.45	85.75	84.26～87.25	84.59	79.68～89.51	0.000	L< M，H
身体健康所导致的角色限制	72.48	69.99～74.97	79.52	78.14～80.90	79.79	75.60～83.99	0.000	L< M，H
身体疼痛	72.34	69.62～75.05	81.23	79.70～82.77	83.03	78.45～87.61	0.000	L< M，H
一般健康状况	66.08	63.58～68.58	74.86	73.47～76.25	78.08	73.81～82.34	0.000	L< M，H
活力状况	62.95	60.60～67.77	71.12	69.70～72.54	75.89	71.68～80.10	0.000	L< M，H
社会功能	73.17	70.82～75.51	78.26	76.87～79.65	81.91	77.42～86.41	0.000	L< M，H
情绪问题所导致的角色限制	75.09	73.12～77.05	79.57	78.2～80.73	79.01	75.05～82.98	0.000	L< M，H
心理健康	68.84	66.98～70.70	76.46	75.37～77.55	78.23	74.63～81.84	0.000	L< M，H
身体健康总分	47.92	46.94～48.90	50.87	50.29～51.44	51.17	49.39～52.95	0.000	L< M，H
心理健康总分	48.02	47.19～48.85	50.72	50.22～51.25	51.87	50.17～53.57	0.000	L< M，H

注：L 代表低收入阶层，M 代表中等收入阶层，H 代表高收入阶层。

于中高收入阶层（$p<0.001$），而中等收入阶层和高收入阶层居民之间不存在身体健康和心理健康方面的差异（$F=-0.3$，$p=0.76$；$t=-1.1$，$p=0.20$）。

2. 低收入阶层与中高收入阶层居民的社会支持比较

如表 5 - 6 所示，低收入阶层居民得到的家庭支持和朋友支持显著低于另外两个阶层（$F=3.37$，$p<0.05$；$F=4.30$，$p<0.05$），而得到的专业人员支持没有差异。

表 5 - 6 低收入阶层居民与中高收入阶层居民的社会支持比较

变量	低收入阶层		中等收入阶层		高收入阶层		p 值	事后检验
	均值	95%区间	均值	95%区间	均值	95%区间		
家庭支持（$n=1\,474$）	10.42	10.16～10.67	10.81	10.64～10.97	10.86	10.26～11.45	0.03	L<M，H
朋友支持（$n=1\,371$）	7.10	6.83～7.36	7.37	7.21～7.54	8.01	7.33～8.69	0.01	L<M<H
专业人员支持（$n=676$）	4.26	3.95～4.56	4.52	4.32～4.72	4.83	3.89～5.77	0.20	—

资料来源：CGSS 2010.

注：L 代表低收入阶层，M 代表中等收入阶层，H 代表高收入阶层。

3. 社会支持在低收入阶层居民身心健康中的作用

为了检验社会支持对低收入阶层居民身体健康的影响，我们采用逐步分层回归法。在控制了被试的年龄、性别、教育程度、婚姻状况和就业状况影响的基础上，考察了低收入状况对身体健康和家庭支持的独立预测作用。如表 5 - 7 所示，背景变量能够解释身体健康变异的 22%，但低收入状况并不能预测身体健康（$\beta=-0.008$，$p>0.05$）。同时，低收入状况在控制背景变量的基础之上也不能额外解释家庭支持（$\beta=-0.05$，$p>0.05$）。鉴于低收入状况对于身体健康和社会支持均没有显著影响，不符合中介模型的第一个条件，所以，家庭支持在低收入阶层居民身体健康状况的中介效应不存在。

按照同样的程序，在控制了被试的年龄、性别、教育程度、婚姻状况和就业状况影响的基础上，我们考察了低收入状况对心理健康和家庭支持的独立预测作用。如表 5 - 8 所示，背景变量能够解释心理健康变异的 4%，低收入状况在此基础之上能够额外预测心理健康变异的 1%（$\beta=-0.12$，$p<0.01$）。但是，低收入在背景变量基础之上并不能额外预测家庭支持（$\beta=-0.05$，$p>0.05$）。鉴于低收入状况对于家庭支持没有显著影响，我们认为家庭支持在低收入阶层心理健康状况的中介效应也不存在。

表 5-7　身体健康对收入状况和家庭支持的多元回归分析

$n=1\ 472$

因变量	身体健康				家庭支持				身体健康			
	B	SE	β	R^2	B	SE	β	R^2	B	SE	β	R^2
第一层：控制变量				0.22***				0.01**				0.28***
年龄	−0.15	0.01	−0.40***		−0.002	0.006	−0.01		−0.15	0.01	−0.41***	
性别	−0.40	0.25	−0.03		0.21	0.14	0.04		−0.45	0.28	−0.03	
教育程度												
小学及以下												
中等教育	0.75	0.37	0.06*		0.19	0.20	0.03		0.98	0.41	0.08*	
高等教育	1.00	0.43	0.07*		0.63	0.24	0.11**		1.16	0.48	0.08*	
婚姻状况												
已婚												
离异/丧偶	−0.60	0.30	−0.04*		−0.43	0.17	−0.07*		−0.76	0.34	−0.05*	
就业状况												
在业												
退休	−0.96	0.32	−0.07**		0.23	0.17	0.04		−0.67	0.35	−0.05	
无业	−1.52	0.49	−0.06**		0.17	0.26	0.01		−1.19	0.53	−0.05*	
第二层：预测变量				0.00				0.003				0.00
低收入阶层	−0.10	0.55	−0.008		−0.34	0.31	−0.05		0.03	0.62	0.003	
中等收入阶层	0.01	0.52	0.001		−0.04	0.29	−0.007		0.14	0.59	0.01	
高收入阶层												
第三层：中介变量												0.01
家庭支持									−0.09	0.05	−0.04	
R^2_{total}				0.22***				0.01**				0.22***
$R^2_{Adjusted}$				0.22***				0.01**				0.22***

注：* $p<0.05$，** $p<0.01$，*** $p<0.001$.

表 5-8　心理健康对收入状况和家庭支持的多元回归分析

n=1 472

因变量	心理健康				家庭支持				心理健康			
	B	SE	β	R^2	B	SE	β	R^2	B	SE	β	R^2
第一层：控制变量				0.04***				0.01**				0.04***
年龄	0.09	0.01	0.19***		−0.002	0.006	−0.01		0.09	0.01	0.18***	
性别	−0.97	0.36	−0.06**		0.21	0.14	0.04		−0.88	0.40	−0.05*	
教育程度												
小学及以下												
中等教育	1.79	0.53	0.11**		0.19	0.20	0.03		1.94	0.59	0.12**	
高等教育	2.32	0.62	0.13***		0.63	0.24	0.11**		2.07	0.69	0.12**	
婚姻状况												
已婚												
离异/丧偶	−0.85	0.44	−0.04		−0.43	0.17	−0.07*		−0.32	0.48	−0.01	
就业状况												
在业												
退休	−0.37	0.46	−0.02		0.23	0.17	0.04		−0.30	0.51	−0.01	
无业	−0.50	0.70	−0.01		0.17	0.26	0.01		−1.01	0.76	−0.03	
第二层：预测变量				0.01***				0.003				0.01***
低收入阶层	−2.08	0.79	−0.12**		−0.34	0.31	−0.05		−2.77	0.89	−0.16**	
中等收入阶层	−0.28	0.75	−0.01		−0.04	0.29	−0.007		−0.75	0.85	−0.04	
高收入阶层												
第三层：中介变量												0.01***
家庭支持									0.27	0.07	0.09***	
R^2_{total}				0.05***				0.01**				0.06***
$R^2_{Adjusted}$				0.05***				0.01**				0.06***

注：* $p<0.05$，** $p<0.01$，*** $p<0.001$.

鉴于此样本中低收入状况在控制背景变量之后不能显著预测身体健康，不符合中介效应存在的第一个条件，因而，再检验朋友支持在低收入与身体健康之间的中介作用变得没有意义。在控制了被试的年龄、性别、教育程度、婚姻状况和就业状况影响的基础上，我们考察了低收入状况对心理健康和朋友支持的独立预测作用。结果显示，背景变量能够解释心理健康变异的4%，低收入状况在此基础之上能够额外预测心理健康变异的1%（$\beta=-0.12$，$p<0.01$）。同时，低收入和中等收入状况在背景变量基础之上能够额外解释朋友支持变异的1%（$\beta_1=-0.14$，$p<0.05$；$\beta_2=-0.11$，$p<0.05$）。鉴于低收入状况对于心理健康和朋友支持均有显著影响，最后我们构建了社会支持在低收入阶层心理健康状况的中介模型。结果显示，朋友支持在低收入状况的基础上并不能显著预测心理健康（$\beta=-0.03$，$p>0.05$）。因而，朋友支持在低收入状况与心理健康之间的中介效应也不存在。

4. 小结

通过中国综合社会调查分析，我们发现城镇低收入阶层居民得到家庭支持和朋友支持显著低于中高收入阶层居民，这与以往研究中发现的低收入群体社会关系网络单一和社会支持较小的结果基本一致（方菲，2012）。而专业人员的支持却没有任何社会经济地位的差异，这可能与专业人员的服务态度或社会组织自身宣传力度不够有关，社会大众对于专业人员的了解和评价普遍较低。对于低收入阶层居民来说，他们的社会关系呈现出同质性高并且关系较弱的特点，而没有专业人员的支持，进一步恶化了他们改变现状的可能。

但是，与我们的研究假设不同，家庭支持和朋友支持对于低收入阶层居民身心健康的中介效应均不显著，这一方面可能与调查数据中对于社会支持的持续时间较短有关，另一方面社会支持是否是对方在当下所需要的支持也会影响低收入阶层对社会支持的评价。

（四）社会排斥对我国城镇低收入阶层居民身心健康的影响

1. 低收入阶层与中高收入阶层居民的身心健康和社会排斥比较

如表5-9所示，低收入阶层居民的自评身体健康显著低于中高收入阶层（$F=53.03$，$p<0.001$），而抑郁情绪显著高于中高收入阶层（$F=$

70.26，$p<0.001$）。他们感知到的社会排斥也显著高于中等收入阶层，中等收入阶层居民感知到的社会排斥高于高收入阶层（$F=87.02$，$p<0.001$）。

表 5-9　低收入阶层居民与中高收入阶层居民的社会排斥比较

变量	低收入阶层（$n=569$）		中等收入阶层（$n=3\,709$）		高收入阶层（$n=536$）		p 值	事后检验
	均值	95%区间	均值	95%区间	均值	95%区间		
身体健康	3.45	3.37～3.52	3.75	3.72～3.77	3.94	3.87～4.00	0.000	L<M<H
抑郁情绪	7.26	7.07～7.44	6.37	6.30～6.44	5.82	5.64～5.99	0.000	L>M>H
社会排斥	4.81	4.68～4.94	4.14	4.09～4.18	3.74	3.62～3.86	0.000	L>M>H

资料来源：中国家庭幸福发展指数研究 2014.

注：L 代表低收入阶层，M 代表中等收入阶层，H 代表高收入阶层。

2. *社会排斥在低收入阶层居民身心健康中的作用*

为了检验社会排斥对低收入阶层居民身体健康的影响，我们采用逐步分层回归法。在控制了被试的年龄、性别和教育程度影响的基础上，考察了低收入状况对身体健康和社会排斥的独立预测作用。如表 5-10 所示，背景变量能够解释身体健康变异的 5.7%，低收入在此基础之上能够额外预测身体健康变异的 2%（$\beta_1=-0.19$，$p<0.001$；$\beta_2=-0.10$，$p<0.001$）。同时，低收入和中等收入状况在背景变量基础之上能够额外解释社会排斥变异的 3%（$\beta_1=0.24$，$p<0.001$；$\beta_2=0.11$，$p<0.001$）。鉴于低收入状况对于身体健康和社会排斥均有显著影响，最后我们构建了低收入阶层居民身体健康状况的中介模型。结果显示，社会排斥在低收入的基础上又额外预测了身体健康变异的 4%（$\beta=-0.20$，$p<0.001$）。而低收入状况的标准化回归系数在表 5-10 的回归方程 1 和 3 中降低了 0.05，Sobel 检验进一步证实了社会排斥在低收入阶层居民身体健康上的中介作用显著（Sobel 值$=9.04$，$p<0.001$）。

按照同样的程序，在控制了背景变量影响的基础上，我们考察了低收入状况对抑郁情绪和社会排斥的独立预测作用。如表 5-11 所示，低收入状况在背景变量基础之上能够额外预测抑郁情绪变异的 3%（$\beta_1=0.22$，$p<0.001$；$\beta_2=0.11$，$p<0.001$）。同时，低收入和中等收入状况在背景变量基础之上能够额外解释社会排斥变异的 3%（$\beta_1=0.24$，$p<0.001$；$\beta_2=0.11$，$p<0.001$）。鉴于低收入状况对于抑郁情绪和社会排斥均有显著影响，

表 5-10　身体健康对收入状况和社会排斥的多元回归分析

n=4 828

因变量	身体健康				社会排斥				身体健康			
	B	SE	β	ΔR^2	B	SE	β	ΔR^2	B	SE	β	ΔR^2
第一层：背景变量				0.05***				0.005**				0.006***
性别												
男												
女	−0.12	0.02	−0.07***		−0.09	0.04	−0.03*		−0.13	0.02	−0.08***	
年龄	−0.01	0.001	−0.21***		−0.005	0.002	−0.04**		−0.01	0.001	−0.23***	
教育程度												
小学及以下												
初中	0.01	0.05	0.005		0.02	0.09	0.007		0.01	0.05	0.005	
高中	−0.007	0.05	−0.004		0.03	0.09	0.01		−0.01	0.05	−0.006	
高等教育	−0.008	0.05	−0.005		−0.09	0.09	−0.03		−0.02	0.05	−0.01	
第二层：预测变量				0.02***				0.03***				0.02***
低收入阶层	−0.48	0.04	−0.19***		1.07	0.08	0.24***		−0.35	0.04	−0.14***	
中等收入阶层	−0.19	0.03	−0.10***		0.39	0.06	0.11***		−0.14	0.03	−0.07***	
高收入阶层（参照组）												
第三层：中介变量												0.04***
社会排斥									−0.11	0.008	−0.20***	
R^2_{total}				0.02***				0.03***				0.07***
$R^2_{Adjusted}$				0.02***				0.03***				0.07***

注：* $p<0.05$，** $p<0.01$，*** $p<0.001$.

表 5－11　抑郁情绪对收入状况和社会排斥的多元回归分析

n＝4 828

因变量	抑郁情绪				社会排斥				抑郁情绪			
	B	SE	β	ΔR^2	B	SE	β	ΔR^2	B	SE	β	ΔR^2
第一层：背景变量				0.006***				0.005**				0.006***
性别												
男												
女	0.14	0.06	0.03*		−0.09	0.04	−0.03*		0.20	0.05	0.05***	
年龄	−0.01	0.003	−0.7***		−0.005	0.002	−0.04**		−0.008	0.002	−0.04**	
教育程度												
小学及以下												
初中	−0.23	0.13	−0.04		0.02	0.09	0.007		−0.26	0.12	−0.05*	
高中	−0.15	0.13	−0.03		0.03	0.09	0.01		−0.18	0.12	−0.04	
高等教育	−0.13	0.14	−0.03		−0.09	0.09	−0.03		−0.09	0.12	−0.02	
第二层：预测变量				0.03***				0.03***				0.03***
低收入阶层	1.45	0.12	0.22***		1.07	0.08	0.24***		0.79	0.11	0.12***	
中等收入阶层	0.55	0.09	0.11***		0.39	0.06	0.11***		0.31	0.08	0.06***	
高收入阶层（参照组）												
第三层：中介变量												0.04***
社会排斥									0.61	0.02	0.41***	
R^2_{total}				0.03***				0.03***				0.08***
$R^2_{Adjusted}$				0.03***				0.03***				0.07***

注：* $p<0.05$，** $p<0.01$，*** $p<0.001$.

最后我们构建了低收入阶层居民抑郁状况的中介模型。结果显示，社会排斥在低收入的基础上又额外预测了抑郁情绪变异的 4%（$\beta=0.41$，$p<0.001$）。而低收入状况的标准化回归系数在表 5-11 的回归方程 1 和 3 中降低了 0.10，Sobel 检验进一步证实了社会排斥在低收入阶层居民抑郁情绪上的中介作用显著（Sobel 值＝11.23，$p<0.001$）。

3. 小结

通过对中国家庭幸福发展指数研究的数据分析，我们发现，我国城镇低收入阶层居民感知到的社会排斥显著高于中高收入阶层居民，这一研究结果与以往研究中的农村低保对象和进城打工弱势群体等遭遇的社会排斥具有相似性（方菲，2012；杨菊华，2012）。

与我们的研究假设一致，社会排斥感对于低收入阶层身心健康的直接和间接作用均得到验证。我国城镇低收入阶层居民不仅面临着经济排斥，个人基本生活受到限制，消费水平和空间被排斥在普通人之外，而且还面临着社会关系歧视、社会疏离感强等社会排斥。双重排斥会导致城镇低收入阶层居民的身体健康和心理健康付出代价。这一研究结果也为社会组织加强社区建设、增强社会交往提供了实证依据。同时，呼吁社会公众对所有人一视同仁，带动社会和谐氛围形成。

综上所述，城镇低收入阶层居民感知到较强的社会排斥，这种社会排斥对他们的身体健康和心理健康均造成负面影响。

五、研究结论和建议

通过对中国综合社会调查和中国家庭幸福发展指数研究两个全国性调查数据的分析，我们发现：

第一，与中高收入阶层相比，我国城镇低收入群体在教育程度和就业状况方面处于严重弱势地位，总体社会经济地位较低。收入低，而且积蓄较少，感知到的收入满意度和公平感较低，挣钱难度大。另外，低收入群体的居住面积及居住环境较差，对小区管理水平、周围环境和上下班交通的满意度均比较低，居住条件综合评价较差。

第二，低收入阶层居民在身体健康总分及其生理功能、身体健康所导致的角色限制（反向计分）、身体疼痛（反向计分）、一般健康状况等方面都低于中高收入阶层；同时，低收入阶层在心理健康总分及其活力状况、社会功能、情绪问题所导致的角色限制（反向计分）和心理健康等方面均低于中高收入阶层。而中等收入阶层和高收入阶层居民的身心健康状况不存在显著差异。

第三，相对于中高收入阶层，我国城镇低收入阶层居民报告的认知社会资本水平较低，而感到的社会排斥程度较高。社会资本和社会排斥感对于低收入阶层居民的身体健康和心理健康均具有直接作用，并且在社会阶层与身心健康之间发挥了部分中介作用。

第四，相对于中高收入阶层，我国城镇低收入阶层居民得到的家庭支持和朋友支持较低，而三个阶层从专业人员得到的支持没有显著差异，均呈现较低水平。但是，家庭支持和朋友支持对于社会阶层与身心健康之间的关系不存在中介效应。

因而，我们的研究建议如下：

第一，低收入阶层居民是非常需要关注的弱势群体，他们面临的困境单靠自身很难解决，因此需要政府和全社会的帮助，为他们提供有针对性的服务，提升他们的社会福利水平。目前，一些社会组织虽然为低收入家庭儿童和家长提供了一些服务，如公益讲座、志愿者陪伴等，但是自身宣传不够，低收入家庭并不会主动寻求社会组织的帮助。同时，在社区为低收入家庭儿童和家长提供专业化、个性化的服务，亟须形成一个需求和证据为本的服务模式以防止贫困的代际传递。

第二，满足经济方面的需求。经济压力是低收入阶层居民面临的首要问题。对于低保户而言，国家的低保金标准需要根据物价上涨和经济发展水平及时上调，确保他们能维持基本的生活。社会救助是以家庭为单位的，不同家庭因为子女受教育阶段不同，面临的差异也很大。就学前教育而言，需要社会组织针对低收入家庭子女开展早期智力开发项目，尽早预防贫困的代际传递。对于低保边缘家庭而言，他们达不到享受社会救助的标准，或者担心因为低保而给子女带来的社会歧视，针对他们的经济压力，社会组织可以开展金融教育，从而使其学会理财以加强资产建设，缓解物价不断上涨的影响。更重要的是，向具有强烈工作动机的下岗职工提供社区就业机会，让他们获得自力更生的途径，并提升自我效能感和养家责任。

第三，满足社区接纳和关怀的需求。低收入家庭承受了较大的社会压

力，主要表现为：一是孩子因为吃低保在学校被老师和同学们歧视；二是因为自己的弱势处境被亲戚朋友疏离；三是自己因为技能和年龄被劳动力市场歧视，在社区也被街坊邻居看不起。面对低收入群体的社会需求，社区居委会和社会组织可以从以下三个方面着手：一是与教育系统建立联系，帮助教师识别低收入家庭的学生并根据学生的教育阶段给予不同照顾并保护低收入家庭学生的自尊心，尤其是义务教育阶段的保护尤其重要。二是弥补亲人朋友等非正式支持系统的不足，定期向低收入群体宣传国家的救助政策、针对低收入群体的社会福利，在他们遇到困难时进行公益捐助等，让他们感到被关怀。三是加强社区文化建设，社区居民可以通过志愿服务、义卖和跳蚤市场、节假日文艺活动等让低收入居民降低生活成本，增进社区融合。

中文参考文献：

［1］陈成文，胡竹君．低收入家庭的住房保障：英、美、日三国的实践模式及其启示．中国软科学，2008（7）．

［2］陈成文．社会弱者论：体制转换时期社会弱者的生活状况与社会支持．北京：时事出版社，2000．

［3］陈岱云，高功敬，崔恒展，等．城市贫困人口的健康状况研究．山东大学学报（哲学社会科学版），2013（3）．

［4］崔凤，毛凤彦．社会排斥与城市贫困家庭的住房问题．学习与探索，2005（5）．

［5］戴维·波普诺．社会学．北京：中国人民大学出版社，1999．

［6］党春艳，慈勤英．城市新贫困家庭子女教育的社会排斥：以武汉市某社区低保户为例．青年研究，2008（12）．

［7］樊平．中国城镇的低收入群体：对城镇在业贫困者的社会学考察．中国社会科学，1996（4）．

［8］方菲．社会排斥视野下农村低保对象的生活图景探究：基于湖北省X村和T村的调查．中国农村观察，2012（2）．

［9］国家统计局宏观经济分析课题组．低收入群体保护：一个值得关注的现实问题．统计研究，2002（12）．

［10］何深静，于涛方，方澜．城市更新中社会网络的保存和发展．人文地理，2001（6）．

［11］贺寨平．国外社会支持网研究综述．国外社会科学，2001（1）．

［12］黄洁萍，尹秋菊．社会经济地位对人口健康的影响：以生活方式为中介机制．人口与经济，2013（3）．

［13］李强．社会支持与个体心理健康．天津社会科学，1998（1）．

［14］李锁强．中国社会统计年鉴 2016．北京：中国统计出版社，2017．

［15］李伟．不平衡不充分的发展主要表现在六个方面．［2019-03-02］．http://cn.chinagate.cn/news/2018-01-13/content_50223130.htm．

［16］李迎生，吕朝华．社会主要矛盾转变与社会政策创新．国家行政学院学报，2018（1）．

［17］练乐尧，毛正中．城市贫困人口医疗救助制度救助对象的卫生服务需求分析．人口与发展，2008（1）．

［18］蔺秀云，方晓义，刘杨，等．流动儿童歧视知觉与心理健康水平的关系及其心理机制．心理学报，2009（10）．

［19］刘晓，黄希庭．社会支持及其对心理健康的作用机制．心理研究，2010（1）．

［20］刘扬，赵春雨，邹伟．我国城镇低收入群体问题研究：基于北京市城镇住户调查数据的思考．经济学动态，2010（1）．

［21］刘志林，廖露，钮晨琳．社区社会资本对居住满意度的影响：基于北京市中低收入社区调查的实证分析．人文地理，2015（3）．

［22］倪赤丹．社会支持理论：社会工作研究的新"范式"．社会工作与管理，2013（3）．

［23］冉莉，罗勇，杨胜萍，等．贫困地区低收入家庭生活环境对健康影响的研究．现代预防医学，2012（16）．

［24］孙炳耀．转型过程中的社会排斥与边缘化：以中国大陆的下岗职工为例//华人社会中的社会排斥与边缘性，香港：香港理工大学应用社会科学系政策研究中心，2001．

［25］孙薇薇．亲人的力量：中国城市亲属关系与精神健康研究．北京：中国社会科学出版社，2014．

［26］孙晓杰，Rehnberg C，孟庆跃．社会资本与健康公平关系的实证研究．中国卫生经济，2008（6）．

［27］王甫勤．社会经济地位、生活方式与健康不平等．社会，2012（32）．

［28］王甫勤. 社会流动有助于降低健康不平等吗?. 社会学研究，2011（2）.

［29］吴丽，杨保杰，吴次芳. 失地农民健康、幸福感与社会资本关系实证研究. 农业经济问题，2009（2）.

［30］谢勇. 中国城镇居民低收入群体研究综述. 人口与经济 ，2006（2）.

［31］邢佳. 由马斯洛需求层次理论看当今低保对象的需求. 商业文化月刊，2012（2）.

［32］杨菊华. 社会排斥与青年乡城流动人口经济融入的三重弱势. 人口研究 ，2012（2）.

［33］于晓薇，石静，李菊英. 中国贫困人口健康问题研究述评. 广西经济管理干部学院学报 ，2009（21）.

［34］张静静. 城镇低收入者的收入现状及原因分析. 中国集体经济 ，2013（29）.

［35］张杉杉，李敬雅. 城市低保人员的社会支持系统分析. 人口与经济，2011（1）.

［36］张文宏，阮丹青. 城乡居民的社会支持网 . 社会学研究，1999（3）.

［37］章晓懿，沈葳奕. 医疗救助对低收入家庭贫困脆弱性的缓解作用研究. 东岳论丛，2014（35）.

［38］中华人民共和国 2016 年国民经济和社会发展统计公报.［2019-02-19］. http://www.stats.gov.cn/tjsj/zxfb/201702/t20170228_1467424.html.

［39］邹宜斌. 社会资本：理论与实证研究文献综述. 经济评论，2005（6）.

英文参考文献：

［1］Adler N E，Boyce T，Chesney M A，et al. Socioeconomic status and health. American Psychologist，1994，49（1）.

［2］Almedom A. Social capital and mental health：an interdisciplinary review of primary evidence. Social Science & Medicine，2005，61（5）.

［3］Baron R，Kenny D. The moderator-mediator variable distinction in social psychological research：conceptual，strategic，and statistical considerations.

Journal of Personality and Social Psychology, 1986, 51 (6).

[4] Black D. Inequalities in health: report of a research working group. London: Department of Health and Social Security, 1980.

[5] Bourdieu P. Handbook of theory and research for the sociology of education. New York: Greenwood, 1986.

[6] Braveman P, Tarimo E. Social inequalities in health within countries: not only an issue for affluent nations. Social Science & Medicine, 2002 (54).

[7] Cohen S, Wills T A. Stress, social support and the buffering hypothesis. Psychological Bulletin, 1985, 98 (2).

[8] Coleman J S. Social capital in the creation of human capital. American Journal of Sociology, 1988, 94 (Supplement).

[9] Dahl E. Social mobility and health: cause or effect? British Medical Journal, 1996, 313 (7055).

[10] Elstad J, Krokstad S. Social causation, health-selective mobility, and the reproduction of socioeconomic health inequalities over time: panel study of adult men. Social Science & Medicine, 2003, 57 (8).

[11] Eriksson M, Dahlgren L, Janlert U, et al. Social capital, gender and educational level-impact on self-rated health. Open Public Health, 2010 (3).

[12] Fang Y. Residential satisfaction, moving intention and moving behaviours: a study of redeveloped neighbourhoods in inner-city Beijing. Housing Studies, 2006, 21 (5).

[13] Finch B K, Kolody B, Vega W A. Perceived discrimination and depression among Mexican-origin adults in California. Health Social Behavior, 2000 (41).

[14] Foster M D. Positive and negative responses to personal discrimination: does coping make a difference?. The Journal of Social Psychology, 2000, 140 (1).

[15] Gallo L C, Matthews K A. Understanding the association between socioeconomic status and physical health: do negative emotions play a role? Psychological Bulletin, 2003, 129 (1).

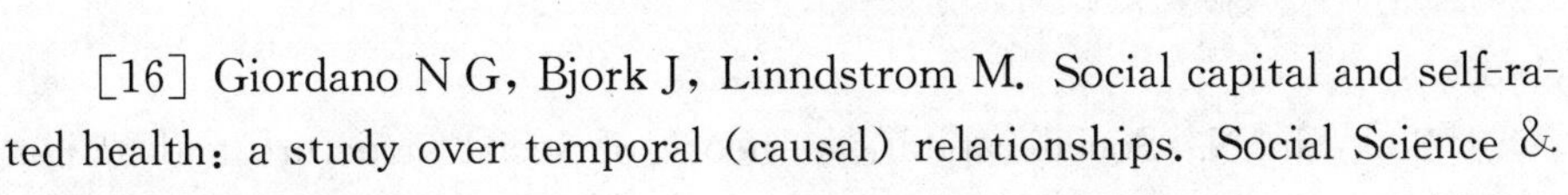

［16］Giordano N G，Bjork J，Linndstrom M. Social capital and self-rated health：a study over temporal（causal）relationships. Social Science & Medicine，2012（75）.

［17］Harpham T，Grant E，Thomas E. Measuring social capital within health surveys：key issues. Health Policy Plan，2002（17）.

［18］Henry P. An examination of the pathways through which social impacts health outcomes. Academy of Marketing Science Review，2001（3）.

［19］Human Development Report.［2019－11－19］. https://www.undp.org/content/undp/en/home/librarypage/hdr/human-development-report-1990.

［20］Jennifer S，O'Brien A M，Tadesse B. Social capital and self-rated health：results from the US 2006 social capital survey of one community. Social Science & Medicine，2008，67（4）.

［21］Joseph M，Chaskin R. Living in a mixed-income development：resident perceptions of the benefits and disadvantages of two developments in Chicago. Urban Studies，2010，47（11）.

［22］Kohler I V，Soldo B J. Childhood predictors of late-life diabetes：the case of Mexico. Society of Biology，2005（52）.

［23］Kravdal Q. Child mortality in India：the community-level effect of education. Population Studies，2004，58（2）.

［24］Krokstad S，Westin S. Health inequalities by socioeconomic status among men in the Nord-Trondelag health study. Norway：Scandinavian Journal of Public Health，2002，30（2）.

［25］Lachman M E，Weaver S L. The sense of control as a moderator of social class differences in health and well-being. Journal of Personality and Social Psychology，1998，74（3）.

［26］Lam C L K，Tse E T Y，Gandek B. Is the standard SF-12 health survey valid and equivalent for a Chinese population? Quality of Life Research，2005（14）.

［27］Lin N. Conceptualizing social support//Lin N，Dean A，Ensel W M. Social Support Life Events and Depression. Orlando：Academic Press，

1986.

［28］ Lin N. Social capital：a theory of social structure and action. Cambridge：Cambridge University Press，2001.

［29］ Lynch J W，Smith G D，Kaplan G A，et al. Income inequality and mortality：importance to health of individual income，psychosocial environment，or material conditions. British Medical Journal，2000，320（7243）.

［30］ Macintyre S. The Black Report and beyond：what are the issues? Social Science & Medicine，1997，44（6）.

［31］ Mackenbach J P. Health inequalities：Europe in profile. London：UK Department of Health，2006.

［32］ Marmot M G，Smith G D. Health inequalities among British civil servants：the Whitehall II study. Lancet，1991，337（8754）.

［33］ Martikainen P，Valkonen T，Martellin T. Change in male and female life expectancy by social class：decomposition by age and cause of death in Finland 1971-95. Journal of Epidemiology & Community Health，2001（55）.

［34］ Mcneill D，Moy E，Clancy C M. The agency for healthcare research and quality' s national healthcare quality and disparities reports：action agendas for the nation. American Journal of Medical Quality，2006，21（3）.

［35］ Mirowsky J，Ross C E，Willigen M V. Instrumentalism in the land of opportunity：socioeconomic causes and emotional consequences. Social psychology Quarterly，1996（59）.

［36］ Mirpwsky J，Ross C E，Reynolds J. Links between social status and health status. 7th ed. NJ：Prentice Hall，2000.

［37］ Mushkin S J. Health as an investment. Journal of Political Economy，1962，70（5）.

［38］ Ng N，Eriksson M. Social capital and self-rated health in older populations in lower and upper middle income countries. Berlin：Springer，2015.

［39］ Nummela O，Sulander T，Karisto A. Self-rated health and social capital among aging people across the urban-rural dimension. International Journal of Behavioral Medicine，2009，16（2）.

［40］Nummela O. Social capital and self-rated health among aging people in urban and rural locations in Finland and in Europe. Berlin：Springer，2015.

［41］Nyborg V M，Curry J F. The impact of perceived racism：Psychological symptoms among black boys. Journal of Clinical Child & Adolescent Psychology，2003，32 (2).

［42］Nyqvist F，Nygard M，Steenbeek W. Social capital and self-rated health amongst older people in western Finland and northern Sweden：a multi-level analysis. International Journal of Behavioral Medicine，2014，21 (2).

［43］Preston S H，Taubman P. Socioeconomic differences in adult mortality and health status. Washington，DC：National Academy Press，1994.

［44］Preston S H. American longevity：past，present and future. [2019-12-21]. http://dx. doi. org/10. 2139/ssrn. 1824586.

［45］Putnam R D. Bowling alone：the collapse and revival of American community. New York：Simon & Schuster，2000.

［46］Riumallo-Herl J C，Kawachi I，Avendano M. Social capital，mental health and biomarkers in Chile：assessing the effects of social capital in a middle-income country. Social Science & Medicine，2014，105.

［47］Robert S，House J. Socioeconomic inequalities in health：an enduring sociological problem. 7th ed. N J：Prentice Hall，2000.

［48］Rogers R G，Hummer R A，Nam C B. Living and dying in the USA：behavioral，health，and social differentials of adult mortality. New York：Academic press，2000.

［49］Scheffler R M，Brown T T，Rice J. The role of social capital in reducing non-specific psychological distress：the importance of controlling for omitted variable bias. social science & medicine，2007，65 (4).

［50］Shen Y，Yeatts D E，Cai T. Social capital and self-rated health among middle-aged and older adults in China：a multilevel analysis. Research on aging，2014，36 (4).

［51］Smith K V，Goldman N. Socioeconomic differences in health among older adults in Mexico. Social Science & Medicine, 2007, 65 (7).

[52] Tarlov A. Public policy frameworks for improving population health//Adler N, Marmotm M, Mcewen B, Stewart J. socioeconomic status and health industrial nations: social, psychological and biological pathways. New York: New York Academy of Sciences, 1999.

[53] Turner R J, Lloyd D A, Roszell P. Personal resources and the social distribution of depression. American Journal of Community Psychology, 1999 (27).

[54] Turner R J, Noh S. Class and psychological vulnerability among women: the significance of social support and personal control. Journal of Health and Social Behavior, 1982 (24).

[55] Uphoff E P, Pikkett K E, Cabieses B, et al. A systematic review of the relationships between social capital and socioeconomic inequalities in health: a contribution to understanding the psychosocial pathway of health inequalities. International Journal of Equity Health, 2013, 12 (54).

[56] Ware J E, Kosinski M, Keller S D. How to score the SF-12 physical and mental health summary scales (2nd ed.). Boston: The Health Institute, New England Medical Center, 1995.

[57] Warren J R. Socioeconomic status and health that across the life course: a test of the social causation and health selection hypotheses. Social Force, 2009, 87 (4).

[58] West P. Rethinking the health selection explanation for health inequalities. Social Science & Medicine, 1991, 32 (4).

[59] World Health Organization. World Health Report 2003. Geneva: WHO, 2003.

[60] Zimmer Z, Martin L G, Ofstedal M B, et al. Education of adult children and mortality of their elderly in Taiwan. Demography, 2007, 44 (2).

第六章　中国居民的心理健康

1948年生效的《世界卫生组织组织法》的序言中提出，健康不仅为疾病或羸弱之消除，而系体格、精神与社会之完全健康状态。完整的健康状况包含了身体健康、心理健康和社会适应，心理健康是人类健康的重要组成因素。本章将重点讨论中国民众的心理健康问题。首先，对近年来基于心理卫生学和积极心理学的心理健康研究进行梳理，从文献中看中国民众的心理健康现状；其次，基于最新的CGSS数据，介绍中国民众的心理健康现状；最后，简单介绍国内现有的心理健康服务资源。

一、近年来关于中国人心理健康的研究

心理健康研究一直存在两种范式：其一是心理卫生学（临床心理学）取向的研究，其二是21世纪以来兴起的积极心理学取向的研究。心理卫生学（临床心理学）取向的心理健康研究，通常以心理疾病症状为切入点，通过测量个体的抑郁、焦虑、敌对、孤独等多种症状来评价个体的心理健康水平，症状越多，心理越不健康。而积极心理学则关注个体的积极情感和积极体验，认为积极情感和积极体验并不是消极心理症状的对

立，消极症状的缺乏并不意味着个体就能获得积极体验。积极心理学还提出了“完整心理健康模型”，如图 6－1 所示，完整的心理健康状态应该是没有心理疾病的同时有较强的积极情绪体验。在中国，这两种取向的心理健康研究结合在一起，更全面充分地描绘了现代中国人的心理健康状态。

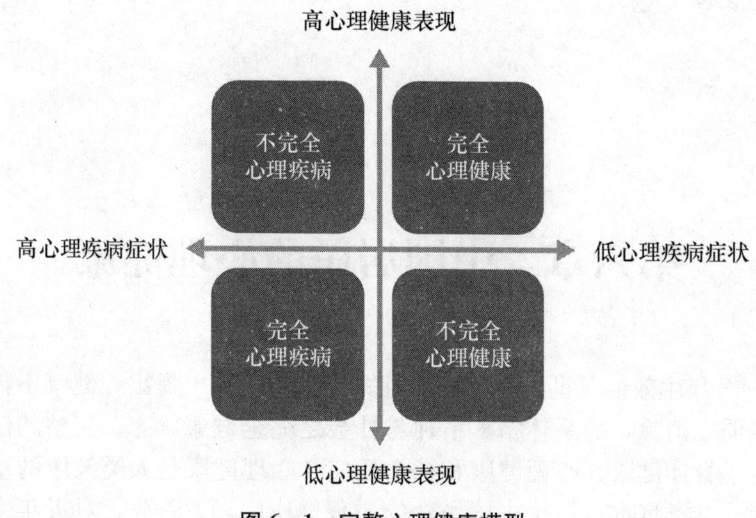

图 6－1　完整心理健康模型

（一）心理卫生学取向的心理健康研究

我国心理卫生学取向的心理健康研究起步较早，文献丰富，以下将从研究工具、研究群体两个方面对以往研究进行梳理。

1. 从研究工具角度来看，目前用于心理健康测量的工具可以分为三类

其一是单一症状量表。如抑郁自评量表（SDS）、焦虑自评量表（SAS）、流调中心抑郁量表（CES－D）是应用较广泛的单一量表。SDS 与 SAS 两个量表均为 William W. K. Zung 编制而成，两个量表的结构、形式、评估方法也很相似，SDS 包括精神病性情感症状、躯体性障碍、精神运动性障碍、抑郁的心理障碍共 20 个项目，SAS 包含反映焦虑主观感受的 20 个项目，均为四级评分。CES－D 是 Radloff 通过大量临床文献提取出来的，包括抑郁心情、罪恶感和无价值感、无助与无望等六个方面。其他单一症状量

表还包括汉密顿抑郁量表（HAMD）、汉密顿焦虑评定量表（HAMA）等。

其二是综合性量表。如 Derogatis 编制的症状自评量表（SCL－90）是目前使用范围最广泛的量表。该量表包括 90 个项目，涉及感情、思维、意识行为、生活习惯、人际关系等精神病症状学内容，并采用躯体化、强迫症状、人际关系敏感、抑郁、焦虑、敌对等九个因子反映心理症状情况。该量表被用于测量大学生、留守学生、老年人和少数民族等多种群体的心理健康状况。

其他综合性量表还包括 Achenbach 儿童行为量表，该量表对社交退缩、抑郁、体诉、攻击性等因子进行分析，发现幼儿应对方式、家庭教养方式、父母心理健康、父母婚姻质量、亲子关系等对幼儿心理健康有重要影响；周步成根据“不安倾向诊断测验”编制了心理健康诊断测验（MHT），测量内容涉及学习焦虑、对人焦虑、孤独倾向、自责倾向、过敏倾向、身体症状等共八项；凯斯勒心理疾患量表（K10）是用于评估个体压力、焦虑等非特异性心理健康问题和心理疾病的量表；大学生人格调查问卷（UPI）中国版由龚耀先教授修订，并建立了中国儿童、成人常模。

其三是我国研究者自行编制的量表。王极盛学者编制了中学生心理健康量表，才让措等（2018）自编了少数民族青少年心理健康测验量表，建立总体和性别常模。方晓义等（2018）编制了适合我国大学生的心理健康筛查量表，王泽玉等（2013）编制了中药新药Ⅰ期临床研究健康受试者心理状态测量量表。

我国心理健康测量工具主要是引自西方，对其进行修订改编而成，研究方法与工具比较单一，而且有些不适用。近些年来有部分学者针对中国心理健康现状及特点自己编制量表，这是心理健康研究发展的重要表现。

2. 针对不同研究群体的心理健康研究

第一，关于儿童心理健康的研究。

截至 2018 年底，在知网中以主题为“儿童＋心理健康研究”进行检索，文献总数不到 1 400 篇，其中留守儿童与流动儿童是近十年来的两个重点研究群体。

有关流动儿童心理健康的研究发现，流动儿童的心理健康水平低于非流动儿童。赵晓敏等（2018）采用中学生心理健康筛查量表对重庆市流动青少年和本地青少年进行比较研究，发现流动青少年心理健康的总体水平较差，女生的心理健康问题检出率显著高于男生，流动青少年在强迫、偏执等方面因子上的得分显著高于本地青少年。孙晓红等（2018）对国内2004—2017年有关流动儿童心理健康状况的文献进行CiteSpace的可视化分析发现，“学界普遍认为流动儿童青少年在社会认知方面存在着歧视知觉、相对剥夺感和身份认同危机，在情绪方面表现为情绪不平衡、孤独（抑郁）倾向较强和自卑心理严重”。流动儿童心理健康的影响因素可以分为个体层面、家庭层面和社区层面三个层面。在家庭层面，家庭经济状况、与父母沟通状况、父母关系对流动儿童的心理健康状况具有正向预测作用（杨芷英，郭鹏举，2017）。

在留守儿童的研究方面，廖传景等（2014）将中学生心理健康量表（王极盛编制）应用于农村留守儿童心理健康研究，发现留守儿童心理健康水平普遍堪忧，存在学习焦虑问题。另外，留守儿童的心理健康水平受到应对方式的影响。王辉等（2018）采用心理健康诊断测验（MHT）量表对留守儿童展开分析，发现采取积极应对方式的留守儿童心理健康状况更好，应对方式在人际关系和心理健康状况间发挥着中介效应。个体层面的自尊与认知能力、母亲受教育程度，社区层面的邻里关系对农村留守儿童的心理健康也有正向保护作用（满小欧，曹海军，2018）。

第二，关于青少年心理健康状况的研究。

近十年来我国青少年心理健康状况呈现缓慢下降之后逐步回升的趋势。辛自强（2009）对1992—2005年间107篇文献采用SCL-90量表的研究展开横断历史元分析，发现中学生心理健康水平缓慢下降，且SCL-90的7个因子均值与年代正相关显著。俞国良等（2016）利用横断历史分析展开研究，发现我国青少年心理健康状况在1992—2005年缓慢下降之后，开始逐步提升，原因主要是心理健康教育的发展。张梅等（2018）对106篇1998—2015年间采用SCL-90量表的研究进行横断历史元分析，同样发现贫困大学生整体心理健康状况在缓慢回升，另外发现存在地区差异和性别差异：东部和西部地区贫困大学生心理健康状况提高比中部地区更为显著，东部沿海地区贫困大学生心理健康状况的提高主要与经济发展有关，而西部则是由于国家优惠政策；男生比女生心理健康状况要好，但是女生在抑郁和精神病等方面会改善更快。

关于青少年心理健康状况的影响因素的研究发现，中小学生的积极心理品质与其心理健康显著相关，对心理健康问题有反向预测作用（张文娟，姚茹，张丽娟，等，2017）。家庭因素如父母关系、家庭经济水平与心理健

康成正相关，父母期望、压力与心理健康呈负相关；学校群体因素也会有显著影响（席玮，马立平，2018）。信息网络技术的发展也给青少年心理健康的发展带来诸多挑战，农村青少年网络行为较为普遍，心理健康低水平与长时间上网行为互为危险因素（刘洋，邓晨卉，吉园依，等，2018），大学生网络成瘾者更容易存在焦虑、抑郁、冲动、偏执、敏感等心理问题（居文，2019），网络欺负会对青少年产生同伴关系压力，导致其心理健康水平偏低（闫昱如，田丽丽，刘旺，等，2017）。

第三，关于老年人口心理健康的研究。

中国老龄化发展迅速，并呈现出高龄化、失能化、空巢化、少子化的特点，区域差异显著，老年人口的心理健康状况不容乐观。2014 年中国家庭发展追踪调查数据显示，42%的老年人有不同程度的心理抑郁状况，其中中度抑郁以上的老年人口比例为 14.6%，农村老年人口中度抑郁以上比例高达 17.6%，并且老年女性、高龄老年人、患有慢性病的老年人的心理健康状况更差（杜旻，2017）。陈庆荣等（2017）应用 SCL－90 量表对江苏省 2012—2014 年的老年人进行抽样调查，发现有不良心理症状的老年人的比例呈增长趋势，老年人的躯体化、强迫、人际关系、抑郁、焦虑等因子得分高于全国平均水平。其他地区老年人的心理健康状况也较差。

老年人口心理健康的影响因素有很多：社会支持与代际支持、居住方式、老化态度等。有关社会支持这一影响因素的研究发现，老年人获得的精神支持与生活照料越多，其心理健康状况越好（杜旻，2017；王萍，张雯剑，王静，2017），合理的向下的代际支持（经济支持、家务支持）同样对老年人的心理健康有正向作用（孙鹃娟，冀云，2017；王萍，张雯剑，王静，2017）。在居住方式中独居老人抑郁水平最高，其次是与配偶居住，与子女同住抑郁水平最低（陈庆荣，傅宏，2017；靳永爱，周峰，翟振武，2017）。老年人的老化态度与心理健康水平同样密切相关，离退休老人的心理社会丧失与孤独得分、焦虑得分显著正相关（王大华，2016），心理社会丧失和身体变化对抑郁有显著预测作用（唐丹，燕磊，王大华，2014）。

第四，关于流动人口心理健康状况的研究。

我国流动人口规模巨大，对于流动人口心理健康状况的研究十分重要。研究发现流动人口的心理健康状况普遍较差。

程菲等（2018）采用凯斯勒心理疾患量表（K10）进行分析，发现城—城流动与户籍人口的心理健康水平低于乡城流动人口。郝晓宁等（2018）

对 2014 年全国流动人口动态监测调查社会融合卷的数据展开分析，发现流动人口群体内部心理健康差距大，随着流动时间增加，心理健康状况逐渐下降，流动范围也会导致心理健康差异，从跨省流动到省内跨市流动，再到市内跨县流动，流动人口的心理健康状况逐层下降。

流动人口心理健康主要受社会融合、社会经济地位、社会支持等因素的影响。社会融入程度（经济融入、文化融入、心理融入）对心理健康程度有显著正向影响，但生活融入对心理健康影响不显著（郝晓宁，孙继艳，薄涛，2018）。在社会经济水平方面，工资收入的提高有助于提升心理健康水平（刘亮，高汉，章元，2018），流动人口的主观社会经济地位影响心理健康水平，与户籍人口、城—城流动、乡—城流动人口的心理健康水平呈正相关，客观社会经济地位对于乡—城流动人口心理健康的影响表现为"人力资本"和"物质资本"的双重阻力（程菲，李树茁，悦中山，2018）。赡养父母、照料子女、重大疾病等同样会对流动人口的心理健康产生压力（刘汉，2018）。另外，流动人口所获得的社会支持与其心理健康水平也有紧密关系，心理正常者所获得的社会支持高于心理异常者（刘越，林朝镇，黄慧娟，等，2011）。

第五，关于少数民族心理健康状况的研究。

我国关于少数民族心理健康状况的研究较少，截至 2018 年底，知网中以"少数民族＋心理健康"为主题进行检索，只有 294 篇文献。2008 年以后发文量基本呈上升趋势，在 2015 年达到顶峰后逐渐下降，关注点主要为少数民族大学生心理健康水平及其心理健康教育。

蒋强等（2014）通过对 2003—2012 年民族心理文献进行计量分析，发现"少数民族心理研究论文总体数量较少，以心理学 9 种期刊为例，十年来发文不到总量的 1%"，且关注的群体主要为大学生，多集中于汉族和少数民族的比较，研究群体也比较稳定，集中于西北和西南地区。

少数民族的心理健康水平和心理健康服务普遍低于普通水平（张辉，张伟娇，杨凤池，2014），这一点也体现于大学生群体中，少数民族大学生的心理健康水平比全国大学生常模略高，但低于中国青年常模（罗鸣春，黄希庭，严进洪，等，2010；杨金江，秦庆，李德波，2009），多体现于强迫、人际关系敏感、抑郁、恐怖、精神病性等方面（和丽梅，王耶盈，陈莹，等，2009）。少数民族的心理健康状况存在地域差异，表现为城市＞城镇＞农村（张婉奇，杨凤池，朱梅芳，等，2012），与地区经济水平相挂钩。在性别差异方面，有研究认为少数民族女性的心理健康水平低于男性（胡发稳，李丽菊，李锐，等，2006），部分研究结论相反（刘毅，赵白帆，王迎春，等，2007），但也有研究认为差异不大（罗鸣春，黄希庭，严进洪，等，2010）。

也有关于不同少数民族心理健康状况的比较研究，李文龙等（2016）采用 SCL－90 量表分析广西 8 个民族农村老年人的心理健康状况，发现不同民族老年人心理健康状况不同。

（二）积极心理学取向的心理健康研究

1. 积极心理学研究的历史渊源

积极心理学起源于 20 世纪末，是近二十年来心理学界迅速兴起的一个新的研究领域。积极心理学这一概念最先是由时任美国心理学会主席的马丁·塞利格曼（Martin Seligman）提出，他与米哈伊·森特米哈伊（Mihaly Csikszentmihalyi）在合著的《积极心理学导论》中提出：当代心理学正处在一个新的历史转折时期，心理学家扮演着极为重要的角色，承担着新的使命，那就是促进个人与社会的发展，帮助人们走向幸福，使儿童健康成长，使家庭幸福美满，使员工心情舒畅，使公众称心如意。积极心理学的研究渊源，最早可追溯到 20 世纪 30 年代 Terman 关于天才与婚姻幸福感的研究，以及荣格关于生活意义的研究（Seligman，Csikszentmihalyi，2000）。但是，第二次世界大战后以治愈战争创伤和治疗精神病患为主要任务的战后心理学迅速兴起，使得对人的积极情绪研究的积极心理学中断，然而，随着 21 世纪初整个人类社会的和平与发展，心理学家愈加重视对普通人或正常人的心理研究。尤其是 20 世纪五六十年代倡导的人本主义思潮以及人类潜能运动，都重视人的积极层面，强调人的价值，这为现代积极心理学的崛起奠定了一定的理念基础。

2. 积极心理学研究的主要内容

与传统心理学研究关注心理问题和心理疾病等消极方面不同，积极心理学专注于研究人的积极方面，如积极的情绪体验、性格优势、积极的人际关系、积极的价值观、幸福、能力、成就与健康等等。除此之外，积极心理学强调心理学的发展既依赖于预防和治疗人类的心理疾病，更依赖于培养、建构人类的优秀品质，两者相辅相成，平衡发展。

谢尔顿（Kennon M. Sheldon）和劳拉·金（Laura King）在《为何积

极心理学有其必要性》一文中提出，积极心理学是致力于研究人的发展潜力和美德的科学。积极心理学认为，每个人都拥有一种自我实现的心理需要，这种需要会激发人内在的积极力量和优秀品质，积极心理学可利用这些内在资源来帮助人们挖掘自身的潜力，以此达到实现自我、获得美好生活的目的。积极心理学的研究对象是普通大众，研究范围较广，研究主题主要包括三个层面：第一，积极情绪或积极的体验，如快乐、幸福感等；第二，积极的个人特质或人格特征，如自我决定、智慧、创造力、美德等；第三，积极的社会环境，如社会关系、文化规范、潜能发展的家庭影响等。

3. 国内关于积极心理学取向的心理健康研究

目前，国内关于积极心理学取向的心理健康研究大多集中于积极情绪与积极的体验。这主要是指主观层面上的积极情绪或体验，其中有关个人幸福感的研究居多。美国学者 Diener 在 1984 年提出了主观幸福感的定义：主观幸福感专指评价者根据自定的标准对其生活质量的整体性评估。国内不少学者也根据各自的理论架构和研究方法对主观幸福感的含义进行了不同的阐释，毕明和孙承毅（2003）认为，主观幸福感是指社会成员对其自身物质和精神生活的主观体验与评价。邢占军和黄立清（2004）则提出了对主观幸福感的研究首先应从整合幸福体验的快乐主义幸福观与完善论幸福观入手，使知足常乐者体验到幸福，使追求自我价值实现的个人充分发挥自身才能，自臻完善。主观幸福感主要有三个组成部分：生活满意，高水平的正性情感和低水平的负性情感。

国内有关幸福感的研究可追溯到 20 世纪 80 年代，有关主观幸福感的研究可分为三类。第一类是根据经验证据对不同人群的主观幸福感的现状分析，例如，张秀敏等（2017）通过实证数据对长春市 9 个社区老年人主观幸福感的现状进行分析，党云晓等（2014）则从地理学角度出发，基于大规模问卷调查对北京市居民主观幸福感的现状进行了分析说明。第二类是研究某类生活事件对个人主观幸福感的影响，例如，李婷等（2016）基于生命周期和生命历程的视角，研究了生育行为对父母主观幸福感的影响，结果表明，更多的孩子会对处于中青年时期的父母产生负面影响，但会显著提升父母在老年时期的幸福感，并且这种效应在母亲那里表现更为明显。另外，也有学者研究互联网使用、公共支出等其他生活事件对个人幸福感的影响。第三类则是不同社会人口特征人群的主观幸福感差异及影响因素研究，不少研究对收入、收入不平等、宗教信仰、健康水平、有无医疗保

险等方面与个人的主观幸福感的关系进行了研究分析，结果显示，社会比较下的相对收入水平及收入不平等对个人幸福感的影响更大（胡洪曙，鲁元平，2012），有医疗保险对个人主观幸福感的提升有显著影响（黄秀女，郭圣莉，2018）。苗元江（2002）通过整合不同理论模型，综述了关于幸福感的5种解释模型。宋佳萌和范会勇（2013）也对社会支持与主观幸福感的关系进行了多元分析，结果发现，主观支持、客观支持和支持利用度，与主观幸福感总体、生活满意度、积极情感之间存在中等程度的显著正相关，与消极情感之间呈中等程度的显著负相关。胡洁等（2001）的研究表明不同的应付方式的学生幸福感不同，较多采用“解决问题”类应付方式的学生幸福感较低，而较多采用“合理化”“幻想”类应付方式的学生幸福感较高。

近年来，研究者越来越多地使用主观幸福感指标作为心理状况的重要指标。有研究认为，促进幸福感应该是心理健康的主要目标。把心理健康的操作性定义和测量局限在没有精神疾病的单一指标下是不完整而且不公平的。正是这些认识，促进了主观幸福感在心理健康研究中的应用，并且已经从个别的评估演化为普遍趋势。实际上，主观幸福感研究的兴起反映了从 ill-being 取向到 well-being 取向模式的转换，即从消极心理模式向积极心理模式的深刻变革。国内学者也引进介绍和使用了不少测量主观幸福感的标准化研究工具，即生活满意度量表、情感量表、费城老年中心（PGC）信心量表、幸福感指数和总体情感指数、总体幸福感量表、纽芬兰纪念大学幸福度量表（MUNSH）等等。

Hillson（1997）在问卷研究的基础上将积极的人格特征与消极的人格特征进行了区分，认为积极的人格特征中存在两个独立的维度：（1）正性的利己特征（PI：positive individualism）；（2）与他人的积极关系（PR：positive relations with others）。前者是指接受自我，具有个人生活目标或能感觉到生活的意义，感觉独立，感觉到成功或者是能够把握环境和环境的挑战；后者则指当自己需要的时候能获得他人的支持，在别人需要的时候愿意并且有能力提供帮助，看重与他人的关系并对于已达到的与他人的关系表示满意。

积极的人格有助于个体采取更为有效的应对策略，从而更好地面对生活中的各种压力情境。对压力的应对策略可简单划分为趋近策略（例如解决问题或者寻求社会支持）和回避策略（例如逃避或者否认）两类，趋近策略比回避策略在应对压力中更为有效。有研究者利用“大五”人格来研究人格因素与应对策略的关系，结果表明尽责性、宜人性和开放性维度与趋近策略之间有显著的关系，神经质的维度与回避策略相联系，神经质的反面，情绪的稳定性则与趋近的应对策略有关。

国内已有研究证明，个体解决问题的应对方式与抑郁、焦虑等心理健康因子呈负相关关系。黄永清和殷朝辉（2012）、贺斌（2013）等学者有关农村留守老人的研究表明，积极的应对方式更利于留守老人的心理健康，消极的应对方式不利于留守老人的心理健康。此外，陈立新等（2005）提出，不同应对方式、应对方式的不同水平对老年人心理健康的影响也不同，解决问题、自责与幻想这三种压力应对方式在心理压力和心理健康之间发挥中介作用，采取解决问题的应对方式有助于调节心理压力对老年人心理健康的影响，而自责与幻想的应对方式则不利于老年人的心理健康。

在积极的个性特征中，乐观这种心理特质引起了很大关注。张文晋（2011）认为，乐观和社会支持与个人收入主观压力具有明显交互作用，乐观有利于促进个体心理健康。塞利格曼也提出，乐观可以通过学习获得，即“习得性乐观”，且学会维持乐观的态度有利于避免抑郁，提高健康水平。积极的心理和情绪状态对保持或促进生理健康有很大的意义。积极的情绪状态（如乐观）可以增加人的心理资源。在面对压力事件时，常处于积极情绪状态的人生病的可能性较消极情绪状态的人小；而对于病人，那些处于积极情绪的人更愿意接受医生的建议，配合治疗并进行锻炼，这有利于他们身心健康水平的恢复。

积极心理学认为个人及其社会经验是在环境中获得并得以体现出来的，同时环境反过来又在很大程度上影响个人，个体良好的环境适应性实际上也是一种积极的心理品质。社会关系、文化规范、潜能发展的家庭影响或社会适应能够支持和发展个人的能力及优势。其各种支持系统或组织包括：家庭、学校、社会文化条件、语言环境等。尤其在已有研究中，有关大学生心理健康教育、思想政治教育和社区心理健康服务等对策研究中不乏积极心理学视角的引入，这也体现了学校、家庭、社区以及整个社会环境对环境因素的关注及改造，有利于作为“情境中的人”的社会适应性的提高。因此，综合考察个体的积极品质与社会环境的关系，以及良好的社会环境和积极的组织对个体积极品质的影响都是积极心理学导向下心理健康教育及服务的重要关注点。

社会适应是个体在与社会环境的交互作用中，追求与社会环境维持和谐平衡关系的过程，系统地来说，社会适应包括社会适应的心理机制、心理结构和心理功能三个方面（陈建文，王滔，2003）。个人特定的人格特征对解决特定的社会适应问题也起着十分重要的作用，影响其用于解决所面临的适应问题的处理策略的使用。陈建文等认为，个体适应社会环境、达到心理健康社会适应需要具备以下几方面的人格素质。首先，个体要有理解和控制所处社会环境的心理优势感。这具体表现为控制感、自信心、自主性。有研究表明，具有心理优势感的人更容易体验到成就感、幸福感，更容易与他人建立良好的人际关系，从而容易达到积极的心理状态；而那些缺乏控制感、自信心和自主性的人则更容易情绪低落、成就感低，甚至更容易得抑郁症和焦虑症等心理疾病。其次，个体应该拥有足够的心理资源以应对外在复杂的社会环境等几个方面。再次，社会适应从根本上来说是人际适应。因此，个体还应该拥有适应人际环境的一些人格特征，例如乐群性、合作性、信任感、利他倾向等。最后，个体还必须拥有持续应对外在压力的心理素质，即心理弹性。江巧瑜等（2010）针对大学生心理健康的研究发现，积极的应对方式，主客观的适应方式，对促进大学生心理健康水平有积极影响。

总体来看，国内积极心理学取向的心理健康研究颇为突出的研究热点主要集中在心理健康教育、心理健康、幸福感、主观幸福感等方面。由此可见，积极情绪或积极的体验是国内外共同关注的话题，在积极心理学导向下的心理健康研究中占较大比重，其中又以主观幸福感、生活满意度的研究居多。综合研究热点可以推知，积极心理学应用的热门领域主要为学校教育和心理资本，学校教育中对大学生群体研究较多，而心理资本相关研究则侧重于如何开发和管理人力资源。再从研究主体看，国内积极心理学的研究对象主要为大学生，从关键词“大学生”“高校”及其对应的文献可以看出，积极心理学理论广泛应用于大学生心理健康教育、思想政治教育等领域。国内有关积极心理学的研究范围较为广泛，研究热点丰富；研究内容涵盖职业教育、生命教育、思想政治教育等多个问题，但以理论探索和应用研究为主，实证研究相对较少；研究对象涉及高等院校学生、青少年、留守儿童、教师等多个群体。从近五年来国内高频关键词统计也可知，国内积极心理学研究较多集中于积极体验、积极个人特质和积极心理过程。

4. 评价及未来走向

总体来说，目前国内关于积极心理学取向的心理健康研究还不成熟，缺少完整的理论框架，不成体系。与传统的主流心理学相比，积极心理学尚停留在理论层面，缺乏大量的实践研究。另外，由于积极心理学研究历史较短，纵向研究较少。作为心理学界极具生命力的新兴思潮，积极心理学未来在中国的发展有很大的空间和广阔的前景，国内许多学者对积极心理学的未来发展趋势做出了推断与预测。苗元江和余嘉元指出，积极心理学的发展态势主要有三点：拓展积极心理学研究领域，发展积极心理学研究技术，促进人类生存与发展。马甜语和钟暗华也持有相似的观点。饶丛权和曹蓉的观点更为详尽，认为积极心理学的发展前景主要有五点：建立完整有效的理论框架，拓宽研究领域，创立和发展新的研究技术，与传统主流心理学协调发展，积极心理学的本土化。

二、中国人心理健康现状——基于 CGSS 2015 数据

2015 年，中国综合社会调查（CGSS）在全国范围内收集了 10 968 名被访者的数据，其中包含心理健康的问题。以下基于 CGSS 2015 数据，对不同特征（如地区、性别、年龄等）人群的心理健康特征进行比较，以期全面展现中国人的心理健康现状。

（一）中国人心理健康基本情况

1. 心理卫生学取向的心理健康——消极心理症状的消失

CGSS 2015 调查中有三个项目测量被访者的消极心理症状：在主问卷中询问了所有被访者心理沮丧的频繁程度，在有 1 743[①] 名被访者应答的 EASS 模块中询问了“您多久会有一次精神疲惫的感觉”和“您多久会有一次‘我再也受不了了’的感觉”。

整体来说，被访者的消极心理症状较少，从这个角度来说，心理健康

① 由于在不同变量上存在缺失，故后续分析样本量依据情况有变动。

状况较好。如表6-1所示，总是感觉到心情抑郁的比例为1.2%，总是感觉到精神疲惫的比例为2.1%，仅有0.8%的被访者表示自己总是感觉到再也受不了了；相反，有67.8%的被访者很少或从不感觉到心情抑郁，42.0%很少或从不感觉到精神疲惫，69.6%的被访者很少或从不感觉到再也受不了了。相对而言，精神疲惫是最常见的消极心理状况，有58.0%的被访者有时会有这种感受，而另外两种症状的相应比例为32.2%和30.4%。

表6-1　消极心理症状出现频率分布

消极症状	总是（%）	经常（%）	有时（%）	很少（%）	从不（%）	n
心情抑郁	1.2	7.0	24.0	42.4	25.4	10 942
精神疲惫	2.1	17.6	38.4	32.9	9.1	1 734
再也受不了了	0.8	5.2	24.4	44.1	25.5	1 715

2. 积极心理学取向的心理健康——积极心理体验的获得

CGSS 2015调查中同样有三个项目测量了被访者的积极心理体验，分别是主问卷中的“总的来说，您觉得您的生活幸福吗?”和EASS模块中的“在过去四周，您是否经常有心情平静的感觉?”以及“是否经常有充满活力的感觉?”

与消极心理症状的表现相对应，被访者积极心理体验较多，大部分被访者感受到生活幸福，心情平静及充满活力。具体来说，有60%的被访者觉得自己的生活比较幸福、17.8%的人感觉非常幸福；感觉非常不幸福和比较不幸福的人数比例分别为1.3%和6.3%。大部分被访者总是或经常能感觉到心情平静，比例占65.1%，仅有0.7%的人表示从来没有感觉到心情平静（见表6-2)。虽然大部分被访者感觉生活是幸福的，心情是平静的，但是经常感觉到充满活力的人数比例明显偏低。只有8.7%的被访者总是感觉充满活力，与此同时，有19.9%的被访者表示很少感觉到充满活力，2.1%从未感觉到充满活力。可见，中国人总体上消极心理症状不明显，但是人们并没有感觉到精神振奋和有活力，相当一部分人处于亚健康状态。

表6-2　积极心理感受出现频率分布

积极体验	总是（%）	经常（%）	有时（%）	很少（%）	从不（%）	n
心情平静	12.4	52.7	26.1	8.1	0.7	1 737
充满活力	8.7	35.2	34.0	19.9	2.1	1 736

3. 心理健康类型

将测量消极心理症状三个项目和积极心理体验的三个项目视为两个量表，分别计算总分作为消极症状和积极体验的指标，总分均在 3～15 之间，得分越高说明相应症状和感受越明显。消极症状量表的内部一致性为 0.702，积极体验量表的内部一致性为 0.549。将两个量表的总分转化为标准分，基于标准分进行 K-means 快速聚类，根据 Keyes 的完整心理健康模型得出四种类型的心理健康状态：完全心理健康、不完全心理健康、不完全心理不适和完全心理不适。

如表 6-3 所示，共有 1 702 名被访者完成全部 6 个项目，其中有 631 人属于完全心理健康，占 37.1%，表现为积极体验高，消极症状少；506 人属于不完全心理健康，占 29.7%，表现为有消极症状少，但是积极体验也不高；321 人属于不完全心理不适，占 18.9%，表现为消极症状比较明显，但也存在相对较多的积极体验；244 人属于完全心理不适，占 14.3%，表现为消极症状多，积极体验低。

表 6-3　不同心理健康类型量表得分及样本分布

心理健康类型	统计值	积极体验	消极症状	积极体验标准分	消极症状标准分	N
完全心理健康	平均值	12.39	5.18	0.83	−0.83	631
	标准差	1.07	1.28	0.57	0.59	37.1%
不完全心理健康	平均值	9.99	6.51	−0.44	−0.21	506
	标准差	0.84	1.02	0.45	0.47	29.7%
不完全心理不适	平均值	11.36	8.97	0.29	0.93	321
	标准差	1.10	1.07	0.58	0.50	18.9%
完全心理不适	平均值	7.84	9.91	−1.58	1.36	244
	标准差	1.23	1.51	0.65	0.70	14.3%

（二）中国不同人群的心理健康状态

1. 不同社会人口学背景人群心理健康

如表 6-4 所示，整体来看，心理健康水平的性别差异不明显，男性稍高于女性。男性积极体验得分稍高于女性，而消极症状得分低于女性。分心理

健康类型看，男性中完全心理健康的比例占 39.7%，女性的相应比例为 34.7%；而男性中完全心理不适的比例为 11.8%，女性的相应比例为 16.6%。

随年龄增长，积极体验的得分有所下降，从 18～29 岁组的 11.12 下降为 60 岁及以上组的 10.65，而消极症状的变化不明显。各年龄组的心理健康类型分布比较接近，年龄差异比较明显的是完全心理不适的人数比例。随年龄增长，完全心理不适的比例明显上升，在 18～29 岁组中比例为 10.3%，而 60 岁及以上人群中相应比例为 17.0%。

非农业户口被访者心理健康状况明显好于农业户口被访者。从两个量表的得分上看，非农业户口被访者积极体验比农业户口被访者高 0.34，而消极症状低了 0.63。心理健康类型的差异更为明显，非农业户口被访者完全心理健康的比例为 43.4%，比农业户口被访者高了将近 10 个百分点；非农业户口被访者完全心理不适的比例则比农业户口被访者低 7.1 个百分点。城乡二元体制导致的城乡差异在心理健康上同样明显。

汉族被访者的心理健康稍好于少数民族被访者，主要体现在消极症状的得分上，汉族得分为 6.93，而少数民族相应得分为 7.42。汉族和少数民族被访者中完全心理健康的比例分别为 37.2% 和 35.8%，差别不大。但少数民族中完全心理不适的比例为 19.2%，比汉族高 5.3 个百分点。

表 6-4　不同社会人口学背景人群心理健康状况

人群类别		心理健康类型（%）				量表得分		N
		完全心理健康	不完全心理健康	不完全心理不适	完全心理不适	积极体验	消极症状	
性别	男	39.7	30.8	17.7	11.8	10.93	6.75	811
	女	34.7	28.8	19.9	16.6	10.72	7.17	898
年龄	18～29 岁	39.7	29.4	20.6	10.3	11.12	6.90	252
	30～44 岁	36.1	33.2	19.1	11.6	10.78	6.85	381
	45～59 岁	39.3	26.3	18.9	15.6	10.87	6.95	541
	60 岁及以上	34.3	30.8	17.8	17.0	10.65	7.10	525
户口	农业	33.5	29.4	20.2	16.9	10.70	7.20	1 093
	非农业	43.4	30.3	16.5	9.8	11.04	6.57	615
民族	汉族	37.2	30.2	18.6	13.9	10.82	6.93	1 585
	少数民族	35.8	23.3	21.7	19.2	10.84	7.42	120

CGSS对被访者的婚姻状态进行了详细询问，通过分析，我们发现婚姻状态与心理健康之间的关系很有意思。如表6-5所示，初婚有配偶人群的心理健康状态与未婚人群接近，在不考虑年龄因素的前提下，进入婚姻并不会对个体的心理健康状态带来明显的积极作用。而进入婚姻若不能正常维持，将对个体心理健康产生严重的消极影响。离婚人群中完全心理不适的比例为24.0%，远高于初婚者的13.4%。此外，同居人群的心理健康状态也值得关注，同居者中完全心理健康的比例明显低于其他群体，而不完全心理健康的比例最高。也就是说，同居人群中有相当一部分被访者没有明显的心理问题，但是生活并不积极，处于典型的心理亚健康状态。在此需要特别注意，EASS只调查了1 709名被访者，因此在同居和离婚等一些类型中的样本量相对较少，所得结果可能并不稳定，值得进一步深入讨论。

表6-5　不同婚姻状态人群心理健康状况

婚姻状态	心理健康类型（%）				量表得分		N
	完全心理健康	不完全心理健康	不完全心理不适	完全心理不适	积极体验	消极症状	
未婚	38.5	31.3	17.2	13.0	10.99	6.83	192
同居	20.0	46.7	13.3	20.0	10.13	7.13	15
初婚	38.0	29.4	19.2	13.4	10.87	6.94	1 325
再婚	27.3	27.3	22.7	22.7	10.52	7.17	23
分居	0	25.0	25.0	50.0	9.00	9.75	4
离婚	36.0	28.0	12.0	24.0	10.24	7.20	25
丧偶	30.6	29.8	18.5	21.0	10.40	7.23	125
总体	37.1	29.7	18.9	14.3	10.82	6.97	1 709

2. 不同社会经济地位人群的心理健康

社会经济状况和地位与个体的心理健康有一定关系，接下来将分析不同受教育水平、不同职业状态及不同收入人群心理健康状况的差异，并将讨论房产与心理健康的关系。

受教育程度与心理健康之间存在密切关系，受教育程度高的被访者表现出心理健康状况较好。如图6-2所示，随着受教育程度上升，被访者积极体验得分的平均分明显上升，从未受正式教育组的10.24上升为大学及以上组的11.29；消极症状得分下降趋势更为明显，从7.81下降为6.44。未

受正式教育组中完全心理健康的比例仅为 19.8%，上到小学组的比例为 33.6%，而大学及以上组的比例高达 48.4%。此前有学者认为，受教育程度高的群体对生活有更高要求，与期望比较可能带来更多消极感受。事实上，受教育程度在一定程度上决定了个人生活的各类资源，较高的受教育程度意味着有较为稳定的工作和较高的收入，与此同时，相对丰富的知识也有助于个体有意识地对生活进行选择，调节情绪，从而达到一个相对较好的心理健康状态。

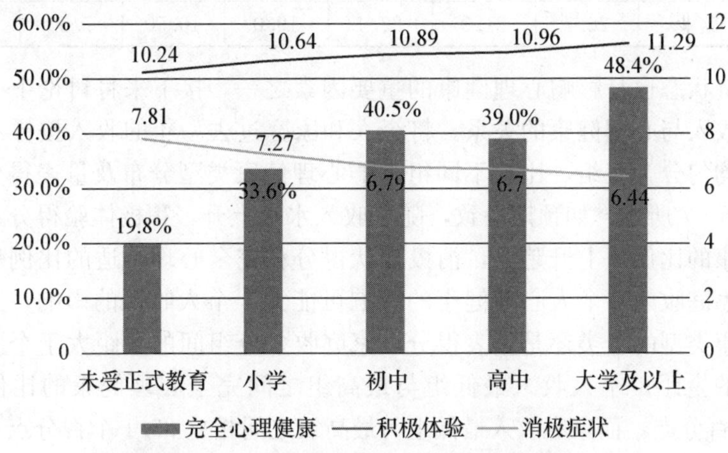

图 6-2　不同受教育程度群体的心理健康状况

通常认为失业对个体心理健康状况有消极作用，然而 2015 年 CGSS 数据中就业状态与心理健康的关系和预期有较大区别。数据分析发现，未就业的被访者无论是量表得分还是健康类型分布都与在就业的被访者不存在明显差别。考虑到就业对不同年龄人群具有不同意义，又进一步将样本分为 18～59 岁和 60 岁及以上组，分析就业状态与心理健康的关系，结果发现对于就业年龄人群来说，就业状态对心理健康的影响作用并不大。如表 6-6 所示，18～59 岁样本中，未就业人群的积极体验和消极症状的得分与就业人群几乎不存在差别，而完全心理不适的比例为 17.1%，仅比就业人群高 5.7 个百分点。反观 60 岁及以上样本，就业人群的心理健康反不及未就业人群，这与中国老年人就业现状有关，通常是家庭经济状况较差的老人才不得不继续就业，因此就业老人的心理健康水平整体低于退休人群。

表 6－6　分年龄组不同就业状态人群心理健康状况

年龄	就业状态	心理健康类型（%）				量表得分		N
		完全心理健康	不完全心理健康	不完全心理不适	完全心理不适	积极体验	消极症状	
18～59 岁	未就业	37.3	28.3	17.4	17.1	10.9	6.97	357
	就业	38.8	29.6	20.2	11.4	10.89	6.88	823
60 岁及以上	未就业	36.5	30.5	16.5	16.5	10.69	6.99	406
	就业	26.7	31.9	22.4	19.0	10.50	7.50	116

经济状态也是影响心理健康的重要因素之一，接下来将讨论个人收入和家庭收入与心理健康的关系。将个人和家庭过去一年的收入按样本数从低到高均匀分为五组，比较不同组人群心理健康类型分布及量表得分，结果如表 6－7 所示。如预期一致，随着收入水平上升，积极体验得分和完全心理健康的比例呈上升趋势，消极症状得分和完全心理不适的比例呈下降趋势。家庭收入对个人心理健康的影响可能大于个人收入的影响，无论是心理健康类型的分类还是量表得分，家庭收入分组间的全距大于个人收入分组间的全距。个人收入最低组与最高组之间完全心理健康的比例相差 12.5 个百分点，而家庭收入最低组与最高组之间相差 23.1 个百分点；个人收入最低组与最高组之间完全心理不适的比例相差 13 个百分点，而家庭收入最低组与最高组之间相差 16.2 个百分点。此外还可以注意到，不完全心理健康和不完全心理不适在个人收入及家庭收入分组中的比例差别都不大，也就是说收入与心理亚健康状态关系不大，各收入层次人群中心理亚健康的情况基本相近。

表 6－7　不同个人收入、家庭收入水平人群心理健康状况

收入分组		心理健康类型（%）				量表得分		N
		完全心理健康	不完全心理健康	不完全心理不适	完全心理不适	积极体验	消极症状	
个人收入	最低组	32.7	28.0	19.5	19.8	10.65	7.31	318
	次低组	26.9	32.1	22.0	19.1	10.51	7.46	346
	中间组	41.1	27.8	16.8	14.2	10.91	6.76	316
	次高组	41.5	29.2	18.8	10.5	11.00	6.77	325
	最高组	45.2	29.0	19.0	6.8	11.13	6.48	310

续表

收入分组		心理健康类型（%）				量表得分		N
		完全心理健康	不完全心理健康	不完全心理不适	完全心理不适	积极体验	消极症状	
家庭收入	最低组	25.0	31.7	19.7	23.6	10.24	7.56	284
	次低组	31.1	27.7	20.6	20.6	10.53	7.43	354
	中间组	38.3	30.7	19.6	11.3	10.96	6.83	326
	次高组	43.5	31.9	16.1	8.5	11.06	6.52	317
	最高组	48.1	23.7	20.8	7.4	11.31	6.56	283

心理健康与家庭收入之间的线性关系比与个人收入的线性关系更为清晰。如图 6－3 所示，个人收入次低组中完全心理健康的比例反低于最低组，中间组与次高组之间差异不明显；反观家庭收入分组，随着收入水平提高，完全心理健康的比例呈上升趋势。

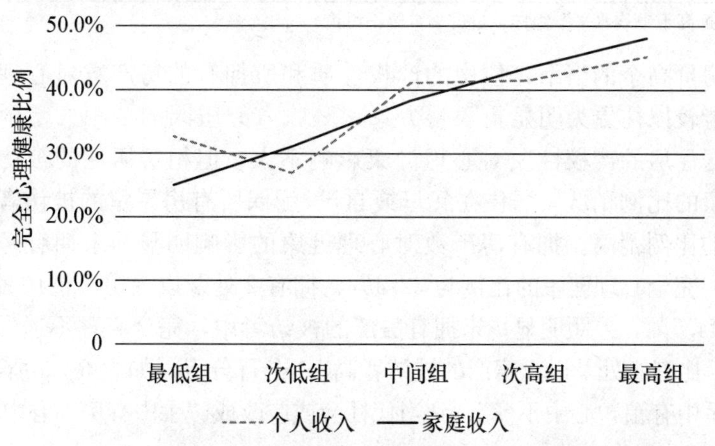

图 6－3　不同个人/家庭收入分组人群中完全心理健康比例

个人对家庭经济状况的主观判断与心理健康的关系更为密切。如表 6－8 所示，认为自己家庭的经济状况远低于当地平均水平的被访者中，完全心理不适的比例高达 49.0%，完全心理健康仅占 13.3%；而认为自己家庭经济状况高于当地平均水平的被访者，完全心理不适的比例仅为 4.5%，完全心理健康的比例高达 53.8%。认为自己家庭经济状况低于或相当于当地平均水平的被访者中，不完全心理健康的比例较高，也就是说主观上的最低收入阶层容易出现心理不健康的现象，而中低收入阶层容易出现心理亚健康。应注意，心理健康是主观情绪状态的表现，而家庭经济在当地的相对水平判断也是基于主观的认识，两者之间可能存在内生关系，所以表现出关系更密切的现象。

表 6-8　不同主观家庭经济水平人群心理健康状况

收入分组	心理健康类型（%）				量表得分		N
	完全心理健康	不完全心理健康	不完全心理不适	完全心理不适	积极感受	消极症状	
远低于平均水平	13.3	18.4	19.4	49.0	8.94	8.85	98
低于平均水平	29.4	31.2	19.3	20.2	10.4	7.33	565
平均水平	41.6	30.8	19.2	8.4	11.17	6.65	898
高于平均水平	53.8	25.8	15.9	4.5	11.53	6.32	132
远高于平均水平	66.7	0.0	0.0	33.3	11.33	5.33	3

注："远高于平均水平"组样本量过小，暂不讨论。

在房价高企的当下，住房的产权性质和所拥有的房产数对心理健康的影响可能较以往更为明显。

现居住房的产权性质对心理健康影响不大，但租房居住的被访者完全心理健康的比例稍低，居住在父母或自己/配偶所有房屋里的被访者完全心理健康的比例稍高。拥有房产数对心理健康的影响明显，未拥有房产的被访者中，完全心理健康的比例为 32.4%，拥有 2 处及以上房产被访者中相应比例为 44.5%，差距明显；未拥有房产的被访者中，完全心理不适的比例为 17.6%，比有 2 处及以上房产的被访者高 10 个百分点（如表 6-9 所示）。俗话说"手中有粮，心中不慌"，到当代社会或应改成"手中有房，心中不慌"。

表 6-9　不同住房情况人群心理健康状况

房产情况		心理健康类型（%）				量表得分		N
		完全心理健康	不完全心理健康	不完全心理不适	完全心理不适	积极体验	消极症状	
住房产权	自己/配偶	38.0	28.3	19.3	14.3	10.86	6.98	1 020
	子女	35.9	29.8	18.2	16.0	10.65	7.11	181
	父母	39.2	32.9	15.3	12.6	10.95	6.72	222
	租用	31.4	35.4	17.9	15.2	10.59	6.90	223
	其他	37.5	19.6	30.4	12.5	10.89	7.54	56

续表

房产情况		心理健康类型（%）				量表得分		N
		完全心理健康	不完全心理健康	不完全心理不适	完全心理不适	积极体验	消极症状	
拥有房产数	0	32.4	32.4	17.6	17.6	10.42	7.02	102
	1	36.2	29.6	18.8	15.4	10.79	7.03	1 337
	≥2	44.5	27.1	20.8	7.6	11.19	6.63	236

宗教信仰对中国人心理健康未见明显积极作用。如图 6-4 所示，在有宗教信仰的被访者中，完全心理健康的比例为 32.8%，而无宗教信仰被访者中的相应比例为 37.7%；完全心理不适在两类被访者中的比例分别为 16.2%和 14.1%。不完全心理不适的比例差异最大，有宗教信仰被访者中，比例为 25.0%，在无宗教信仰被访者中为 18.0%。不完全心理不适表现为有比较明显的消极心理症状，但与此同时还能有相当程度的积极体验，宗教也许可以帮助处于逆境中的个体获得力量，从而产生一定的积极体验。

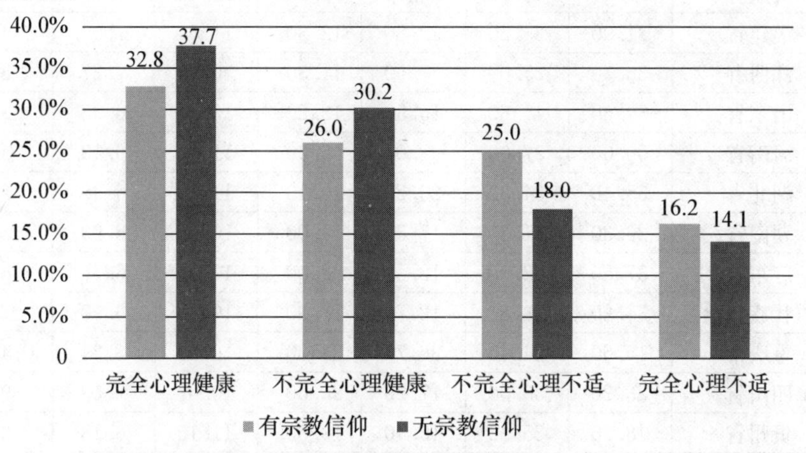

图 6-4　有无宗教信仰与心理健康类别

3. 不同地区人群的心理健康

CGSS 的抽样具有全国代表性，在全国 28 个省、自治区、直辖市都有相应规模的取样（新疆、西藏、海南和港澳台未纳入），如表 6-10 所示。

表 6-10　不同省份人群心理健康状况

省份	心理健康类型（%）				量表得分		N
	完全心理健康	不完全心理健康	完全心理健康	不完全心理健康	积极体验	消极症状	
北京市	48.60	24.30	17.60	9.50	11.38	6.57	74
天津市	60.40	15.10	13.20	11.30	11.66	6.09	53
河北省	55.00	12.50	25.00	7.50	11.74	6.35	40
山西省	51.20	32.60	16.30	0.00	11.68	6.05	43
内蒙古自治区	23.10	38.50	23.10	15.40	10.54	7.38	13
辽宁省	41.00	18.00	19.70	21.30	10.52	7.00	61
吉林省	50.00	17.70	17.70	14.50	11.11	6.95	62
黑龙江省	30.40	24.10	21.50	24.10	10.52	7.64	79
上海市	50.70	29.60	9.90	9.90	10.96	6.22	71
江苏省	39.10	28.10	20.30	12.50	10.80	7.03	64
浙江省	31.10	41.00	18.00	9.80	10.61	6.54	61
安徽省	27.30	25.80	25.80	21.20	10.48	7.59	66
福建省	31.90	25.50	29.80	12.80	11.04	7.09	47
江西省	36.30	25.00	27.50	11.30	10.99	7.27	80
山东省	30.60	41.80	15.30	12.20	10.84	6.95	98
河南省	50.00	37.00	8.00	5.00	11.23	6.13	100
湖北省	35.40	34.30	20.20	10.10	11.03	6.98	99
湖南省	26.30	41.30	17.50	15.00	10.47	6.99	80
广东省	37.50	42.00	12.50	8.00	10.76	6.56	88
广西壮族自治区	35.20	33.80	12.70	18.30	10.51	6.90	71
重庆市	15.60	24.40	26.70	33.30	9.89	8.24	45
四川省	23.20	33.30	17.20	26.30	10.07	7.53	99
贵州省	48.70	25.60	15.40	10.30	11.15	6.18	39
云南省	36.00	22.00	24.00	18.00	10.74	7.58	50
陕西省	29.30	32.80	22.40	15.50	10.67	7.46	58
甘肃省	31.30	21.90	34.40	12.50	10.67	7.84	32
青海省	25.00	33.30	16.70	25.00	9.67	7.17	12
宁夏回族自治区	17.60	5.90	41.20	35.30	10.24	9.12	17

积极体验量表得分最高的五个省份是河北（11.74）、山西（11.68）、天津（11.66）、北京（11.38）和河南（11.23），贵州、吉林、福建和湖北得分也相对较高，平均分均在11分以上；最低的五个省份是青海（9.67）、重庆（9.89）、四川（10.07）、宁夏（10.24）和湖南（10.47）。消极症状得分最低的五个省份是山西（6.05）、天津（6.09）、河南（6.13）、贵州（6.18）和上海（6.22），最高的五个省份是宁夏（9.12）、重庆（8.24）、甘肃（7.84）黑龙江（7.64）和安徽（7.59）。完全心理健康比例最高的五个省份分别是天津（60.4%）、河北（55.0%）、山西（51.2%）、上海（50.7%）和吉林（50.0%），最低的是重庆（15.8%）、宁夏（17.6%）、内蒙古（23.1%）、四川（23.2%）和青海（25.0%）。

上述数据，进一步说明积极心理体验和消极心理症状并不是心理健康的两极，不是此消彼长的关系，积极心理体验平均得分低的省份，其消极心理症状平均得分未必高，反之亦然。福建是其中比较典型的省份，福建积极体验的平均分为11.04，在28个省份中位于第8位；该省消极症状的平均分为7.09，排名第12位，两个分量表的得分均处于较高水平。

同时，心理健康水平及类型未呈现明显的地区差异模式。总体来说，京津冀及周边省份的心理健康水平较高，积极体验得分高、消极症状得分低，完全心理健康的比例较高；西部地区省份的心理健康水平相对较低，但并没有特别明显的规律。

三、中国心理健康卫生服务现状

社会经济的发展，使我国人民的生活水平飞速提高，相对于几十年前，物质的丰富已经不能直接给人们带来内心的幸福。同时，人们容易感觉到精神疲惫、心理抑郁，即使在没有消极心理症状时也难以产生充满活力和心理平静的积极体验，有超过六成的人不处于完全心理健康的状态。为民众提供心理健康卫生服务，以多种方式提高民众的幸福感，是当代中国的重要发展任务。

（一）我国社会化心理健康服务现状

我国公众的心理健康服务相对薄弱，社会化心理健康服务体系尚待完善。我国的心理健康服务机构主要有医院、学校、社区以及其他的心理健康服务机构，近 20 年来在机构建设方面有较大改善，但各地区处于各自为政的状态。

从生命全程发展的角度来看，针对大中小学生的学校心理健康服务体系是我国目前发展最为健全和完善的心理健康服务体系。我国心理健康教育起步晚，但是在制度、课程、师资队伍、工作机制、心理咨询室建设等方面已取得令人瞩目的成效，心理健康教育体系初步建成。目前呈现出从教育向服务、从问题矫正向预防干预转变的特点（俞国良，王勍，2015）。我国学校的心理健康教育师资不断队伍扩大，更为专业化。2001 年开始，教育部社政司主办、天津市教委和天津师范大学心理与行为研究中心协办了“全国普通高等学校心理健康骨干教师高级培训”班，各省区市也相继开展了心理健康骨干教师培训工作，如河南省中等职业学校骨干教师心理健康教育培训，江西、四川、湖北、西藏及上海开展的中小学心理健康教育骨干教师培训。北京市学校心理健康服务系统工作从 1997 年开始启动，目前已经创建良好的学校心理健康服务工作格局。北京市的学校心理健康服务有教委支持、有组织推动、有专职人员分管、有专家指导、有专职心理辅导员，并且要求教师全员参与，为学生心理健康发展保驾护航。广东省则建立了高校心理健康服务三级管理模式，督查与自查相结合，以督导检查为抓手引导全盘工作，学校—医院—家庭多方联动，广泛寻求与外部系统合作。学校心理健康课程相关教材及授课形式从青少年心理、生理特点出发，由单一形式发展为强调体验和应用为主，形式更为丰富多样。心理健康辅导室建设也逐渐普及，学生心理咨询工作和心理档案建设工作也在逐步开展，部分学校与校外专业机构合作，提供更为专业化的心理辅导。

但我国心理健康服务仍存在城乡差距明显、功能单一和专业技术人员不足等局限，而面向成年人、老年人的心理健康服务体系建设更是仅处于起步阶段。社区居民、老年人、残疾人、特殊群体等对心理健康服务需求意愿强烈，但居民对于社区心理健康服务满意度不高，社区在心理健康服务方面缺乏制度、专业人才等保障，受社会经济文化发展水平影响，社区

心理健康服务存在地区差异。江苏省昆山市的心理健康服务走在全国前列，从2005年起，江苏省昆山市把服务群众心理健康、完善三级心理咨询服务体系建设工作作为全市精神文明建设的重要内容，心理咨询服务体系三级网络覆盖全市各区镇、街道，并在卫生、教育和妇联系统发展较快。至2018年11月，昆山已建成覆盖市、镇、街道（社区）的三级心理咨询服务体系，形成涵盖14个一级网络单元（心理咨询中心），21个心理咨询服务网络二级单元（心理咨询站）以及42个心理咨询服务网络三级单元（心理咨询室）的成熟网络布局。除此之外，不少城市在社区设立了心理健康服务机构，如在居委会设置心理咨询室，或者在社区卫生服务中心设置心理科，但覆盖面相当有限，作用发挥严重不足。有研究者调查了北京地区146个社区，发现城市社区开展心理服务的不足30%，开展心理健康服务的社区中，约有40%每年活动仅1～2次。而济南市早在2007年就试点在5个行政区的18个社区建立了心理健康服务室，可到了2012年调查时发现济南市141个社区中共有30个开展心理健康服务，占21.3%，其中一半以上的社区每年活动仅4次甚至更少，5年全市仅增加了12家心理健康服务室，而且活动开展得也并不理想。上海市有关心理卫生机构研究发现，心理卫生机构服务开展较以往更为规范，但是专业人员无法满足大众需求，缺乏统一的监督管理机制。可见，即使在城市，我国社区心理健康服务发展也较为缓慢，远不能满足人民需求。

除了机构设置少、功能发挥受限以外，我国心理健康服务还面临专业人才短缺、服务内容不全面及服务监管不足等多方面问题。

其一，专业人才不足。在我国现有的心理健康服务队伍中，人员构成比较复杂，有医生、教师、政治辅导员，还有居委会成员、妇联人员、电台或电视台有关人员、其他背景和身份的业余爱好者，只有部分心理咨询机构聘请了心理学专家或专门的心理工作者。对在线心理咨询工作者的调查表明，在线心理咨询工作者中有职业心理咨询师、心理学专业的学生，也有心理学爱好者。在培养目标和培养方向方面，各高校心理学系（院）培养的本科生主要是作为中小学心理健康教育课的教师，同时兼任各中小学心理辅导中心的辅导员；而硕士生、博士生主要在各高校担任心理学教学和心理咨询工作。只有少数高校心理学系针对企业或医院的心理健康服务培养人才，而这远远不能满足社会对心理健康服务的需求。虽然我国目前已经积累了一定规模的心理健康服务专业人才队伍，但仍远远不能满足社会需求。参照发达国家现有水平，每 1 000～1 500 人对应 1 位心理健康服务专业人员，则我国需要 86 万～130 万专业人员。现有取证心理咨询师实际从业人数不足发达国家水平的 1/10。此外，我国尚未建立心理健康服务专业人员的学历教育和在职培训体系，这也制约着心理健康服务人才队伍的发展。人才短缺加上培育机制不健全已成为目前阻碍我国心理咨询职业化的最大因素之一。

其二，服务内容覆盖面窄。由于我国专业的精神科医生和心理健康从业人员严重不足，我国的社区心理健康服务的内容相当广泛，主要包括四个方面：针对精神疾病患者的工作、针对社区居民的心理健康教育工作、针对特殊人群的心理支持和干预工作、日常危机干预工作等。虽然从内容上看社区心理健康服务包罗万象，涉及各年龄段各类人群，但事实上，由于人力规模和专业水平的限制，社区卫生服务中心心理健康服务的真正对象仅以慢性病患者（如精神分裂症康复期的患者）为主，对社区其他居民辐射严重不足。私人开业的咨询机构和咨询师高昂的收费标准又把很多有心理服务需求的社区居民挡在了门外。此外无论是学校还是社区，现有的心理健康服务主要是解决现存的心理问题，或者缓解已有的消极心理症状，而鲜有从积极心理学的角度，以多种方式促进民众的幸福感。

其三，服务监管不足。心理咨询师是心理健康服务的重要专业力量。自 2002 年开始施行心理咨询师国家职业资格认证试点，至 2017 年底，已有逾 100 万人取得证书。资格认证有助于规范心理健康服务，但其本身也存在着需要进一步完善或发展的问题。首先，缺乏对培训机构的资质认定和培训工作的有效监管，咨询员的准入条件过低，导致获得资格证书的人员素质良莠不齐；其次，资格认证制度没有时间限制，缺乏更新机制；再次，还没有完善的督导体制和规范。因此，2017 年 9 月，心理咨询师国家职业资格认证退出国家职业资格认证，未来将由行业组织进行管理，以更好地推动职业发展。

（二）我国社会化心理健康服务未来展望

近年来，国家加大了心理健康和社会心理领域的工作部署。2015 年，国务院办公厅转发《全国精神卫生工作规划（2015—2020 年）》，2016 年国务院印发《“健康中国 2030”规划纲要》，都对心理健康工作进行了战略部

署。卫生部于2012年推动出台了《中华人民共和国精神卫生法》，2016年12月30日，国家卫生计生委等22部门联合发布《关于加强心理健康服务的指导意见》，文件指出“心理健康是影响经济社会发展的重大公共卫生问题和社会问题”，提出应“充分认识加强心理健康服务的重要意义”，并就大力发展各类心理健康服务、加强重点人群心理健康服务、建立健全心理健康服务体系、加强心理健康人才队伍建设，以及加强组织领导和工作保障提出了具体建议。该文件的发布为构建我国心理健康服务体系提供了重要的政策支持。

2018年11月，国家卫生健康委等十部委联合发布《关于印发全国社会心理服务体系建设试点工作方案的通知》，要求“各省、自治区至少选择1个设区市，各直辖市以城区为基础，尽可能覆盖区县”建立社会心理服务试点，并提出目标“到2021年底，试点地区逐步建立健全社会心理服务体系，将心理健康服务融入社会治理体系、精神文明建设，融入平安中国、健康中国建设”。

我国政府对国人心理健康和心理健康服务工作的重视达到了前所未有的高度，心理健康服务工作遇到了空前的大好时机。可以预见在不久的将来，我国的社会化心理健康服务将会有长足发展，中国人心理健康也将获得更多的保障。

中文参考文献：

[1] 毕明，孙承毅. 城市居民主观幸福感的年龄差异研究. 鲁行经院学报，2003 (2).

[2] 才让措，林星，冉雨琴. 少数民族青少年心理健康测验量表编制及常模建构. 内蒙古师范大学学报（教育科学版），2018 (9).

[3] 陈建文，王滔. 关于社会适应的心理机制、结构和功能. 湖南师范大学学报（教育科学版），2003 (4).

[4] 陈建文，王滔. 社会适应与心理健康. 西南大学学报（社会科学版），2004 (3).

[5] 陈立新，姚远. 老年人应对方式与心理健康关系的研究. 中国人口科学，2005 (4).

[6] 陈庆荣，傅宏. 老年人心理健康状况及其影响因素研究：以江苏省(2012—2014) 为例. 南京师大学报（社会科学版），2017 (6).

[7] 程菲，李树茁，悦中山. 中国城市劳动者的社会经济地位与心理健康：户籍人口与流动人口的比较研究. 人口与经济，2018 (6).

[8] 党云晓，张文忠，余建辉，等. 北京居民主观幸福感评价及影响因素研究. 地理科学进展，2014 (10).

[9] 杜旻. 老年人心理健康影响因素探析. 中国人口报，2017-09-13.

[10] 方晓义，袁晓娇，胡伟，等. 中国大学生心理健康筛查量表的编制. 心理与行为研究，2018 (1).

[11] 郝晓宁，孙继艳，薄涛. 社会融合对流动人口心理健康影响的研究：基于 2014 年全国流动人口动态监测数据的检验. 人口与发展，2018 (4).

[12] 和丽梅，王耶盈，陈莹，等. 1 655 名少数民族医学生心理健康横断面研究. 卫生软科学，2009 (3).

[13] 贺斌. 农村留守老人社会支持、应对方式与心理健康现状调查. 中国卫生事业管理，2013 (9).

[14] 胡发稳，李丽菊，李锐，等. 边疆地区少数民族贫困生心理健康与人格特点分析. 中国健康心理学杂志，2006 (3).

[15] 胡洪曙，鲁元平. 收入不平等、健康与老年人主观幸福感：来自中国老龄化背景下的经验证据. 中国软科学，2012 (11).

[16] 胡洁，闫克乐，何义芳. 医科大学不同层次新生总体幸福感和应付方式的调查研究. 中国健康心理学杂志，2001 (5).

[17] 黄希庭，郑涌. 中国心理健康服务：基于需求与服务关系的研究. 心理与行为研究，2015 (5).

[18] 黄秀女，郭圣莉. 城乡差异视角下医疗保险的隐性福利估值及机制研究：基于 CGSS 主观幸福感数据的实证分析. 华中农业大学学报（社会科学版），2018 (6).

[19] 黄永清，殷朝辉. 应对方式与中老年人心理健康状况的相关性研究. 中国社会医学杂志，2012 (1).

[20] 江巧瑜，许能锋，曹建平. 大学生应对方式、社会适应对心理健康影响的路径分析. 中国卫生统计，2010 (1).

[21] 蒋强，孙时进，李成彦. 2003—2012 年民族心理文献计量学研究：基于国内主要心理学和民族学期刊. 西南民族大学学报（人文社会科学版），2014 (4).

[22] 靳永爱，周峰，翟振武. 居住方式对老年人心理健康的影响：社区环境的调节作用. 人口学刊，2017 (3).

[23] 居文. 大学生网络成瘾者心理健康状态调查及心理预防措施. 中国健康心理学杂志，2019 (2).

[24] 李婷，范文婷. 生育与主观幸福感：基于生命周期和生命历程的视角. 人口研究，2016 (5).

[25] 李文龙，黄照权，石武祥，等. 广西少数民族地区农村老年人心理健康状况调查. 中华疾病控制杂志，2016 (2).

[26] 廖传景，韩黎，杨惠琴，等. 城镇化背景下农村留守儿童心理健康：贫困与否的视角. 南京农业大学学报 (社会科学版)，2014 (2).

[27] 刘汉. 积极应对流动人口心理健康问题. 中国人口报，2018-11-26.

[28] 刘亮，高汉，章元. 流动人口心理健康及影响因素：基于社区融合视角. 复旦学报 (社会科学版)，2018 (4).

[29] 刘洋，邓晨卉，吉园依，等. 农村青少年的心理健康与网络行为. 中国心理卫生杂志，2018 (2).

[30] 刘毅，赵白帆，王迎春，等. 云南民族贫困地区初中学生心理健康状况调查. 中国学校卫生，2007 (10).

[31] 刘越，林朝镇，黄慧娟，等. 流动人口人格特征和社会支持对心理健康影响. 中国公共卫生，2011 (4).

[32] 罗鸣春，黄希庭，严进洪，等. 中国少数民族大学生心理健康状况的元分析. 心理科学，2010 (4).

[33] 罗晓路. 大学生心理健康教育的现状与对策. 教育研究，2018 (1).

[34] 满小欧，曹海军. 农村社区 10～15 岁留守儿童心理健康状况及保护性因素. 中国公共卫生，2018 (11).

[35] 苗元江. 幸福感的解释模型综述. 赣南师范大学学报，2002 (5).

[36] 宋佳萌，范会勇. 社会支持与主观幸福感关系的元分析. 心理科学进展，2013 (8).

[37] 孙鹃娟，冀云. 家庭“向下”代际支持行为对城乡老年人心理健康的影响：兼论认知评价的调节作用. 人口研究，2017 (6).

[38] 孙晓红，韩布新. 国内外流动儿童青少年心理健康状况研究：基

于 CiteSpace 的可视化分析. 中国青年研究，2018（12）.

［39］唐丹，燕磊，王大华. 老年人老化态度对心理健康的影响. 中国临床心理学杂志，2014（1）.

［40］王大华. 老化态度干预对老年人记忆的影响//中国心理学会. 第十九届全国心理学学术会议摘要集. 2016（1）.

［41］王辉，刘涛. 应对方式对陕北地区留守儿童生活事件与心理健康的中介效应. 中国健康心理学杂志，2018（3）.

［42］王萍，张雯剑，王静. 家庭代际支持对农村老年人心理健康的影响. 中国老年学杂志，2017（19）.

［43］王琰，李小平，范鑫，等. 上海市心理卫生机构开展心理健康服务的发展现状. 中国心理卫生杂志，2018（2）.

［44］王泽玉，高宏伟，杨海森. 新药Ⅰ期临床研究健康受试者心理状态测量量表的研制. 长春中医药大学学报，2013（5）.

［45］席玮，马立平. 青少年心理健康的影响因素与群体差异：基于 CEPS 数据的多水平分析. 统计与信息论坛，2018（4）.

［46］辛自强. 青少年心理健康水平下滑及其应对. 中小学心理健康教育，2009（4）.

［47］邢占军，黄立清. 西方哲学史上的两种主要幸福观与当代主观幸福感研究. 理论探讨，2004（1）.

［48］闫昱如，田丽丽，刘旺，等. 青少年网络欺负对其心理健康影响的纵向研究：同伴关系压力的中介作用//中国心理学会. 第二十届全国心理学学术会议：心理学与国民心理健康摘要集. 2017（2）.

［49］杨金江，秦庆，李德波. 边疆少数民族大学生心理健康状况调查研究. 云南农业大学学报（社会科学版），2009（3）.

［50］杨芷英，郭鹏举. 家庭因素对流动儿童心理健康状况的影响研究：基于对北京市流动儿童的调查. 中国青年社会科学，2017（3）.

［51］俞国良，李天然，王勍. 高中生心理健康的横断历史研究. 教育研究，2016（10）.

［52］俞国良，王浩，罗晓路. 心理健康教育：高等院校的类型差异比较研究. 黑龙江高教研究，2017（11）.

［53］俞国良，王勍. 比较视野中青少年心理健康教育与服务的发展路径. 中国人民大学教育学刊，2015（2）.

[54] 俞国良，赵凤青，罗晓路．心理健康教育：高等院校的地区差异比较研究．黑龙江高教研究，2017（12）．

[55] 张爱莲，黄希庭．高校与中小学心理健康服务人员情况及胜任特征比较．山东理工大学学报（社会科学版），2015（5）．

[56] 张辉，张伟娇，杨凤池．少数民族及少数人种的心理健康水平及心理健康服务现状的比较研究．中国医药导报，2014（35）．

[57] 张梅，孙冬青，辛自强，等．我国贫困大学生心理健康变迁的横断历史研究：1998—2015．心理发展与教育，2018（5）．

[58] 张婉奇，杨凤池，朱梅芳，等．北京市农村社区居民自测健康评定量表的分析研究．中国全科医学，2012（10）．

[59] 张文晋，郭菲，陈祉妍．压力、乐观和社会支持与心理健康的关系．中国临床心理学杂志，2011（2）．

[60] 张文娟，姚茹，张丽娟，等．西部地区中小学生积极心理品质与心理健康状况关系调查及培养策略．中国特殊教育，2017（5）．

[61] 张秀敏，李为群，刘莹圆．社区老年人主观幸福感现状及影响因素分析．人口学刊，2017（3）．

[62] 赵晓敏，陈永进，白璐．流动青少年心理健康状况调查．中小学心理健康教育，2018（19）．

[63] 浙江省青少年研究中心．浙江省留守儿童心理健康测量的数据描述．青少年研究与实践，2016（3）．

英文参考文献：

[1] Lazarus R S. Coping theory and research：past，present，and future. Psychosomatic Medicine，1993，55（3）．

[2] Seligman M E. Csikszentmihalyi M. Positive psychology：an introduction. American Psychologist，2000，55（1）．

第七章　社会科学视域下的人口健康：指标与测量

一、健康的内涵及其时代意义

健康是人类永恒的追求。20 世纪以来，随着社会经济的快速发展和人类物质生活水平的不断提高，世界各国对人口健康状况给予了越来越多的关注和重视，健康的内涵也因此而不断丰富。现有关于健康的研究，大多使用世界卫生组织最早关于健康的定义。早在 1946 年，世界卫生组织就将健康定义为“健康不仅为疾病或羸弱之消除，而且是躯体、精神与社会适应融合的完美状态”（World Health Organization，1946）。这一定义明确强调了健康内涵的丰富性，为健康测量和研究提供了重要的指导。《辞海》①对健康的内涵给出如下阐释：

> 世界卫生组织定义为：“健康的个体和群体能满足其生存的期望，能适应各种环境的改变。健康是生活的来源；而不是生活的目的。健康是从解剖、生理和心理相结合的状态出发来考虑，能发挥自己在家

① 夏征农，陈至立. 辞海（第六版彩图本）. 上海：上海辞书出版社，2009：1075.

庭、单位和社会中的价值；能处理来自生理、生物、心理和社会各方面的应激；能避免各种疾病的危险和过早死亡。健康是人类与物理、生物和社会环境的平衡；是各种功能活动的和谐。”健康的人体首先要各器官各系统发育良好，功能正常、体质健壮、精力充沛；同时还要有良好的劳动效能，社会上和谐相处的表现和处理各种危险因素及应激的能力。具体包括体魄健全、精力充沛、处世乐观、应变力强、能吃能睡、体重适当、眼睛明亮、牙齿整洁、头发光亮、走路轻松等。健康是动态的，不同年龄段可以有不同的要求；健康是相对的，从健康到不健康有许多移行的过程。人的精神状态、自我调节和社会适应能力是健康的基础。防微杜渐、预防为主是健康的保证。

健康是多维的，其内涵包括生物、生理、心理和社会等多个维度的特征[①]。体魄健全、精力充沛是健康的基本要义，处世乐观、应变力强、社会经济效能良好、与环境和谐融洽也是健康的核心组成部分和具体表现。丰富的健康内涵不仅为健康研究提供了广阔的舞台，也对科学、全面、高效地测量健康特征提出了现实挑战。具体表现在：首先，健康的测量不是孤立的。健康的内涵表明，健康是人在社会经济活动、与环境的互动过程中的良好状态，包含了主体在多个方面的应激特征和适应性。因而，健康的测量需要考虑主体内在特征及其在社会、经济、环境等方面的适应性，“健康”状态是多维的，包含过程和结果的动态表现。其次，健康内涵具有客观复杂性。其中既包括易于直接观测的、相对客观的特征，也包含不少难以直接观测或标准化度量的内容，这对健康的测量工具和手段提出了挑战。除常见的医学检测、化验和临床观测外，主体关于健康的感受也是测量健康特征及其变化不可缺少的组成部分。再次，健康的测量手段具有多元性和客观复杂性。针对健康内涵的不同维度，对测量工具的要求往往不同；一些复杂的维度，通常需要借助多种测量工具综合测量并交互验证。

健康是相对的、动态变化的。一方面，个体在生命周期的不同阶段、不同的社会经济及自然环境中面临的主要健康问题和疾病风险存在差异。

① 1989年世界卫生组织对健康的定义进行了修订，在原有身体、心理和社会适应性的健康范畴基础上，新增加了道德健康；不过，到目前为止，社会科学研究中常用的健康概念仍以前三个方面为主要的测量范畴和研究内容。

个体层面的异质性决定了个体的健康特征、疾病感知情况、调适能力和行为往往不同，其健康的变化趋势和轨迹也呈现重要差异。这些差异和相对性特征客观上增加了健康测量的复杂性，也为科学全面地揭示人口健康特征、开展健康问题的比较研究提出了挑战。需要强调的是，作为健康的基本特征和重要属性，健康的动态变化趋势和具体轨迹亦是健康测量和研究的重要组成部分。这不仅符合健康内涵的基本要求，也是在预防、动态的调适中维护和促进健康的依据。

另一方面，健康的发展变化也意味着健康问题的测量和研究具有时代性特征。这与人类面临的主要健康威胁和疾病风险演变的一般规律相联系，也反映了健康的内涵、标准，以及人类对健康的关注和重视程度与时俱进。伴随着社会经济的发展、人口转变和世界范围内主要疾病类型的转变，人口健康状况和健康促进的内容呈现鲜明的时代特征。2015 年，联合国发展峰会通过《变革我们的世界：2030 年可持续发展议程》，健康被列为 2030 年前国际社会须致力实现的 17 个可持续发展目标之一。议程明确了 13 个具体健康目标，以“不让任何一个人掉队”（leaving no one behind）为核心宗旨，从病患、死亡、环境污染、安全防护、医疗服务利用等方面着手，致力于全面促进健康发展，使所有人受益。议程强调，健康目标与其他多个领域的可持续发展目标之间存在重要的相依关系，健康目标的实现既以其他可持续发展目标的实现为重要条件，也是其他目标实现的重要推动力和保障①。与《议程》确立的世界可持续发展目标相呼应，2015 年，中国共产党十八届五中全会提出建设健康中国的战略目标，2016 年 8 月 26 日，中共中央政治局审议通过《“健康中国 2030”规划纲要》②。《规划纲要》指出：健康是促进人的全面发展的必然要求，是经济社会发展的基础条件。实现国民健康长寿，是国家富强、民族振兴的重要标志，也是全国各族人民的共同愿望。这些议程和规划突出强调了人口健康发展的时代重要性和现实意义，为全社会致力于健康促进提出了纲领性目标和战略指导，也为新时期研究人口健康问题、科学有效地设计健康指标与测量提出了重大研究课题。

---

① 《变革我们的世界：2030 年可持续发展议程》中综合目标 3 为“确保健康的生活方式、促进各年龄段人群的福祉”，该目标进一步细化为 13 个健康促进的子目标。

② 中共中央 国务院印发《“健康中国 2030”规划纲要》. ［2020－03－02］. www.gov.cn/zhengce/2016-10/25/content_5124174.htm.

二、世界疾病谱转变理论及其对健康测量的启示

健康的发展变化，一方面表现为主要健康风险和疾病负担的变化，另一方面，个人对社会经济环境的调适、应对能力和行为的变化也是健康变化的重要组成部分。如果说后者主要反映个体在健康素养、行为、能力等方面的异质性，那么前者更多地取决于人口和社会经济发展、环境变化、科技创新等因素。在漫长的人类发展历史中，人口规模和分布特征不断演变，与之相关，人类活动中特定的生产方式、经济发展水平、聚集和流动特征也呈现鲜明的时代特征。这些因素相互作用、动态相依，不仅改变了人类赖以生存的自然环境，而且也不断实现对社会环境的重塑。社会经济和环境因素反作用于人类自身，构成了健康状况及其发展变化的核心原因。除此之外，世界范围内科学技术的革新，通过直接或间接效应，改变着人类健康的发展图景及其轨迹。

20 世纪 70 年代，奥姆兰（Omran，1971）通过归纳总结不同历史时期威胁人类健康的主要疾病类型及其变化规律，提出了疾病谱转变理论。该理论指出，人类健康的主要威胁大致经历了三个发展阶段，依次为以瘟疫和饥荒为主的阶段、以寄生虫与感染性疾病为主的发展阶段，以及退行性与人为疾病占据首位的疾病发展阶段。在前两个阶段，人类的健康状况受各种感染性、传染性疾病的威胁，病死率总体较高且难以预期或控制，受此影响，相应时期世界各国人口的总体死亡率极高，且随时间大幅波动、起伏频繁。死亡率的年龄特征总体上呈低龄组死亡率较高的态势，与男性相比，女性受围产期高死亡风险的影响在育龄阶段死亡率也普遍较高。与这些疾病类型及其特征相联系，在疾病谱转变过程的第一阶段，出生时人口平均预期寿命大多在 20～40 岁之间；到第二阶段，人口平均预期寿命有所提高，但幅度较为有限，各国人口出生时的平均预期寿命在 30～50 岁之间；进入疾病谱转变的第三个阶段后，各国人口的死亡率总体呈稳中有降趋势，人口出生时的平均预期寿命基本保持在 50 岁以上（邵瑞太，2000）。

尽管世界各国经历上述各个阶段的早晚和转变的快慢存在差异，其转变的具体模式也有所不同，不过，疾病谱转变理论仍在很大程度上概括了有史料记载以来人类健康发展的一般规律：人口健康的主要威胁由瘟疫等感染性、传染性疾病频繁发作，逐步向退行性疾病转变。在这一过程中，人口健康特征发生了深刻的变化，伴随着低龄组死亡率的大幅下降，死亡率高发的年龄不断推迟，人口平均预期寿命普遍延长；但与此同时，各种慢性疾病、心理健康问题、社会适应性问题等成为新的发展阶段关系人口健康的核心问题。

世界范围内疾病谱转变的一般规律意味着，科学有效地反映人口健康特征及其发展变化规律，健康指标和测量在保持相对稳定性的同时，应当具备兼容性和必要的前瞻性。一方面，在疾病转变过程的特定阶段，健康指标和测量应当具有相对稳定性和可比性，这对于探测健康变化趋势和具体轨迹、揭示其发展变化的一般规律具有重要的理论和现实意义。另一方面，在人类健康发展的不同阶段，由于健康特征存在客观差异，相应的健康指标和测量在反映一般健康状况的基础上，应当注重揭示相应阶段人口的突出健康特征。这就要求健康指标适应各时期健康发展的需要，进行必要的调整和变化，这也是科学有效地开展健康研究、促进人类健康发展的根本要求。

三、当代国内外主要人口健康特征、指标与测量

（一）人类社会综合发展指标中的健康测量

人口健康是人类社会发展状况的重要体现，也是社会经济发展潜力的内在决定因素。在世界各国社会发展状况的比较研究中，健康常被作为社会发展指标体系中核心的维度，用以构建综合性指数。例如，联合国开发计划署（UNDP）于 1990 年提出的人类发展指数（Human Development Index）①中，健康、知识与体面生活一道构成该指数的三个二级指标。目前，人类发展指数已成为国际社会综合评价各国社会经济发展状况、人类发展成果

① Human development reports.［2019-12-19］. http://hdr.undp.org/en/content/human-development-index-hdi/.

的重要工具，联合国开发计划署每年发布世界不同国家和地区的人类发展指数。类似地，美国海外开发委员会 1977 年针对贫困国家创立的物质生活质量指数（Physical Quality of Life Index）① 中，健康指标作为指数构建的核心组成部分，其指标数量占到三分之二。

除此之外，在一些针对特定人群或人口与社会经济发展的特定维度构建的综合性指数中，健康指标也扮演了重要的角色。国际助老会（Help Age International）和联合国人口基金 2013 年提出的全球老年观察指数（Global Age Watch Index）中，健康状况、收入保障、教育和工作、社会环境一道构成该指数的四个二级指标。该指数包含的具体健康测度分别为 60 岁时的平均预期寿命、60 岁时的平均健康预期寿命和心理健康②。该指数被广泛用于分析和评估不同国家和地区在应对人口老龄化方面的综合表现以及老年人的生活状况。2006 年世界经济论坛提出的全球性别差距指数（Global Gender Gap Index）中，健康、教育获得、经济平等和政治赋权一并作为该指数的四个二级指标，并使用出生性别比和健康预期寿命衡量一个社会中男女两性的健康与生存状况③。该指数在衡量和评估各国性别平等化进程中发挥了重要的作用。2010 年联合国开发计划署提出的性别不平等指数（Gender Inequality Index，GII）中，健康、赋权与劳动参与共同构成 GII 综合指数的三个重要维度④，并使用孕产妇死亡率和未成年人生育率测量女性生殖健康。

综上所述，健康发展作为人口社会经济发展的重要方面，其指标在国际比较研究和综合性指标体系构建中起着重要的作用，如表 7－1 所示。不过，到目前为止，综合性指数构建中使用最多的健康指标主要为人口死亡率（如婴幼儿死亡率，孕产妇死亡率，或一般人群的死亡率）、平均预期寿命（如 0 岁预期寿命、1 岁预期寿命或 60 岁预期寿命）。相对而言，这些健康指标的可得性较高、指标定义和计算标准明确统一，且在不同人群中

---

① Morris D. A physical quality of life index. Urban Ecology，1978，3（3）. 在设计之初，该指数使用婴儿死亡率、1 岁平均预期寿命和人口识字率构建而成。

② http://www. helpage. org/global-agewatch/reports/global-agewatch-index-2013-insight-report-summary-and-methodology/.

③ Measuring the global gender gap. [2019－12－01]. http://reports. weforum. org/global-gender-gap-report-2017/measuring-the-global-gender-gap/.

④ Gender inequality index（GII）. [2020－01－02]. http://hdr. undp. org/en/content/gender-inequality-index-gii.

具有较强的可比性，这些特征成为其广泛应用的重要基础和根本原因。除此之外，少数综合性指数的构建选用了健康预期寿命（如全球老年观察指数）、特定人群的营养状况、生殖健康（如 GII）等指标，也有个别指数使用心理健康指标（如全球老年观察指数）。总体而言，受健康发展特征、数据收集成本等方面的约束，目前不少旨在反映欠发达国家社会发展状况的综合性指数对发达国家的测量敏感度较低，难以揭示其人口健康的主要特征或突出问题；加之与社会经济以及环境因素的变化相联系，人类健康自身也在不断发展变化，这对健康指标的测量及其应用推广提出了重要的研究议题。

表 7-1　常见的国际社会综合性发展指数中健康测量的应用

综合性发展指数	创立时间（年）	创立者	健康指标
物质生活质量指数	1977	美国海外发展委员会	婴儿死亡率、1 岁平均预期寿命
人类发展指数	1990	联合国开发计划署	0 岁人均预期寿命
全球老年观察指数	2013	国际助老会和联合国人口基金	60 岁时平均预期寿命、60 岁时平均健康预期寿命、心理健康
全球性别差距指数	2006	世界经济论坛	出生性别比、健康预期寿命
性别不平等指数	2010	联合国开发计划署	孕产妇死亡率、未成年女性生育率

注：作者根据相关报告与指标说明整理而成。

（二）社会调查中常见的健康测度

1. 健康数据的收集方式

目前社会科学研究中常用的健康数据，主要来源于人口普查和社会抽样调查。由于人口普查的调查规模、实施难度和成本等方面的约束，一般而言，人口普查中收集的健康指标数量相对较少，以个人自报健康状况（及其对日常工作或生活的限制）为主。尽管指标数量受限，但由于其调查设计和规模等方面的独特优势，普查数据收集的健康信息对于了解全国人口健康状况、进行健康研究、制定相关领域的发展规划等工作有着不可替代的重要作用。如表 7-2 所示，不少国家在全国人口普查中收集健康信息，这些全国性人口普查中收集的健康指标具体包括各种独立活动的能力（如

英国、美国、加拿大、新加坡、巴西等），身体或精神方面对日常生活、外出、工作等产生限制性影响的长期健康问题、功能性障碍；也有国家收集更为综合（如英国 2001 年普查、中国 2010 年普查等的自评一般健康状况）或简化（如新加坡 2000 年普查收集室内独立活动能力）的健康信息。与各国人口健康特征以及普查方案的历时调整变化有关，不同时期各国人口普查收集的健康信息可能发生变化，具体健康指标的填答人群也可能随时间变化（如美国近半个世纪的人口普查中部分健康问题的填答对象从最初的 65 岁以下调整为 15 岁及以上或 5 岁及以上等）。

表 7－2　部分国家 2000 年以来人口普查中收集的健康指标

国别	年份	健康指标	问题
加拿大	2016	长期健康问题	是否有持续半年及以上的视觉障碍、听觉障碍、走路/爬楼梯/手指活动困难、学习/记忆/注意力集中困难、心理/情感/精神问题、其他持续半年及以上的健康问题（没有、有时、经常、总是）
美国	2010	残疾	是否耳聋或有严重听力障碍
			是否眼盲或即使戴眼镜仍有严重视力障碍
			是否参加过残疾评级、评级结果（15 岁及以上）
		长期健康问题	是否有身体、心理或精神问题导致的注意力/记忆力/决策能力严重困难（5 岁及以上）
			是否有身体、心理或精神问题导致的购物/就医活动困难（15 岁及以上）
		活动受限	是否有严重的走路/爬楼梯困难（5 岁及以上）
			是否有穿衣/洗澡困难（5 岁及以上）
巴西	2010	残疾	是否有永久性视觉障碍
			是否有永久性听力障碍
		长期健康问题	永久性精神或智力障碍导致工作/学习/娱乐活动受限
		活动受限	走路/爬楼梯困难
英国	2001	自评一般健康	过去 12 个月的总体健康状况
		长期健康问题	是否有长期健康问题、疾病或残疾导致的日常活动/工作受限

续表

国别	年份	健康指标	问题
印度	2001	残疾或失能	是否有视觉、语言、听觉、行动能力、精神/心智等方面的失能
新加坡	2000	活动受限	是否有室内独立活动能力（65 岁及以上）

注：作者根据 IPUMS 整理和翻译的问卷整理而成。

除对现有人口的健康信息进行收集外，一些国家的人口普查也收集普查（或普查标准时间）前一年死亡人口的信息，即死亡人口登记，由死者所在调查单元（通常为家庭户）提供相应信息。普查对死亡人口的登记，是计算人口死亡率、平均预期寿命等健康指标的重要数据基础；特别是在常规性死亡或生命事件登记系统缺失、不完善或有重大缺陷的国家或地区，普查年份的死亡人口登记成为其考察人口死亡风险与模式、计算平均预期寿命不可替代的资料来源。

与人口普查相比，抽样调查通常可以涵盖健康的多个维度，收集不同类型的相对丰富和详尽的健康信息。值得一提的是，与普查相类似，抽样调查大多依靠填答者对健康状况的自我汇报，由此获得的健康指标多数难以避免受到填答者主观感受和汇报行为差异的可能影响。这在客观上给健康指标的对比研究带来了困扰，不过，与健康的定义和内涵相联系，健康本身包含了个体在生理、身体、心理、社会适应等多个维度的状况，与个体面对各种应激的反应和处理能力有着密切的关系。因而，健康的测量应当反映主客观不同方面的健康特征，这也是全面呈现健康的相对性、复杂性、可变性的必然要求。值得一提的是，近年来一些抽样调查（如 CFPS、CHARLS）开始将情境问题应用于健康数据的收集和质量控制，通过设置假设情境收集相对标准化的健康评价信息，为自报健康数据的对比分析和效度信度研究提供了辅助信息。

除自评、自报式健康信息外，少数抽样调查也收集目标对象的客观体测指标，如表 7－3 所示。例如，目前国内外比较多见的客观健康测量指标主要有身高、体重、腰围、膝踝间距、心率、血压、肺活量、唾液样本等，这些信息通常由调查统一组织的专业卫生工作者收集。毋庸置疑，这些健康体测指标为拓展健康研究、检验自报式健康指标的含义及其有效性提供了不可多得的资源。不过，受制于测量工具和设备的要求、实际收集难度与成本以及目标对象的知情同意等一系列与研究设计和研究伦理相关的复杂因素，实际中，

这些客观健康指标的收集范围相对有限，尤其是较为复杂的健康体测指标。

表7-3　抽样调查中常用健康体测指标

调查项目	健康体测指标
中国健康与养老追踪调查（CHARLS）	血压、呼吸功能
	握力、平衡能力、双脚一线、双脚并拢、步行速度、坐起站立时间
	身高、体重、腰围、手臂长度、膝高
中国老年人健康长寿影响因素调查（CLHLS）	血压、心率、肺活量
	体重、身高、小腿围、腰围
	右前臂尺骨顶端至右肩顶端距离、右腿膝盖至地面距离
中国健康与营养调查（CHNS）	身高、体重、腰围/臀围/上臂围
	身体成分、皮褶厚度
	血压
	血样、尿样、便样、脚指甲、口腔黏膜等生物样本

注：作者根据调查项目官网公布的问卷整理而成。

健康的发展变化特征表明，“快照式”截面健康指标难以全面反映健康发展变化的机制，因而不能完全满足健康研究、疾病预防和控制等方面的客观需要。因此，近几十年来，一些追踪调查开始针对健康状况收集纵贯数据，从而大大拓宽了社会科学对健康研究的视野。我国关于人口健康的大型追踪调查数据主要有中国健康与营养调查（CHNS）、中国健康与养老追踪调查（CHARLS）、中国老年人健康长寿影响因素调查（CLHLS）等。这些调查数据跟踪收集了目标人群的健康特征、健康资源与行为、死亡等方面丰富的信息，为深入考察健康变化机制及其与其他社会经济环境因素的相依关系提供了重要的机会。

除上述数据收集方式外，近年来，随着互联网和信息化的深入发展，健康服务、消费和管理平台电子化不断完善，健康大数据成为人口健康数据资源的重要形式和有益补充，例如，2018年光华博思特消费大数据中心根据互联网数据整理的“大健康·大数据：中国国民健康与营养大数据报告”①、

① 2018健康大数据报告，很全很实用.［2020-01-02］. https://cloud.tencent.com/developer/news/306935.

今日头条与《生命时报》联合发布的“2018算数·健康”大数据报告等。随着大数据时代的到来，社会科学研究者也开始利用这些新的数据载体和收集方式进行探索性研究，包括对医疗（如住院就医病历）大数据的分析，对抑郁症患者、自杀倾向和方式的大数据识别和分析等①。

综上，不同的数据收集方法在目的、目标人群、成本和时效性等方面存在重要差异，其所能提供的健康信息大不相同。综合不同来源的健康数据，为丰富健康测度、交叉检验其指标质量、拓展健康研究提供了重要的基础。

2. 常见健康指标的类型

健康的内涵相当丰富，这就决定了健康指标具有多维复杂性。第一，从测量的维度来看，健康指标既包括身体健康、心理健康、社会适应性等特定维度的指标，也包括反映一般健康状况的综合性健康指标，如自评一般健康状况，如表7-4所示。

表7-4　抽样调查中常用的健康指标

调查项目	健康指标（调查实施年份）
中国综合社会调查（CGSS）	自评一般健康（2005、2008、2010、2011、2012、2013、2015）
	体质：身高、体重（2008、2010、2011、2012、2013、2015）
	身体疼痛（2005、2011）
	精力（2005、2010）
	心理健康（2005、2010、2011、2012、2013、2015）
	慢性病患（2010、2011）
	活动或工作受限（2005、2010、2011、2012、2013、2015）
	其他健康后果（2005、2010、2011、2012、2013、2015）
	健康资源（2006、2010、2011、2012、2015）
	健康风险/损失（2006）
	健康行为（2008、2010、2011、2012）
	医疗成本/负担（2005、2006）

① Wu，Kevin Chien-Chang，Ying-Yeh Chen，Paul S. F. Yip. Suicide Methods in Asia：Implications in Suicide Prevention. International Journal of Environmental Research and Public Health. 2012，9.

续表

调查项目	健康指标（调查实施年份）
中国健康与养老追踪调查（CHARLS）	自评一般健康（2011、2013、2015）
	身体疼痛（2011、2013、2015）
	残疾（2011、2013、2015）
	慢性病患：类型、诊断情况、治疗情况（2011、2013、2015）
	其他严重疾病或传染性疾病（2011、2013、2015）
	生殖健康（2011、2013、2015）
	活动能力/功能性障碍（2011、2013、2015）
	亚健康状况（2011、2013、2015）
	认知能力（2011、2013、2015）
	心理健康（2011、2013、2015）
	意外伤害/事故（2011、2013、2015）
	健康行为：吸烟、饮酒、社交、饮食、锻炼等（2011、2013、2015）
	活动受限/其他健康后果（2011、2013、2015）
	医疗服务利用：体检、治疗行为（2011、2013、2015）
	医疗保险：类型、报销方式、办理机构、缴纳费用、参加年数等（2011、2013、2015）
中国家庭追踪调查（CFPS）	自评一般健康（2008、2009、2011、2012、2014、2016）
	健康变化（2008、2009、2011、2012、2014、2016）
	体质：身高、体重（2008、2009、2011、2012、2014、2016）
	主要疾病（2008、2009、2010、2011、2012、2014、2016）
	慢性病（2009、2010、2011、2012、2014、2016）
	健康行为：抽烟、饮酒、锻炼、睡眠等行为（2008、2009、2010、2011、2012、2014、2016）
	活动受限/其他健康后果（2008、2009、2010、2011、2012、2014、2016）
	记忆力（2008、2009、2010、2012、2014、2016）
	心理健康（2008、2009、2010、2011、2012、2014、2016）
	医疗服务利用（2008、2009、2010、2011、2012、2014、2016）

续表

调查项目	健康指标（调查实施年份）
中国老年人健康长寿影响因素调查（CLHLS）	自评一般健康（1998、2000、2002、2005、2008、2011、2014）
	健康变化（2002、2005、2008、2011、2014）
	心理健康/性格特征（1998、2000、2002、2005、2008、2011、2014）
	认知能力（1998、2000、2002、2005、2008、2011、2014）
	健康行为：饮食、抽烟、饮酒、锻炼、社交等（1998、2000、2002、2005、2008、2011、2014）
	活动受限/其他健康后果（1998、2000、2002、2005、2008、2011、2014）
	疾病（1998、2000、2002、2005、2008、2011、2014）
	医疗服务利用（1998、2000、2002、2005、2008、2011、2014）

注：作者根据调查项目官网公布的问卷整理而成。

第二，从指标内涵的复杂程度来看，健康指标可以分为简单的（单项）健康指标和复杂的（综合性）健康指数。例如，患病情况、残疾等健康特征均可使用相对简单、明确的变量加以测度。相比之下，心理健康、社会适应性等健康维度的内在含义丰富、复杂，依靠单个变量或指标往往难以有效反映相应健康特征，加之这些维度的健康含义也不易使用一组相互排斥、互不包含的变量或指标进行高效测量，因此，常用的心理健康、社会适应性测度往往使用复杂的量表以呈现和概括相应指标的丰富内涵，常见的量表如抑郁量表CES-D①、压力量表等。此外，在社会科学研究中，也有一些学者将上述不同健康维度的指标通过加权或其他方式整合，构建更为综合的健康指数，例如健康效用指数（Health Utility Index）、不同形式的一般健康指数（General Well-being）等。

第三，健康有广义和狭义之分，尽管狭义的健康指标主要反映健康状

① Andersen E，Malmgren J A，Carter W B，et al. Screening for depression in well older adults：evaluation of a short form of the CES-D. American Journal of Preventive Medicine，1994，10(2)，77-84.

态或结果，但广义的健康指标还测量与健康状态及其变化相关的健康行为、健康风险、调适和应激能力、资源与环境等方面，是深入全面地理解健康的内涵、探察健康发展变化机制的必备资源。例如，用以测度老年人健康的日常生活活动能力量表（ADL）、工具性日常生活活动能力量表（IADL）综合了数十个方面的活动能力特征，在社会科学实践中这些量表得到广泛应用，其有效性和可靠性得到了印证。

第四，按照健康的发展变化性，健康指标包含对不同健康变化轨迹和状态的测量。近年来，随着医疗和公共卫生事业的发展，不少疾病的发病率、病死率得到了不同程度的控制。在这一背景下，中低年龄人口中一些事先“无征兆”的、猝发性死亡事件引起社会越来越多的关注，亚健康状况成为当代人类健康指标中亟须重视的组成部分。除此之外，持续性疼痛与不适、慢性或长期性病症、死亡等一直是社会科学研究中构成健康指标体系的重要内容。这些健康指标的测量和分析研究，为疾病预防、防微杜渐进行健康干预和促进提供了科学依据。

第五，不同健康指标的使用范围和适用性可能不同。由于人类健康特征的内在差异性及其发展变化性，健康指标中既包括专门适用于特定人群的测量（如针对不同性别适用的妇科疾病、男科疾病，针对特定年龄适用的生殖健康、围产期疾病等），也包括具有相对普适性的健康指标。此外，尽管不少健康指标可用以测量不同特征的人群的健康特征，但其具体含义可能因人群而异。例如，基于身高和体重计算的体质指数（Body Mass Index，BMI）尽管在 2 岁以上的人群中均有使用，且指数的构建方式完全一致，但在儿童和青少年阶段相应指数的含义与成年阶段的指数含义不同，须区别对待。对 2～19 岁人口而言，BMI 指数的解读必须考虑性别和年龄的差异。

3. 健康指标的质量、可比性与收集难度

一般而言，不同类型的健康指标有不同的定义、内涵与外延，其测量的具体目的、适用范围或对象、所包含信息的丰富程度等特征均可能有差异。指标设计的科学性要求所有指标须进行科学的论证，对上述各方面做清晰明确的界定。不过，在实际测量和应用中，由于各健康指标的收集难度（包括填答难度）存在差异，其信息可得性、有效性和数据质量迥异。

自评一般健康（self-rated general health）是迄今为止社会调查和研究

中最为常见的健康指标。涉及健康主题的社会调查大多收集该指标信息，部分原因在于该指标易于收集且能够相对高效地提供高质量的健康信息，加之该指标的测量方式相对标准化和统一，这为自评一般健康状况的比较分析提供了一定的基础。目前，多数关于自评一般健康状况的测量使用“总的来说，您认为您的健康状况如何?”进行提问，其量化方式大多使用 5 分类的结果选项（如“很好”“好”“一般”“差”“很差”）。由于测量方式简单易懂，填答所需时间短、不需要被访者进行过多的思考或回忆，因而在调查实施中出现单项拒答或“无法回答”的可能性很低。

出于以上数据收集方面的优势，自评一般健康指标在关于健康的社会科学研究中被广泛应用，不过，该指标的简约性是有一定代价的。不少学者认为，该指标实际所蕴含的健康含义难以精确界定，填答者可能存在不同的理解和反应；也有研究针对该指标在不同个体或人群之间的可比性进行质疑（Sadana，Mathers，Lopez et al.，2002；Baron-Epel，Kaplan，Hanv-Messika et al.，2005）。相关的学术争论仍在进行，不过，目前国内外较为一致的学术观点认为，自评一般健康测量个体的综合健康状况，能够反映个体所感知的各种健康问题（Murray，Chen，1992；齐亚强，2014），但不能有效测量个体未感知到的健康问题或风险；该指标对个体后续健康变化具有较强的预测力（Idler，Benyamini，1997；Benyamini，Idler，1999；Benjamins，Hummer，Eberstein et al.，2004）。

与自评一般健康状况相比，其他多数健康测度主要反映特定健康维度的特征，指标相对具体、详细，具有较强的针对性。不过，这些详细具体的测度也并非没有代价。在实际数据收集和使用过程中，至少有两个方面的问题需要关注：其一，单个指标难以反映目标对象的整体健康状况。为了较为全面地测量和呈现健康特征，往往需要组合使用多个健康指标。其二，反映具体健康特征或状况的指标不仅需要更为准确的界定、表述和阐释，在测量过程中也需要调查对象准确理解并提供详细的信息，包括必要的回忆、辨别、推断等。这些无疑会增加填答所需时间和填答难度，调查成本因此上升，出现拒答、“说不清”或不愿配合的可能性也往往更高。

除此之外，健康的发展变化性也意味着，对个体或是人群而言，具体的健康风险或突出的健康威胁都可能随时间发生变化，这对有效测量健康提出了更多的挑战。不过，需要强调的是，尽管其收集成本往往更高、难

度更大，但这些具体的健康指标对于深入开展健康研究、揭示人类健康发展的规律和进行有效的健康预测与干预不可或缺。当前全球关于健康可持续发展的目标以及我国健康中国的战略规划均对健康促进的具体领域和任务提出了明确的规划，这些目标的实现路径、过程监测都离不开具体的健康指标和测量。《2017年世界卫生统计》报告了各国在全球可持续发展议程框架下各健康领域取得的成就，包括（分死因别的）死亡率的下降，生殖健康状况的改善、饮用水安全性的提升、厕所卫生条件的改善等方面的进展。报告不仅高度依赖健康指标的测量，而且进一步明确了对各国加强健康监测和调查的要求（World Health Organization，2017）。

（三）个体健康与人群健康测度

除上述指标分类外，社会科学中常用的健康指标在测量层次上也存在重大差异。一般而言，按照指标测量的层次可以划分为两大类型，即个体健康指标和人群健康指标。个体健康指标如个体的自评一般健康状况、亚健康特征、急性或慢性病患病情况、心理健康特征（或指数得分）、体质指数等，这些指标反映的是目标对象个人的健康状况，与其初始健康禀赋、健康行为与风险暴露情况、健康资源与环境等因素密切相关。人群健康指标反映的是一定范围内具有特定特征的人群的平均或综合健康状况，通常，人群健康指标是在对其成员的某个维度的健康指标加以综合、运算的基础上构建而成的，常见的计算方法如求均值、比例、事件发生概率等（如患病率、死亡率、平均心理健康得分等）。也有一些人群健康指标通过综合考虑多个方面的健康测度构建而成，例如，健康预期寿命综合了个体层次的死亡风险和患病情况（World Health Organization，2000），折合测量特定年龄时的平均健康余寿。

不同层次的健康指标具有不同的含义和适用场合。在健康研究中，正确使用健康指标是进行科学研究和推断的必要前提，这一点对于不同测量层次的指标尤为重要。不同层次的健康指标仅适于在相应层次进行分析和推断，使用个体健康指标的分析结论推断较高层次或使用群体健康指标的分析结果推断个体健康特征，均有可能造成严重的层次谬误，产生误导性的结论（Hirota，2008）。

四、健康指标应用中存在的问题与挑战

（一）健康指标的质量与可比性

到目前为止，在社会科学对健康的研究中，自评或自报的健康指标仍占据绝大多数。在一定意义上，汇报者对自我健康的评估和汇报行为是健康指标测量的内在组成部分，构成其指标“测量工具”的一部分。除此之外，社会科学调查中常使用的语言文字、表述方式、语境（问卷中的次序）、调查方式等因素，也可能在个体层面产生不同的效应。这些与测量工具、测量手段相关的异质性，既有随机的成分，又可能包含一些系统性的偏差。这就意味着，以自评或自报为主要测量方式的健康指标，其测量的质量和可比性在社会科学研究中需要予以足够的关注和重视。

关于健康指标的测量质量和可比性，需要强调的是，首先，健康测量工具不能完全脱离或独立于个体的健康感受和自我感知。换言之，个体的健康感受理应成为健康测量的组成部分。这与健康内含的丰富性和复杂性相关。既有研究（Murray，Chen，1992；齐亚强，2014）指出，个体健康状况至少包括以下三个层次的内容：其一，个体能够自我感知，但通过外部手段难以观测到的健康问题，包括一些持续性的疼痛和不适感。这些特征往往是临床医学上明显健康变化或健康问题的前兆，是各种亚健康特征的反映。这些健康状况变化的早期表征，对于疾病预防和健康干预、有效降低健康风险与损失极为关键。其二，既能自我感知又能通过外部手段检测或观测到的机体变化。其三，无法自我感知但可以通过外部工具测量到的机体变化。不同层次的健康特征对于全面反映健康状况及其潜在变化具有不同的指示作用，测量这些健康特征需要结合不同的测量工具进行数据收集，个体的自我感受在测量过程中扮演着相当重要的角色，不能简单被其他测量方式替代。由此可见，从多维度、辩证和发展的视角看待健康问题，基于自评或自报信息的健康指标是动态全面地了解健康的不可或缺的组成部分，也是反映其他测量工具难以测量或捕捉到的健康特征和变化的重要手段。

其次，自评或自报的健康测度不可避免地受个体汇报行为的影响，由此可能隐含一些难以完全归结于健康差异的汇报特征或模式。例如，迄今为止，大量的研究（Ostrove，Adler，1998；齐亚强，2014）发现男女两性对健康的评价和汇报行为存在系统性差异，这些差异并不能完全解释为男女两性健康状况的差异。类似地，有经验证据表明，在不同文化和社会环境中，个人对健康的自评结果存在系统性差异（Sadana，Mathers，Lopez et al.，2002；Baron-Epel，Kaplan，Haviv-Messika et al.，2005）。这些系统性的汇报差异，极有可能损害指标的可比性。因此，在健康指标体系中，以自评或自报信息为基础的指标测量质量需要引起信息收集者和使用者的特别关注。

鉴于此，结合健康指标体系的特点，提高指标质量和可比性可以从以下方面着手：其一，在指标设计和测量的环节，坚持科学的设计原则，在明确指标的测量目的和测量内容的基础上，清晰界定指标的含义，规范、完善并尽可能标准化测量方式。科学的设计是进行指标测量和研究的基础，也是进行科学推断和制定有效的健康决策的依据。其二，坚持系统科学的指标评价和检验研究。在科学设计的基础上，结合不同的健康测量、不同的设计方式（如问题次序、具体表述等）在不同人群中对指标的效度和信度进行交叉检验和评估。通过科学评估，进一步明晰和论证这些健康指标实际测量的具体健康内涵，为增进指标的可比性、提高测量质量和效率奠定基础。其三，进一步发展和完善健康指标体系。坚持科学发展和创新的研究思路，探索新的、更好的测量手段和方式，适应人类健康发展的需要，推动人类健康科学知识的积累和健康促进。

（二）健康测量的成本和提高测量效率的思路

近几十年来，世界各国的调查和数据收集成本普遍呈快速攀升之势，健康指标的收集成本也不例外。对多数调查而言，数据收集成本上升的主要原因有：首先，公众对个人空间、隐私保护的意识不断增强，要求不断提高，配合接受调查的意愿总体下降；其次，现代社会中工作与生活节奏普遍加快，调查的时间成本变得极高；再次，人口的职住变化、迁移流动更为频繁，进一步增加了调查的实施成本。

对于健康指标而言，其收集成本的上升在上述原因之外，还突出地表现为健康问题的复杂多变性。其一，健康的内涵丰富，指标体系具有客观复杂性。如上文所述，健康包括多个维度，这些不同的维度相互之间并不独立，全面科学地测量健康必然要求健康指标从多个维度提供信息。理想的情况下，健康指标应当能够反映个体已感知和未感知（体测可检出的）的多层次的健康特征；同时，健康指标之间支持交互检验和组合分析，为评估指标的质量、探索健康理论和规律提供数据基础。其二，不论从个体还是人群的角度来看，健康都是发展变化的。一些新的健康风险和威胁不断出现，在一定程度上取代原有的健康问题而成为主要健康威胁。这些特征不仅要求健康的测量和指标体系能够有效反映健康的发展变化，而且要求健康指标的设计具有前瞻性，切实为推动健康促进提供依据。

在调查成本攀升的背景下，测量的效率对于指标的收集变得至关重要。目前，健康指标测量效率中存在的问题突出表现在：首先，健康指标设计的标准化程度不高。一些健康指标的概念界定和操作方式缺乏相对成熟的标准，导致不同调查提出各自不同的指标设计方案，数据的使用也缺乏必要的交叉检验和评估，由此造成了低效的重复测量。其次，健康数据的收集体系性不强。受成本约束和调查难度的客观影响，不同的社会调查在设计和收集健康数据时均须进行取舍。在缺乏数据资源合理有效共享的背景下，多数调查不得不重复收集一些基本的、易于收集的健康指标。其结果是，从社会层面来看，不少调查中所收集的健康信息对健康状况研究和人类健康规律探索的边际贡献几乎为零。这些简单的重复在消耗有限的时间和经济资源、增加收集成本的同时，并没有促进健康指标体系的发展或完善。再次，一些调查中存在低效的指标收集方式。例如，在抽样调查中收集旨在构建疾病发生率的健康指标无疑是低效的，甚至是不恰当的。

因此，提高健康测量的效率应当从以下方面着手：第一，对比分析不同数据收集方式的特点及其对不同健康指标收集的成本－效率。从社会层面统筹组合不同的数据收集方式，设计并优化其分工合作模式，发挥不同调查或数据收集方式的优势，从而在保证数据质量的基础上使数据信息最大化。潜在的数据收集主体（包括国家统计部门、调查和研究机构）之间进行必要的协调合作，以数据资源共享为基本方式，为促进指标质量和数据收集效率提高实现合作共赢。第二，完善指标体系的构建、发展和优化。通过基础健康研究，考察不同健康指标的构建效度、对健康特征的测量效率，探索其改进方向。第三，充分利用信息化时代的发展成果，规范管理和使用

相关平台的健康登记、服务、消费等信息，提高指标的开发和利用效率。

（三）新的健康问题与特殊的健康维度亟须重视

随着疾病谱转变和人类健康发展，现阶段困扰人口健康发展的突出问题已发生了重要的变化。一些隐性健康问题、亚健康状况、慢性疾病、心理健康、社会适应性问题等成为当前人口健康促进的重要阵地，也是健康测量亟须关注的内容。与此同时，与社会经济、环境等因素相联系，人口健康存在明显的分层和差异化趋势。这些新的健康问题和健康形势要求健康测量更具针对性，更高效率地捕捉当代社会突出的人口健康特征、不同群体的健康差异及其变化。

现阶段，健康指标体系中对亚健康的测量还处于探索阶段（吴思英，2006；闫宇翔，王嵬，2008；董晶，许娟，刘佑琴，等，2009）。随着人类健康发展阶段的转变，一般意义上，战争、灾荒、传染性疾病等健康威胁已在相当程度上得以控制，中低年龄组的死亡率已降到很低的水平。然而，近年来，一些新的健康问题（如过劳猝死等）开始出现，成为中低年龄组不可忽视的健康威胁。这些健康威胁不仅直接损害了个人的生活和健康福祉，而且对整个社会的健康发展进程产生了不小的障碍。目前，多数社会调查中还缺乏对亚健康状况、隐性健康问题的关注，数据指标的发展滞后，在客观上限制了这些健康问题得到应有的重视，也阻碍了有效的健康预防。

与亚健康指标的相对缺失类似，社会适应性的指标有待完善。目前，关于社会适应性的定义和测量缺乏相对成熟的标准或统一的口径。对相关主题的文献进行搜索整理不难发现，与其他健康维度相比，现有的健康调查和研究对社会适应性的关注明显较少。目前仅有的一些测量成果使用的测量工具不尽相同，设计的问项数量和内容迥异。由此导致既有指标的有效性并不明确，关于指标体系的基础研究（如旨在检验或设计、构建指标的研究）同样缺失。社会适应性的具体内涵如何？是否存在人群差异？是何种差异？是否存在具有一般适用性的社会适应性测量？这些问题需要得到系统的考察，在此基础上建立和完善社会适应性指标体系，这是当前健康指标发展和健康研究的重要课题。

除此之外，健康指标的发展还应当关注其他方面的健康内涵。1989 年世界卫生组织提出的“现代健康观”的内涵不仅重申了其他健康维度的重要性，还首次增加了道德维度。事实上，结合健康的心理和社会适应维度，新的健康内涵也可以理解为心理健康和社会适应性健康的自然延伸，即不仅是以主体自身为中心的健康状态，而且应当包括在社会互动中的健康效应。我国卫生部 2008 年发布《中国公民健康素养 66 条》，2015 年进行了修订，其中不仅包含了对个人健康知识和技能方面的要求，更重要的是对健康理念和行为的强调。拥有这些健康知识，培养相应的理念，并且一以贯之地实施，才能形成真正的健康效应。值得强调的是，这些理念和行为的健康效应不局限于个人，更包含了对外部环境、对社会其他成员的影响。这些事实在以往的健康研究和测量中未得到应有的重视，随着社会发展和文明化进程的加深，健康测量理应与时俱进，体现其发展的要义。

综上所述，新时期人类健康的发展特征和趋势要求健康指标体系与时俱进，在准确把握健康内涵的基础上，科学设计、反复检验和论证，不断发展和完善。同时，在指标收集和研究中，注重收集动态追踪的健康信息，结合与健康及其分层机制相关的社会经济环境等因素开展分析，探讨总结健康演变的规律及其影响机制，为积累科学的健康知识和理论做出应有的贡献。在科技高速发展和信息化的时代，合理利用和整合健康管理、服务、消费等系统的登记信息和其他大数据资源，为传统数据收集方式补充重要的信息，对于丰富健康指标测量、拓展健康领域的知识和理论成果意义重大。

五、当前我国健康促进的特点和时代要求

世界卫生统计资料显示（World Health Organization，2017），2015 年我国人口平均预期寿命 76.1 岁（其中男性为 74.6 岁、女性为 77.6 岁），比同一时期预期寿命最长的国家低 7.6 岁（男女两性分别低 5.9 岁和 9.2 岁）。同一时期，我国人口出生时平均健康预期寿命为 68.5 岁，比平均预期寿命少近 8 年。人口健康促进仍然任重而道远。

（一）主要任务和特殊挑战

根据世界卫生统计资料中分指标的健康统计，我国人口的健康威胁呈

现以下突出的特点：

第一，低龄段人口中，尽管近年来我国婴幼儿死亡率已明显下降，但仍高于日本、美国等发达国家；中低龄段人口中，营养不良和营养过剩问题并存。据《2017 年世界卫生统计》，2015 年，我国新生儿死亡率约为 5.5‰，高于同一时期的日本（0.9‰）、美国（3.6‰）等发达国家；5 岁以下儿童死亡率约 10.7‰，也高于同一时期发达国家的水平（日本、美国分别为 2.7‰和 6.5‰）。低龄段人口健康状况不仅与我国现阶段社会经济的总体发展水平有关，而且存在严重的分层和发展不平衡问题。儿童营养不良和营养过剩现象并存，5 岁及以下儿童发育迟缓、消瘦的比例明显高于日本、美国等发达国家，相应年龄儿童超重的比例也远高于日本，甚至超过美国。

第二，中青年龄段开始，与健康行为相关的健康风险突出。2015 年我国 15 岁及以上男性人口的吸烟率（标准化率，47.6%）不仅远超过日本（33.7%）、美国（19.5%）等发达国家，而且大幅高于印度（20.4%）等发展中国家。与之相关，我国人口不仅肺结核发病率远高于发达国家，而且 30～70 岁人口死于心血管疾病、癌症、糖尿病、慢性呼吸道疾病的概率也明显较高。据现有统计资料，2014 年我国总人口中肺结核发病率为 68/10 万人，同一时期日本和美国的相应数值分别仅为 18/10 万人和 3.1/10 万人。2012 年，我国 30～70 岁人口死于心血管疾病、癌症、糖尿病、慢性呼吸道疾病的概率为 19.4%，高于同一时期日本和美国的相应数值（9.3% 和 14.3%）。

第三，环境问题已成为近年来影响我国人口健康的突出因素。2014 年我国城镇地区年均 PM2.5 浓度高达 61.8，远高于美国（8.5）和日本（13），略低于同一时期的印度（73.6）。从人口分死因的死亡率来看，2012 年我国人口死亡率中与户内空气污染相关的死亡比例数倍甚至数十倍于日本、美国等发达国家，也显著高于同一时期人口健康发展水平较低的印度。

第四，意外事故的发生和致死，已成为当代人口健康的隐性杀手。2005—2015 年我国死于交通事故的约 18.8/10 万人，不仅高于日本、美国等发达国家（分别为 4.7/10 万人和 10.6/10 万人），也高于同样拥有庞大人口规模但基础设施发展相对落后的印度（16.6/10 万人）。除交通事故死亡外，少年儿童溺水等意外事故也是近年来低龄段人口死亡风险的不可忽视的因素。这些意外事故直接损害着个人的生命安全，而且对整个社会的人口健康发展有着严重的不利后果。

第五，随着现代社会生活和工作节奏的加快，亚健康问题、心理健康问题和社会适应性问题日益突出，成为影响现阶段人口健康状况的核心因素。需要强调的是，目前整个社会对这些健康问题的重视程度明显不足。中低年龄段人口中有不少人长期处于亚健康状态，也有相当比例的心理健康问题，这些问题在健康防护体系中未得到应有的重视或及时有效的干预，以致对个人和整个社会带来额外的健康损耗，甚至可能出现过劳猝死或抑郁自杀等极端的健康后果。据统计，近年来中青年猝死人数激增，猝死已成为中低龄段人口死亡的三大原因之一。

这些指标和数据显示了现阶段我国人口健康发展的一些突出特征和问题，是我国当前健康促进需致力改善的重要方面。进一步定位这些健康问题在人口中的具体分布状况、剖析其形成及发展机制，需要完善、测量、监测和动态跟踪与之相关的健康指标。除此之外，如本章前一部分所分析，以上健康指标所反映的仅仅是《世界卫生统计》收集和关注到的健康维度，在上述特征之外，还有一些重要的健康问题需要在后续的指标构建、常规统计工作和研究中予以重视。这些都是现阶段健康促进的重要内容，从根本上决定着今后一段时期内人口健康的发展状况和发展轨迹。

(二) 国际比较的视野

健康促进离不开国际环境，健康指标和测量同样应当具有国际视野。2015 年联合国可持续发展峰会通过的《2030 年可持续发展议程》，对世界各国在健康及其他领域的可持续发展目标提出了明确的指导和规划。《议程》也展现了实现健康可持续发展过程中国际比较的重要意义，主要体现在以下两方面：

第一，国际比较的视野是各国正确认识和评估自身发展状况的重要参照。通过健康指标的国际比较，有助于分析本国人口健康促进与发展中哪些领域差距较大、哪些领域已相对领先。其部分意义在于，通过国际比较为本国健康促进的方向提供指导——继续投入相对领先的领域可能意味着在现有的知识和技术水平下带来的边际收效很低，而相对落后的领域则是健康促进需要重点努力且具有较高的投资—收益和成本—效率的方向。

第二，在可持续发展规划中坚持国际视野，有利于吸收人类文明进步

的优秀成果，更好、更高效率地推动居民健康福祉的提高。例如，《2017年世界卫生统计》（WHO，2017）报告显示，当代世界多数国家的人口疾病威胁和死亡模式具有相似性，心血管疾病、癌症、慢性呼吸系统疾病和糖尿病已成为全球前四位的死因。尽管如此，在剔除年龄因素（即对年龄进行标准化）的影响后，高收入国家的心血管疾病死亡率近年来呈迅速下降趋势，其他非传染性疾病的病死率也在缓慢下降。这些人类健康促进中的优秀成果和先进经验对于中低收入国家的健康促进具有重要的启示、借鉴和指导意义。

综上所述，健康指标和测量对人口和社会经济发展具有重要的指示作用，不仅是开展健康研究和认识人类健康发展规律的基础，也是人口与社会经济发展规划、发展目标评估的重要依据。健康的内涵丰富且复杂，健康本身具有相对性和可变性，随着时间的推移，健康的内涵也在不断拓展和延伸。这些特征对健康指标体系建立和健康测量提出了更高的要求和现实挑战。本章在剖析健康内涵的基础上，结合社会科学研究中健康指标的类别、特征、潜在问题，以及当代人类健康发展的时代要求，初步探讨了发展和完善健康指标和测量的意义、方向及基本思路。在此基础上，本章总结了现阶段我国健康促进的方向及其对健康指标发展的意义。

中文参考文献：

[1] 董晶，许娟，刘佑琴，等．亚健康状态评价指标的拟定及其信度、效度检验．中国慢性病预防与控制，2009（5）．

[2] 齐亚强．自评一般健康的信度和效度分析．社会，2014（6）．

[3] 邵瑞太．疾病模式转变理论研究的回顾．中国公共卫生，2000（5）．

[4] 吴思英．中学教师亚健康状态与职业紧张的关系及其对工作能力的影响研究．成都：四川大学，2006．

[5] 闫宇翔，王嵬．亚健康状态研究进展．中国公共卫生，2008（9）．

英文参考文献：

[1] Baron-Epel O，Kaplan G，Haviv-Messika A，et al．Self-reported health as a cultural health determinant in Arab and Jewish Israelis．Social Science & Medicine，2005，61（6）．

[2] Benjamins M，Hummer R A，Eberstein I W，et al．Self-reported

health and adult mortality risk：an analysis of cause-specific mortality. Social Science & Medicine，2004，59 (6).

［3］Benyamini Y，Idler E L. Community studies reporting association between self-rated health and mortality：additional studies，1995 to 1998. Research on Aging，1999，21 (3).

［4］Hirota Y. Ecological fallacy and skepticism about influenza vaccineefficacy in Japan：The Maebashi Study. Vaccine，2008，26 (50).

［5］Idler E L，Benyamini Y. Self-rated health and mortality：a review of twenty-seven community studies. Journal of Health and Social Behavior，1997，38 (1).

［6］Murray C J L，Chen L C. Understanding morbidity change. Population and Development Review 18，1992，(3).

［7］Omran A R. The epidemiologic transition：a theory of the epidemiology of population change. The Milbank Memorial Fund Quarterly，1971，49.

［8］Ostrove J M，Adler N E. The relationship of socioeconomic status，labor force participation，and health among men and women. Journal of Health Psychology，1998，3 (4).

［9］Sadana R，Mathers C D. Lopez A D，et al. Comparative analysis of more than 50 household surveys on health status//Summary Measures of Population Health：Concepts. Ethics，Measurement and Applications Geneva：World Health Organization，2002.

［10］World Health Organization. Constitution of the World Health Organization. Geneva：World Health Organization，1946.

［11］World Health Organization. The world health report 2000. [2019－02－25]. http://www.who.int/whr/2000/en.

［12］World Health Organization. World health statistics 2017：monitoring health for the SDGs. Geneva：World health Organization，2017.

第八章 中国的医患关系及其形成机制

医患关系是社会热点问题之一，恶性医患冲突危害医务人员安全，冲击正常的社会秩序，同时不断冲击社会道德底线，反映了社会法治问题。习近平在中国共产党第十九次全国代表大会报告中强调“中国特色社会主义进入新时代，我国社会主要矛盾已经转化为人民日益增长的美好生活需要和不平衡不充分的发展之间的矛盾”。没有和谐的医患关系和良性发展的医疗卫生事业，就无法有效满足人民群众的健康追求，不利于民众美好生活建设。医患关系问题不是单纯的医生患者互动问题，是一个涉及医方、患方、行政机构、媒体等多个主体的复杂性、系统性问题。本章将尝试呈现中国医患关系中存在的问题，并利用全国微观调研数据实证描述医患关系状况，最后提出促进医患关系和谐发展的若干政策建议。

一、引言

各种形式的医疗纠纷和“医闹”事件近年来接近“井喷”状态，特别是封门堵路、摆花圈设灵堂、违规停尸、聚众滋事等“医闹”行为，以及非法侮辱、非法拘禁和暴力伤害医务人员案件呈现高发态势。据统计，

2010年全国发生“医闹”事件17 243起，比2005年增加近7 000起（赵晓明，2012）；2012年两会期间民进中央的提案显示，全国每年发生的医疗纠纷超过一百万起（黄照权，2013）。中国医院协会调查显示，我国每所医院年平均发生的暴力伤医事件高达27次。张寒对2016年我国发生的42起典型医疗案例进行统计后发现，“医闹”人数超过320人，大约致60名医护人员受伤或死亡（张寒，2017）。医患冲突已经达到再也“伤不起”的境地(李泓冰，2012)。

新医改以来，中国医疗体系在医保覆盖面、服务可及性等方面取得了斐然的成绩（周忠良，高建民，张军胜，2013）。然而，近年来中国医患关系颇为紧张，患方敲诈、辱骂、恐吓、殴打医务人员，围攻医院甚至故意将医务人员致残、致死。如若再不深入研究、采取科学合理的策略解决这一问题，将危及亿万人民群众的健康生活，危及中国医疗体系已有硕果，乃至危及经济发展质量、政府管制绩效、社会公平正义、社会和谐稳定以及道德、法律建设成果。

总之，一幕幕暴力伤医事件的上演，让我们不得不反思：为何一面是中国医疗保障的进步，一面却是医患信任的下降？为何一面是大健康理念的构建，一面却是医疗纠纷得不到有效解决？中国的医患关系该何去何从？又该如何去构建和谐的医患关系？为此，本章第二部分在健康中国的理念下，对医患关系紧张局面产生的原因进行了梳理与总结。此外，虽然医患关系问题是社会热点问题，但中国医患关系到底呈现什么样的态势，中国医患关系的良性发展受制于哪些因素等一系列问题尚未得到有效回应，尤其是缺乏基于代表性数据的实证描述。本章将在第三部分利用具有代表性的全国微观调研数据细致描述中国医患关系状况。最后，在第四部分对改善医患关系提出若干政策建议。

二、研究回顾：医患关系缘何紧张？

医患双方本应和谐互动，但中国医患关系为何陷入紧张的境地？本章认为，紧张的医患关系形成的原因可以从微观和宏观两个层面展开论述：

(一) 微观解释

1. 医风医德下降

有学者将医患关系的紧张状况归因于医生的医风医德下降，认为医生在市场经济的大潮中迷失了方向，丧失了职业道德并走向了唯利是图（仲实，1982）。大量患者及社会公众认为医生将经济利益置于患者利益之上，丧失了职业操守。例如，患者认为医生只顾开大处方、让患者做大检查、药品吃回扣、收受红包等而不顾自己的健康及经济利益（姚泽麟，2017）。患者就医价格高昂，在归责于“以药养医”“以疗养医”“药品回扣”等现象时，也常对医方是出于治病还是牟利的动机心生狐疑（宋旭明，2014）。此外，患者认为医生工作敷衍、态度冷漠。患者在支付了高额的医药费之后，还往往无法得到其认为应得的基本服务（王丽，张新庆，李恩昌，等，2014）。同时，有患者认为医生疏忽大意、缺乏责任心，导致医疗过失的产生，危及他们的生命健康，这也是“医闹”事件频发的主要原因之一（张兆金，黄欣，黄敏芳，等，2015）。

2. 医院制度弊端

作为物理建筑的医院是医生与患者进行互动的物质平台；作为组织机构的医院，其日常运行机制又直接影响甚至塑造医患关系形态。现行的医院运行制度和管理模式会对医患关系的恶化产生影响：

首先，医疗机构以经济效益和效率为导向提供服务，大部分经费都需要各医院自己解决，这导致很多医院管理者把创收作为首位目标，将经济压力下放到各科室。这说明医院管理方对过度医疗持默许态度（卢岳华，2017）。

其次，医生需要在极短的时间内处理数量庞大的病人，并且在短时间内同时完成诊断、确诊、确定治疗方案、协调床位等复杂的技术和日常工作。这不仅使得每个患者得到的诊疗时间较短，其情感需求得不到沟通的保证，还迫使医生形成了以效率、客观、专业性为核心的话语体系，医生在与患者互动中为满足医疗机构对效率的要求而忽略了与患者的情感性沟通（涂炯，亢歌，2018）。

最后，从医院内部管理分析来看，患者投诉最多的是就诊和治疗过程，医院内部管理不严格和医务人员操作不规范及缺乏良好沟通是患者投诉的主要原因，这样会一定程度恶化医患关系（陈倩雯，郑红娥，2014；袁廷东，毛坤，袁岳沙，2014）。

3．医患沟通不畅

医患纠纷与医患沟通不畅息息相关（戴元光，韩瑞霞，2012；王俊荣，崔爽爽，2015），医患冲突是因为医患双方在沟通中缺乏信任，彼此充满着消极的刻板印象（王沛，尹志慧，罗芯明，等，2018）。在医疗决策中，由于医学的专业化与技术化，患者医学知识的匮乏，患者必须依赖于医生的相关信息告知，医生对效率逻辑的追求加剧了医患间的沟通困难和压力（陈化，郝文君，2013）。另外，医患之间结构化的会话模式、话语体系的差异、表达方式的不匹配等，造成了双方沟通的障碍。医患间话语冲突的背后，是医患间权力的不对等，中国医生侧重支配性对话模式和效率性对话逻辑，与他们的角色压力具有内在关联，这种压力来源于医疗场域的制度安排。

医患间的沟通不顺畅除了信息不对称因素外，还在于医生时间的有限性和患者病症的不确定性，塑造了门诊会话中医生话语以简短、概括性强为主要特点，并且遵循着结构化的固定模式，话语体系主要为医学专用术语。患者和家属的话语具有焦急、迫切和“七嘴八舌”的特点，话语体系主要为日常生活用语（涂炯，亢歌，2018；卢岳华，2017）。另外，在医患沟通过程中，医患双方都认为自己在信息提供、信息接收、信息确认以及社会性情绪交流方面做得比对方要好（姜鸿文，王凌云，孙少晶，2013）。而且，与传统时代医患间话语合作为主流不同，在新媒体时代的医患沟通中，医患双方呈现明显的话语博弈状态（吴洪斌，2017）。

4．社交媒体“推波助澜”

部分媒体在医疗事件的报道中存在着道德失范的现象，恶意炒作、不公正报道、误导群众行为加深了医患之间的信任危机（傅伟韬，郭自力，2015）。网民对医生的信任度显著低于非网民，互联网使用在医护态度满意度对医生信任的影响中具有负向调节作用，媒体对医患关系存在显著影响（朱博文，罗教讲，2017；涂光晋，刘双庆，2015）。性质恶劣的“医闹”事件通过网络渠道频繁造势，各种谣言在不明真相的网民中迅速传播，致使医务人员和医疗系统长期陷入“污名化”的不利境地，阻碍了我国医疗体系的良性运转（张敏，刘晓彤，夏宁，2016；罗以澄，王继周，2016）。

有学者对我国医患关系的报道进行了详细分析，他们认为媒体报道通过四个途径对医患关系产生负面影响（王俊荣，崔爽爽，2015）：一是媒体对医患关系报道的议程设置更多地着眼于医患关系间的不和谐议题，无形中营造出一种医患关系越来越紧张、对立越来越严重的“拟态环境”，导致作为受众的医方和患方都对医患关系紧张度的认识出现偏差；二是媒体在进行新闻报道时，以长期形成的刻板印象做内容的整合，将患方的角色固化为弱者，将医方的角色设定为强势方，致使报道丧失客观性；三是在涉及医方治疗的相关采访中，很多记者因为缺乏医疗知识，导致事实陈述不清楚、不准确；四是同业竞争导致报道深度不足，影响群众对医患双方立场的认知。

（二）宏观解释

医患关系实际上是嵌入医疗卫生体制和整个社会经济文化的环境中的，这些宏观背景因素对医患关系产生着深远的影响：

1. 医疗卫生系统弊端

从 20 世纪 80 年代医疗行业走向市场化以来，我国医疗机构在很大程度上自负盈亏，开始转向以经济效益和效率为导向的服务提供，政府财政拨款还不到公立医院成本支出的 10%（涂炯，亢歌，2018）。公立医院逐步被推入市场，加上政府对卫生事业重视不够、投入不足，卫生的补偿机制不健全，形成了依靠收诊费维持医疗机构运转的恶性局面，而政府对医疗市场的价格管制还导致医务人员劳务价格被严重低估（朱恒鹏，2010）。这些因素致使公立医疗机构趋利行为越来越严重，职业道德建设薄弱，医疗资源浪费严重，患者经济负担加重，公益性质淡薄（廖娟娟，黄东，2008）。

虽然我国的基本医疗保障制度初步实现了全民覆盖，但是目前的医保体系还不完善，在筹资水平和统筹层次等方面还不能满足公众的就医需求，再加上“以药补医”制度的存在，导致医药费用持续增长，造成我国公众“看病贵”难题，医患矛盾尖锐（赵丽，陈晓彤，刘爽，等，2013）。

此外，目前的医疗体制使得医疗资源配置不均。医疗卫生服务存在显著的城乡差异，医疗费用资源向城市过度集中（和立道，2011），而部分乡镇医院往往面临经营困难、政府投入不足、人才流失的困境（顾昕，方黎明，2007；陈传波，李爽，王仁华，2010）。医疗卫生资源不仅存在横向的城乡分布不均衡，也存在纵向的基层、“高层”分布不均衡状况。申曙光、张勃发现优势医疗资源向大医院集中，基层医疗机构诊疗功能弱化（申曙光，张勃，2016）。医疗服务供给不足、医疗资源不均衡导致了“看病难、看病贵”，也进一步激化了医患双方的矛盾。

2. 医药体系扭曲药价

在市场化改革方向的医疗体制下，医药体系出现“产业化”与“市场化”现象，把医疗和药品都变成了一种“买卖”，即“以药养医、以设备养医”（冷明祥，2004）。中国医疗体制和药价管制模式使得医院在药品零售环节处于“双向垄断”的地位，管制失当导致公立医院售药行为发生扭曲，为医生的道德风险行为提供了实施的可能性与空间，促成了“以药养医”现象的产生（朱恒鹏，2007）。黄顺康、廖智柳指出，“以药养医”机制造成了逆向激励效应，使病人和医生之间的合作关系发生质变，扭曲了正常的医患关系（黄顺康，廖智柳，2014）。张孜仪、张建认为，“以药养医”的营利模式的形成导致医疗机构将创收的指标下放到科室、医生，过度医疗等医疗失范行为使医疗机构和医务人员的负面职业形象被固化（张孜仪，张健，2015）。蔡昱、龚刚、张前程认为“以药养医”体制破坏了医患双方共同攻克疾病的合作关系，挑拨了医患关系，使医患关系沦为扭曲的利益争夺关系、矛盾冲突关系（蔡昱，龚刚，张前程，2013）。

同时，我国政府对于医疗服务的价格一直采取管制措施，压低了医生提供医疗服务的价格。医院为了生存，不得不重视经济效益，由于政府允许医院从药品销售的批零差价中提留一定比例的销售收入，医院与医生都可以通过多开药、大处方等来增加利润（管仲军，陈昕，2016）。因此，在我国医药体系中技术服务和药品收费倒置现象的存在使得医方很容易和药品生产者形成价格同盟，推高药价，同理还推高了检查费用（封进，余央央，2008）。

3. 相关法律法规不完善

医患关系管理法规的不健全、不完善是医患关系恶化的重要原因。针对医患关系的立法具有滞后性，相关法律的立法背景和立法理念并不一致（林志辉，2017）。具体问题包括：

一是解决医患纠纷的法律法规不够完善，常出现理解上的偏差（许尧，

2016），给执法人员带来一定的困难，常常无法有效地将事件扼杀在萌芽状态。例如，侵权责任法相关规定导致患者的“同意”往往被视为消极权利，患者权利无法得到真正保障（李杰，2017）。

二是我国现有的医疗纠纷解决体系专注于赔偿与制裁，忽视了医患双方的沟通和和谐关系的维持。少数患者把举证责任倒置当作“尚方宝剑”，一出现医疗纠纷，就要诉诸法律，要医方拿出证据，否则就索要赔偿（满洪杰，2017；张孜仪，张建，2015）。

三是目前医患纠纷解决机构呈现组织行政化、运作过程地方化和内部化特征，导致患者对做出专业判断的制度设施存在结构性不信任。患者在知识占有上的弱势和对专业判断的结构性不信任，导致了医疗纠纷中患方的抗争（彭杰，2017）。

三、医患关系：基于医生信任视角的实证描述

医患关系是一个复杂的社会问题，中国医患关系研究更是涉及医院、医生、患者、媒体、政府部门等多个主体。对医患关系问题进行实证研究的难点之一在于，无法对医患关系进行囊括式量化。以下选取一个视角为切入点，尝试对医患关系进行变量化处理，对中国医患关系进行刻画，并进一步分析医患关系良性发展的制约因素。

患者和社会大众对医生的信任感是医患关系是否良性发展的衡量尺度之一（Rhodes R，Strain J，2000），同时患者对医生的信任也有助于医疗活动的高效完成（Branch W，2000）。医生的社会信任在医患关系研究中兼具“因变量”与“自变量”特征：一方面，考察社会大众对医生的社会信任可以帮助我们更直观地了解医患关系现状；另一方面，考察医生信任影响因素有助于我们有针对性地改善医患关系。

我们使用中国综合社会调查（Chinese General Social Survey，CGSS）数据考察社会大众对医生群体的评价，并分析这些评价的影响因素。中国综合社会调查是中国人民大学相关团队主持的我国第一项全国性、综合性、连续性的学术调查项目，该项目调查数据可提供较为充实的宏观、微观层面信息。我们选取了中国综合社会调查 2012 年数据进行分析。中国综合社

会调查 2012 基于多阶分层抽样方法，以面访的模式调查了中国成年人群体的截面数据。调查数据涵盖受访人社会人口属性、生活方式、社会态度、个体认知能力等多方位信息①。CGSS 2012 询问了受访人对医生等不同职业群体的信任程度，我们利用 CGSS 2012 相关问题设置构造“医生信任”变量，一方面整体描述中国民众对医生群体的信任状况，另一方面使用计量经济学研究方法考察民众对医生的信任受哪些因素的影响。

CGSS 2012 数据对医生信任询问具体设置如下问题：编码 N1606 问题询问受访人——“您对下面这些人的信任程度如何——医生”，问题回答选项包括“非常信任”“比较信任”“不太信任”“完全不信任”等。我们在剔除缺失值后，对回答选项进行重新编码，生成“医生信任”变量。“医生信任”变量为有序性质的四值虚拟变量，“1”代表“完全不信任”，“2”代表“不太信任”，“3”代表“比较信任”，“4”代表“非常信任”，数值越大代表受访人对医生的信任程度越高。

如图 8－1 呈现了医生信任状况的描述统计图。描述图显示，我国公民对医生群体的信任度整体而言呈现较高态势，仅 2.15％受访人对医生持“完全不信任”态度，对医生秉持“比较信任”和“非常信任”态度的受访人合计超过 80％。

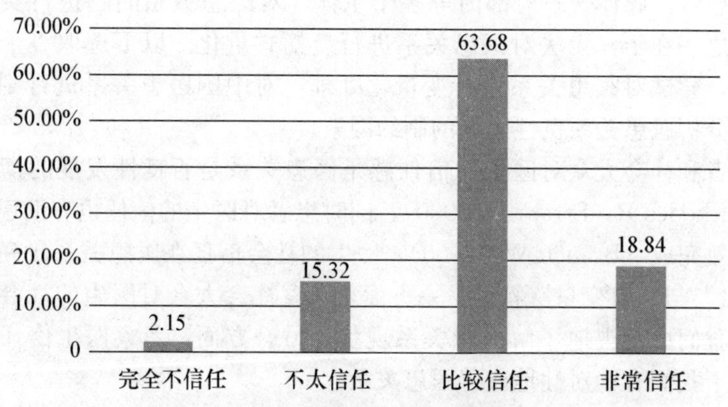

图 8－1　医生信任统计描述

① 中国国家调查数据库.［2020－01－07］. http://cnsda.ruc.edu.cn/index.php?r=projects/view&id=85111874.

如图 8－2 所示，79.32％的城镇地区受访人对医生群体秉持“非常信任”或“比较信任”态度。相比较而言，农村地区民众对医生群体信任度更高，持“非常信任”或“比较信任”态度的受访人占比高达 85.32％。

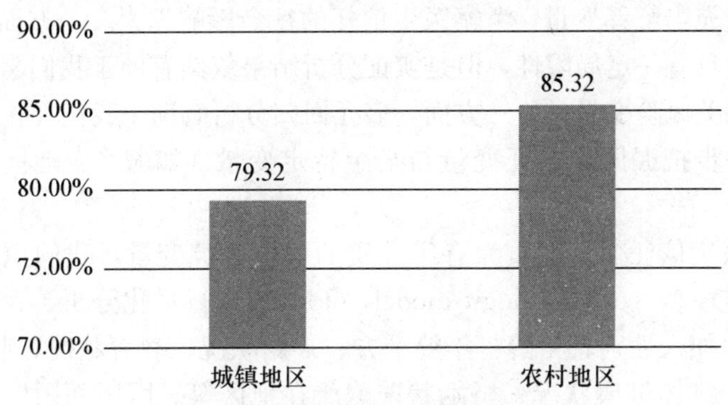

图 8－2　医生信任分城乡统计描述

如图 8－3 所示，80.51％的东部地区受访人对医生群体秉持“非常信任”或“比较信任”态度，82.97％的中部地区受访人对医生群体秉持“非常信任”或“比较信任”态度，85.01％的西部地区受访人对医生群体秉持“非常信任”或“比较信任”态度。

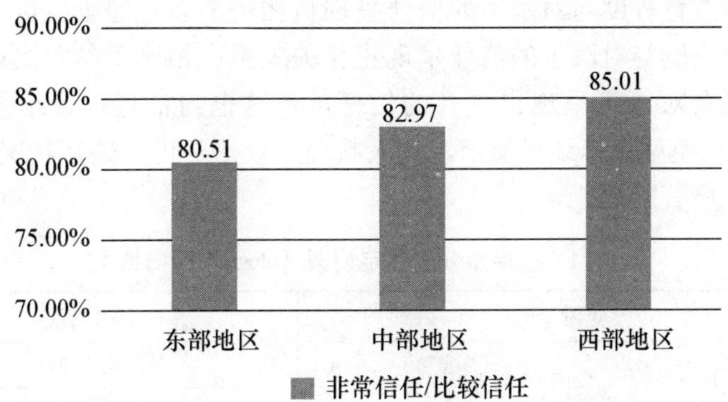

图 8－3　医生信任分地区统计描述

图 8－1、图 8－2、图 8－3 针对医生信任进行了整体描述和分城乡、分地区描述，我们可以发现中国民众对医生的信任程度整体呈现较高水平，并且农村地区、西部地区民众对医生的信任程度要高于城镇地区和中东部

地区。这些描述性分析对我们认识中国的医患关系有一定的借鉴意义，但民众在社会调查中报告的医生信任度只能反映普通民众对医生职业形象的总体认知。我们拟建立计量模型，以医生信任充当被解释变量，以多种社会学特征变量充当解释变量，考察医生信任的社会影响因素。一方面，虽然医生信任变量具有一定局限性，但是实证分析结果依然有助于我们掌握医患关系恶化的相关风险变量；另一方面，多元回归分析有助于我们在控制变量的基础上进一步把握医生信任变量与某个特定变量（如城乡、地区）的相关关系。

鉴于医生信任变量性质为有序性质的四值分类变量，我们拟引入有序多分类评定模型（ordered-logit model，ologit）进行量化分析。在自变量的选择上，拟加入性别、年龄、年龄平方、户籍状况、教育状况、收入状况、政治身份、身体健康状况、婚姻状况、所在地区等。因版面限制，自变量描述性统计及多重共线检验表不予列出。

表8-1呈现了有序多分类评定模型（ologit）回归结果。回归结果显示，男性变量显著为负，这表明男性对医生的信任程度显著地低于女性；年龄变量显著为正，这表示年龄越大，对医生的信任程度越高；农村户口变量显著为正，这与描述统计结果相印证，表明在控制性别、年龄等因素后，农村地区民众对医生群体呈现出更高的信任度；教育年限变量显著为负，这表明教育程度与对医生的信任呈现负相关关系；健康变量显著为正，这表明健康程度与对医生的信任呈现正相关关系；相比于参照组东部地区，西部地区民众对医生呈现出更高的信任度，这也与描述统计结果相符合。此外，ologit模型回归结果显示，收入状况、政治身份、婚姻状况等因素对医生信任无显著影响。

表8-1　有序多分类评定模型（ologit）回归结果

变量	医生信任
男性	−0.165***
	(0.060)
年龄	0.027**
	(0.012)
年龄平方	−0.000
	(0.000)

续表

变量		医生信任
农村户口		0.274***
		(0.070)
教育年限		−0.038***
		(0.009)
收入对数		0.002
		(0.011)
共产党员		0.139
		(0.092)
健康		0.121**
		(0.062)
未婚		0.186
		(0.125)
地区	东部地区	参照组
	中部地区	0.064
		(0.069)
	西部地区	0.458***
		(0.076)
观测值		5 238
伪 R^2		0.020

注：括号中为标准误，*、**、*** 分别代表 10%、5%、1%程度显著性，小数点后保留三位。

基于回归结果，我们发现了对医生信任变量存在显著影响的若干社会学变量，这对我们细致描绘中国医生信任状况及进一步认识中国医患关系具有帮助。无论在统计描述环节还是实证分析环节，我们均发现中国民众对医生的信任存在明显的城乡差异和地区差异，鉴于此，我们将进一步分城乡、分地区考察医生信任的影响因素。

表 8-2 呈现了分城乡分析回归结果。回归结果显示，不同因素对医生信任的影响存在城乡差异。男性对医生的低信任度表现显著地体现在城镇地区，在农村地区，男女对医生的信任度无显著差异。城镇地区民众对医生的信任无显著的年龄分布特征，在农村地区，民众年龄越大，对医生的信任程度越高；此外，农村地区民众对医生的信任还呈现“U”形分布特

征。在农村地区，教育程度越高的民众对医生的信任程度越低，但城镇地区民众的受教育程度对医生信任不具有显著影响。此外，在城镇地区，健康状况与医生信任存在显著的正向关系，但该现象在农村地区并不显著。

表 8-2 分城乡分析回归结果

变量		城镇地区医生信任	农村地区医生信任
男性		−0.224***	−0.107
		(0.086)	(0.085)
年龄		−0.003	0.047***
		(0.018)	(0.017)
年龄平方		0.000	−0.000**
		(0.000)	(0.000)
教育年限		−0.020	−0.053***
		(0.013)	(0.013)
收入对数		−0.006	0.007
		(0.017)	(0.014)
共产党员		0.175	0.071
		(0.112)	(0.170)
健康		0.210**	0.069
		(0.089)	(0.086)
未婚		0.193	0.068
		(0.180)	(0.179)
地区	东部地区	参照组	参照组
	中部地区	0.008	0.118
		(0.099)	(0.100)
	西部地区	0.365***	0.523***
		(0.117)	(0.106)
观测值		2 493	2 745
伪 R^2		0.008	0.021

注：括号中为标准误，*、**、*** 分别代表 10%、5%、1%程度显著性，小数点后保留三位。

表 8-3 呈现了分地区分析回归结果。回归结果显示，部分变量对医生信任的影响存在地区差异。例如，男性对医生的低信任度表现显著地体现

在东部地区，在中部地区和西部地区，男女对医生的信任度无显著差异；医生信任的年龄分布特征仅在西部地区显著体现；在东部地区和中部地区，农村居民对医生信任程度显著更高，西部地区民众对医生的信任无显著的城乡差别；教育年限对医生信任的负向作用显著地体现于中部地区和西部地区。

表 8-3 分地区分析回归结果

变量	东部地区医生信任	中部地区医生信任	西部地区医生信任
男性	−0.390***	−0.099	0.068
	(0.097)	(0.105)	(0.114)
年龄	0.001	0.026	0.055**
	(0.020)	(0.021)	(0.022)
年龄平方	0.000	−0.000	−0.000**
	(0.000)	(0.000)	(0.000)
农村户口	0.279**	0.326***	0.187
	(0.116)	(0.117)	(0.133)
教育年限	−0.013	−0.052***	−0.060***
	(0.015)	(0.016)	(0.016)
收入对数	0.012	−0.007	−0.005
	(0.019)	(0.017)	(0.020)
共产党员	0.028	0.469***	−0.036
	(0.137)	(0.169)	(0.185)
健康	0.195*	0.154	0.039
	(0.102)	(0.106)	(0.115)
未婚	0.121	0.176	0.232
	(0.192)	(0.238)	(0.237)
观测值	2 038	1 802	1 398
伪 R^2	0.009	0.016	0.024

注：括号中为标准误，*、**、*** 分别代表 10%、5%、1%程度显著性，小数点后保留三位。

基于“医生信任”视角，我们利用具有代表性的全国微观调研数据实证描述了中国民众对医生的信任状况及其影响因素。我们发现，性别、教育年限等社会学特征变量对医生信任存在显著影响。同时，我国民众对医生的信任存在显著的城乡、地区差异，农村地区、西部地区民众对医生群体呈现更高的信任度。此外，性别、教育年限等变量对医生信任的影响存在城乡差异和地区差异。由此可见，中国的医患关系是一个系统性、复杂性问题，个人微观层次的社会学变量及宏观层次的区域特征变量均会影响民众对医生的信任感。这对医患关系的治理提出了挑战，本章第四部分将结合文献回顾与实证描述，提出改善医患关系的若干政策建议。

四、改善医患关系：相关政策建议

医患关系是热点社会问题，本章对医患关系的概念、范围和性质归属进行了理论梳理，并以医生信任为切入点，利用中国综合社会调查2012年数据对中国的医患关系状况进行了数据描述，考察了影响医生信任的各类因素。医患关系是一个涉及多部门、多学科的复杂问题，这对医患关系问题的社会治理和学术研究提出了挑战。2016年8月26日，中共中央政治局召开会议，审议通过《"健康中国2030"规划纲要》，会议强调，各级党委和政府要增强责任感和紧迫感，把人民健康放在优先发展的战略地位，抓紧研究制定配套政策，坚持问题导向，抓紧补齐短板，不断为实现"两个一百年"奋斗目标、实现中华民族伟大复兴的中国梦打下坚实健康基础。要实现《"健康中国2030"规划纲要》目标，医患关系成为不可回避、无法回避的重要议题。就如何实现医患关系良性发展、如何实现医患纠纷良性治理机制建设，以下结合既往研究文献提出四点政策建议：

（一）加强医患双方良性沟通

医方应重视社会情感的抚慰，而非一味输出医疗信息，在诊疗过程中，一旦出现患者"闹"的情绪和行为，应积极挖掘患者的真实需求点（陈娟，赵宇佳，2017）。构建"以病人为中心"的医疗模式，构建医患双方共同价值观念，在医患之间开展平等对话（李隼，江传月，2017）。同时还应当对医患双方进行教育和沟通培训（涂炯，亢歌，2018）。

此外，医患冲突中还存在一个广泛的“间接当事方”群体，包括医护人员所在单位、同事、亲朋好友、雇用的律师等，同时包括病患的亲朋好友、雇用的律师，以及“医闹”及医患冲突事件中的围观者、评论者、起哄者、造谣者、辱骂者和参与打砸者等。还要特别注意加强对医患冲突中“间接当事方”的管理，防止这些群体助推医患冲突升级。

（二）建立以法治为核心的多元纠纷解决体系

我国治理医患纠纷应当以知情同意权为工具重塑和协调医患关系（马特，2014；李杰，2017），以保障患者安全为出发点，建立强制和保密性医疗不良后果披露制度，将医疗不良后果纳入患者知情同意权的范围，同时以医疗道歉法保护和鼓励医疗机构以非诉讼机制解决医患纠纷。建议鼓励和支持医疗机构就医疗不良后果等信息与患者进行交流，通过信息的沟通和相互理解，促进建立坦诚互信的医患关系。

应当在现有的医疗损害责任之外，建立以医疗道歉为核心的医疗纠纷解决机制（满洪杰，2017；林志辉，2017）。同时，通过制度构建行为规则和通过伦理建构信任关系来实现事前预防，同时设置修复受损医患关系的事后司法救济程序，以回归医疗卫生事业的公益属性，维护和谐医患关系（张孜仪，张建，2015）。构建以无过错补偿责任为基础、政府和患者参与投保的强制医疗责任保险制度，实现医疗责任保险制度与侵权法的衔接（吕群蓉，2014）。

管理方应转变矛盾处理模式，利用第三方来调解纠纷，充分认识第三方机构的性质和作用，发挥其缓解紧张医患关系的影响力。例如，医调委能够有效地平衡医患双方权益、缓解重大医患纠纷事件的影响，并降低纠纷升级；政府应发挥医调委的调解功能（陈效林，2018；许尧，2016）。

（三）大力推进医疗卫生体制改革

政府应加强医疗领域的资金支持，改变医生和医院的收入结构，增强医疗体系的公益性质（刘继同，吴明，2017）。通过提高医疗服务费的方式（即实现医师价值之回归）来革除“以药养医”（蔡昱，龚刚，张前程，2013）。积极推动分级诊疗制度，实现患者的基层首诊和双向转诊，促进患者的分流，减轻公立医院特别是三甲医院负担，形成科学合理的就医秩序，切实促进基本医疗卫生服务的公平可及，解决“看病贵、看病难”的问题（陆心怡，张润彤，朱晓敏，2017）。

推进公立医院改革，加强公立医院管理：通过更具激励性、专业性和更加精细化的绩效管理，强化公立医院的用人自主权；通过医疗服务信息的公开化、透明化，强化消费者对医护服务的知情权、选择权；通过医疗保险机构的专业化、组织化咨询，强化消费者对公立医院的监督权、评价权；通过加强价费管理防范医患纠纷（管仲军，陈昕，2016；姜玉平，2015）。

（四）加强对新闻媒体恶性炒作的监管

政府应使用行政手段及法律手段促进新闻媒体客观公正报道（廖卫民，2012），加强重大医疗纠纷事件的网络舆情管理（张敏，刘晓彤，夏宇，2016；陈虹，高云微，2013）。针对媒体在医患冲突中“推波助澜”的负面作用，借鉴王俊荣和崔爽爽（2015）的观点提出四点针对性建议：平衡医患关系新闻议题设置、抛除角色刻板成见客观报道医患事件，建立医疗报道团队进行专业化报道、以深度报道形成同业竞争的优势。

同时，相关部门应借鉴傅伟韬、郭自力（2015）等学者的建议，将媒体医疗事件报道责任制入法。医事立法中应规定对医疗事件的报道要以客观、公正、专业为原则，对恶意炒作、误导群众的媒体和相关责任人要依法追究责任。新闻媒体还应注重医患关系主题的理性交流与对话，以直面医患矛盾与冲突问题，向公众传递更多理性认知（罗以澄，王继周，2016；涂光晋，刘双庆，2015）。

中文参考文献：

［1］蔡昱，龚刚，张前程. 以医师价值之回归革除“以药养医”：基于理论模型视角的论证. 南开经济研究，2013（1）.

［2］陈传波，李爽，王仁华. 重启村社力量，改善农村基层卫生服务治理. 管理世界，2010（5）.

［3］陈虹，高云微. 医患关系中的话语权重构. 新闻与传播研究，2013（11）.

［4］陈化，郝文君. 信任与自主：从分离走向融合：临床生命伦理学的视角. 伦理学研究，2013（3）.

［5］陈娟，赵宇佳. 认知不对等：来自儿科诊室的医患关系研究. 国际新闻界，2017（7）.

［6］陈倩雯，郑红娥. 国内外医患关系研究述评. 医学与哲学，2014（3）.

［7］陈效林. 自治组织视角的医患纠纷调解机制：基于启东医调委的案例研究. 中国行政管理，2018（4）.

［8］戴元光，韩瑞霞. 我国当前医患关系的现状、问题及原因：基于健康传播视角的实证分析. 新闻记者，2012（4）.

［9］封进，余央央. 医疗卫生体制改革：市场化、激励机制与政府的作用. 世界经济文汇，2008（1）.

［10］傅伟韬，郭自力. 法律视阈下的医患伦理关系研究. 社会科学战线，2015（11）.

［11］顾昕，方黎明. 农村医疗服务体系的能力建设与新型合作医疗的运行. 河南社会科学，2007（3）.

［12］管仲军，陈昕. 新常态下公立医院的发展问题与路径研究. 中国行政管理，2016（5）.

［13］和立道. 医疗卫生基本公共服务的城乡差距及均等化路径. 财经科学，2011（12）.

［14］黄顺康，廖智柳. 破除我国“以药养医”的机制设计分析. 甘肃社会科学，2014（3）.

［15］黄照权. 面对医疗纠纷的危机管理研究. 北京：北京工业大学，2013.

［16］姜鸿文，王凌云，孙少晶. 医患期望及沟通能力研究：基于深度访谈与问卷调查. 新闻大学，2013（3）.

［17］姜玉平. 论价费管理在改善医患关系中的作用. 山西财经大学学报，2015（1）.

［18］冷明祥. 市场经济条件下医患矛盾的利益视角. 中国医院管理，2004（24）.

［19］李泓冰. 医患关系再也“伤不起”. 人民日报，2012-03-26.

［20］李杰. 患者知情同意制度的再解释：论《侵权责任法》第55条.

法学杂志，2017 (38).

［21］李玲. 新医改的进展评述. 中国卫生经济，2012 (31).

［22］李隼，江传月. 破解医患关系难题的建构主义进路. 伦理学研究，2017 (5).

［23］廖娟娟，黄东. 构建新时期和谐医患关系浅论. 中医药管理杂志，2008 (16).

［24］廖卫民. 新闻舆论监督医患纠纷事件的效度、深度与限度：以佛山“活婴当死婴处置”案为例的理论思考. 新闻记者，2012 (4).

［25］林志辉. 我国医患关系管理系统化立法的构想：基于《侵权法》第七章立法理念的启迪. 学习与实践，2017 (2).

［26］刘继同，吴明. 中国医疗卫生财政制度政策法规框架的范围、层次、类型与特征. 学习与实践，2017 (6).

［27］卢岳华. 医患关系紧张的社会根源探寻与对策. 湖南师范大学社会科学学报，2017 (3).

［28］陆心怡，张润彤，朱晓敏. 患者偏好系数与医疗卫生机构就诊率的关系研究. 管理科学，2017 (1).

［29］吕群蓉. 我国医疗责任保险现状分析及制度完善. 暨南学报（哲学社会科学版），2014 (36).

［30］罗以澄，王继周. 医患冲突议题中新闻报道的话语策略及启示：以近年四起医患冲突事件为例. 当代传播，2016 (5).

［31］马特. 公共治理视角下的知情同意规则改革. 管理世界，2014 (7).

［32］满洪杰. 医疗道歉法与医疗纠纷解决机制的发展：美国经验与中国进路. 当代法学，2017 (31).

［33］彭杰. 知识不对等与结构性不信任：医疗纠纷中患者抗争的生成逻辑. 学术研究，2017 (2).

［34］皮湘林，王伟. 试论医患关系视角中的医德情感. 中国医学伦理学，2006 (19).

［35］申曙光，张勃. 分级诊疗、基层首诊与基层医疗卫生机构建设. 学海，2016 (2).

［36］宋旭明. 医疗秩序管理重在实现医疗公正. 管理世界，2014 (2).

［37］涂光晋，刘双庆. 社交媒体环境下医患暴力冲突事件的媒介呈现

研究. 国际新闻界，2015 (37).

[38] 涂炯，亢歌. 医患沟通中的话语反差：基于某医院医患互动的门诊观察. 思想战线，2018 (3).

[39] 汪新建，王丛，吕小康. 人际医患信任的概念内涵、正向演变与影响因素. 心理科学，2016 (5).

[40] 王俊荣，崔爽爽. 基于我国医患关系报道的审视与反思. 当代传播（汉文版），2015 (3).

[41] 王丽，张新庆，李恩昌，等. 我国45家医院医务人员工作满意度状况调查. 医学与社会，2014 (12).

[42] 王沛，尹志慧，罗芯明，等. 医患沟通对医生刻板印象表达的影响. 心理与行为研究，2018 (1).

[43] 吴洪斌. 医患沟通与话语竞合：新媒体环境下医患关系的话语沟通. 山东社会科学，2017 (12).

[44] 许尧. 当代中国医患纠纷的治理机制：现状、问题及建议. 中国行政管理，2016 (3).

[45] 姚泽麟. 国家控制与医生临床自主性的滥用. 社会科学文摘，2017 (4).

[46] 袁廷东，毛坤，袁岳沙. 我国医患关系紧张背后的医疗体制问题及对策. 中国医院，2014 (9).

[47] 詹洪春，刘志学. 医务工作者的健康权益如何保障. 中国医药导报，2016-03-13.

[48] 张寒. 借鉴国外先进管理经验，构建我国和谐医患关系. 中国行政管理，2017 (2).

[49] 张敏，李胡蓉，阳小水. 媒体失范对医疗突发事件网络舆情的演化过程影响分析：议程设置视角下的扎根分析. 信息资源管理学报，2016 (2).

[50] 张敏，刘晓彤，夏宇. 重大医患纠纷事件网络舆情观点异化过程分析：以“8·10湘潭孕妇死亡事件”为例. 情报杂志，2016 (35).

[51] 张兆金，黄欣，黄敏芳，等. 广州市医患双方对医患关系认知差异的比较分析. 医学与哲学，2015 (36).

[52] 张孜仪，张建. 我国医疗行为失范的逻辑及其规制. 中国行政管理，2015 (1).

［53］赵丽，陈晓彤，刘爽，等. 我国医患关系紧张现状及深层原因剖析. 现代医院管理，2013（11）.

［54］赵晓明. "医闹"、"房闹"考验政府社会管理水平. 中国社会报，2012-05-09.

［55］仲实. 医院不正之风的情况调查. 社会，1982（3）.

［56］周忠良，高建民，张军胜. 我国基本医疗保障制度受益公平性分析. 中国卫生经济，2013（7）.

［57］朱博文，罗教讲. 互联网使用会影响公众对医生的信任吗?：基于数据 CSS2013 的实证分析. 江苏社会科学，2017（3）.

［58］朱恒鹏. 还医生以体面：医疗服务走向市场定价. 财贸经济，2010（3）.

［59］朱恒鹏. 医疗体制弊端与药品定价扭曲. 中国社会科学，2007（4）.

英文参考文献：

［1］Branch W. Is the therapeutic nature of the patient-physician relationship being undermined?. Archives of Internal Medicine，2000，160（15）.

［2］Rhodes R，Strain J. Trust and transforming medical institutions. Cambridge Quarterly of Healthcare Ethics，2000，9（2）.

第九章　中国的医疗保障制度

一、医疗保障体系框架与发展进程

医疗保障制度是国家通过立法并依法采取强制手段对国民收入进行再分配，对因疾病或其他健康损失造成生活困难的社会成员提供基本医疗服务和保证基本生活水平的各项正式制度的总称。通过分散个人因疾病造成的经济风险，防止个体或家庭陷入贫困，以保证劳动力再生产、社会安定和经济有序进行。

目前，我国已经建立起覆盖城乡的基本医疗保险制度，在此基础上，逐步建立并完善分别面向城镇职工和城乡居民的重特大疾病保障制度，全面开展了医疗救助，并引导社会多方力量共同参与健康治理。从这个意义上讲，我国已经基本实现了全民医疗保障，即不论职业、就业状态、年龄、地域、收入水平，我国境内所有合法居民都有权利在发生疾病风险时获得相应医疗保障制度的保障。

从保障内容上看，我国的医疗保障制度可以分为医疗保险和医疗救助两大类。医疗保险的本质在于权利与义务相结合，居民获得医疗保险待遇的前提是依法参加医疗保险，并缴纳医疗保险费，在医疗保险覆盖地域或场所内合规就医。按照制度设计主体的所有制性质分，我国医疗保险主要包括社会基本医疗保险、商业健康保险和其他补充保险（如企业补充医疗保险）。1998 年 12 月《国务院关于建立城镇职工基本医疗保险制度的决定》标志着城镇所有用人单位及职工都拥有了参加基本医疗保险的权利。2003 年，国务院办公厅转发卫生部、财政部、农业部《关于建立新型农村合作医疗制度的意见》，新型农村合作医疗（简称“新农合”）自此铺开，于 2008 年在全国农村实现全面覆盖。2007 年 7 月，《国务院关于开展城镇居民基本医疗保险试点的指导意见》使城镇中不属于城镇职工基本医疗保险覆盖范围内的中小学生（包括职业高中、中专、技校学生）、少年儿童和其他非从业城镇居民被纳入基本医疗保险中。至此，我国基本医疗保险在制度设计上实现了全民覆盖。2012 年 8 月，国家发展和改革委、卫生部、财政部、人力资源和社会保障部、民政部、保险监督管理委员会等六部门联合发布《关于开展城乡居民大病保险工作的指导意见》，明确针对城镇居民医保、新农合参保（合）人员大病负担重的情况，建立大病保险制度，减轻城乡居民的大病负担；城乡居民大病保险是基本医疗保障制度的拓展和延伸，是对基本医疗保障的有益补充。2016 年，国务院印发《关于整合城乡居民基本医疗保险制度的意见》，推动新农合与城镇居民医保整合，成为城乡居民医疗保险（简称“城乡居民医保”），它与城乡居民大病保险共同成为城乡居民缓解疾病经济负担的保护伞。

在政府主导的基本医疗保险之外，还有企业为职工建立的补充医疗保险、职工互助保险等，以及商业机构经营的各类健康保险，这些保险形式或产品对提高职工和城乡居民的医疗保险保障水平起到了重要的补充作用。

医疗救助被看作医疗保障体系中的“最后一道防线”，是国家和社会针对那些因为贫困而没有经济能力进行医治的公民实施的专门帮助和支持；其本质与医疗保险不同，医疗救助的对象没有缴费义务，其享受医疗救助待遇的前提是家庭经济水平低于一定标准，或疾病负担过重而导致贫困。医疗救助以城乡医疗救助为主，疾病应急救助、慈善救助及其他各种救助形式为辅。2003 年 11 月，民政部、卫生部和财政部发布《关于实施农村医疗救助的意见》，到 2006 年底，仅用三年时间就已经覆盖了所有涉农的县（市、区）；2005 年 10 月，国务院办公厅转发民政部等部门的《关于建立城市医疗救助制度试点工作的意见》，到 2007 年 9 月底，全国 86%的县（市、区）都建立了城市医疗救助制度；2009 年，民政部、财政部等五部门发布《关于进一步完善城乡医疗救助制度的意见》，推进城乡医疗救助制度进一步完善。

以基本医疗保险制度为基础、医疗救助托底线、补充健康保障为补充，结合我国城乡差异的实际情况，我国目前的医疗保障制度可以总结为“两纵三横”制度格局（如图 9－1 所示）。“两纵”即城镇职工基本医疗保险与城乡居民基本医疗保险，“三横”即基本医疗保险、补充健康保障和医疗救助。

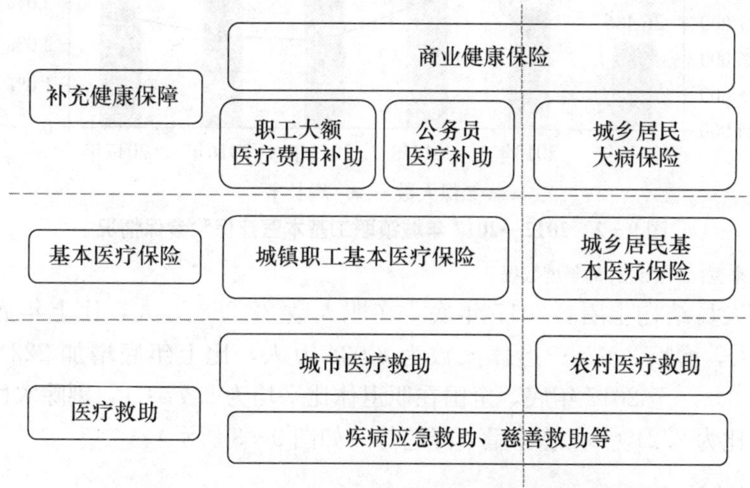

图 9－1　我国“两纵三横”的全民医疗保障制度格局

由于基本医疗保险与医疗救助在性质上由国家主导且日益成熟，并成为当前医疗保障体系的主要内容，以下将着重介绍这两种制度的最新发展情况和亟待完善的问题。

二、城镇职工基本医疗保险体系的现状

自 1998 年建制以来，城镇职工基本医疗保险制度逐渐走向成熟，在覆盖人数、基金管理运营，以及应对人口流动等社会变化等方面不断完善。

（一）参保情况

近年来，城镇职工基本医疗保险参保人数保持低速增长。截至 2017 年

底，城镇职工参保人数 3.03 亿人，比上年底增长 2.7%，比 2012 年底增长 14.5%（如图 9-2 所示）。

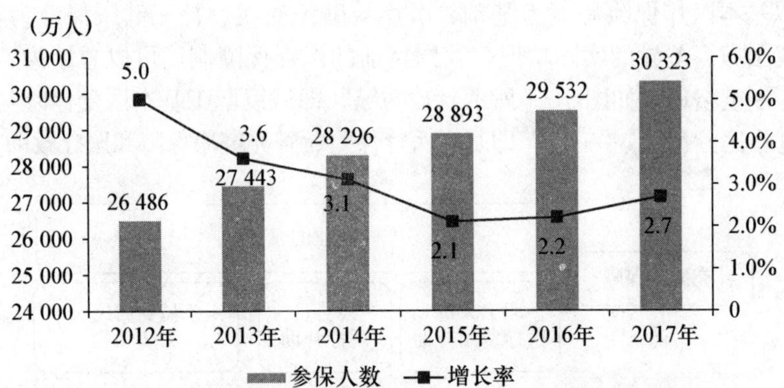

图 9-2 2012—2017 年城镇职工基本医疗保险参保情况

资料来源：国家统计局年度数据。

从人员结构上看，2017 年底，在职人数 22 288 万人，比上年底增加 568 万人，增长 2.6%；退休人数为 8 034 万人，比上年底增加 222 万人，增长 2.8%。至 2017 年底，全国在职退休比平均为 2.77∶1，剔除农民工在职退休比为 2.21∶1，总体呈下降趋势（如图 9-3 所示）。

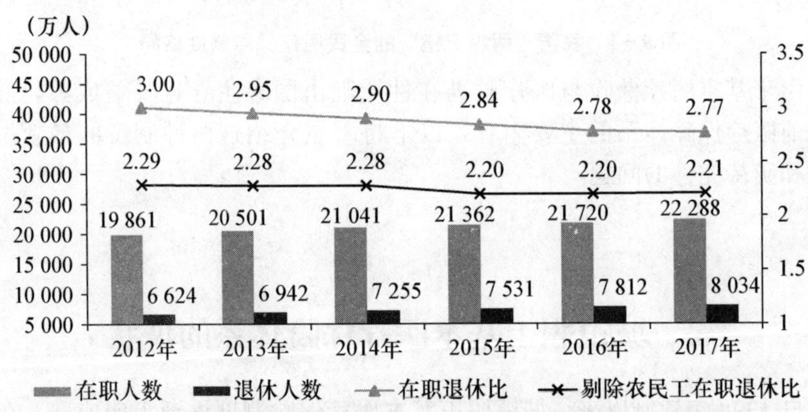

图 9-3 2012—2017 年城镇职工基本医疗保险参保人员结构

资料来源：人力资源和社会保障部社会保险事业管理中心. 2017 年全国医疗生育保险运行分析报告. 2018。

从参保人员所在单位的类型上看，2017 年底，企业、机关事业单位和灵活就业等其他人员的参保人数分别为 20 633 万人、5 960 万人和 3 730 万人

（如表 9－1 所示），占职工参保总数的比例为 68.0％、19.7％和 12.3％，构成比例与上年基本一致。

表 9－1　2016—2017 年城镇职工基本医疗保险参保人员情况　单位：万人

年份	企业参保人数	机关事业单位参保人数	灵活就业等其他人员参保人数
2017 年	20 633	5 960	3 730
2016 年	20 153	5 896	3 482
增加	480	64	248

资料来源：人力资源和社会保障部社会保险事业管理中心．2017 年全国医疗生育保险运行分析报告．2018.

（二）基金收支情况

2017 年底，城镇职工基本医疗保险基金征缴率为 99.4％，与上年持平。征缴收入 11 398 亿元，完成年征缴计划的 117.2％，征缴收入占基金收入的 92.8％，低于上年（如表 9－2 所示）。

表 9－2　2012—2017 年职工医保基金征缴完成情况　单位：亿元

项目	2012 年	2013 年	2014 年	2015 年	2016 年	2017 年
征缴收入	5 801	6 779	7 692	8 727	9 876	11 398
基金收入	6 062	7 062	8 038	9 084	10 274	12 278
征缴收入占比	95.7％	96.0％	95.7％	96.1％	96.1％	92.8％
年征缴计划完成率	118.0％	113.0％	108.0％	108.1％	109.8％	117.2％

资料来源：人力资源和社会保障部社会保险事业管理中心．2017 年全国医疗生育保险运行分析报告．2018.

注：基金收入包括征缴收入、财政补贴、利息收入等。

2017 年，人均缴费基数为 55 082 元，比上年增长 12.3％，增幅高于社会平均工资增幅（8.1％），年平均增长率为 12.2％，也高于社会平均工资平均增幅（9.2％）。2017 年，职工基本医保平均费率为 9.00％，比上年减少 0.10 个百分点（如图 9－4 所示）；人均筹资 4 147 元（2016 年为 3 544 元），增长 17.0％（如图 9－5 所示）。

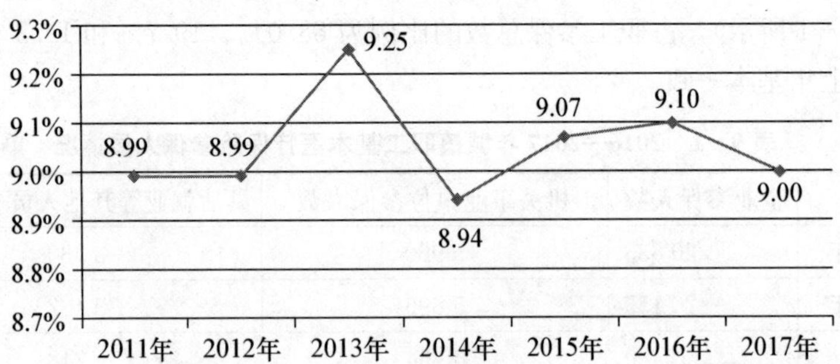

图 9-4　2011—2017 年城镇职工基本医保平均费率变化情况

资料来源：人力资源和社会保障部社会保险事业管理中心. 2017 年全国医疗生育保险运行分析报告. 2018.

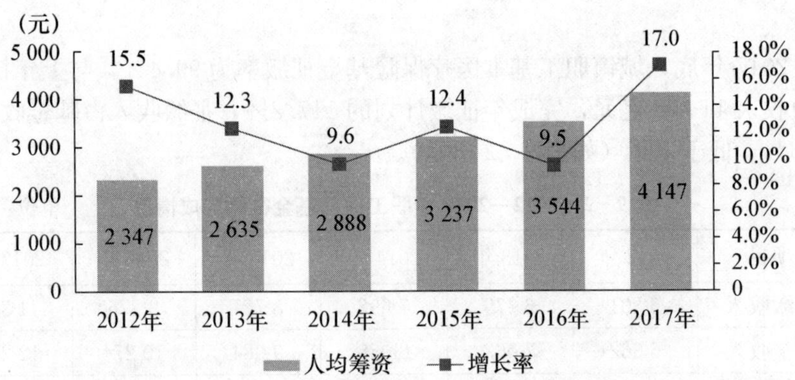

图 9-5　2012—2017 年城镇职工基本医保人均筹资和增长率

资料来源：人力资源和社会保障部社会保险事业管理中心. 2017 年全国医疗生育保险运行分析报告. 2018.

注：人均筹资＝基金收入/年平均参保人数，同人均基金收入。

2017 年，在职职工人均缴费 5 240 元，比上年（4 635 元）增长 13.1%（如图 9-6 所示），其中单位缴费 4 135 元（上年 3 664 元），个人缴费 1 105 元（上年 971 元）。

2012—2017 年，城镇职工基本医保人均基金收支呈现缓慢增长趋势（如图 9-7 所示），但总体增幅有所下降，基金收入的增幅从 2012 年的 22.6%下降至 2017 年的 19.5%，基金支出的增幅从 2012 年的 21.2%下降至 2017 年的 14.2%（如图 9-8 所示）。

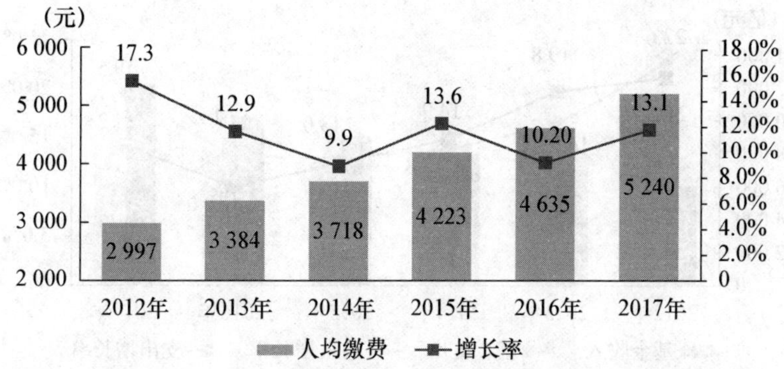

图 9-6 2012—2017 年在职职工人均缴费和增长率

资料来源：人力资源和社会保障部社会保险事业管理中心. 2017 年全国医疗生育保险运行分析报告. 2018.

注：在职职工人均缴纳医疗保险费＝征缴收入/年平均在职职工参保人数。

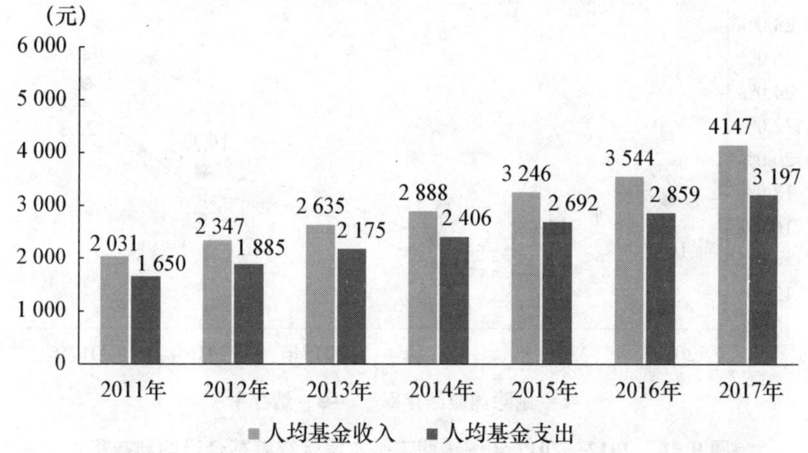

图 9-7 2011—2017 年城镇职工基本医保人均基金收支情况

资料来源：人力资源和社会保障部社会保险事业管理中心. 2017 年全国医疗生育保险运行分析报告. 2018.

2017 年，城镇职工基本医保基金当期结存共 2 811 亿元，其中统筹基金结存 1 880 亿元，个人账户累计 931 亿元。基金累计结存共 15 851 亿元，其中统筹基金累计结存 9 699 亿元，个人账户累计结存 6 152 亿元。统筹基金当期结存率为 24.6%，比上年增加 5.3 个百分点，剔除预缴结存率后为 23.3%，比上年增加 5.3 个百分点（如图 9-9 所示）。

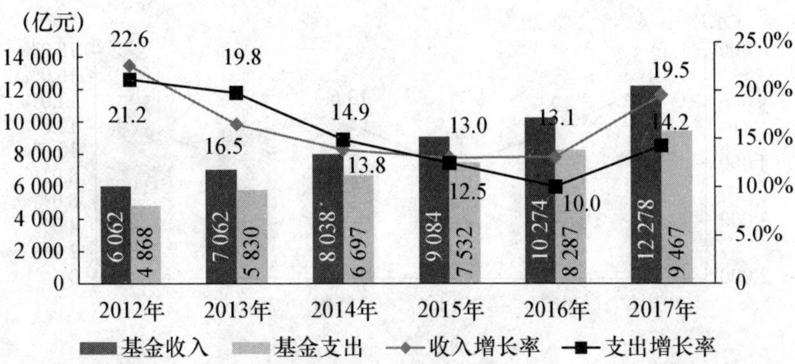

图 9-8　2012—2017 年城镇职工基本医保基金总收入和总支出的增长情况

资料来源：人力资源和社会保障部社会保险事业管理中心. 2017 年全国医疗生育保险运行分析报告. 2018.

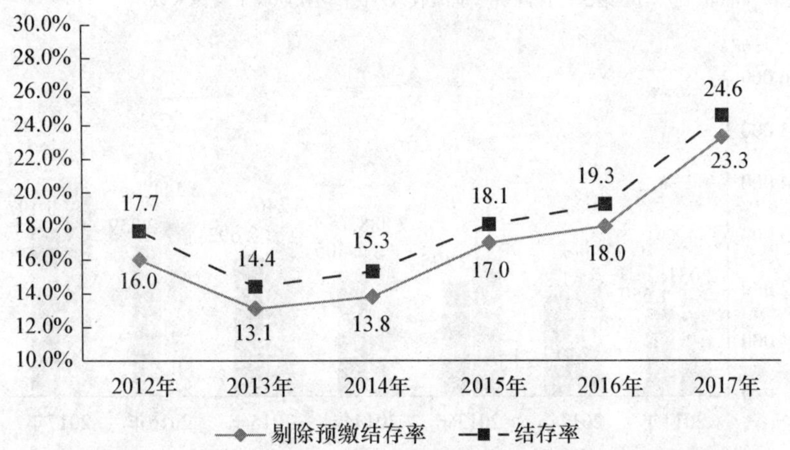

图 9-9　2012—2017 年城镇职工基本医保统筹基金当期结存率

资料来源：人力资源和社会保障部社会保险事业管理中心. 2017 年全国医疗生育保险运行分析报告. 2018.

近年来，职工医保个人账户功能拓宽。在 17 个省市中，106 个地级市建立了职工门诊统筹制度，101 个地级市职工医疗保险个人账户可用于家属参保缴费。各地还采取了其他多种措施（如直接提现、降低个人账户划拨比例、实行定额划拨、个人账户支出对象扩大到家庭成员以及扩大个人账户支出项目等）改革个人账户，个人账户使用范围的扩大有利于提高职工医疗保险基金的运营效率，也直接增进了城镇职工或家庭的医疗保障待遇。

(三) 医疗资源利用

2017 年，享受城镇职工基本医保待遇 18.1 亿人次，比上年（17.1 亿人次）增加 1 亿人次，增长 6%。2017 年，人均就诊 5.95 次，比上年（5.73 次）增加 0.22 次（如图 9-10 所示）。享受门诊大病保障待遇 1.9 亿人次，增幅提高 3.8 个百分点；享受住院保障待遇 5 285 万人次，增幅下降 0.2 个百分点。

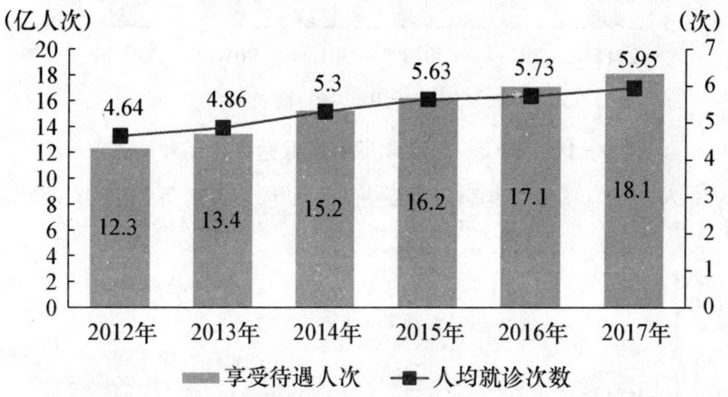

图 9-10　2012—2017 年城镇职工基本医保享受待遇人次和人均就诊次数

资料来源：人力资源和社会保障部社会保险事业管理中心．2017 年全国医疗生育保险运行分析报告．2018.

2017 年，次均住院床日 11.8 天，比上年减少 0.1 天。其中，在职人员次均住院床日为 10.6 天，与上年持平；退休人员次均住院床日为 12.6 天，比上年减少 0.1 天。在支付方式改革、总额控制、医疗技术提升、公立医院医疗费用监测体系逐渐建立等多种因素作用下，五年来，次均住院床日合计减少 2.7 天。当然也需要警惕部分地区出现分解住院的现象。

医疗费用继续增长，但增幅总体下降。2017 年，职工医保医疗费用总额为 9 571 亿元，比上年增长 9.2%，增幅比 2012 年医疗费用增幅减少 12.8 个百分点（如图 9-11 所示）。此外，次均费用总体呈低速增长趋势。2017 年，次均门急诊费用为 180 元，比上年增长 4.7%；次均门诊大病费用为 483 元，比上年降低 0.4%；次均住院费用 11 000 元，比上年增长 1.6%。伴随次均住院费用的增长，职工医保统筹基金支出也呈增长趋势（如图 9-12 所示）。

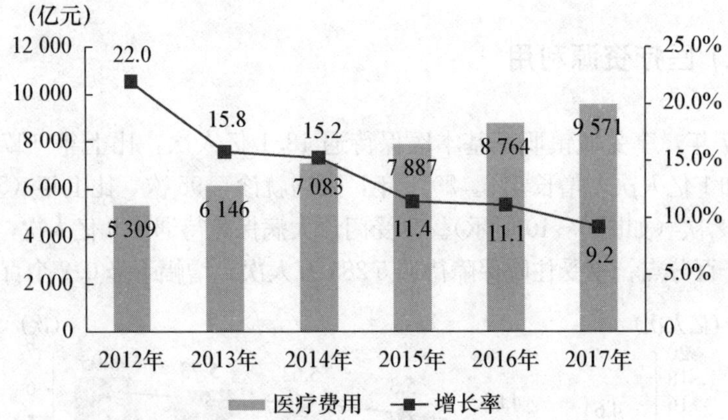

图 9-11　2012—2017 年职工医保医疗费用和增长率

资料来源：人力资源和社会保障部社会保险事业管理中心. 2017 年全国医疗生育保险运行分析报告. 2018.

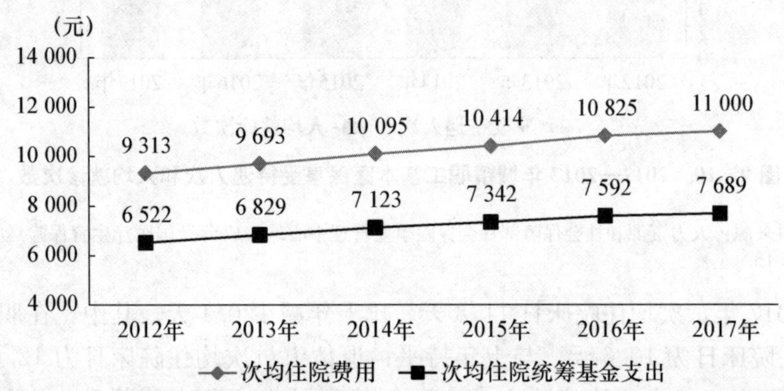

图 9-12　2012—2017 年职工医保次均住院费用及次均住院统筹基金支出

资料来源：人力资源和社会保障部社会保险事业管理中心. 2017 年全国医疗生育保险运行分析报告. 2018.

(四) 待遇水平

近年来，城镇职工基本医保待遇水平整体稳定。政策范围内住院费用医保基金支付比例稳定在 81%以上，实际住院费用医保基金支付比例稳定在 72%及以上（如图 9-13 所示）。2017 年，实际住院费用个人负担比例为 28.0%，其中自付比例 16.1%，自费比例 11.9%，与上年持平。

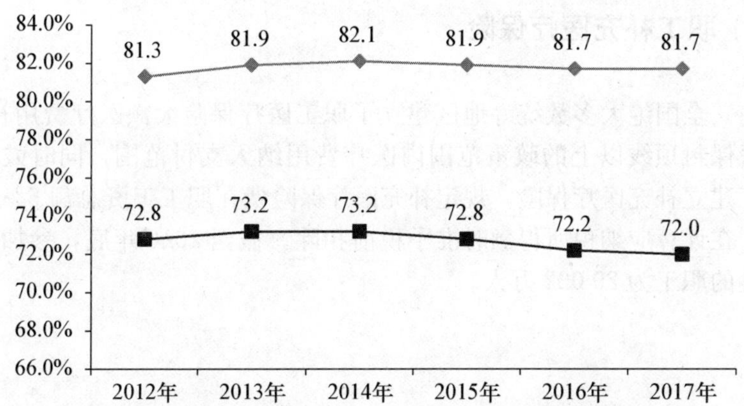

图 9-13　2012—2017 年城镇职工基本医保住院费用支付比例

资料来源：人力资源和社会保障部社会保险事业管理中心. 2017 年全国医疗生育保险运行分析报告. 2018.

(五) 转移接续

2010—2017 年，全国累计办理跨统筹地区医保关系转移接续 1 070 万人次，其中 2017 年办理 245 万人次，占 7 年总量的 22.9%（如图 9-14 所示）。2010—2017 年全国累计办理跨省医保关系转移接续 215 万人次，其中 2017 年占 7 年总量的 31.5%。

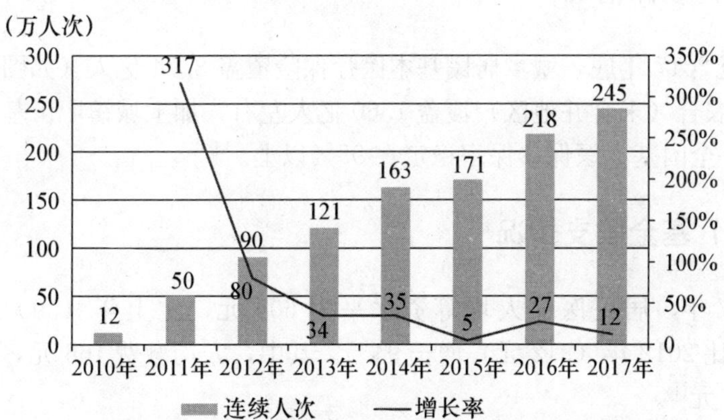

图 9-14　2010—2017 年医保关系转移接续人次

资料来源：人力资源和社会保障部社会保险事业管理中心. 2017 年全国医疗生育保险运行分析报告. 2018.

(六) 职工补充医疗保险

当前，全国绝大多数统筹地区建立了职工医疗保险大额医疗费用补助，将职工医保封顶线以上的政策范围内医疗费用纳入支付范围，同时鼓励企业为职工建立补充医疗保险，规定补充医疗保险费在职工工资总额 5%以内的部分，在计算应纳税所得额时准予税前扣除。截至 2016 年底，参加补充医疗保险的职工为 29 022 万人。

三、城乡居民基本医疗保险体系的现状

2016 年 1 月 3 日，国务院发布《关于整合城乡居民基本医疗保险制度的意见》，要求整合城镇居民基本医疗保险和新型农村合作医疗两项制度，建立统一的城乡居民基本医疗保险制度，提出城乡居民基本医疗保险要实现覆盖范围、筹资政策、保障待遇、医保目录、定点管理和基金管理的“六统一”。截至 2017 年底，各省区市普遍启动整合工作，80%以上地市已实施统一的城乡居民医保制度。城乡医保整合制度打破了城乡二元结构，扩大了城乡居民就医选择范围，促进了城乡公平，提升了公共服务质量。

(一) 参保情况

截至 2017 年底，城乡居民基本医疗保险覆盖 8.74 亿人（如图 9－15 所示），新农合（未合并地区）覆盖 1.60 亿人左右，加上城镇职工基本医保参保人数，全国基本医保参保率稳定在 95%以上。

(二) 基金收支情况

2017 年，居民医保人均筹资水平为 605 元，比上年（590 元）增长 2.5%，比 2012 年（312 元）增长 94%。其中，人均缴费 166 元，人均财政补助 439 元①。

① 计算方法：人均缴费＝缴费金额/当年缴费人数，人均补助＝财政应补/(缴费人数＋救助补助缴费人数)。

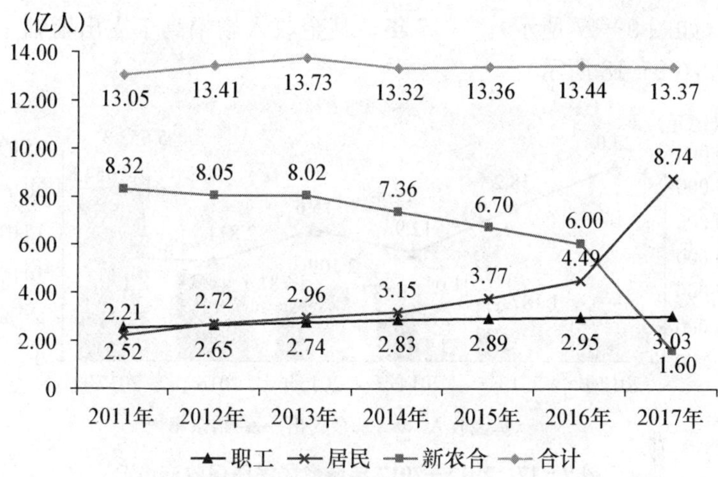

图 9-15　2011—2017 年城乡基本医疗保险覆盖人数

资料来源：人力资源和社会保障部社会保险事业管理中心．2017 年全国医疗生育保险运行分析报告．2018.

2017 年，中央财政补助 1 813.9 亿元，占比 45.3%，比上年增加 1 088.6 亿元，增长 150%；省级财政补助 1 113.2 亿元，占比 27.8%，比上年增加 457.9 亿元，增长 69.9%；市级及市级以下财政补助为 1 015.5 亿元，占比 25.3%，比上年增加 351.9 亿元，增长 53.0%（如图 9-16 所示）。

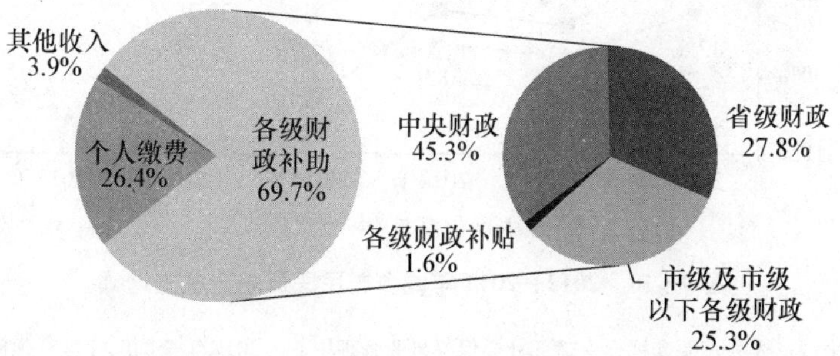

图 9-16　2017 年城乡居民医保财政补助情况

资料来源：人力资源和社会保障部社会保险事业管理中心．2017 年全国医疗生育保险运行分析报告．2018.

注：各级财政补贴是财政部门给予城乡居民基本医疗保险基金的补贴，包括启动资金及补贴基金缺口等。

2012—2017 年，城乡居民医保基金总体收大于支，但结余率呈波动下降趋势（如图 9－17 所示）。2017 年，基金收入增幅高于支出增幅 1.3 个百分点（如图 9－18 所示）。

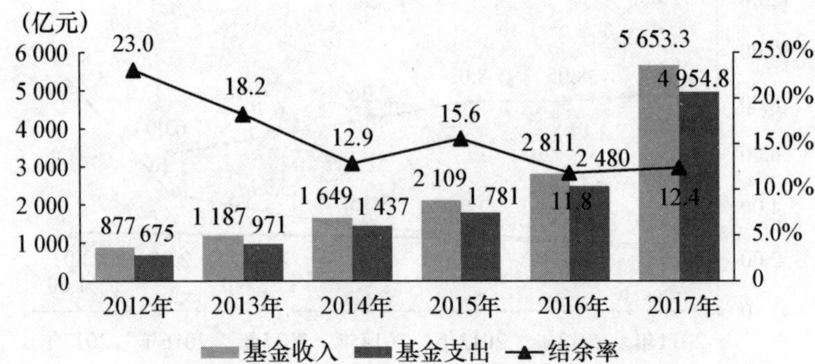

图 9－17　2012—2017 年城乡居民医保收支情况

资料来源：人力资源和社会保障部社会保险事业管理中心. 2017 年全国医疗生育保险运行分析报告. 2018.

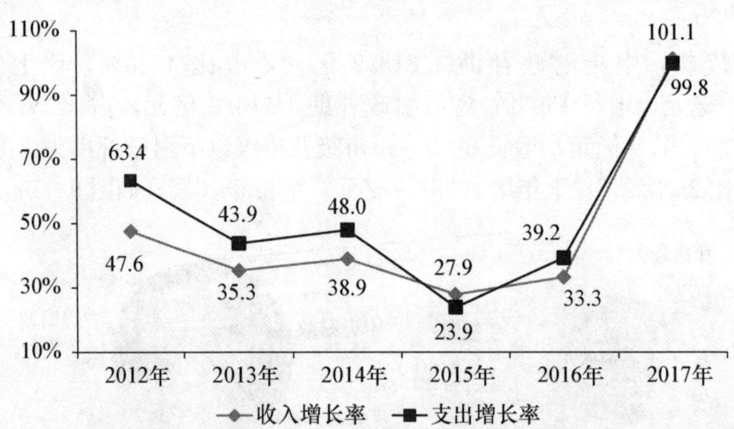

图 9－18　2012—2017 年城乡居民医保基金收支增幅

资料来源：人力资源和社会保障部社会保险事业管理中心. 2017 年全国医疗生育保险运行分析报告. 2018.

从结构上看，全国城乡居民医保基金总体收大于支与部分统筹地区支大于收并存。2017 年，有 21 个省份的 56 个统筹地区出现当期基金支大于收（2016 年为 25 个省份的 111 个统筹地区），其中市级统筹地区为 56 个（2016 年为 63 个）。

(三) 待遇水平

2017 年，政策范围内住院费用基金支付比例为 66.2%，比上年提高 0.4 个百分点，实际住院费用基金支付比例为 56.0%，比上年降低 0.3 个百分点（如图 9－19 所示）。相应地，实际住院费用个人负担比例 44.0%，比上年提高 0.3 个百分点，其中，自付比例 28.6%，比上年降低 0.6 个百分点，自费比例 15.5%，比上年提高 1 个百分点。

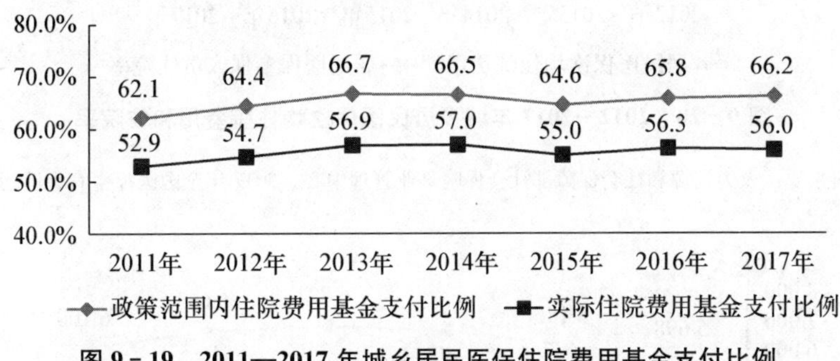

图 9－19　2011—2017 年城乡居民医保住院费用基金支付比例

资料来源：人力资源和社会保障部社会保险事业管理中心. 2017 年全国医疗生育保险运行分析报告. 2018.

(四) 医疗资源利用

近年来，居民医保参保人员住院率呈上升趋势（如图 9－20 所示），但在就医流向上看，居民医保参保人员住院人次流向低级别医疗机构，次均住院费用自 2016 年趋向下降（如图 9－21 所示）。2017 年，居民医保次均住院费用 6 100 元，比职工医保参保人员次均住院费用低 4 900 元，居民次均住院天数 9.3 天，比职工医保次均住院天数少 2.5 天。

从增长趋势看，居民医保医疗服务量增长趋势明显，与职工医保相比，居民医保就医人次增幅和住院人次增幅均超过 100%（如表 9－3 所示）。但居民医保人均收支增幅减缓，与职工医保的筹资差距在拉大，因此，需要探索可持续的筹资和待遇增长机制。

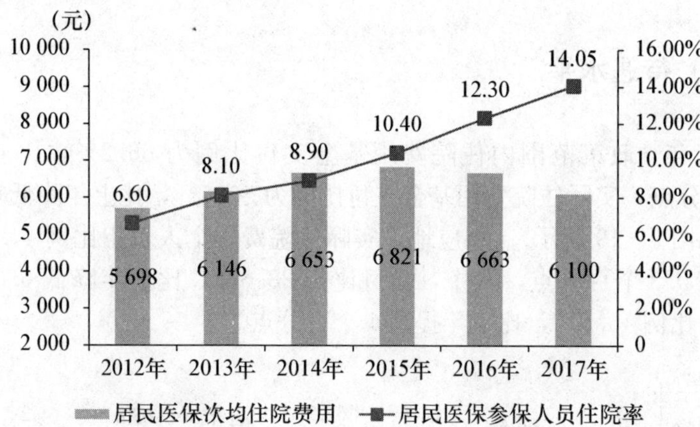

图 9-20　2012—2017 年城乡居民医保次均住院费用和住院率

资料来源：人力资源和社会保障部社会保险事业管理中心．2017 年全国医疗生育保险运行分析报告．2018.

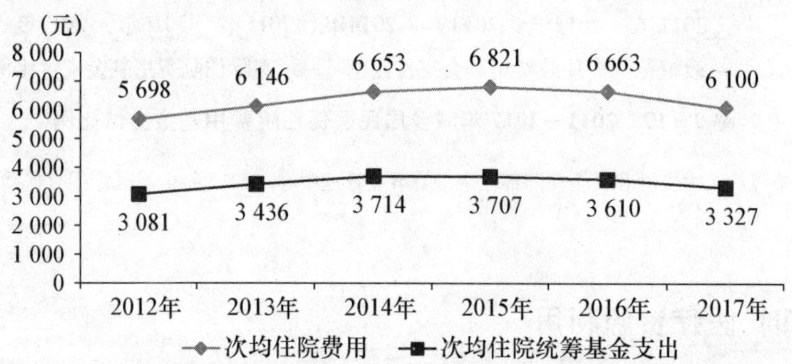

图 9-21　2012—2017 年城乡居民医保次均住院费用及次均住院统筹基金支出

资料来源：人力资源和社会保障部社会保险事业管理中心．2017 年全国医疗生育保险运行分析报告．2018.

表 9-3　2017 年职工医保和居民医保人均收支情况比较

项目	人均收入（元）	增长（%）	人均支出（元）	增长（%）	人均支出/人均收入（%）
职工医保	4 147	17	3 197	11.8	77.1
居民医保	647	3.3	567	2.6	87.6

资料来源：人力资源和社会保障部社会保险事业管理中心．2017 年全国医疗生育保险运行分析报告．2018.

（五）异地就医

2016年以来，人力资源和社会保障部等部门通过门户网站、微信公众号、APP等多种途径开展异地就医结算政策的宣传推广，方便患者知晓政策和办理流程；通过培训、电视电话会议、督导等方式推进定点医疗机构和省级、国家级信息系统的互联互通。国家异地就医结算系统联通中央、省、市、县四级经办机构，实现全国所有省份、所有统筹地区、全体参保人员、主要医疗机构的全覆盖。

2017年，由卫生计生部门主管新农合的省份中，除西藏以外全部实现省内异地就医即时结算，全年省内异地就医即时结算人次共计324.14万，涉及总费用323.04亿元，报销费用172.02亿元，次均补偿费用5 307元。所有卫生计生部门主管新农合的省份均实现全国范围内的跨省就医即时结算，截至2017年12月底，国家新农合跨省就医结算信息系统已实现与辽宁、吉林、江苏、安徽、海南等9个省级新农合信息平台及遍布全国31个省份的2 000余所定点医疗机构互联互通，其中县级及以下基层医疗机构约占比60%，在北京、上海、广东等外来务工人员聚集地区实现每个县（市、区）至少有1所定点医疗机构，满足参合农民工跨省就医结算需求。全年累计为辽宁、吉林、安徽、海南等9省规范转诊参合患者提供新农合跨省就医直接结算服务5万余人次，报销费用3.98亿元，次均补偿7 325元。

人力资源和社会保障部门2017年实现所有省份和统筹地区全部接入异地就医结算系统并联网运行，覆盖全部参加城镇职工基本医疗保险和城乡居民基本医疗保险参保人员。截至2017年9月，97.9%的医改监测地市实现城乡居民（含新农合和城镇居民医保覆盖人群）省内异地就医直接结算，97.6%的监测地市实现职工医保省内异地就医直接结算，88.5%的监测地市实现城乡居民跨省就医直接结算，92.2%的监测地市实现职工医保跨省就医直接结算①。截至2017年12月31日，跨省定点医疗机构已有8 499家，90%以上的三级定点医疗机构已实现联网，超过80%的区县至少有一家定点医疗机构可以提供跨省异地就医住院医疗费用直接结算

① 国务院医改办的2017年三季度医改工作进展监测报告.

服务[①]。

（六）城乡居民大病保险

我国城乡居民大病保险已实现 100%地区实施，100%参保人群覆盖，100%待遇支付兑现[②]。

大约 90%的统筹地区的大病保险业务由商保承办。截至 2017 年底，共有 16 家保险公司在全国 31 个省（区、市）开展了大病保险，承保城乡居民 10.6 亿人（其中城镇职工约 5 000 万人），大病保险保费收入 388.6 亿元，人均筹资标准 37 元左右，赔付支出 268.56 亿元。2017 年，全国大病保险患者实际报销比例在基本医保的基础上平均提升了 13.99%，切实减轻了老百姓的经济负担。

四、城乡医疗救助的现状

医疗救助制度是政府对患病后无力支付医疗费用的城乡困难居民按一定标准给予救助的一项医疗保障制度。在我国，医疗救助制度分为城乡医疗救助制度和疾病应急救助制度。疾病应急救助制度的建立以 2013 年发布的《国务院办公厅关于建立疾病应急救助制度的指导意见》为标志，以在中国境内发生急重危伤病、需要急救但身份不明确或无力支付相应费用的患者为救助对象。救助基金通过财政投入和社会各界捐助等多渠道筹集。由于城乡医疗救助涉及人数较多，且社会影响力较大，以下所提及的“医疗救助”特指城乡医疗救助，相关制度描述和衔接机制的介绍也指城乡医疗救助。

2003 年，我国首先在农村试点医疗救助，救助对象为农村五保户、农村贫困户家庭成员，以及地方政府规定的其他符合条件的农村贫困农民。

---

① 中华人民共和国人力资源和社会保障部．基本医疗保险跨省异地就医住院医疗费用直接结算公共服务信息发布（第八期）[2019－09－19]．http://www.mohrss.gov.cn/SYrlzyhshbzb/dongtaixinwen/buneiyaowen/201801/t20180105_286095.html.

② 王君平．四级异地就医结算系统全面建成 累计结算超过十八万人次．[2020－01－12]．http://www.mohrss.gov.cn/SYrlzyhshbzb/shehuibaozhang/gzdt/201803/t20180301_289059.html.

2005 年，城市医疗救助开始试点，救助对象为城市居民最低生活保障对象中未参加城镇职工基本医疗保险人员、已参加城镇职工基本医疗保险但个人负担仍然较重的人员和其他特殊困难群众。2009 年起，作为深化医药卫生体制改革的重要内容，医疗救助制度开始向城乡一体化方向探索，服务的内容更加完善，立足于救助对象的不同医疗需求，坚持以住院救助为主，兼顾门诊救助，帮助救助对象解决住院费用和因慢性病、急诊急救需负担的医疗费用。

2012 年以来，医疗救助的内容逐步向住院救助、门诊救助和重特大疾病救助等综合救助扩展。2015 年 4 月起，城市医疗救助制度和农村医疗救助制度整合为城乡医疗救助制度（如图 9－22 所示）。医疗救助分为门诊救助和住院救助两部分，前者重点救助因患慢性病需长期服药或患重特大疾病需要长期门诊治疗的对象，而后者对重点救助对象在定点医疗机构发生的政策范围内住院费用中的经基本医疗保险、城乡居民大病保险及各类补充医疗保险、商业保险报销后的个人负担费用，在年度救助限额内按不低于 70%的比例给予救助。

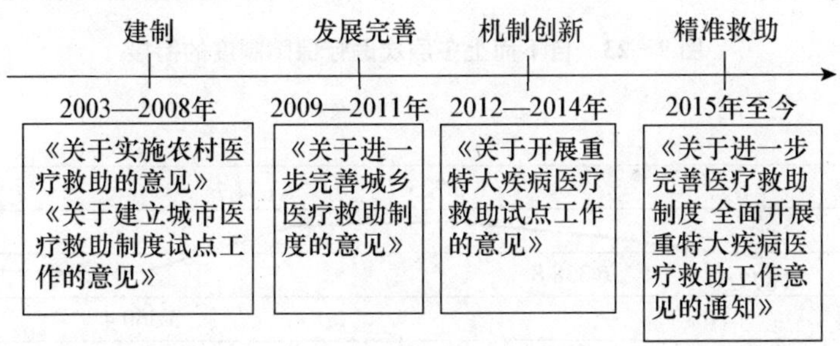

图 9－22　城乡医疗救助制度的重要演变过程

除了保障对象范围的扩大，医疗救助制度与城乡基本医疗保险、城乡居民大病保险等制度的衔接机制得到广泛探索，使得医疗救助成为多层次医疗保障体系中的重要一环（如图 9－23 所示），特别是为低收入人群增加了一层保障网。

（一）资助参保情况

民政部统计数据显示，2012—2017 年，医疗救助资助参加基本医疗保险的人数稳定在 5 500 万人以上（如图 9－24 所示）。农村接受资助的人数远

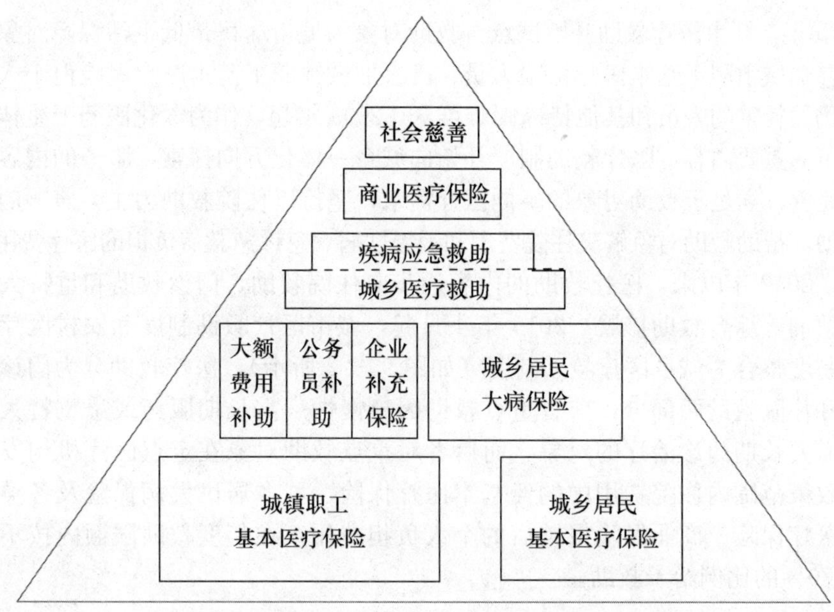

图 9－23　自下而上多层次医疗保障制度的衔接

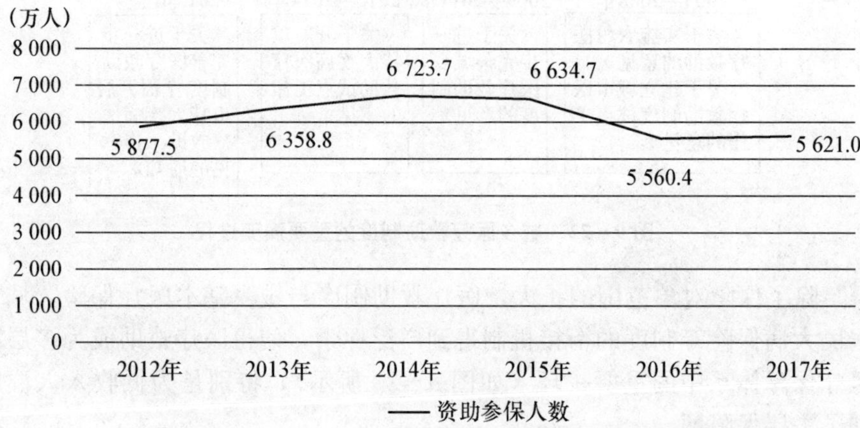

图 9－24　2012—2017 年医疗救助资助参加基本医疗保险的人数

资料来源：2012—2017 年社会服务发展统计公报。

远多于城市的被资助人数（如图 9－25 所示）。虽然总体人数并未增加，但用于资助参保的支出规模逐年上涨（如表 9－4 所示）。

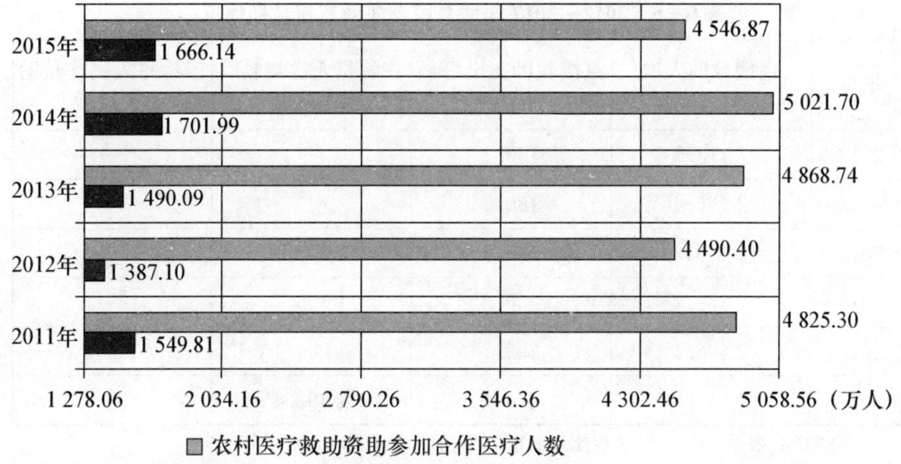

图 9-25　2011—2015 年城市和农村医疗救助资助参加基本医疗保险的人数

资料来源：国家统计局年度数据。

表 9-4　2012—2017 年城乡医疗救助资助参保支出规模

年份	资助支出总额（亿元）	人均资助金额（元）
2012	37.5	63.8
2013	44.4	69.8
2014	48.4	72.0
2015	61.7	93.0
2016	63.4	113.9
2017	74.0	131.6

资料来源：根据 2012—2017 年社会服务发展统计公报数据计算而来。

（二）住院和门诊救助

2012—2017 年，城乡医疗救助在住院和门诊方面资助的人次呈波动增长的趋势，支出总额也呈波动增长的趋势（如表 9-5 所示）。

表 9-5 2012—2017 年城乡医疗救助直接救助情况

年份	直接救助人次（万人次）	直接救助支出总额（亿元）	住院每人次均救助水平（元）	门诊每人次均救助水平（元）
2012	2 173.7	166.3	—	—
2013	2 126.4	180.5	—	—
2014	2 395.3	204.2	1 628.0	186.0
2015	2 889.1	236.8	1 595.7	177.1
2016	2 696.1	232.7	1 709.1	190.0
2017	3 517.1	266.1	1 498.4	153.2

资料来源：根据 2012—2017 年社会服务发展统计公报数据整理和计算而来。

在健康扶贫中，医疗救助也发挥了重要作用。2017 年健康扶贫医疗费用 333 亿元，其中，新农合支付 210 亿元，城乡居民大病保险支付 15 亿元，商业补充保险支付 4.5 亿元，医疗救助支付 16.6 亿元，临时救助 1 亿元，扶贫资金 4.8 亿元，政府兜底 18.5 亿元，医院减免 1.3 亿元，慈善救治 5 731 万元，其他 4.5 亿元（如图 9-26 所示）。

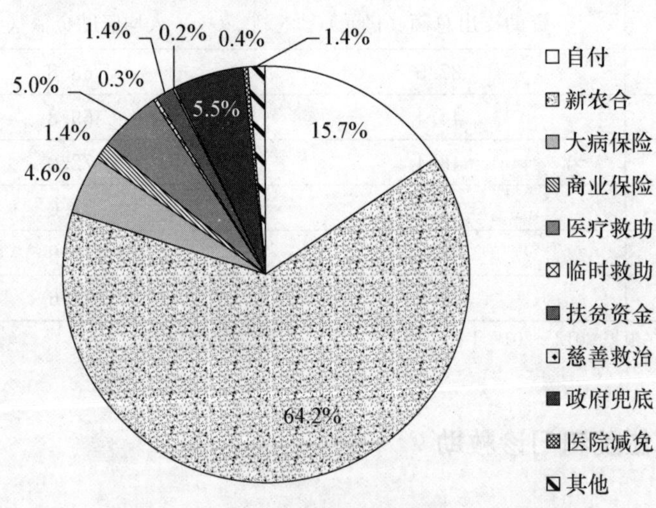

图 9-26 2017 年健康扶贫医疗费用保障构成

资料来源：全国健康扶贫动态管理系统数据。

（三）医疗救助与基本医疗保险的衔接

2009年《关于进一步完善城乡医疗救助制度的意见》提出，要做好医疗救助与相关基本医疗保障制度的衔接，资助救助对象参加基本医疗保险或新型农村合作医疗并对其难以负担的基本医疗自付费用给予补助；加强在经办管理方面衔接，探索实行“一站式”管理服务。2012年以来，随着重特大疾病医疗救助和健康扶贫工程的推行，医疗救助与基本医疗保险之间从保障对象的衔接快速扩展至支付政策和服务的紧密关联。

随着国家医疗保障局的成立，原来分布在不同部门的医疗保险和医疗救助统一归属医保部门来管理，为理顺管理机制提供了良好的契机。基本医保以“保基本”为主，注重制度的公平性和可及性，在权利和义务对等的基础上发挥医保基金的互助共济功能。医疗救助主要保障重点人群，如低收入人群和因病致贫家庭，以财政拨款为主要筹资方式为保障人群缴纳保费，并在发生高额医疗费用时发挥兜底作用。两种制度的有效衔接，将有利于发挥中国特色医疗保障制度的优越性，提高保障的效率。

虽然全国各省区市都在基本医保之外建立了医疗救助体系，实现了制度体系的初步协同，极大减轻了重点保障人群的医疗费用负担，减少了因病致贫、因病返贫的现象，但也存在一些需要进一步加强的地方：

一是基本医保和医疗救助的功能定位不够清晰，无法充分发挥两种保障制度的效率。针对重点人群的保障措施，不仅仅在医疗救助体系里面有，在基本医保、大病保险，以及健康扶贫涉及的医疗待遇中也有救助的功能，救助功能分散在多层次的每一个层面。分散在各个层次的救助功能没有实现整合，医疗救助和医疗保险的边界不够清晰，制度的衔接和协调还不够有效。

二是医疗救助覆盖的人群不够全面，需要进一步覆盖所有保障人群。目前，机构改革在市及以下地区还未完成，医疗救助和医保、扶贫等部门的数据没有实现完全共享，医疗救助的覆盖人群与扶贫部门的建档立卡贫困人口既存在重叠，也存在差异。部分建档立卡贫困人员没有享受到医疗救助，医疗救助未能充分发挥救助的功能。存在低保人员和贫困人员漏保问题，漏保人员不能享受医疗救助给予的基本医保个人缴费部分的补助，导致他们既不能享受医疗保险，也不能享受医疗救助的待遇保障。

三是医疗救助的资金筹集主要以财政拨款为主，基础规模小，对于基本医保之外的兜底保障能力有限。全国每年医疗救助的资金约 400 亿元，其中有 70 多亿元用于对重点人群参加基本医保个人缴费部分的补助，剩余部分才用于对重点人群的医保之外费用的兜底保障。而全国享受医疗救助的人口有 8 000 多万人，医疗救助对于基本医保之外的兜底保障能力不强。

四是对于基本医保目录外的医疗费用，应重点发挥医疗救助的兜底保障功能。目前无论是基本医保、大病保险还是医疗救助，重点保障的还是参保人员政策范围内的医疗费用，有些地方报销比例甚至达到 90%以上。但目前疾病、重大疾病导致的因病致贫、因病返贫问题，部分原因是参保人虽然已充分享受了基本医保、大病保险和医疗救助的各项政策，但是由于医保目录外的众多医疗费用不在基本医保、大病保险报销范围内或者是医疗救助的比例相对偏低，因病致贫、因病返贫现象时有发生，所以应该充分发挥医疗救助对基本医保目录范围外自费费用的兜底保障功能。

五是信息系统互联互通还存在一定障碍，多部门管理的行政成本高。对于重特大疾病、重点保障人群的认定和管理还是分散在不同的部门，各方信息系统，如基本医保信息、民政部门的享受救助人群身份数据、扶贫部门的建档立卡贫困人员数据等充分共享还存在一定困难，不利于保障对象快捷、方便地享受基本医保、医疗救助和扶贫待遇，同时也增加了协调沟通的行政成本。

（四）健康扶贫工程中的政策衔接

2018 年 7 月 2 日，国家卫生健康委员会联合国务院扶贫办在四川省成都市召开全国健康扶贫三年攻坚工作会议。会议宣布，我国将采取超常规举措，全面实施健康扶贫三年攻坚行动。总体思路是聚焦深度贫困地区和卫生健康服务薄弱环节，加大政策供给和投入支持力度，创新体制、转换机制，防治结合、关口前移，保障贫困人口享有基本医疗卫生服务，防止因病致贫、因病返贫。

在这一特殊背景下，健康扶贫与医疗救助有相似和相关之处，也有差异。健康扶贫的主要做法与医疗救助对绝对贫困人口这类救助对象的救助相似：在补偿方案上都是通过发挥医疗保险、医疗救助作用，购买商业扶贫附加险，医疗机构减免，慈善救助等各种制度合力提高报销水平；在服务层面都是通过“先诊疗、后付费”以及“一站式结算”方便患者。健康扶贫和医疗救助的区别有三：一是健康扶贫的保障水平相对更高，建立了自付费用的兜底保障机制；二是健康扶贫仅覆盖农村建档立卡贫困人口，医疗救助覆盖城乡低保和特困供养人员，但由于核定标准不同，目标人群的重合率不高；三是医疗救助拓展到因病致贫人群，而健康扶贫仅针对绝对贫困人口。

鉴于覆盖范围和保障力度不同，《中共中央国务院关于打赢脱贫攻坚战的决定》在涉及二者衔接内容方面，提出了分层实施的总体策略：一是扩大范围，民政资助建档立卡贫困人口参加基本医疗保险，并将其纳入重特大医疗救助的救助范围。二是保障升级，在各项保障制度报销后还有医疗救助给予救助。

根据《中国健康扶贫发展研究报告》，2017 年度健康扶贫对象的实际报销比例超过 84%，个人自付比例为 16%（2016 年度为 43%）。健康扶贫与医疗救助在部分地区开始探索新的合作方式，这提高了贫困人口的保障水平。主要做法有：

一是医疗救助主导，建档立卡对象全部纳入医疗救助对象。即基本医保报销以后，由医疗救助建立兜底保障机制，不再建立扶贫附加险。如有的地区调整后的医疗救助分摊比例由原 5%提高到 10%左右，贫困人口自付比例由原 19%降低到 10%左右。

二是特定病种免费医疗，不论是建档立卡对象还是民政部门认定的医疗救助对象，只要罹患特定疾病，都可以获得近乎免费的医疗服务。有的省份对符合特定病种规定的人员，先是将通过医疗救助资助参加基本医保、大病保险向贫困人口倾斜，在基本医保、大病保险补偿后，商业扶贫附加险、医疗机构减免、医疗救助分摊费用以实现特定病种免费医疗。值得一提的是，此模式设计避免了“大水漫灌式”的资源浪费和“撒芝麻式”救助力度不足的情况，实现了重大疾病的精准救助。

通过这种分摊方式，2017 年健康扶贫共免费救治 40.48 万例重大疾病患者，涉及总医疗费用 28.64 万元，所涵盖部分病种的医疗救助费用分摊比例由之前的 5%提高到了 13%。以该统计中相对费用较高的肾透析为例，基本医保支付 70%，医疗救助补偿 20%，医疗机构减免、财政补助等累计救助 10%，基本达到了分担贫困人口的医疗费用、减轻医疗经济负担的预期目标。

健康扶贫与医疗救助衔接主要困难在于：

一是制度设置层面，二者分属扶贫与民政两个部门，职能分布碎片化，依据扶贫开发与社会救助不同政策，定位各有差异。

二是具体操作层面，系统设定不统一，扶贫与救助的对象识别机制、信息管理系统各有区别。主要表现在：(1) 在认定标准上，认定扶贫对象根据劳动能力，而认定低保救助对象依据家庭收入；(2) 在评估核算办法上，扶贫实行全口径统计，而低保救助不纳入优抚金、计划生育奖励等一些福利性补贴；(3) 在信息系统上，扶贫主要运用国务院扶贫办贫困户建档立卡信息系统，涉及医疗业务用全国健康扶贫的动态管理系统管理，而救助主要用低保信息管理系统，信息共享存在一定难度。

三是队伍建设层面，基层社会救助部门存在经办力量薄弱、人员队伍不稳定、工作经费无保障等问题。

以上困难造成二者目标人群重合率并不高、保障合力不足等情况。结合全国相关数据，扶贫部门核定农村建档立卡贫困人口数与民政部门确认的农村医疗救助对象重合人数仅为 2 000 多万人，这意味着仅有这 2 000 多万人能同时受益于两项政策。此外，由于扶贫与低保未“两线合一”，多数省区市农村低保标准低于当地扶贫标准，部分地区的农村低保标准低于 2 800 元/年的国家扶贫标准。

五、商业健康保险的发展

“十三五”以来，商业健康保险得到了快速发展。商业健康保险保费收入从 2012 年的 862.76 亿元增长到 2017 年的 4 389.46 亿元，年复合增长率 38.45%。2018 年 1—4 月保费收入 2 029.23 亿元，同比增长 6.02%，赔付 493.58 亿元，同比增长 35.93%。

（一）商业健康保险广泛参与医保经办服务

从 2001 年开始，保险业借助自身在精算技术、专业服务和风险管理等方面的优势，主动承担社会责任，接受政府委托，积极稳妥参与各类医疗

保障经办管理，在提升医保运行效率和服务质量等方面取得了较大成效。2017 年保险业累计受托管理各类医保基金 265.38 亿元，保费收入 237.03 亿元，赔付与补偿金额 632.11 亿元（含跨年支付）。2017 年 16 家保险公司在全国 31 个省区市开展了大病保险，承保 10.6 亿城乡居民。2017 年，商业保险公司在全国 172 个县市开展了医疗救助经办项目。同时，在 15 个已开展长期护理保险试点工作的城市中，有 13 个由商业保险公司参与经办。青海、安徽等省试点将基本医保交由保险公司经办。

（二）商业健康保险产品日益丰富

在重点发展疾病险、医疗险的同时，商业健康保险积极探索发展长期护理保险、失能收入损失保险。2018 年，备案销售的健康保险产品超过 3 500 个，保障范围涵盖了多数基本医疗保险“三个目录”之外的费用和项目，逐步与基本医保加强衔接。2017 年，健康保险新增保单件数超过 5.8 亿张，健康保险赔量达 7 158 万人次。22 家保险公司在全国开展了个人税收优惠健康保险业务，推出了 46 款产品供消费者选择，截至 2018 年 5 月，共销售保单 22.7 万件，实收保费 5.6 亿元。积极推进医养结合，30 个省份、70 个试点城市出台了具体实施意见，2018 年，全国医疗机构与养老机构签约建立合作关系的有 7 633 对。继续实施新型健康技术惠民工程，满足群众多样化健康需求。

（三）商业健康保险积极参与健康管理与健康产业

保险公司将健康管理引入商业健康保险中，从简单的费用报销和经济补偿，向病前、病中、病后的综合性健康保障管理方向发展，提高参保人健康水平，减少发病率。为了大力促进健康旅游业发展，国家遴选首批 13 个全国健康旅游示范基地和 15 个中医药健康旅游示范区，进一步明确支持措施。中央制定出台促进健康服务业发展政策文件，鼓励社会资本积极进入健康服务领域，进一步扩大市场开放，强化政策支持，消除政策障碍，不断加强健康服务人才供给，强化科技和产业支撑，推动健康医疗与养老、旅游、体育、互联网、食品等领域融合，不断满足群众多样化、差异化、个性化的健康需求。

（四）商业健康保险税收优惠政策全面推开

2015 年，财政部、国家税务总局、保监会联合发布《关于实施商业健康保险个人所得税政策试点的通知》，开始对商业健康保险进行个人所得税减免。对个人购买符合规定的商业健康保险产品的支出，允许在当年（月）计算应纳税所得额时予以税前扣除，扣除限额为 2 400 元/年。单位统一为员工购买符合规定的商业健康保险产品的支出，应分别计入员工个人工资薪金，视同个人购买，按上述限额予以扣除。2017 年，三部委又联合发布《关于将商业健康保险个人所得税试点政策推广到全国范围实施的通知》，要求将上述优惠政策推广到全国范围。在政策红利的支持下，商业保险公司在全国开始了健康保险个人所得税试点政策，健康保险费同比增长4.45%。

六、医疗保障体系建设的主要成就

（一）全民覆盖的多层次医疗保障体系基本形成

改革开放以来，我国先后建立了城镇职工基本医疗保险、新型农村合作医疗以及城镇居民基本医疗保险。在基本医疗保险的基础上，增加了职工的补充医疗保险和城乡居民的大病保险。除了政府基本医疗保险外，还有商业健康保险、职工互助保险等补充性保险。在医疗保险制度外，还先后建立了医疗救助制度、疾病应急救助制度和慈善救助制度。中国形成了以基本医疗保险为主体、商业健康保险为补充、医疗救助为底线的多层次医疗保障制度。

“全民覆盖”是医疗保障体系横向的扩展，体现了我国社会公正的治理理念，关注全体人口的健康权益和经济利益。“多层次”是医疗保障体系纵向的延伸，体现了以人为本的发展理念，关注人群的多样化需求，注重对弱势人群的精准保障。从这个意义上讲，我国医疗保障体系的建设方向既符合中国社会治理趋势，又满足中国居民的更高需求。

（二）基本医疗保险制度不断完善

一是筹资机制有所完善，筹资水平稳步提高。部分地区开始探索建立城乡居民医保个人缴费标准与居民收入挂钩的动态调整机制，部分省份实现省级统筹。

二是待遇机制有所完善。职工医保和居民医保政策范围内住院费用补偿水平稳步提高。补偿范围不断扩大，居民医保普遍建立门诊统筹，部分地方在职工医保中同步建立门诊统筹；门诊特（大）病和慢性病病种范围有所扩展。用药范围进一步扩大，2017 年版医保目录较 2009 年版新增 339 个药品；同时，国家先后通过谈判准入这一创新机制将 36 种、17 类昂贵药品纳入目录报销；部分省份也依托大病保险“合规费用”政策窗口，将社会亟须、疗效显著、价格昂贵的药品以谈判方式纳入补偿范围。

（三）医疗服务管理能力不断增强

一是支付方式改革不断深化。基于医保基金预算管理，适应不同人群、不同疾病或服务特点的多元复合式支付方式框架基本建立。部分地市自发开展了按疾病诊断相关分组（DRGs）付费的探索。部分地市创造性地将总额预算管理、按病种（病组）付费等相结合，形成了具有特色的点数法付费方式。

二是医疗服务监管能力不断增强。医保协议管理不断完善，涵盖内容不断增加、不断细化，定点医疗机构诚信等级评价、分级管理等措施不断推行。医保管理从医院向医师延伸，医保医师制度建设有序推进。全面实施医保总额控制和智能监控，基金风险防控能力有效提高。部分省份还探索建立了专门的医保监督执法机构和队伍。

三是积极探索治理模式和管理机制改革。大病保险特药谈判准入、国家药品目录准入谈判、药品动态准入机制公开征求意见等做法意味着我国医保治理机制和模式的渐进变革，逐步从政府定价走向多利益主体的协商谈判，医保购买和协商谈判机制初步形成。部分地区的支付方式改革中，信息全面公开、机制透明，邀请协议医疗机构代表共同协商谈判、依托临床专家解决专业问题、联审互查等制度设计初步具有了集体协商谈判、社保经办机构和专业医务人员共同治理的形式。

（四）经办服务能力全面提升

一是基本医疗保险经办机构逐步从被动费用支付者向战略性购买者和监管者转变，经办服务内容日益复杂，服务量高速增加，现有经办资源配置和使用不断优化，核心经办服务能力不断巩固和提高。

二是引入社会力量参与，“社商合作”强化经办服务能力，部分地区借大病保险和长期护理保险委托经办契机，探索“社商合作”的经办体制，引入社会力量（商业保险公司为主）。部分地区引入社会力量提供医保智能监控、医保付费方式改革相关技术支持服务。

三是就医和补偿的便捷性进一步提高。基本医疗保险基本实现了统筹地区内一站式结算，大多数地区实现了基本医疗保险、医疗救助、大病保险和部分补充保险的多层次医疗保障制度一站式结算。部分地市探索实现了基本医疗保险、医疗救助的统一管理。基本实现医保全国联网和跨省异地就医费用直接结算，全国所有省级异地就医结算系统、所有统筹地区均已接入国家异地就医结算系统。同时，经办流程不断简化，借助移动互联网、大数据等信息技术不断改善参保人体验。

七、医疗保障体系的问题与前景展望

（一）形势

一是社会主要矛盾的变化。十九大报告指出，中国特色社会主义进入新时代，我国社会主要矛盾已经转化为人民日益增长的美好生活需要和不平衡不充分的发展之间的矛盾。不平衡是结构问题，不充分是总量问题。医疗保障发展虽然取得了巨大的历史性成就，但与人民对健康福祉的需要之间依然存在不平衡不充分的矛盾。主要体现在筹资和待遇在城乡之间、区域之间、群体之间、医疗服务项目之间的不平衡，医疗费用支出与健康获得之间的不平衡，医疗保障待遇尚未满足人民群众不断增长的健康需求。

二是健康中国战略的更高要求。2016 年，全国卫生与健康大会的召开，以及随后颁布实施的《"健康中国 2030"规划纲要》，勾画了健康中国的美好蓝图。在健康中国战略下，医疗保障制度体系的功能定位应逐步超越原有单纯疾病诊疗费用的分散功能，逐步向健康保障延伸，从简单支付参保人享受的医疗服务向支付有价值的医疗服务转变，从保障诊疗行为到保障国民的健康结果转变，逐步走向"价值医保"。健康中国战略将国民健康提高到了国家战略高度，既是医疗保障制度建设的重要机遇，又对制度发展提出了更高的要求和任务。

三是宏观人口形势的变迁。新时期，我国将不得不面临宏观人口在年龄结构、健康状况和生存状态等方面的重要变化所带来的挑战，即人口老龄化，慢性病流行，人口流动常态化。首先，我国正进入高速老龄化、高龄化、少子化的历史阶段，其直接的挑战是老年人在医疗、康复和护理方面的刚性需求。其次，我国居民慢性病死亡人数占总死亡人数的比例高达 86.6%，造成的疾病负担已占总疾病负担的 70%，慢性病成为影响国家经济社会发展的重大公共卫生问题。最后，城镇化、外地务工或就医就学等原因导致的人口流动和迁移，在新时期已经成为我国宏观人口普遍的生存状态。宏观人口形势的变迁影响着当下医疗保险制度的效果，也给医疗保障制度的可持续发展带来长期性的挑战。其一是医疗保险制度的筹资能力和可供用于补偿的基金规模受到限制，尤其在退休人群不缴费和更高个人账户划入比例情况下，职工医保的统筹基金支撑能力日益削弱。其二是医疗保险的支付需求不断增加。其三是伴随人口流动和迁移的普遍化，异地就医和异地照料的问题和压力逐步凸显。

四是国家医疗保障局的成立。2018 年 3 月，十三届全国人大一次会议表决通过了关于国务院机构改革方案的决定，组建国家医疗保障局，为完善统一的城乡居民基本医疗保险制度，提高医疗保障水平，确保医保资金合理使用、安全可控，统筹推进医疗、医保、医药"三医联动"改革，走出了重要一步。我国医疗保障改革与制度建设自此由部门分割、政策分割、经办分割、资源分割、信息分割的旧格局，进入统筹规划、集权管理、资源整合、信息一体、统一实施的新阶段①。

---

① 国家医疗保障局正式挂牌，专家解读：三种医保统一管，会带来啥改变. 人民日报，2018-06-01.

（二）问题

一是筹资和待遇调整机制有待进一步完善。首先，我国根据人口户籍和就业状态分步实现全民医保的扩张方式，造成地域间、制度间、人群间的政策和基金状态的差异，职工医保与居民医保之间存在一定程度的筹资和待遇的倒挂问题，这些差异正逐步延伸至经济和人才竞争中。其次，由于历史原因和分灶吃饭的财政体制，政策调整权限过低，地区间政策差异逐步拉大。再次，制度内在待遇结构不均衡，保障高度集中在住院补偿，门诊补偿缺失，个人账户对慢性病患者保障能力不足，难以适应未来以初级卫生保健和慢性病管理为主的服务需求。最后，多数地区的城乡居民医保尚未形成内生的筹资和财政补贴自动调整机制，职工医保中个人责任未得到应有体现，企业和财政压力过大，退休人群不缴费及其衍生的缴费年限问题引发医保对于常态人口迁移的不适应，国家或省内区域间政策协调和基金风险调整机制尚未建立。

二是经办能力建设须进一步探索完善。首先，政府经办机构受限于参公单位的体制约束，在管理机制、资源配备、办公效率和经费来源等方面缺乏灵活性和内生动力。其次，当下商业保险机构和社会组织暂时难以替代政府经办医疗保险。商业保险机构的营利动机导致恶意中标、违反协议、拖欠医院和参保人保险资金、违规使用参保人信息等现象。社会组织自身发育不足。再次，专业的监管队伍配备不足，且缺乏执法上的法律支持。最后，经办机构在与医疗机构的谈判中处于弱势地位，医保协议约束能力不强。

三是医疗保险支付方式改革效果的发挥面临部分障碍。首先，医疗机构和医保信息系统之间、医疗机构之间的底层编码和标准各异，医院不愿或不能与医保机构实现实时信息的互联、互通、互识；其次，受公立医疗机构薪酬体系改革不到位等原因影响，医疗机构总是对支付方式做出策略性的不当应对；最后，大部分地区尚未形成医保经办机构和专业医务人员共同治理的机制，应用DRGs等对临床知识要求较高的方式乏力。

四是医疗保险与医疗救助制度的衔接机制有待进一步理清。其一是医疗保险与医疗救助的功能定位尚未明确；其二是医疗保险和医疗救助在医疗服务项目上缺乏区分，限制了医疗救助的兜底功能；其三是信息系统尚

未实现互联互通；其四是供方支付方式杠杆功能尚未贯通在医疗保险和医疗救助衔接中。

五是医疗保障制度在健康扶贫中的协作机制有待完善。其一是健康扶贫与医疗救助制度和管理不统一、不协调，合力不足；其二是多重保障机制的长期协调需要足够的财政支撑，但其可持续性尚不明确。这些问题的解决不能一蹴而就，而是需要立足于整合医疗保障体系予以改善。

六是药品目录准入和药品管理尚待进一步完善。药品目录暂未实现动态准入，部分地区的药品招采仍存在部分只招不采、唯低价是取的情况；政府招采由于政府取代医药流通企业成为采购方，对于市场形成的价格机制造成一定的扭曲；基本医疗保险目录和基本药物目录、招标采购和医保支付之间的关系尚有待明确。控费过多强调控制单价，而非控制支出成本，导致药品和耗材价格虽然走低，但总支出规模仍持续上涨。

（三）前景展望

我国已经建立起覆盖城乡的基本医疗保险制度，在此基础上，逐步建立并完善分别面向城镇职工和城乡居民的重特大疾病保障制度。同时，适应新时代经济社会发展背景下人口流动需要和增进社会公平的目标，逐步推进跨区域异地就医结算，整合基本医疗保险制度，提升统一经办服务水平，从而确保全民不受城乡差异、就业状况、收入水平、疾病严重程度等因素的阻碍而得到合理的疾病诊疗。总体而言，我国医疗保险体系的建设基本实现了由“搭建制度架构”向“提升制度品质”的飞跃。未来，医疗保险制度的建设将进一步适应时代变迁和社会发展的步伐，细化制度内涵，提升保障质量，满足新时代民众更高的健康需求。

一是明确基本医疗保险“基本”的内涵与外延。有效圈定基本医疗保险的保障范围，确定医保基金与健康需求之间的平衡机制，在此基础上划定补充医疗保险、商业健康保险和医疗救助的保障范围。在明确基本医疗保险与其他各种形式补充医疗保险的责任边界之后，医疗保险体系的制度内涵将更加清晰，也更便于引导舆论和公众行为，推进医疗保险体系的健康发展。

二是以优化支付方式为重点推进医疗保险战略性购买。在现行的复合型支付方式改革的基础上，增加对治疗效果的测量和激励，从部分有治愈效果的疾病入手，试行按疗效付费，为实现价值医保做准备。同时，注重医保支付激励对资源配置的引导作用，促进不同层级医疗机构的分工协作，鼓励医疗服务系统逐步转变为全科医学服务和专科医学服务相互竞争、相互协作的现代化体制。将医保对药品的战略购买从部分药品扩展至所有医保药品，同时，在药品支付价格形成机制方面，逐步实现市场机制和政府机制的有机结合。

三是逐步推进医保经办管理服务的社会化改革。逐步实现经办管理服务的社会化，允许经办机构从医保基金中提取管理费用，同时打破地域限制，允许参保人自由选择经办机构，“钱随人走”，既有利于增进经办机构之间的竞争，又便于人口流动下的转移接续。

四是优化医疗保险与医疗救助的衔接。医保管理部门要以中国特色的医疗保障制度建设为契机，进一步明确和理顺基本医保和医疗保险的责任边界，落实部门责任，加强沟通协调、数据信息共享和政策协同。

五是增进健康扶贫与医疗保障制度的互通。健康扶贫涉及医疗服务的供给侧与需求侧。供给侧的优化需要医疗卫生服务体系的改革与完善，而需求侧则依赖医疗保障体系的全覆盖和精准保障。长期看，健康扶贫的长效推进一方面要求完善现有的基本医疗保险和大病保险制度，科学界定补偿参量和医保目录，保证病有所医、医有所保，预防因病致贫；另一方面要求强化医疗救助的兜底能力，建立医疗救助稳定的筹资增长机制，设立有别于保险制度的补偿机制，并与家庭实际医疗支出核查相结合，实现精准救助。

六是“医疗保障”向“健康保障”转变。医疗保障的最终目标是实现健康，但与其仅仅关注疾病治疗的补偿机制矛盾。现实中，由于个体行为、生活方式、环境、医疗卫生服务、遗传等因素影响着人们的健康，进一步影响着整个社会的健康水平，健康受损不再局限于短期的、显性的疾病，健康维护也不能局限于疾病干预或治疗。因此，有必要转变理念、关口前移，关注疾病的预防与管理，致力于提升全民健康覆盖的质量，推进“医疗保障”向“健康保障”转型，即从关注疾病风险转向关注健康风险，从注重分散个体患者的疾病风险转向注重促进整个人群的健康。既关注缓解经济负担的保险属性，又关注改善人群健康结果的健康属性；既关注不同群体的特殊健康利益，又注重不同群体之间的公平；既着眼于当下分配和短期效益，又着眼于未来发展和远期和谐。

第十章　中国医药卫生体制改革

自 2009 年启动新一轮医药卫生体制改革以来，已过去了十年。在这十年间，医疗卫生越来越成为社会关注的焦点和热点问题，成为历年政府工作报告的重点问题。总体而言，随着医疗保障制度的完善以及财政医疗卫生投入的加大，投入医疗卫生领域的资源快速增长。但是，从居民需求的角度看，医疗卫生服务的供给不平衡、不充分的情况越来越凸显。因此，有必要从政策层面、制度层面及底层治理结构的层面对十年来中国医药卫生体制改革进行一个评估性的梳理和分析。这不仅是对十年医改的一个总结，更为下一步医疗卫生服务发展及体制改革提供借鉴。由于医疗保障方面的内容已在其他章节中进行论述，本章内容主要集中在医疗卫生服务供给侧的改革以及药品供应体制改革上。

一、医药卫生体制改革的缘起

（一）计划经济时期医药卫生体制的基本特征

我国的医药卫生体制是从计划经济时期延续下来的，迄今为止一些改革的关键问题依然是计划经济时期的残余。改革开放前，与我国实行的计划经济体制相一致，医疗卫生服务的供给体制也带有鲜明的计划经济色彩。

第一，医疗卫生服务供给以公立、公办为主，公立医疗机构实行计划管理①。具体而言，在人事管理上，实行事业单位的编制管理；在业务上，政府直接运营，通过行政性指令对医疗机构进行业务管理；在财务上，人员经费以及基本建设支出、日常办公经费由上级财政直接划拨，药品等治疗费用通过收费解决。医疗机构的各种收费价格、药品购销价格按照行政指令执行，医生以及其他人员报酬按照事业单位工作人员的工资制度执行。这是典型的计划管理、行政管理的体制，在这一体制下，医疗机构不是独立的运营主体，而是行政机关的附属物。

第二，单位化、福利化的医疗服务供给。在城镇地区，除了地方政府举办的公立医疗机构外，绝大多数企事业单位、厂矿企业都设立了附属的医疗机构和医疗部门。这些企事业单位、厂矿企业自主举办的医疗机构在人事管理、财务管理上都附属于设立它们的单位，其特征是“条块分割、部门所有”，不纳入地方政府的卫生事业规划中（曹志军，1985）。在一些地区，企业厂矿医院占到了当地医疗卫生服务供给的一半以上，比如太原市企业医院床位数和卫计人员数分别占全市总额的 55%和 56%（史登峰，1997）。一直到 2006 年，企业医院的人员数和床位数还分别占全国的 9.1%和 13.9%（李璐，吴少玮，张莉，等，2009）。

第三，城乡分割，农村地区的医疗服务供给与城镇地区不同。在计划经济时期，农村地区形成了由县级医疗机构、乡镇卫生院、村卫生室构成的三级农村卫生服务网络。政府仅举办和管理县、乡两级医疗机构，村卫生室通过农村的合作医疗进行筹资和管理。

第四，在药品供应体制上，形成了统购包销、三级批发的购销体系。药品的生产严格按照国家计划进行安排。各级医疗机构根据用药计划事先上报药品的需求。按照这些药品需求，各省的批发企业形成当年的计划安排。首先，省级的一级批发企业按照计划安排从生产厂家进货，而后分发到地区级的二级批发企业，从地区批发企业再进入县级的三级批发企业。从三级批发企业进入分销站点，然后再进入各级医疗机构。虽然药品的价

① 根据 1963 年卫生部“开业医生暂行管理办法草案”，也允许一部分个体开业医生开业；但在“文化大革命”开始后，个体行医基本上被禁止。

格由政府行政制定，但是为了弥补医疗机构在药品购销过程中的损耗，以及弥补医疗机构的一些经营性亏损，政府对各级批发机构以及医疗机构制定了一定比例的销售加成。各级批发机构按照加成收取一定的加价，医院则根据加成将药品加价后销售给患者（朱恒鹏，2007）。

计划经济时期的这种行政管理、单位化、福利化、城乡分割以及药品供应统购包销的体制应该说是与当时的计划经济体制大环境相适应的。在计划经济体制下，城乡居民几无流动，城镇企事业单位的职工也很少流动，生老病死都在一个单位。在这种情况下，医疗机构的服务质量与服务效率无足轻重，政府对医疗费用的控制也可以通过严格的指令性计划来落实。

（二）医药卫生体制第一阶段的改革

医药卫生计划供给的体制随着改革开放后向市场经济的转轨受到了极大的冲击，在20世纪70年代末期及80年代初中期，就难以维系下去了。当时面临的第一个问题是医疗机构的财务困境：大量医疗机构面临设施老化、入不敷出等问题。1981年，卫生部《关于解决医院赔本问题的报告》指出，1979年，全国卫生部门所属医院、公社卫生院（包括集体所有制卫生院）赔本5.8亿元，1980年预计全年要赔8.4亿元。《报告》还指出："由于大量赔钱，使医院处境十分困难，日子很不好过，突出的问题是：房屋破旧，无力维修，不少老医院年久失修，破损更为严重，已无法修理，需要重建；仪器设备陈旧落后，不能更新，连常规设备也不配套；被服家具破烂，卫生状况很差，许多城市大医院都没有住院病人穿的衣服，许多地、县医院医护人员的工作服都保证不了，许多公社卫生院只有一个光板床，被褥都没有，全靠病人自带，卫生条件没有保证；医疗、生活用房十分困难，全国每年需要住院的病人五千万，但医院只能收容二千五百万人次；职工生活用房二十年来国家很少投资，职工宿舍奇缺。"

对于医院的赔本问题，《报告》给出的原因一是财政投入太少，二是收费标准低，三是其他商品提价。但是我们观察到从1978年到20世纪90年代的卫生事业费支出（财政对医疗卫生机构的财政补助）占财政总支出的比重并未出现明显的下降（如图10-1所示）。不仅如此，从1978年到1982年，卫生事业费占政府财政总支出的比例还出现了明显的上升趋势。因此，出现医疗机构亏损的主要原因应该是行政管制下的收费标准过低。从之后政府对医药卫生体制改革的政策指向看，也主要指向了收费标准过低的问题。

1985 年，卫生部《关于卫生工作改革若干政策问题的报告》提出的改革思路就是扩大全民所有制卫生机构的自主权，支持个体开业行医，同时改革收费制度。《报告》提出“放宽政策，简政放权，多方集资，开阔发展卫生事业的路子，把卫生工作搞活”。1992 年，卫生部《关于深化卫生改革的几点意见》出台后明确了“建设靠国家、吃饭靠自己”的改革方针。1997 年，《中共中央、国务院关于卫生改革与发展的决定》指出要进一步扩大卫生机构的经营管理自主权。

从具体的改革措施看，“搞活”“放开”主要是放开了医疗机构通过药品销售获得收入的政策，并未相应放开反映医生等医务人员劳务价值的医疗服务的定价。医疗服务的定价仍然按照“不含工资和固定资产折旧”的成本进行定价。这个定价原则的逻辑基础是：医务人员的工资以及医疗机构基本建设、大型固定资产等已经由政府财政支付，不应再次收费。但这个定价标准长期以来一直较低。放开药品销售获取收入，但严格管制服务收费，导致了严重的“以药养医”问题，即医疗机构和医务人员的收入主要通过药品销售来获得。医疗机构从药品销售中获得收入的主要工具是药品的销售加成。

（三）新一轮改革的背景

在一定的销售加成下，医疗机构销售的药品价格越高、销量越大，则收入越高。在这种情况下，公立医疗机构通过各种方式推高药品价格、提高药品销售量。这是我国药品价格虚高、药物滥用的主要制度基础。

而以药养医则构成了我国历次医改，包括 2009 年新医改的主要问题。对于这个问题后文中分析药品供应体制改革时还会加以详细解释。我国的公立医疗机构在这样一种运行逻辑下，到 20 世纪 90 年代末期出现了药品销售收入在医院收入结构中畸高的现象。1998 年，卫生部门所属综合医院的平均收入中，药品收入占到了 46%（如图 10－2 所示）；在门诊患者的次均费用中，药品的费用占到了 62%（如图 10－3 所示）；在住院患者的次均费用中，药品费用占到了 49%（如图 10－4 所示）。

除了以药养医带来的药品费用畸高、药物滥用这个主要问题，从 20 世纪 80 年代开始的城镇国有企业改革进程也极大冲击了原来附着在企事业单

位上的医疗保障体系。城镇企事业单位的职工在计划经济时期的医疗保障是已经演变成为单位福利的“劳动保险”制度。随着国有企业的改革，建立社会统筹的医疗保险制度提上了日程。但在1998年建立城镇企业职工基本医疗保险制度之前的十几年间，城镇企业职工的医疗保障呈现出不断缩减的趋势。在农村，随着合作医疗的消亡，农村居民原有的非常薄弱的医疗保障也趋于瓦解。这两点导致20世纪90年代中后期，中国城乡居民个人支付的医疗费用不断提高。

从卫生总费用的结构看，自20世纪80年代中期之后，卫生总费用中个人卫生支出占比开始上升，从25%左右一路上涨到2001年左右的60%（如图10－5所示）。从城乡居民家庭消费支出中医疗保健支出占比的角度看，医疗保健支出占家庭消费支出的比重，从1990年城乡都不到2%一路上升到2008年的7%左右（如图10－6所示）。

以药养医、药物滥用以及个人支付的卫生费用的上升是我国不断推进医改的主要原因。随着医疗保障体系逐步完善，特别是全民医保的制度体系的建立，个人支付的医疗费用所占比重出现了下降的趋势（如图10－5所示）。自建立城镇企业职工基本医疗保险制度后，在卫生总费用中个人卫生支出所占比重逐渐开始出现下降的趋势。但是，若从居民家庭消费支出中医疗保健支出所占比重来看，实际的居民个人负担还在上升。而这一点则与医疗卫生服务供给方的制度扭曲与效率低下密切相关，特别是“以药养医”、药物滥用的问题，成为历次医改要解决的主要问题。

（四）2009年新一轮医改方案

在2009年新一轮医改开始之前，针对以药养医以及由此带来的药品价格虚高、药物滥用、个人医疗费用上涨等问题，一些领域已经开始了改革。比如针对药品价格虚高的问题，早在20世纪90年代中后期就开始药品价格管理体制的改革，并尝试探索药品的集中采购。2009年开始的新一轮医改则构建了一个全面的改革方案，搭建了医保、医药、医疗“三医联动”的改革框架。新医改的主要内容，即“四梁八柱”中的“四梁”提出的四大体系建设，除了公共卫生服务体系之外，则正好对应医疗保障体系、医疗服务供给体系以及药品供应体系这“三医”。

因为医疗保障体系的改革已在其他章节进行了论述，本章着重于论述

“三医”的药品供应体制与医疗服务的供给体制改革。以药养医、药品价格虚高、药物滥用的问题是我国医疗卫生领域中的“顽疾”，医改的主要政策措施也主要是着眼于解决这个问题，因此本章首先对药品供应体制的改革进行分析，其次分析医疗卫生服务供给体系的改革。由于我国医疗卫生服务的供给分为基层（社区）医疗卫生服务与医院提供的医疗卫生服务，本章分别从基层医疗卫生服务和医院两个方面进行论述。

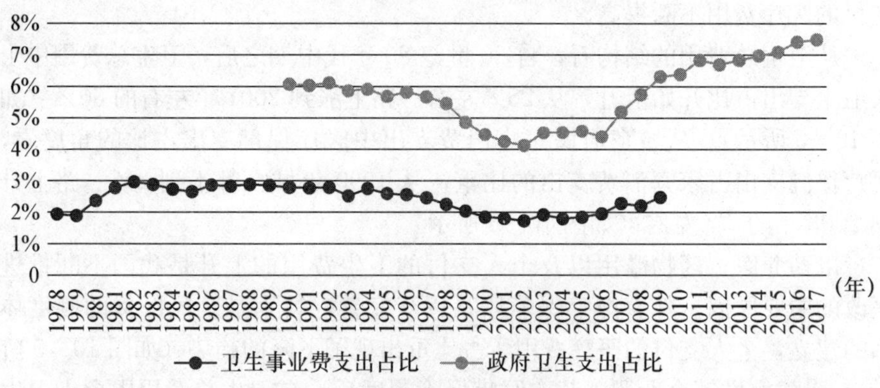

图 10-1　1978—2017 年我国卫生事业费与政府卫生支出占政府财政支出的比例

资料来源：国家卫生健康委员会．中国卫生与健康统计年鉴 2018．北京：中国协和医科大学出版社，2018.

注：卫生事业费是 2012 年之前的统计指标，指的是各级政府用于医疗卫生机构的财政补助（不包括预算内卫生基建投资）。2012 年之后使用新的政府卫生支出的指标，《中国卫生和计划生育统计年鉴 2012》给出了 1990 年及之后的政府卫生支出统计数据。政府卫生支出既包括对医疗卫生机构的财政补助（包括卫生事业费），还包括财政对医疗保障的补助、卫生健康领域的行政事务支出以及人口与计划生育事务支出。

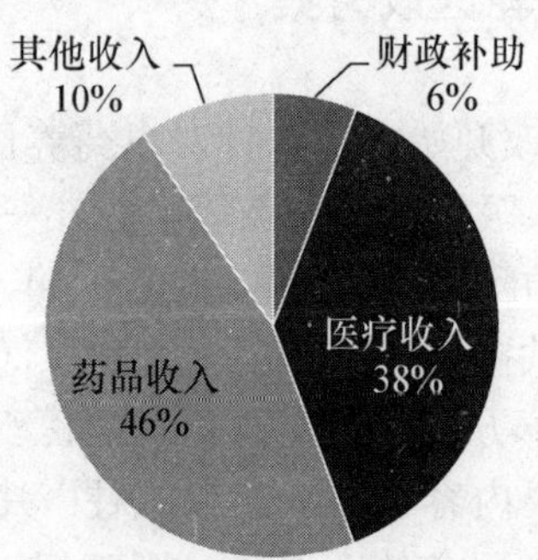

图 10-2　1998 年卫生部门所属综合医院收入结构

资料来源：中华人民共和国卫生部．中国卫生年鉴 2002．北京：人民卫生出版社，2002.

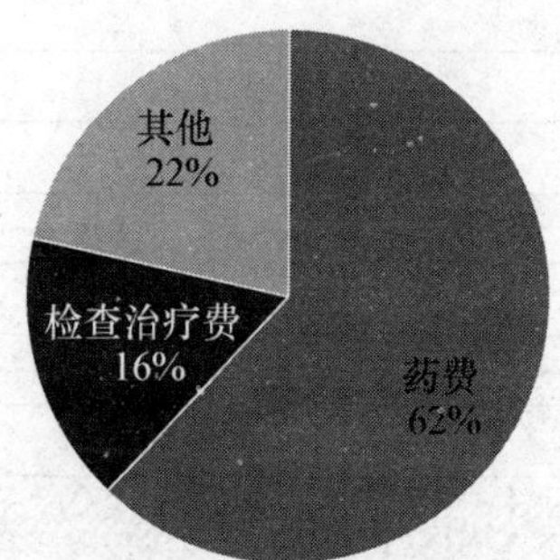

图 10-3　1998 年卫生部门所属综合医院门诊患者次均费用结构

资料来源：中华人民共和国卫生部．中国卫生年鉴 2002．北京：人民卫生出版社，2002.

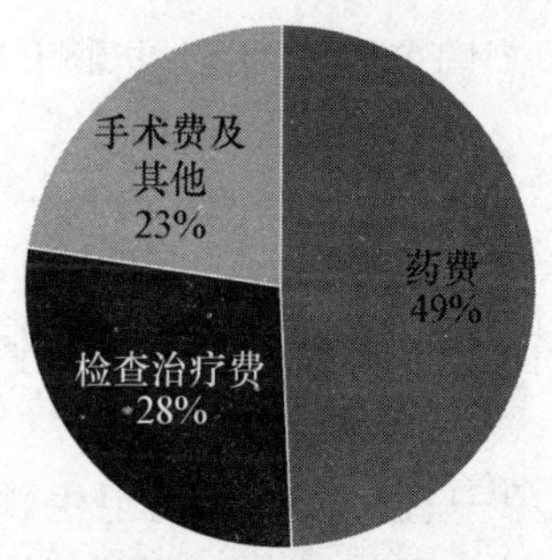

图 10-4　1998 年卫生部门所属综合医院住院患者次均费用结构

资料来源：中华人民共和国卫生部．中国卫生年鉴 2002．北京：人民卫生出版社，2002.

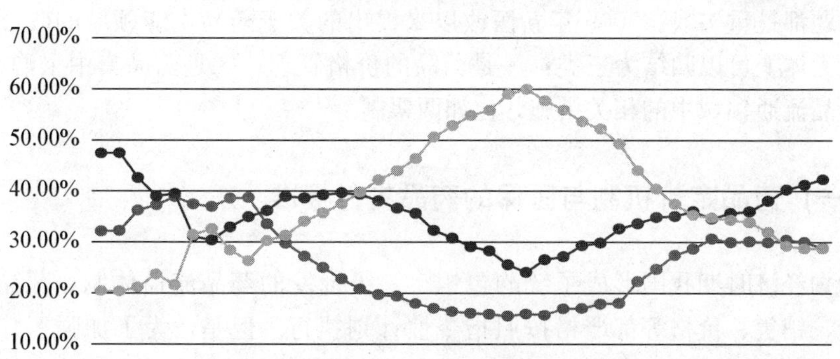

图 10-5　1978—2017 年中国卫生总费用的构成变动情况

资料来源：国家统计局．中国统计年鉴 2018．北京：中国统计出版社，2018.

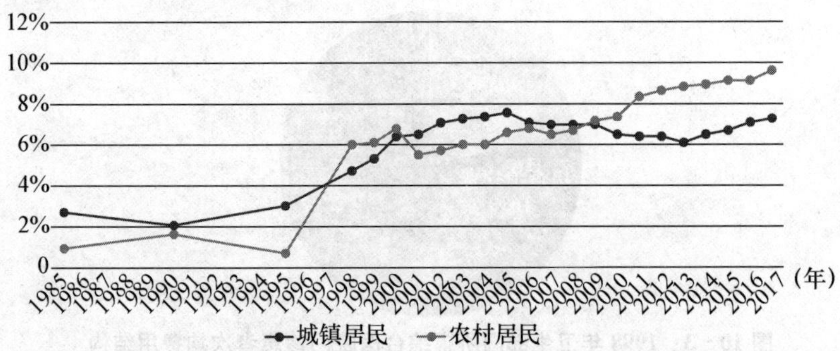

图 10-6　1985—2017 年城乡居民医疗保健支出占家庭消费支出的比重

资料来源：国家统计局．中国统计年鉴 2018．北京：中国统计出版社，2018．

二、药品供应体制的改革

药品供应领域中的乱象一直是中国医药卫生领域社会关注的焦点，也是医药卫生体制改革面对的首要问题。以药养医、药价虚高、药物滥用也一直是几十年来没有得到根治的“顽疾”。不论是哪一次医改，解决以药养医的问题都是重头戏。2009 年新医改以来提出的关于药品供应领域的改革措施，大体上可以归结为三类：一是药品的价格管理；二是药品集中采购；三是药品流通领域中的相关措施，比如两票制。

（一）药品定价机制与医保的药品支付标准

计划经济时期我国形成了统购包销、三级批发的药品流通体制，药品的生产、销售、价格等都严格按照指令性计划执行。但是，为了加强医疗机构的财务管理，给医疗机构一定的激励，20 世纪 50 年代在公立医疗机构的药品销售中，允许医疗机构按照规定在药品进价的基础上加成销售，这是我国医疗机构药品加成的历史来源。加成销售的收入可以用作医院日常经费，改善医院条件。但是，在计划经济下，由于人员工资、医院基本建设投入等都按照计划管理，实际上药品加成对医院并没有多大的激励。

到20世纪80年代，为了提高医疗机构的运营效率，给予医疗机构经营自主权成为改革的主导方向。但是，在这一改革中并未放开对医疗服务价格和药品价格的管制，按照1986年的《医药商品价格管理目录》，药品价格实行国家定价、国家指导价与市场议价三种定价方式。对于医疗机构而言，由于药品价格和医疗服务价格都受到严格管制，因此扩大自主权创收的主要途径就是通过药品的销售加成。在药品销售加成率一定的情况下，对于医疗机构而言，要扩大收入只有两条途径：一是使用较高价格的药品，二是增加药品的使用量。这就导致20世纪八九十年代药品供应普遍出现“高价格、大折扣、高返利”的现象。为了突破国家行政定价管理，大量药品改头换面，以高价格的新特药的形式出现。各地擅自提价、自行定价、定价错误等现象屡有发生（黄鑫华，1990）。“多数药品价格处于失控状况，相当一部分药品的国家定价名存实亡”（马凯，1997）。

1996年国家计委发布了《药品价格管理暂行办法》，重新确定了药品价格管理的原则，在流通领域确定了顺加作价、按实际进价差率销售的原则，特别是严格控制销售差率，一般不突破15%。这也是此后十几年间广受诟病的医院药品销售15%加价率的来源。

1998年我国正式建立了城镇企业职工基本医疗保险制度，一部分药品进入了医保报销目录。为此，又进一步改革了药品价格管理的方式。2000年国家计委发布《关于改革药品价格管理的意见》，在分类定价的原则下，纳入医保目录的药品实行国家最高限价，其他药品实行市场协议价。但是，在这个政策中却留了一个单独定价的“口子”，即部分药品在安全性、有效性、经济性等方面若明显高于其他同类药品，则可以申请单独定价。在此期间大量药品通过更改剂型、包装等手段，以创新药的面目申请单独定价。这就导致了我国药品的“质量分层”。

但是，药品的行政定价并未遏制药品价格的增长，药品出厂价与药品销售价之间的巨大空间导致患者的医疗费用过度上涨，而且也带来了行政机关的大量腐败行为（陈文玲，2005；孟妍，王子约，2014）。

行政管制药品价格并不能解决药品价格虚高的问题。在这样的情况下，2015年，国家发展改革委等七部门发布了《关于推进药品价格改革意见的通知》，取消了药品的行政定价，除麻醉药品和第一类精神药品外，药品价格主要由市场竞争形成。取消药品行政定价后，医保目录内的药品由医保部门制定药品的医保支付标准。

需要指出的是，医保的药品支付标准并不是药品的价格，而只是医保根据医保基金的承受能力以及药品成本和市场结构确定的医保对药品的支付费用。从国际经验看，医保药品的支付标准或参考价格，主要有两种制定的办法：对于创新药品主要是通过多方谈判的方式确定；对于非创新药主要是根据药品的有效成分，在同一通用名下，采用市场平均价格的方式确定。

对于我国医保药品的支付标准，虽然 2015 年就已提出，但是并未形成全国统一的制定药品支付标准的方法和流程。从各地的实践看，多数地区使用的是药品集中招标采购的中标价。这固然也是医保药品支付标准的形成方式之一，但与理论上的医保药品支付标准并不一致：药品的支付标准只是医保的出价，并不是最终的实际价格。药品的最终价格还需要依赖医院、药房、患者等方面的采购与支付。

2018 年下半年，国家医保局开始在全国 11 个城市试点“带量采购”（4 个直辖市以及 7 个其他城市，即“4＋7”带量采购）。带量采购中标药品的价格即作为非中标药品的医保支付标准。此外，国家医保局成立后，还进行了 17 种抗肿瘤药的医保准入及价格谈判。通过谈判形成的药品价格也带有医保支付标准的色彩。但不管怎样，我国还未形成成熟的医保药品支付标准的制定方法和流程。

（二）药品集中采购

在 20 世纪 80 年代和 90 年代初中期，医疗机构的药品自行采购，由医院的药房、药剂科等部门具体负责。但在当时加成率一定的情况下，各个医院都倾向于采购高价药，获得高折扣、大回扣以及极高的加成收入。一些药品生产企业为了打开市场，也通过各种方式突破政府的药品定价，抬高药品价格，以便从中挤出给医疗机构和医生的回扣及折扣。在这个过程中，滋生了大量的不规范行为以及腐败行为。针对此问题，除了加强药品的价格管制外，还可以采取集中采购的方式。集中采购的目的，一是规范医疗机构的采购行为；二是通过集中采购加大与药品供应商的谈判能力，通过量价挂钩、以量换价的方法降低药品价格。

早在 20 世纪 90 年代末期，一些地区和企业附属的医院就开始探索和实施集中采购（庞振山，1996；胡春曙，1999）。

《关于城镇医药卫生体制改革的指导意见》以及《医疗机构药品集中招标采购工作规范（试行）》这两个文件确定了公立医疗机构以地市为单位的药品集中招标采购模式。在这个模式中，采购主体仍然是医疗机构，但是在地级市范围内这些医疗机构联合为一体进行采购。此外，采购主体与采购执行单位分开，委托市场化的中介机构进行采购。

地市级的药品集中采购实行几年之后，也没有解决药品价格持续上升的问题，而且还产生了新的问题，助长了药品采购领域中的腐败问题，增加了药品流通过程的环节和费用（王岳，2004；刘丽萍，赵庆国，谢进，2006）。

针对此问题，当时提出的解决办法是进一步提升集中招标采购的层级，同时将执行采购的主体从市场化的中介公司转为政府主导的机构。从2006年开始，一些地方探索和实施省级集中招标采购。2010年国家基本药物制度的实施，进一步完善和巩固了省级集中招标采购的模式，形成了招生产企业、招采合一、量价挂钩、双信封制、集中支付等特征。2015年，《国务院办公厅关于完善公立医院药品集中采购工作的指导意见》对省级集中采购的模式进行了进一步的规范，实行一个平台、上下联动、公开透明、分类采购，采取招生产企业、招采合一、量价挂钩、双信封制、全程监控等措施。特别是量价挂钩，这个文件专门规定了带量采购的具体执行标准，要求医院按照不低于上年度药品实际使用量的80%制定采购计划和预算，并具体到品种、剂型和规格。

但是，药品的省级集中采购也并未遏制住或解决药品的价格虚高问题。我国的药品价格以及药品的使用量仍然远高于国际平均水平，药价虚高和药物滥用并未得到根本解决。到2018年，随着国家医保局的成立，药品的集中采购职能从供方主导转入了国家医保局，成为需方主导的集中采购。这一转变，一是基于供方主导的集中采购几十年来并未有效遏制药品价格的上涨，二是考虑到全民医保后，医保作为最大的医药需求方和支付方，具有实施集中采购的能力以及遏制药品费用上升的动力。

国家医保局成立后，在药品集中采购方面最大的措施是2018年下半年开始实施的“4+7”带量采购试点。实际上，带量采购、量价挂钩并不是新措施，在2015年的文件中就有明确的规定。但国家医保局主导的带量采购最主要的三个特征：一是单一质量层次，摒弃了之前集中采购的质量分层，减少低质低价带来的“劣币驱逐良币”；二是国家医保局在谈判中承诺了使用量；三是使用医保基金对药品费用进行提前支付，减少原先医疗机构对药品供应商的压款。由于实施时间比较短，到目前为止还未观察到“4+7”带量采购的实际效果。但从实施过程看，确实压低了中标药品的价格。现在最主要的问题就是如何保证采购药品的使用量达到承诺的目标。

除了带量采购，国家医保局成立后在药品供应上的另一个措施是集中采购与医保药品支付标准的合并实施。如前所述，医保的药品支付标准并未形成一个统一的标准和流程。但从国际经验看，通过谈判形成药品支付标准是一个重要的途径。“4+7”带量采购中确定的中标药品价格也同时成了非中标药品的医保支付标准。

（三）药品流通领域的其他措施

对于药品价格虚高的问题，除了药品价格的行政管制以及药品集中采购外，新医改以来还采取了其他政策措施，其中一个很重要的措施是利用行政手段严格控制药品流通领域中的价格膨胀。药品价格虚高的一个表现是药品的零售价格远高于药品的生产价格。当然，一般而言，一种商品的零售价都比出厂价高，但我国药品出厂价与零售价之间的价差相比其他商品过高。这被认为是药品流通领域过多的中间环节所导致的。具体表现就是药品从出厂到零售端需要多次开具发票，多者七八次，少者三四次。其中隐藏了大量的虚假交易、虚开发票的情况，通过这种方式“过票洗钱”，将洗出来的费用作为对医院和医生的回扣。

为了减少药品流通的环节，从而压低药品流通费用，打击“过票洗钱”等违规行为，2016 年底，国务院医改办等八部门发布了《关于在公立医疗机构药品采购中推行“两票制”的实施意见（试行）》，提出在公立医疗机构中逐步推行“两票制”，鼓励其他医疗机构药品采购中实行“两票制”，要求药品的购销只能开具两次发票：药品生产企业到流通企业开具一次发票，流通企业到医疗机构开具一次发票。

从实施效果看，“两票制”对药品价格的虚高并未产生明显的抑制作用，反而扭曲了药品流通渠道，增加了药品流通企业的成本，变相推高了医疗费用的不合理上涨。福建省自 2012 年就开始在全省范围内推行“两票制”，从该省的实施效果看，“两票制”带来了两个后果：一是促进了药品流通领域的兼并重组，因为“两票制”下企业内部的流转并不算是“一票”，因此一些流通

企业为了规避“两票制”，通过兼并重组将外部交易内部化；第二个后果是提高了药品的出厂价，将流通领域的多个环节的价格虚高后推到了药品的出厂价上（李翠翠，傅鸿鹏，2018；乔家骏，曾旖旎，傅鸿鹏，2018）。从最终的药品价格以及次均医疗费用的角度看，“两票制”的实施也未起到作用。

（四）药品供应体制改革背后的逻辑

药品价格虚高以及药物滥用是我国医药卫生领域的“顽疾”，也是医改的重头戏。可以说2009年以来的大部分医改措施都是针对药品的供应以及其中存在的弊端。但是，不管是药品的价格管制、药品的集中采购还是流通领域的措施，都未对以药养医、药品价格虚高以及药物滥用产生根本性的影响。从改革实施效果看，往往是没解决老问题，反而带来新问题。这些措施之所以没有产生明显效果，从逻辑上讲是因为以药养医、药价虚高、药物滥用等弊端只是问题的表现，其根本原因在于医疗服务供给上。

中国医疗服务供给的一个特征是医药混业，绝大多数药品是在医疗机构销售的。这一点与西方欧美国家的医药分业不同。在欧美国家，门诊药品主要通过社会药店出售，住院药品虽然在医院销售，但医院费用、医生费用以及药品费用是分账支付的。以美国为例，2016年个人医疗费用的构成中，支付给医院服务的占到38%，支付给医生和诊所服务的占到24%，支付给处方药的只占到12%（如图10-7所示）。在分账支付的制度下，医院和医生并没有从药品销售中获利的激励。但是中国的医药混业以及对医药的混合支付导致医院和医生有足够的激励通过药品销售来获得收入。而在过去40年的改革中，包括2009年新一轮医改，都没有把对医院和医生的支付单独拿出来，医院和医生仍然需要从药品销售中获得相应的收入。特别是不当的价格管制，比如严重压低医院服务和医生服务的价格、对医院销售药品的加成率管制等，则直接导致了以药养医；而在以药养医的情况下，医院和医生都有动力使用高价药和处方高价药（朱恒鹏，2011）。

当然，从需方的角度来看，以药养医本身并不是个问题，问题在于以药养医带来的激励机制扭曲。激励机制的扭曲表现出来就是医院和医生偏好高价药、大处方。但是，高价药、大处方能够长期存在，还有一个必要条件，那就是医疗服务的垄断供给。而我国以公立医院为主的医疗服务供给格局恰恰满足了垄断供给的条件。虽然社会办医的数量近几年增加很快，特别是机构数量增加很快，但是数量多的同时，社会办医多为散、乱、小、差，根本无法形成与公立医院竞争的优势。如果考察床位数以及医生数，公立医院都占据优势地位（见图 10－8、图 10－9），特别是高端医疗服务资源，主要集中在公立医疗机构。不仅如此，我国卫生行政部门作为行业监管机构，同时也是公立医院的所有者和管理者，这种“管办不分”的格局使得公立医疗机构的垄断带有浓厚的行政垄断色彩。

不当的行政管制使得公立医疗机构只能通过药品销售来获得收入；同时，行政垄断地位又使得公立医疗机构有能力通过不断抬高药品价格的方法来获得高收入。不管是药品的行政定价，还是集中招标采购带来的药品价格下降，其效果都在公立医疗机构的行政垄断下难以发挥。2018 年，国家医保局将 17 种抗癌药纳入医保目录使其价格得以大幅下降后，这些药品在一些医疗机构竟然不见踪影。其中当然有药品购销方面的原因，但最根本的原因还是降低药品价格不符合医院和医生的利益，医院和医生偏好高价药的行为依然存在。

从这个角度看，我国以药养医、药价虚高问题的根源并不在药品供应领域，而是在医疗服务的供给领域，在公立医疗机构的改革上。

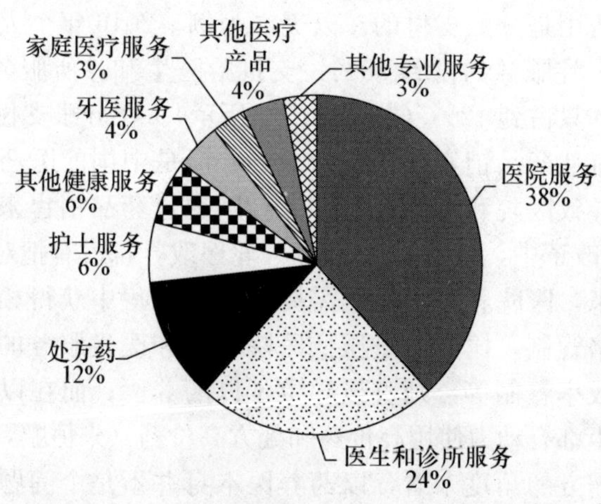

图 10－7　2016 年美国个人医疗服务费用的结构

资料来源：Cothran (2018).

注：个人医疗服务不包括公共卫生等其他费用。

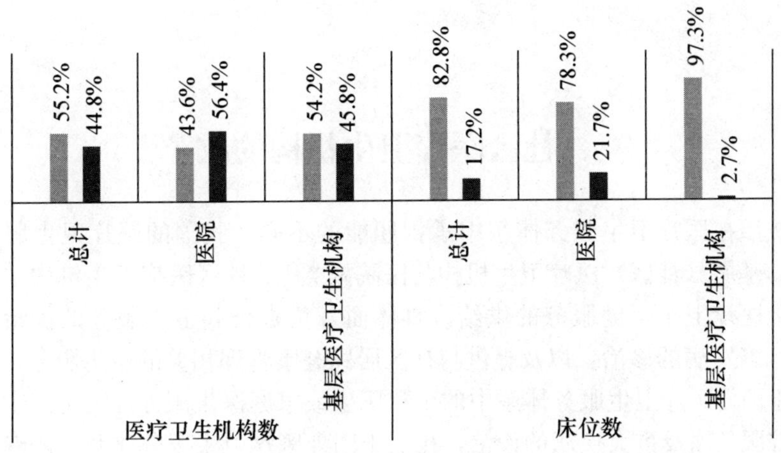

图 10－8　2016 年公办和非公办医疗机构数与床位数

资料来源：国家卫生和计划生育委员会．中国卫生和计划生育统计年鉴 2017．北京：中国协和医科大学出版社，2018.

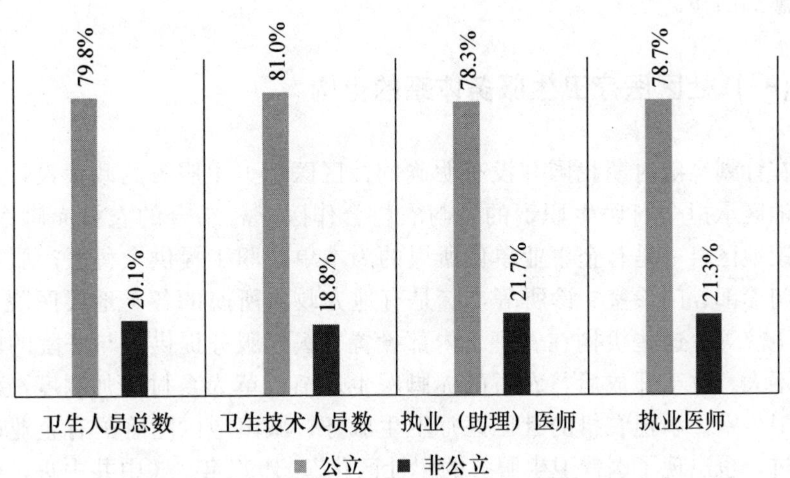

图 10－9　2016 年公办与非公办医疗机构卫生人员数

资料来源：国家卫生和计划生育委员会．中国卫生和计划生育统计年鉴 2017．北京：中国协和医科大学出版社，2018.

三、社区医疗卫生机构的改革

按照在医疗卫生服务体系中承担职能的不同，我国的医疗卫生服务机构分为基层（社区）医疗卫生机构与医院两类①。社区医疗卫生机构主要负责初级医疗卫生保健服务的供给，具体而言负责公共卫生服务的供给，常见病、多发病的诊治，以及提供与社区居民健康管理相关的卫生服务，提供相当于国外医疗卫生服务体系中的全科医生或家庭医生服务。医院则主要提供住院服务以及重大疾病的诊治，相当于国外医疗卫生服务体系中的专科服务。社区医疗卫生机构在农村主要是乡镇卫生院与村卫生室，在城镇地区则是社区卫生服务中心（站）。中国的医院根据诊疗能力的差别分为三级十等。

社区医疗卫生机构作为三级医疗卫生网络的底层，承担的是医疗卫生服务的“守门人”的职责。特别是在当前世界范围内医疗服务理念从以“治疗为中心”向以“健康为中心”转变的过程中，社区医疗卫生服务的重要性愈加凸显。

（一）社区医疗卫生服务体系的重构

在计划经济时期我国并没有明确的社区医疗卫生服务的政策设计。在农村地区承担全科医生职责的是与农村合作医疗相结合的农村赤脚医生；在城镇地区，一是有企事业单位所属的为本单位职工提供全科医疗服务的各类门诊部、门诊室、诊所等，二是有地方政府所属的各类地段医院、街道卫生院等。这些机构在管理、内部设置、医疗服务提供上与医院的门诊差别不大。改革开放后，农村的赤脚医生逐渐改革为乡村医师制度，建立了村卫生室，承担农村的社区医疗卫生服务；城镇地区随着国有企业改革的推进，也出现了医疗卫生服务的“社区化”。1997 年，《中共中央、国务院关于卫生改革与发展的决定》提出要“积极发展社区卫生服务”，其政策

① 社区医疗卫生服务也称作基层医疗卫生服务。在本章中二者同义，一般使用社区医疗卫生服务。

含义首要是计划经济时期企事业单位“单位化”的初级卫生保健服务转向属地化管理的“社会化”的初级卫生保健供给体系。

1999年《关于发展城市社区卫生服务的若干意见》以及2000年《卫生部关于城市社区卫生服务机构设置原则等三个文件的通知》，重新构建了初级卫生保健服务的供给体系。

这一体系的主要特征一是公立机构为主。除了农村的村卫生室由乡村医生个体运营外，乡镇卫生院以及城镇的社区卫生服务中心（站）都由当地卫生部门所属并运营，具有典型的行政化治理特征。在这一点上与公立医院的运营和治理是相同的。虽然在政策设计中也提出要引入竞争，但却存在严格的准入管制，新设立的非公办的社区卫生服务机构需要各级卫生行政部门审批。

二是乡镇卫生院、社区卫生服务中心的科室设置、内部管理、业务内容等与医院高度重合。虽然按照职能设置，社区医疗卫生服务机构主要提供的是初级卫生保健服务，提供的是全科服务，但在实际的机构设置以及业务内容设置上却仍然是医院的架构，是规模缩小的医院。当然这也与历史遗留问题有关，因为大量城镇社区卫生服务中心就是原先的地段医院、街道卫生院以及一级医院。

这两个特征使得社区医疗卫生服务机构在与医院的竞争中处于劣势：提供的服务内容与医院雷同，但在医疗资源的配置上却处于等级制的底端，质量和效率远低于医院。因此，社区医疗卫生服务在建立之初便面临极大的经营困难，生存能力较差（张隆，2001；罗小燕，廖勇彬，梁万硕，等，2002；孟庆跃，汤胜蓝，毛正中，等，2003；金喆，李荣梅，2005）。一些地区的乡镇卫生院和社区卫生服务中心面临难以维系的局面，甚至一些大城市的社区卫生服务中心也面临关门的风险。

在这样的情况下，一些地区在2009年新医改之前便开始了社区医疗卫生服务体系改革的探索。而2009年开始的新一轮医改也将社区医疗卫生服务的改革放到了优先的地位。改革的措施很多，但2009—2014年，最主要的两项改革一是社区医疗卫生服务机构的财务收支两条线管理，二是基本药物制度。

（二）收支两条线

收支两条线管理指的是社区医疗卫生机构的所有收入都上缴财政专户，

日常支出以及人员工资由财政另行全额拨付。收支两条线的核心是机构的支出包括人员的工资待遇等与机构的收入没有联系。收支两条线管理并不是2009年医改新提出来的措施，实际上在2009年之前很多地区已经开始在社区医疗卫生服务机构中实施了收支两条线。北京市在2006年发布了《社区卫生服务中心（站）收支两条线管理实施意见》，对市属及县区所属的社区卫生服务中心（站）实施全面收支两条线管理，中心（站）的收入全额上缴财政专户，人员经费按照人事部门核定的标准执行，其他经常性支出也由财政全额保障。

从各地实施收支两条线的初衷看，主要是为了保住一部分经营不善、面临亏损、难以维持下去的社区医疗卫生服务机构。比如北京市收支两条线管理的一个主要内容就是这些社区医疗卫生服务机构的运行经费、人员经费由"县区财政予以保证"，同时要求财政部门增加卫生投入。而实施收支两条线的背景则是前文所指出的，社区医疗卫生服务体系建立之后，根本无法与医院进行同质化的竞争，因此一些社区医疗卫生服务机构面临根本无法维持的困境。

从2010年开始，国务院医改办要求学习"安徽经验"，在公办的社区医疗卫生服务机构中全面推进收支两条线管理，并将其作为基层医改的主要经验之一（孙志刚，2011）。但在这一阶段，除了作为加大财政投入、要求财政全面负担社区医疗卫生机构的人员和运行经费的依据外，收支两条线管理又被赋予了新的政策含义，成为新医改的理论依据之一，即收支两条线通过切割医务人员收入与其提供的医疗服务之间的关联，从而达到解决过度医疗的目的。这一论断背后的逻辑是，如果医疗机构和医务人员的收入直接与提供的医疗服务关联，那么医疗机构和医务人员就会利用其垄断优势和信息优势提供过度诊疗，谋取过高的收入，从而推高医疗费用，加重患者负担。

从经济学意义上看，收支两条线属于典型的"弱激励"机制，在切割医务人员收入与提供服务之间的联系的同时，降低了对医务人员提供服务的激励。既然医务人员的工资待遇与医疗服务提供没有关联，那么医务人员就缺少激励为患者提供服务。当然在实际操作过程中也面临一个如何激励医务人员的问题。为解决这个问题，在社区医改的过程中，还特别强调了绩效工资制度，由上级主管部门对社区医疗卫生机构和医务人员进行绩效考核，并依据考核确定相应的工资待遇。从绩效考核的角度看，越是能

够明确测度的工作越是容易考核，也越容易在考核中获得好成绩。比如公共卫生服务中的疫苗服务，可以很容易地清点医务人员提供的疫苗注射服务，且异议最少。这样的服务还包括填写居民的健康档案、社区健康教育等。但是，对于疾病的诊治、基本医疗服务的提供等，绩效考核不仅异议多，而且也难以操作和衡量。因此，收支两条线的一个后果是社区医疗卫生机构的主要工作和精力都放到了容易考核的公共卫生服务上，而提供基本医疗服务的动力进一步下降了。

为了进一步落实收支两条线弱化基层医务人员提供基本医疗服务的动机，与之相配套的还有另一个制度，即基本药物制度。

（三）基本药物制度

基本药物制度本是世界卫生组织提出的欠发达国家和地区优先供应和保障的药品清单。但在我国社区医改中还附着了另一个政策含义，即基本药物的零差率销售。如前所述，我国医疗机构销售药品时可以在进价的基础上有一个15%的加成，而在医疗服务价格和药品价格严格管制的基础上，医疗机构有动机购买和销售高价药以及大处方。因此，在收支两条线实施的同时还配套了社区医疗卫生机构药品零差率的政策。2006 年，北京开始在社区医疗卫生机构中全面推开收支两条线的同时，还要求实施收支两条线的社区医疗卫生机构必须推行药品的零差率销售，但是北京的药品零差率销售并未限定社区医疗卫生机构的用药范围。到 2009 年新医改开始后，在收支两条线和药品零差率的基础上，还同时提出了一个基本药物目录，并在 2012 年正式发布了《国家基本药物目录》。这一版的基本药物目录收录了 537 种国家基本药物，要求社区医疗卫生机构的用药只能使用基本药物，基本药物的销售必须实施零差率。基本药物目录对社区基层医疗卫生机构用药范围的限制又进一步压低了社区医疗卫生机构的服务能力。特别是对一些发达地区和大城市的社区医疗卫生服务机构而言，其面对的居民支付能力较高，更愿意使用质量较高的药品，且用药范围更大。因此在基本药物制度实施之初，包括北京、上海等大城市就反对限定社区基层用药。经过反复调整，又出台了一个地方增补版的基本药物目录。但地方增补版的基本药物目录也不能满足地方所需。因此，最终形成的社区基层的用药范围是“国家版基本药物＋地方增补基本药物＋目录外药物”。

但即使如此，仍然有一些社区医疗卫生机构不愿使用基本药物。这一方面是由于虽然基本药物价格低廉，但其质量和药品疗效没有保证；另一方面是由于地区差异，各地的用药习惯并不相同。为此，又出台了相应的基本药物使用的考核指标，并将之与收支两条线的实施结合起来，社区医疗卫生机构能够获得的财政补助与其基本药物的使用量相挂钩。

收支两条线与基本药物制度是 2009 年新医改的重大举措，其意义是在财政加大投入的基础上，保证了公办的社区医疗卫生机构的正常运行。但是其弊端也很明显，就是极大削弱了社区医疗卫生机构提供基本医疗服务的动力和能力。而这一结果又导致大量患者涌入大医院就诊。一些常见病、多发病的患者，以及处于稳定期的慢性疾病患者都涌入大医院。这一趋势在 2013 年就开始显现出来，到 2014 年引起了各方面的重视，基层医改又转向了分级诊疗建设的阶段。

（四）分级诊疗

社区医疗卫生服务收支两条线管理以及基本药物制度的实施在保障公立的社区医疗卫生服务机构运转的同时，也带来了一个弊端，即社区医疗卫生服务机构提供基本医疗服务的动力和能力下降，难以吸引社区居民就诊。居民不管大病小病都涌入医院就诊，导致出现了社区医疗卫生机构门可罗雀、大医院人满为患的状况。

图 10－10 和 10－11 给出了基层医疗卫生机构与医院在诊疗人次及住院人次上所占比重的变动情况，2009 年新医改并未遏制基层医疗卫生机构在诊疗人次和住院人次占比上的下降趋势。不仅如此，在不同等级医院之间也有同样的趋势，高等级医院的诊疗人次及住院人次占比都在持续性增长，低等级医院则持续性下降。针对这种情况，2014 年 12 月，习近平在镇江考察时专门指出，“人民群众对医疗服务均等化的愿望十分迫切。像大城市的一些大医院，始终处于‘战时状态’，人满为患，要切实解决好这个问题”。在这样的背景下，分级诊疗的政策被提出并实施。2015 年 1 月，国家卫生计生委工作会议的一个主题就是推进分级诊疗。2015 年 9 月，《国务院办公厅关于推进分级诊疗制度建设的指导意见》提出，分级诊疗的目标是基层医疗卫生机构诊疗量占总诊量比例明显提升，就医秩序更加合理规范，到 2020 年形成“基层首诊、双向转诊、急慢分治、上下联动”的分级诊疗模式。

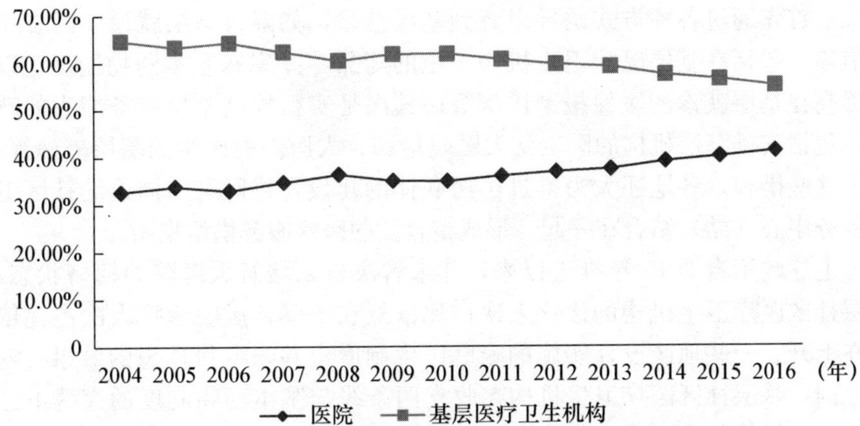

图 10－10　2004—2016 年基层医疗卫生机构与医院诊疗人次占比情况

资料来源：国家卫生和计划生育委员会. 中国卫生和计划生育统计年鉴 2017. 北京：中国协和医科大学出版社，2017.

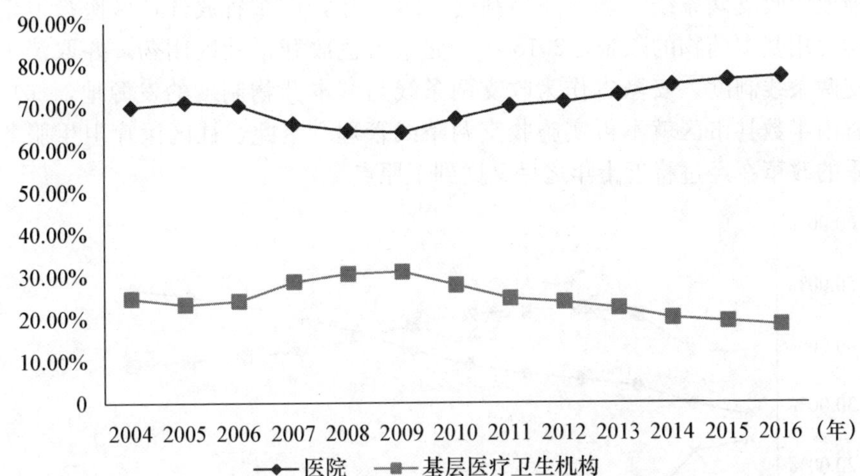

图 10－11　2004—2016 年基层医疗卫生机构与医院住院人次占比情况

资料来源：国家卫生和计划生育委员会. 中国卫生和计划生育统计年鉴 2017. 北京：中国协和医科大学出版社，2017.

见图 10－12、10－13、10－14，从各地推进分级诊疗的实践情况来看，主要包括两个大类的措施：一是强制性的分级诊疗，即强制患者必须社区首诊。这又分为医保的强制首诊和医院的强制首诊，即如果不经基层转诊，直接到医院就诊，要么医保不予报销，要么医院不予接诊。二是诱导类的政策，首先通过各种方式诱导患者到基层首诊，如降低基层就诊实际费用的措施，包括在基层医疗卫生机构实施的药品零差率和基本药物制度，以及提高在基层就诊的医保报销比例等；其次是实行提高基层服务能力的政策，包括安排基层机构的医生到大医院培训、大医院的医生到基层坐诊等。除了这些措施，各地还大力推进了医联体的建设，将医院与周边的社区卫生服务中心（站）结合在一起，形成整合性的医疗服务供给集团。

上述政策自 2015 年推进以来，并未解决也未缓解大医院的拥挤状态，基层社区医疗卫生机构的诊疗人次占比依然在下降，医院诊疗人次占比依然在上升。一些地区设计实施的家庭医生制度也并未取得理想的效果。究其原因，基层社区医疗卫生机构在收支两条线与基本药物制度的束缚下已经失去了提供基本医疗卫生服务的动力和能力。而推进分级诊疗的这些政策并未触及这两个问题。在分级诊疗推进几年之后，一些地区开始认识到收支两条线与基本药物制度对基层社区医疗卫生机构带来的影响，并开始逐渐取消收支两条线与基本药物制度。2017 年，广东省放开社区医疗卫生机构使用基本药物的限制。2018 年，北京市也放开了社区用药，并取消了收支两条线制度。安徽省作为收支两条线与基本药物制度的发源地，2015 年省内半数县市区就不再实施收支两条线管理。至此，社区医疗卫生服务体系的改革在经过将近十年之后又回到了原点。

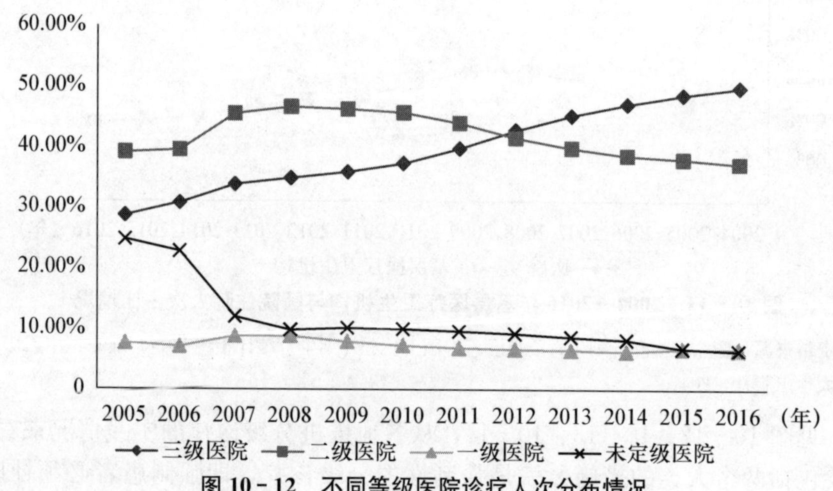

图 10-12　不同等级医院诊疗人次分布情况

资料来源：国家卫生和计划生育委员会. 中国卫生和计划生育统计年鉴 2017. 北京：中国协和医科大学出版社，2017.

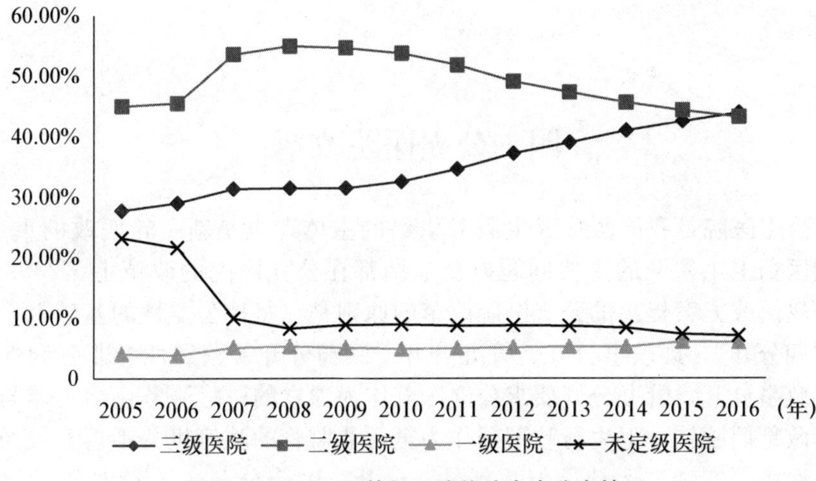

图 10-13 不同等级医院住院人次分布情况

资料来源：国家卫生和计划生育委员会．中国卫生和计划生育统计年鉴 2017．北京：中国协和医科大学出版社，2017.

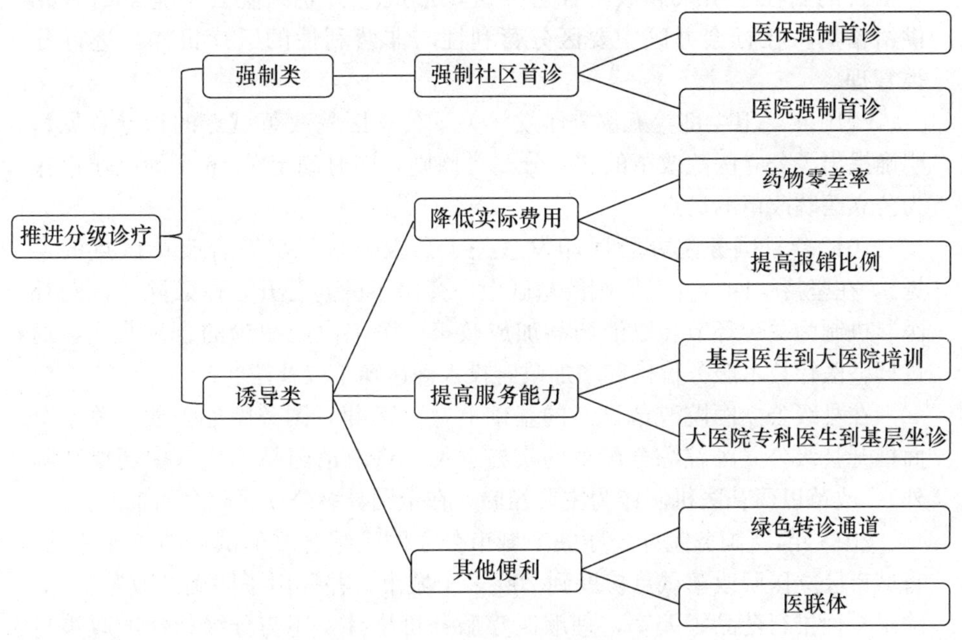

图 10-14 分级诊疗有关政策措施的总结

资料来源：笔者根据各地分级诊疗推进资料总结。

四、公立医院改革

公立医院是我国医疗卫生服务供给的主体，也是新一轮医改的重点。我国医药卫生领域的主要问题以及症结都在公立医院的改革上。2009 年新一轮医改方案提出的公立医院改革的原则是在坚持公益性的基础上，实现“四分开”，即政事分开、管办分开、医药分开、营利性与非营利性分开。政事分开、管办分开要求公立医院作为独立的医疗服务供给主体与卫生行政部门脱钩，卫生行政部门作为全行业监管的政府机关不再直接经营公立医院，实现“运动员与裁判员”分开。医药分开主要针对的是以药养医体制，要求公立医院转换收入结构，取消通过药品销售获得收入的补偿渠道，建立合理的医院收入及医生薪酬机制。营利性与非营利性分开的目的则在于引入和鼓励社会办医，形成与公立医院公平竞争的多元供给格局。在社会办医中要区分营利性与非营利性的医疗机构，进行分类管理。

2010 年，卫生部等五部委印发《关于公立医院改革试点的指导意见》，明确提出了公立医院改革的“四分开”原则，同时确定了 16 个地级城市作为公立医院改革的试点①。

2012 年，国务院办公厅印发《关于县级公立医院综合改革试点的意见》，在坚持“四分开”原则的基础上，突出了医药分开，以破除“以药补医”机制为关键环节，取消药品加成政策。医院由此减少的合理收入，通过调整医疗技术服务价格和增加政府投入等途径予以补偿。

在县级公立医院改革试点的基础上，2015 年，国务院办公厅《关于全面推开县级公立医院综合改革的实施意见》将取消药品加成（中药饮片除外）、改革以药补医机制作为主要经验，在全国县级公立医院全面推开。

2015 年，《国务院办公厅关于城市公立医院综合改革试点的指导意见》将城市公立医院改革试点扩展到 200 多个城市，并提出了明确的改革目标，除了全面推行药品零差率，理顺医疗服务价格外，还与分级诊疗的政策目

① 之后又加入了一个，所以第一批城市公立医院改革试点为 17 个城市。

标相结合，提出控制城市三级公立医院门诊规模的目标，要求在城市三级公立医院门诊就诊人次明显降低。

2017年，国家卫生计生委等七部门《关于全面推开公立医院综合改革工作的通知》总结提炼推广公立医院综合改革示范县（市）经验，全面推开公立医院综合改革，改革的核心是医药分开，全部取消药品加成，破除以药养医。

（一）医药分开改革

以药养医或以药补医是我国医药卫生领域的主要特征之一，也是主要的弊端所在。历次医改无不围绕如何破除以药养医来进行。2009年开始的新一轮医改也以破除以药养医作为公立医院改革的中心环节，并以此来带动公立医院的全面改革。而以药养医的主要手段或途径就是药品的加成销售，以及药品销售过程中医院和医生所收受的各种灰色的折扣、回扣、返利等。医院的15%药品加成是明面上的、可以观察到的“以药养医”，药品销售过程中医院和医生收受的各种回扣、折扣、返利等则是灰色的、暗地里的“以药养医”。公立医院的改革，包括社区基层医疗卫生机构的医药分开的改革首先体现在取消医疗机构药品销售的15%加成上。取消药品加成可以说是本次医改落地最实在、最主要的一个政策措施，先是在社区医疗卫生机构，而后在县级公立医院，最后在所有公立医院全面推开。

医药分开改革的主旨是改变医院和医生通过药品销售获得收入的途径，因为在药品加成销售的情况下，医院和医生都有使用高价药的偏好。而在医院和医生掌握药品销售终端和处方权的情况下，无论在药品供应环节做何种改革，效果都是有限的。这在前文药品供应环节改革中已经加以论述。取消药品加成实际上是取消医院和医生对高价药的偏好。从这个角度看，医药分开改革的思路是没有问题的。

但是，从各地改革的实践看，医药分开改革并未取得预期的效果。下面以两个地方改革的例子来看医药分开改革的效果。江苏省在2015年即开始在全省公立医院推开医药分开改革，具体措施是取消药品加成，同时提高诊疗费、手术费等医疗服务收费。从理论上讲，取消的药品加成是15%，因此，药品销售收入至少应该降低15%。但是对南京市、徐州市、苏州市、南通市、淮安市等五个地市参加改革的公立医院的数据分析表明，医院收入中的药品收入虽然是负增长，即相比于改革前药品收入下降了，但药品下降幅度都很低，最多只有 3.73%，远低于理论上的下降比例（如表 10-1 所示）。也就是说，在降低了药品 15%的加成后，医院药品销售量大幅增长，从而抵消了销售价格下降带来的收入差。从这个结果看，医药分开反而进一步加深了过度用药的程度。

除了药品销售收入下降未达到预期外，另一个结果是医院的检查费、材料费出现了快速上涨的趋势，如淮安市的检查费上涨幅度达到 11.12%，苏州市的材料费增幅甚至达到 28.73%。改革后，虽然诊疗费、检查费、材料费上涨，但医院就诊人次（门诊与住院）大部分有所上涨。就诊人次及次均费用大部分的上涨，最终结果就是医院医疗总费用的上涨。（胡大洋，徐金颖，张艳，2017）

表 10-1　江苏省公立医院医药分开改革前后费用及就诊人次变动情况

变动项目	南京市	徐州市	苏州市	南通市	淮安市
药品费用增幅（%）	−3.20	−1.65	−3.73	−3.01	−0.10
检查费增幅（%）	10.99	10.64	10.67	5.43	11.12
材料费增幅（%）	15.63	17.22	28.93	23.09	17.19
诊疗费增幅（%）	33.29	31.52	43.03	34.52	56.19
总费用增幅（%）	9.42	9.34	10.92	8.99	15.04
门诊人次增幅（%）	7.44	6.38	0.85	−4.40	32.11
门诊次均费用增幅（%）	1.34	−4.24	2.82	11.84	−12.86
住院人次增幅（%）	10.60	9.61	12.63	8.37	7.77
住院次均费用增幅	3.70	3.02	3.80	1.24	6.72

资料来源：胡大洋，徐金颖，张艳．取消药品加成对医保基金的影响分析：基于江苏省的实践．中国医疗保险，2017（7）．

注：此表各项增幅为改革前一年（2014 年 11 月 1 日—2015 年 10 月 31 日）与改革后一年（2015 年 11 月 1 日—2016 年 10 月 30 日）的对比。

2017 年 4 月 8 日，北京市在全市公立医院全面推开了医药分开综合改革，以"总量不变、结构平移"为原则，取消公立医院药品加成，同时将药品加成减少的收入平移到新设立的医事服务费中，实现医院总收入不减少，以减少改革阻力。从改革效果看，首先是药占比出现了下降。政府办

公立医院门诊药占比下降了约 8 个百分点，住院药占比下降了约 5 个百分点（见表 10－2）。但是，药占比下降的同时，次均费用却出现了快速上涨的趋势。

如图 10－15 所示，2017 年，北京市政府办综合医院门诊次均费用的增长达到 8.4%，而过往 4 年间最高的年增幅也只有 2.8%。住院费用在 2017 年相比于 2016 年增幅高达 3.2%，也远高于前 2016 年的相应增幅 1.2%。从总医疗费用看，2017 年跟 2016 年相比全市公立医院医疗费用上涨幅度为 6.44%，仍然呈现较高增长趋势。医保基金的支出大幅增长，以职工医保基金支出为例，改革后，2018 年上半年北京市职工医保基金同期增长 14.6%，而 2017 年上半年的同期增长只有 8.8%。

药占比下降的同时，次均费用和总费用快速增长，有两个可能：一是医院实际用药量并未下降，但检查与耗材的费用快速增长，从而间接降低了药占比；二是医事服务费的增加也导致一些医院分离门诊和住院，以增加总收入。

（二）政事分开、管办分开

如果说医药分开改革属于医院经营体制的改革，那么政事分开、管办分开则属于公立医院管理体制改革的范畴。政事分开、管办分开的改革原则不仅是本轮医改的重点任务，而且是过去四十年公立医院改革的核心与关键。我国公立医疗机构目前的管理体制仍然带有浓厚的计划管理色彩，卫生行政部门既是公立医院的所有者与直接管理者，同时还是全行业的监管者。这种管办不分的管理体制是我国公立医院行政垄断的体制性根源。在公立医院一家独大，既缺乏竞争，又缺乏有效监管的情况下，一系列的改革措施都很难取得预期效果。在行政垄断的情况下，公立医院不仅享有各种隐性的与显性的财政补贴，而且享有行政性保护。利用这些公共资源及行政保护“谋取私利”，成为几十年来公立医院“逐利性”的最大问题。新一轮医改充分认识到了这一点，在医改方案以及之后公立医院改革的政策设计中，坚持公立医院的“公益性”一直是一个基本的原则。而要实现公立医院的“公益性”，一个关键环节就是实现管办分开，形成公平竞争、有效监管的医疗服务供给格局。

表 10－2　2013—2017 年北京市部分医疗机构门诊和住院病人药费占医疗费用比重情况

项目	2013 年	2014 年	2015 年	2016 年	2017 年
门诊病人药费占医疗费用（%）					
政府办综合医院	61.17	59.90	58.20	56.74	48.95
其中：三级	59.01	57.94	56.05	54.71	46.96
二级	68.39	68.51	68.05	66.18	59.02
一级	64.35	77.86	81.70	74.21	65.39
社区卫生服务中心	84.93	86.89	86.56	86.17	82.28
住院病人药费占医疗费用（%）					
政府办综合医院	30.90	29.56	28.49	28.06	23.42
其中：三级	29.16	28.19	27.06	26.83	22.53
二级	39.79	38.79	39.26	37.68	31.18
一级	23.97	54.94	56.16	46.21	27.29
社区卫生服务中心	43.43	43.13	40.36	39.89	31.57

资料来源：《2017 年北京市卫生工作统计资料简编》。

注：本表统计范围不包括驻京部队医院和武警医院，医疗费用增幅均以扣除物价上涨因素后的可比价格计算。

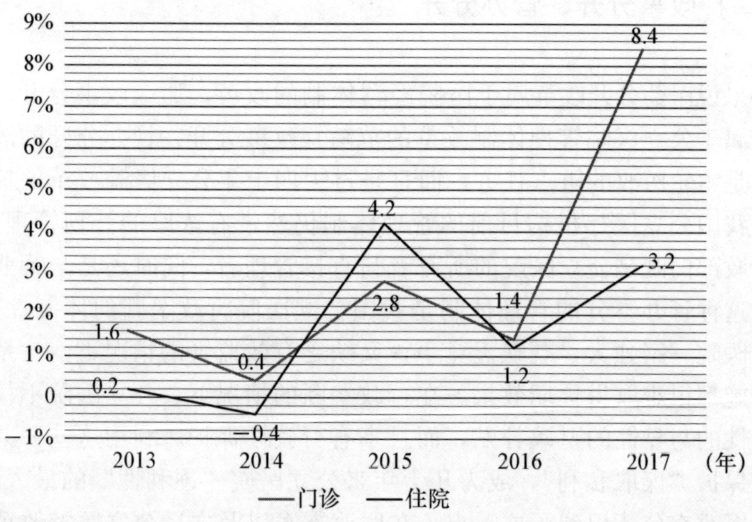

图 10－15　2013—2017 年北京市政府办综合医院门诊及住院次均费用年增幅情况

资料来源：《2017 年北京市卫生工作统计资料简编》。

注：本图统计范围不包括驻京部队医院和武警医院，医疗费用增幅均以扣除物价上涨因素后的可比价格计算。

根据医改方案的设计，公立医院政事分开、管办分开可以探索不同的实现形式，但根本上还是要使公立医院成为独立自主、自负盈亏的法人实体，实现公立医院的法人治理。法人治理又包含两个层面的含义：一是如何处理政府作为出资人与医院之间的关系，二是在医院内部实行怎样的治理模式。从各地的探索来看，在政府与医院之间，一般是建立一个独立的或半独立的医院管理委员会（医管会）或医院管理局（医管局），代表政府对医院履行出资人职责。有的地方的医管会（局）由政府直属，与卫生行政部门没有隶属关系；有的地方的医管会（局）隶属于卫生行政部门，专责公立医院的管理。后一种模式又被称为“管办分开不分家”。但不管何种模式，大部分地区公立医院的直接管理权仍然在卫生行政部门手中，“管办分开不分家”最终仍然回到了“管办一体”的格局。

在医院内部的治理结构上，政策上并未做出明确的规定，更多措施集中在医院的具体管理上。但仍有一些地区进行了探索，比如有的地方建立了医院管理理事会，由政府部门、社会各界代表、医院代表、居民代表等组成，行使医院重大事项的决策权。但是从目前公立医院内部治理结构看，行政化的管理、传统事业单位管理模式仍然是主体。

管办分开改革已经触及我国公立医疗体系的核心，即行政化的治理模式问题：行政等级制、行政垄断以及内部的行政化管理。但是，相比于医药分开的改革，管办分开改革的推进不仅缓慢，而且也没有一个明确的改革目标。而如果不在公立医院去行政化改革上迈出关键性一步，其他具体的管理层面的改革，包括医药分开改革，也很难取得成效。

（三）医生薪酬制度改革

医生薪酬制度改革是整个医改的核心，是其他改革的最终落脚点。之所以这样说，是因为几乎所有医药卫生体制改革的问题都可以归结到医生薪酬制度上。以药养医是我国医药卫生领域的顽疾，几十年的改革并未取得相应的成效，各种具体的政策措施几乎都推行过，但仍未解决这个问题。究其根本，就是因为我国药品的价格不仅是“药品的价格”，其中还包含了支付给医院和医生的费用。医院和医生需要从药品的销售中获得相应的收入。20 世纪八九十年代开始，药品回扣泛滥，其逻辑就在于对医生的服务性收费是严重压低的，医生的薪酬与其劳务付出不成比例。在医生掌握处方权，同时还享有行政垄断地位的情况下，医生只能通过大处方、高价药等方式来获取收入。当然，这也与我国医药混业的医院运营方式有关。欧美国家一般是医药分业经营的，不论是医保基金还是患者个人，直接支付给医生服务费用，药品费用则另外计算。以美国为例，2016 年美国个人医疗服务的费用支付中，支付给医院服务的占 38%，支付给医生和诊所服务的占 24%，支付给处方药品的只有 12%①。而我国支付给药品的费用占医院全部收入的比例（药占比）即使到了 2017 年也高达 34%。在中国支付给药品的高额费用中，实际上药品的生产与流通费用也不过占到 15%左右。其他费用，很大一部分是支付给医生的费用。这个费用没有明确的数据支撑，但根据笔者的调查，估计占到整个药品费用的 30%～40%之间。而为了把这笔费用支付给医生，还需要有其他的各种花费。这些扭曲的费用属于纯粹的社会资源的浪费。

但问题在于，为什么不能提高医生的薪酬或改革薪酬制度，使医生能够获得与其劳务付出价值相应的收入？这与我国公立医院事业单位编制管理相关。我国公立医院的医生多数是事业单位编制。事业单位编制背后隐藏着大量的“好处”：财政补贴、社会保障、职称评定、学术进阶、对医疗风险的保障等，以及事业单位编制人员难以被解雇这一“铁饭碗”的特质。从政府行政管理的角度看，既然事业单位人员已经享有了这些“好处”，那么肯定不能按照市场化的劳务付出价值确定医生的收入，而只能按照所有事业单位大致平均的职级、职能来确定收入水平。在计划经济体制下，医生的工资是有财政保障的，因此医院的收费标准中并不包含支付给医生的费用，医院的收费是按“不含工资和固定资产折旧”的成本确定的。从这个角度看，医生服务性收费长期得不到调整也是有其背后逻辑的。

但是，这种行政化的治理思路并不适合已经市场化的外部环境。医生对标的收入标准不是其他事业单位，而是市场上其他相同类型服务的收入标准。在这样的情况下，握有处方权，同时又受到行政保护的医生就有动力也有能力通过大处方、高价药等方式获取高收入。当然，这种动力也是十几年来我国公立医院大发展的主要推动力。

在新一轮医改中，医生薪酬机制的改革也是重点之一。但是从改革措施

① Cothran J. US health care spending：who pays?. [2020-01-16]. https://www.chcf.org/publication/us-health-care-spending-who-pays/.

看，并未涉及行政化治理机构与事业单位编制管理的层面，更多是要求提高医生待遇，提出的根据也主要是医生工资与其他事业单位“对标”和“挂钩”，比如比较流行的是要求医生的工资是公务员或社会平均工资的 3～5 倍等。但是，这种“对标”或“挂钩”在理论上缺乏依据，在现实操作中也不现实。事业单位之间的工资“攀比”效应会导致 3～5 倍工资根本无法实行下去。

五、结论及相关政策建议

中国的医药卫生体制改革准确地说从 20 世纪 70 年代末 80 年代初就开始了，这期间经历了不同的阶段，但总体来说可分为两个阶段，也是在解决两个问题：改革开放初期，改革的主要目标是解决“缺医少药”的问题，是解决医疗服务供给不足以及公立医疗系统激励不足的问题；从 20 世纪 90 年代中后期开始，医改的主要目标放在了解决以药养医、过度用药、药物滥用以及由此带来的高折扣、高回扣等行业腐败问题上。2009 年的新医改虽然内容很多，政策设计很全面，但核心仍然是解决公立医疗机构的以药养医问题，在坚持公益性的基础上改革公立医疗机构。这两个阶段要解决的主要问题正好是对应的：前期解决“缺医少药”，后期解决以药养医、过度用药。从整个医改的历程看，特别是从 2009 年新一轮医改的历程看，所采取的政策措施并未实现预期目标，医疗机构的以药养医并未真正解决。这背后的原因则在于我国医药卫生领域至今为止并未形成对医院和医生的合理的支付机制，医院服务与医生服务没有合理的价格形成机制。在无法确定医院服务与医生服务的均衡价格的情况下，公立医疗机构利用自身的行政垄断地位以及医疗服务的信息不对称“谋取私利”，就成为医改的症结所在。

而问题在于，为什么无法形成医院服务和医生服务的合理的定价机制？这又与我国医药卫生领域的行政化治理相关：在行政化治理模式下，公立医疗机构享有使用公共资源的便利，同时还得到行政保护，在这样的情况下，按照政府的行政化管理思路，公立医疗机构以及医生只能按照行政等级制或其他的等级制来确定收入，而不能根据业务量来确定收入。如果公立医疗机构在享有公共资源使用权以及行政保护的情况下根据业务量来确定收入，那么一个后果就是过度医疗、过度用药。因此基层医疗卫生机构改革的思路就是切断医务人员收入与业务量之间的关联。但这样的行政管制同时会带来一个弊端，即激励不足。基层医疗卫生机构的改革后果即说明了这一点。在行政化的治理模式下，这种“一放就乱”“一收就死”的悖论难以解决。

解决这个症结比较可行的角度是根据党的十八大和十九大提出的事业单位去行政化改革的精神，推动公立医疗系统的去行政化改革。而公立医疗系统的去行政化改革，首先要着眼于形成医院服务和医生服务的合理的定价机制，形成医生的合理的薪酬机制。从政策角度，形成医生合理的定价机制以及支付机制，要改革事业单位编制管理，淡化事业单位编制背后的隐性福利与隐性保障。这些隐性福利与保障，包括但不限于事业单位职工的社会保障制度、技术人员的职称评定体制、医生的医疗责任保险制度、医生的学术进阶体制等等。在这些方面，近几年是有比较大的推进的，比如机关事业单位养老金制度改革，新建立的机关事业单位养老金制度与企业职工养老金制度在缴费率、缴费基数、缴费年限等方面已经并轨，而且建立二者之间的转移接续通道。这为公立机构医生走出公立机构到社会办医机构执业提供了便利。再有，近几年大力推动的医生多点执业，也使得一些希望走出公立机构的医生有了用武之地。

其次，医保作为当前最大的医疗服务和药品的付费方，也要助推公立医疗机构的改革，一是逐步探索和建立医保医师制度，将医保的协议管理单位具体到医生，而不是放到医院层面。具体到医生后，一方面医保可以更有效地监管医生行为，另一方面也有助于医生脱离公立机构之后多点执业。二是在建立医保的药品支付标准的同时，探索建立医保对医院服务的支付标准以及对医生的支付标准，建立对药品、医生服务、医院服务的分账支付制度。

最后，继续推动公立医疗机构的法人治理结构改革，建立独立于卫生行政部门的公立医疗机构的法人治理结构，彻底实现管办分开。在这方面，要区分“公立”机构与“公办”机构：前者指的是设立者的身份是政府等公共部门，但并不意味着具体经营和管理主体是政府等公共部门。可以探索实施公办民营、公建民营、民办公助等公私合作的新模式。

中文参考文献：

［1］曹志军. 企业医院改革之我见. 中国医院管理，1985（6）.

[2] 陈文玲. 药品价格居高不下究竟原因何在：对药品价格问题的调查研究与思考. 价格理论与实践，2005 (1).

[3] 胡春曙. 药品集中招标采购实践初探. 中国农村卫生事业管理，1999 (12).

[4] 胡大洋，徐金颖，张艳. 取消药品加成对医保基金的影响分析：基于江苏省的实践. 中国医疗保险，2017 (7).

[5] 黄鑫华. 农村医药市场物价管理亟待强化：对浙江省金华县 16 个医药经营单位药品价格的调查与思考. 中国药房，1990 (1～3).

[6] 金喆，李荣梅. 沈阳市农村乡镇卫生院经营现状调查研究. 中国初级卫生保健，2005 (1).

[7] 李翠翠，傅鸿鹏. 药品采购“两票制”实施效果评价研究. 卫生经济研究，2018 (5).

[8] 李璐，吴少玮，张莉，等. 企业医院的历史作用及当前生存发展面临的问题. 中国社会医学杂志，2009 (8).

[9] 刘丽萍，赵庆国，谢进. 关于药品集中招标采购存在问题的探讨. 药学服务与研究，2006 (6).

[10] 罗小燕，廖勇彬，梁万硕，等. 江门地区 5 市农村卫生院 3 年运行情况调查. 中华医院管理杂志，2002 (10).

[11] 马凯. 深化药品价格改革整顿药品价格秩序. 价格理论与实践，1997 (2).

[12] 孟庆跃，汤胜蓝，毛正中，等. 社区卫生服务筹资：现状、问题和政策选择. 中国卫生经济，2003 (6).

[13] 孟妍，王子约. 价格司遭“重创” 医药改革仍将推进. 第一财经日报，2014-10-14.

[14] 庞振山. 从我局药品“集中采购”看国有大中型企业加强内部管理的必要性. 邯郸大学学报，1996 (1).

[15] 乔家骏，曾旖旎，傅鸿鹏. “两票制”对药企经济运行及药品价格的影响. 卫生经济研究，2018 (10).

[16] 史登峰. 分离企业办医院的初步构想. 中国厂矿医学，1997 (2).

[17] 孙志刚. 基层医改的创新与实践. 中国改革报，2011-12-29.

[18] 王岳. 对“三方不满意”的医疗机构药品集中招标采购开张“药方”. 中国药房，2004 (7).

[19] 张隆. 农村卫生院的困境分析和发展对策. 中国乡村医药，2001 (5).

[20] 朱恒鹏. 管制的内生性及其后果. 世界经济，2011 (7).

[21] 朱恒鹏. 医疗体制弊端与药品定价扭曲. 中国社会科学，2007 (4).

后　记

在新冠肺炎疫情全球肆虐的背景下，主题为“中国的健康事业发展与医疗体制改革”的《中国人民大学中国社会发展研究报告 2019》即将付梓，可谓寓意深远。

大约两年前，中国人民大学社会学理论与方法研究中心刘少杰教授找到我，提议以健康发展为主题组织撰写 2019 年的中国社会发展报告。对此我欣然领命，原因有二：一是健康已经成为当前国民最为关注的民生议题之一，尤其是新医改实行以来中国医疗卫生体制发生了巨大变化，引发了很多社会热点问题；二是近十年来我的研究兴趣主要集中在健康不平等及其社会影响因素等方面，我也希望能借此对相关领域的发展现状进行一个概括和总结。

然而，在接受任务之后，我才意识到责任重大。《中国人民大学中国社会发展研究报告》已经连续出版近 20 年，每年的报告都聚焦重大社会议题，邀请相关领域重要的专家学者建言献策，以其权威性和时效性打造了良好的品牌形象，具备了很强的社会影响力。我年资尚低、学问浅薄，深感难以独自担此重任。为此，我有幸邀请了中国社会科学院社会学研究所房莉杰研究员共同执行本年度报告的组织和编写工作。我们一起讨论了报告应当涵盖的选题、可能的作者人选，并形成了初步的编写计划。在征得主编同意后，我们迅速投入工作，分头邀请相关领域的专家学者加入写作团队。令人欣喜的是，各位学者都很爽快地接受了我们的邀请，写作团队的筹建非常顺利。这些作者都是各个领域的佼佼者，其研究领域涵盖社会学、人口学、经济学、公共管理学等多个学科，很多作者事务繁忙，但是他们都对本报告的撰写工作极为重视，保质保量地完成了书稿。尤其是在报告初稿完成之际，新冠肺炎疫情暴发，导致后续工作遭遇了很多困难，诸位作者仍然毫无怨言地积极配合报告的修改和订正工作，保证了书稿的最终完成。在这里，我对本书各章的作者表示由衷的感激，他们的辛勤付出和热情支持为本书的顺利出版打下了坚实的基础。本书中的每一章都反映了当前中国社会科学界对相关健康领域的最为重要的和前沿的研究现状，相信对于关心中国健康事业发展和医疗体制改革的读者会有不小的启发。

本书的主编张建明、洪大用和刘少杰老师对初稿进行了认真的审阅，提出了很多宝贵的修改意见，并为报告的后续出版工作提供了诸多支持。中国人民大学社会学系的硕士研究生和本科生张凯、黄硕、王田和邀、王婉丽、熊雅婕、田楠对各章初稿的编排和格式上的修订进行了协助。此外，中国人民大学出版社的编辑克服疫情带来的重重困难，对书稿进行了专业细致的审校和编辑工作。我在此对他们的辛苦劳动和持续支持表示感谢，正是他们的卓越工作，才促成了本报告的最终出版。由于各种客观和主观原因，本报告一定还存在诸多疏漏之处，恳请读者批评指正，以利不断改进。

本报告由导论和十章构成。各部分标题和作者如下：

导论　中国健康事业的成就与挑战（中国人民大学社会学理论与方法研究中心副教授齐亚强、硕士研究生张子馨）。

第一章　中国老龄健康研究的回顾与展望（北京大学社会学系教授陆杰华，博士研究生罗宏伟、杨钰婷）。

第二章　生命历程视角下的女性与健康（中国社会科学院人口与劳动经济研究所研究员郑真真）。

第三章　中国儿童的营养与健康发展（中国社会科学院社会学研究所研究员房莉杰、硕士研究生曹钰）。

第四章　中国的流动人口与健康（中国人民大学社会与人口学院人口学系教授和红）。

第五章　中国城镇低收入阶层居民的身心健康（中国人民大学社会与人口学院社会工作系教授张会平）。

第六章　中国居民的心理健康（中国人民大学社会与人口学院人口学系副教授唐丹）。

第七章　社会科学视域下的人口健康：指标与测量（中国社会科学院人口与劳动经济研究所副研究员牛建林，中国人民大学社会与人口学院本科生熊雅婕、吴心荻）。

第八章　中国的医患关系及其形成机制（中山大学中国公共管理研究中心/政治与公共事务管理学院教授刘军强、博士研究生牛冠朝）。

第九章　中国的医疗保障制度（国家卫生健康委卫生发展研究中心研究员顾雪非、刘小青）。

第十章　中国医药卫生体制改革（中国社会科学院经济研究所研究员王震）。

齐亚强

2020 年 6 月

图书在版编目(CIP)数据

中国人民大学中国社会发展研究报告.2019：中国的健康事业发展与医疗体制改革/张建明，洪大用，刘少杰主编. --北京：中国人民大学出版社，2020.11

ISBN 978-7-300-27790-5

Ⅰ.①中… Ⅱ.①张… ②洪… ③刘… Ⅲ.①社会发展-研究报告-中国-2019 ②医疗保健事业-研究报告-中国-2019 ③医疗保健制度-体制改革-研究报告-中国-2019 Ⅳ.①D668 ②R199.2

中国版本图书馆 CIP 数据核字（2020）第 157765 号

中国人民大学

中国社会发展研究报告 2019

中国的健康事业发展与医疗体制改革

主　　编　张建明　洪大用　刘少杰

执行主编　齐亚强　房莉杰

Zhongguo Shehui Fazhan Yanjiu Baogao 2019

出版发行	中国人民大学出版社		
社　　址	北京中关村大街 31 号	**邮政编码**	100080
电　　话	010－62511242（总编室）		010－62511770（质管部）
	010－82501766（邮购部）		010－62514148（门市部）
	010－62515195（发行公司）		010－62515275（盗版举报）
网　　址	http://www.crup.com.cn		
经　　销	新华书店		
印　　刷	北京玺诚印务有限公司		
规　　格	155 mm×235 mm　16 开本	**版　　次**	2020 年 11 月第 1 版
印　　张	22.75 插页 3	**印　　次**	2020 年 11 月第 1 次印刷
字　　数	368 000	**定　　价**	68.00 元